晋察冀边区首府张家口市政管理建设与现代城市治理研究

RESEARCH ON THE CONSTRUCTION OF MUNICIPAL MANAGEMENT AND
MODERN URBAN GOVERNANCE IN ZHANGJIAKOU
CAPITAL OF THE JIN-CHA-JI BORDER REGION

任　亮　治丹丹◎著

中国文史出版社

图书在版编目（CIP）数据

晋察冀边区首府张家口市政管理建设与现代城市治理研究 /
任亮，治丹丹著. —北京：中国文史出版社，2022.10
　　ISBN 978-7-5205-3829-9

Ⅰ.①晋…　Ⅱ.①任…②治…　Ⅲ.①城市建设 – 城市史 –
研究 – 张家口 – 1945-1946　Ⅳ.①F299.272.23

中国版本图书馆 CIP 数据核字（2022）第 186031 号

责任编辑：王文运　赵姣娇　　装帧设计：王　琳　程　跃

出版发行：中国文史出版社
社　　　址：北京市海淀区西八里庄路 69 号　　邮编：100142
电　　　话：010 – 81136606　81136602　81136603（发行部）
传　　　真：010 – 81136655
印　　　装：廊坊市海涛印刷有限公司
经　　　销：全国新华书店
开　　　本：787mm × 1092mm　1/16
印　　　张：23.75
字　　　数：362 千字
版　　　次：2023 年 11 月北京第 1 版
印　　　次：2023 年 11 月第 1 次印刷
定　　　价：86.00 元

序

　　张家口市曾是清朝察哈尔都统驻防之地，是民国察哈尔特别行政区及察哈尔省首府，是日军占领张家口后建立的伪蒙疆政府"首都"。由于张家口地理位置的重要及经济文化的繁荣，使张家口成为自清代前期以来中国北方最重要的商业城市和金融中心之一。1945年8月23日，中国共产党领导的八路军收复华北重镇张家口，这也是八路军从日本侵略者手中夺取的第一个大城市。作为晋察冀边区首府的张家口，虽处于战争环境中，但在中国共产党和人民政府的领导下，不仅顺利接管了这座省会城市，而且对城市进行了全面建设与改造，摸索、积累和创造了一套行之有效的经验，用较短时间将张家口市建设成为一个和平、民主、繁荣的模范城市，赢得"第二延安""文化城""东方模范城市"等美誉。晋察冀边区首府张家口城市接收、建设、管理的模式，为中共由革命党向执政党转型提供了先期的成功实践，意义非常深远。任亮、治丹丹所著《晋察冀边区首府张家口市政管理建设与现代城市治理研究》，把研究视角由回溯中国城市"管理"转向对现代城市"治理"的探索上。该书以张家口为案例在论述了城市管理和治理的理论、城市治理理论演化与脉络、国家治理体系现代化中城市治理基础上，分别考察了城市善治理论、大都市区治理理论、城市群治理理论等城市治理领域理论前沿，力求梳理出城市治理在新时代的创新与变革以及实践与开拓，为城市治理发展趋势作出合理预测与展望，进而切实提高城市规划、建设、治理水平。

总之，历史不仅仅是研究过去，更是一种精神和文化的传承。只有深入挖掘历史的深度和内涵，才能更好地理解历史的传承和演变，更好地掌握历史的发展规律，从而为人类创造更美好的未来。该书选题重大，研究深入，史海钩沉，见解新颖，行文严谨规范，条理清晰，语言畅达，有较强的研究价值、应用价值和现实意义，为推进中国由城市管理走向城市治理作出了十分有益的探索。我作为祖籍张家口人士，很高兴能看到此专著面世，也很乐于推荐给读者们。

是为序。

韩方明

2023 年春于北京适园

（韩方明：第十三届全国政协外事委员会副主任，察哈尔学会会长）

| 目　录 |

序　韩方明 ·· 1

第一章　绪论 ·· **1**

　　第一节　选题缘由 ··· 2

　　第二节　研究现状 ··· 5

　　第三节　方法与创新 ·· 13

　　第四节　概念界定 ··· 15

　　第五节　选题价值 ··· 18

第二章　中国共产党接管张家口城市工作的历史必然性 ········· **20**

　　第一节　中共中央作出夺取城市战略决策 ··································· 20

　　第二节　接管张家口城市工作的理论依据 ··································· 24

第三章　中国共产党接管建设张家口城市工作历史背景 ········ **54**

　　第一节　中国共产党接管城市工作的历史进程 ··························· 55

　　第二节　抗日战争的胜利对张家口政权建设的影响 ··················· 57

　　第三节　张家口旧政权的状况 ··· 59

　　第四节　张家口的解放与接管 ··· 62

第四章　中国共产党接管张家口城市工作的基本政策 ………… **80**

　第一节　经济政策 ……………………………………………… 82

　第二节　政治政策 ……………………………………………… 88

　第三节　文化政策 ……………………………………………… 94

　第四节　社会政策 ……………………………………………… 99

第五章　中国共产党接管张家口城市工作的主要成就 ………… **103**

　第一节　经济方面 ……………………………………………… 104

　第二节　政治方面 ……………………………………………… 114

　第三节　文卫方面 ……………………………………………… 122

　第四节　社会方面 ……………………………………………… 131

第六章　中国共产党城市建设工作的经验 ………………………… **141**

　第一节　把工作重心从农村转到城市 ………………………… 141

　第二节　始终秉持人民群众至上理念 ………………………… 144

　第三节　政权建设需要坚持民主原则 ………………………… 149

　第四节　政权建设要与经济、文化、社会建设相结合 ……… 151

　第五节　需要处理好城市政权与乡村政权建设的关系 ……… 153

　第六节　保护民族资本和城市工商业 ………………………… 155

　第七节　依靠工人阶级巩固工农联盟 ………………………… 157

第七章　中国城市管理工作的历史变迁 ………………………… **159**

　第一节　历史变迁的阶段性 …………………………………… 161

　第二节　历史变迁的规律性 …………………………………… 167

　第三节　历史变迁的可行性 …………………………………… 172

第八章　城市管理、治理的理论基础 …………………………… **175**

　第一节　城市管理的概念界定 ………………………………… 175

第二节　城市治理的产生基础及概念 ………………………………… 177

第三节　国内外先进城市管理的经验 ………………………………… 181

第四节　国内城市管理的探索实践 …………………………………… 189

第五节　中国城市管理向城市治理转型的基础 …………………… 197

第九章　城市治理理论演化与脉络 ……………………………… **205**

第一节　现代城市治理的方法论和新理念 ………………………… 205

第二节　治理理念下城市管理主体和范围 ………………………… 214

第三节　治理理念下城市管理的基本原则 ………………………… 218

第四节　治理理念下城市管理的基本模式 ………………………… 222

第五节　城市治理的基本特征 ………………………………………… 225

第六节　城市治理体系的构成 ………………………………………… 228

第十章　国家治理体系现代化中的城市治理 ………………… **232**

第一节　城市治理创新的逻辑 ………………………………………… 233

第二节　城市治理在国家治理体系中的战略定位 ……………… 243

第三节　后城市化时代城市治理面临的现实挑战 ……………… 260

第四节　城市善治：城市治理创新的愿景 ………………………… 274

第十一章　综合体治理的探索：大都市区治理 ……………… **288**

第一节　大都市区概念的界定 ………………………………………… 289

第二节　大都市区的界定标准 ………………………………………… 293

第三节　与大都市区相近的概念 ……………………………………… 297

第四节　大都市区治理概念界定 ……………………………………… 299

第五节　大都市区治理理论流派 ……………………………………… 303

第十二章　协作式治理的典范：城市群治理 ………………… **313**

第一节　应对城市群兴起的协作式治理 ………………………… 314

第二节　协作式治理的兴起及理论框架 ………………………… 317

第三节 城市群协作式治理的衍生模式 …………………………………… 322

第十三章 城市治理理论的发展趋向与展望 ……………………………… **330**

第一节 城市治理的研究范畴：社区、城镇与跨区域 ………………… 331

第二节 城市治理理论的地理单元指向：

从大都市政府到尺度重构理论 …………………………… 333

第三节 城市治理的公共权力指向：

从权力控制转向城市发展模式 …………………………… 337

参考文献 ……………………………………………………………………… 347

后　记 ……………………………………………………………………… 369

第一章

绪　论

　　1945 年 8 月 23 日，中国共产党领导的八路军从日军手中收复华北重镇张家口。1945 年 8 月 27 日至 1946 年 10 月 10 日，张家口市不仅是晋察冀解放区首府，而且作为中共晋察冀中央局直辖市而存在。美国记者安娜·路易·斯特朗认为："张家口是中国共产党城市管理的首次尝试。"此历史时段处于国共和谈尚未破裂，而民族命运尚待抉择的时刻，如何对待抗战胜利果实、如何实现城市管理与建设，都值得理论与实践层面的深度探究。

　　过去，城市管理主要是一种粗放型的刚性管控。城市政府被视为城市管理至关重要的调控者，政府借由其掌控的公共权力，实现其对整个社会的全方位、严格化管控。在较短的历史时段内，对城市的刚性管控可以迅速实现城市的维稳目标，但是，在较长的历史时段内，这种传统的刚性管控思维很容易削弱社会的自主性、自调适性。传统城市管理在执行过程中，易混淆公域与私域的边界，模糊公共空间与私人空间之间的界限。显然，这种治标不治本的管理方式不仅无法解决深层次问题，而且容易滋生新问题、制造新矛盾。这说明，依靠"命令—服从"的强制方式对公共事务实施单一向度的排他性管理，已很难适应新时代城市治理的需要。在这种背景下，现代化城市治理被寄予厚望并成为一些地方的实践探索。当前，人们日渐形成一种共识："欲推进国家治理体系和治理能力现代化，首要应该破解城市治理体系和治理能力现代化问题。"① 城市治理在现代国家治理中地位卓然，不仅因为它是现代国家治理的根基，而且是检验现代国家治理水平的"窗口"。任何行为过程都是特定时空环境下的产物。不同的时空背景往往孕育出不同形态的城市治理。进入新时代，为有效提升城市治理的能力水平，亟须探索并运用现代化城市治理理念。

第一节　选题缘由

该书选题缘由大致有两个：一方面，传承精髓，聚焦在中国共产党领导下的传统经典城建经验；另一方面，以古鉴今，推进新时代新格局下中国共产党领导的城市治理现代化进程。

一、聚焦经典城建经验

张家口，历史上曾有张垣的别称，坐落于平绥铁路线中心位置。1945年8月23日，在中国共产党英明领导下，八路军收复张家口，结束了日军在张家口的八年侵占。1945年8月27日—1946年10月10日，张家口市成为晋察冀解放区首府以及中共晋察冀中央局直辖市。张家口市是完全由中国共产党领导下的八路军解放的城市，也是近现代历史上中国共产党领导的人民军队夺取的首个省会城市。张家口市第一次解放虽仅有一年多时间，但在中国共产党英明领导下，张家口市在政治、经济、文化、社会治理等领域出台和确立了一系列科学的、高瞻远瞩的方针政策。经过全市人民的努力与奋斗，张家口市呈现出和平、民主、繁荣的景象，引起国内外广泛注目，被誉为"模范城市"。

晋察冀边区首府建制在张家口的一段历史时期内，张家口的政治、经

---

① 张来明，刘理晖. 新中国社会治理的理论与实践 [J]. 管理世界，2022，38（01）：20-35.

济、文化、教育、军事等各领域都完成了较为科学、全面的治理与改造。但是，张家口市毕竟是中国共产党领导的人民军队历史上第一次夺取的省会城市，因此，对张家口市进行的接管与治理都是在摸索中进行的。在这个历史时段内，中国共产党陆续推出了较为系统的方针政策，涵盖《晋察冀边区人民武装纪律暂行条例》《晋察冀边区进出口贸易及外汇管理办法》等，其中蕴含的城市管理理论与实践经验具有一定的借鉴价值。

二、推进现代城市治理

城市可谓人类最为伟大的发明创造之一，长期以来，城市都承载着人类对美好生活的无限追求以及向往。2000 多年前，著名哲学家亚里士多德有言："人们来到城市，是为了生活。人们居住在城市，是为了生活得更好。"千百年来，城市就是文明的地标、发展的编年史，而城市化进程则以其不可阻挡之势沿着历史大潮滚滚而来。步入新时代进程后，城镇化急速扩张和发展，方方面面的城市问题层出不穷，为城市管理带来多重挑战，在此情况下，中国城市管理实践有必要开始探索"从政府到治理"的彻底转型。与此同时，人口压力不断飙升、公共服务责任强度持续加大、社区形态日趋呈现多元化趋势，其衍生出的城市问题愈发地复杂，城市有效治理的难度急速攀升。如何探索全新城市治理方式、有效升级城市品质、推动城市持续繁荣，已经成为一个世界性的话题，更是中国城市发展所面临的现实课题。

早在 2015 年，中共中央、国务院就已经颁布《关于深入推进城市执法体制改革改进城市管理工作的指导意见》，在此文件中，"推动城市管理走向城市治理"第一次被纳入国家政策范畴。在中国共产党第十九次全国代表大会报告中，国家治理体系和治理能力现代化已经升级为至关重要的国家战略。在中国共产党第二十次全国代表大会报告中，习近平总书记强调："提高城市规划、建设、治理水平。"[①]"城市管理"在理念、运行模式等方面存在不容忽视的理论抑或实践缺陷，这种情况必然会倒逼"城市治理"

---

① 本书编写组. 党的二十大报告辅导读本 [M]. 北京：人民出版社，2022：29.

理念的问世，因此，近年来国内外"城市治理"相关的研究成果大量涌现。在中国共产党第十九次全国代表大会报告中，明确指出要"打造共建共治共享的社会治理格局，加强社会治理制度建设，完善党委领导、社会协同、公众参与、法治保障的社会治理体系，提高社会治理社会化、法治化、智能化、专业化水平"①。这主要强调的即为加强社区治理体系建设，实现"政府治理—社会调节—居民自治"三者之间的科学、良性互动。在当前现行的城市管理模式下，往往呈现出政府包揽型、劳动密集型、行政网格化特征，与真正的城市善治需求相去甚远。中国共产党第二十次全国代表大会报告明确要求："加快转变超大特大城市发展方式，实施城市更新行动，加强城市基础设施，打造宜居、韧性、智慧城市。"②当今，传统意义上的城市管理模式已经极为普遍地存在，管理主体、管理手段单一化倾向严重，基本上由政府、公务人员主导，并依靠发布行政命令实现城市管理目的。

就城市治理而言，其治理主体已经扩大，囊括政府、非政府组织、公民自组织等第三部门，多元化治理主体基于共同认识、市场原则、公共利益而集聚起来，在平等互利的前提下，进行广泛的公私互动合作。中国现阶段的城市治理已经初现雏形，具体表现为：在政府主管部门主导下，治理主体之间借助协商合作的形式，共同积极地参与城市治理决策，并一齐承担公共管理职责，最终，为城市民众提供多种多样的公共服务，满足城市民众日趋多样化的公共服务需求。在城市化进程逐步提速的今天，传统意义上的统治抑或管制手段已经不合时宜，在城市公共事务管理层面无法实现主体与客体之间的良性互动，过于单一主体的行政执法形式与手段，导致城市管理工作愈发容易陷入被动。因此，应该持续探索并实施城市治理的新模式，着力提升城市生产力、生长力，大力推进经济转型、城市更新、社区治理、生态文明、文化保护与传承等各种建设，努力建设智慧密集型的产业示范区、高端人才聚集区、城市治理先进区和生活品质样板区；积极推进精准服务和精细治理，扎实推进"共建共治共享"，统筹政府、社会、市民三大主体，鼓励企业和市民积极参与城市治理，不断探索和完善"党委领导—政府负责—社

---

① 本书编写组.党的十九大报告辅导读本[M].北京：人民出版社，2017：48.
② 本书编写组.党的二十大报告辅导读本[M].北京：人民出版社，2022：29.

会协同—公众参与—法治保障"五位一体的新型社会治理体制，基于此，逐步推进现代城市治理工作迈上新台阶。

第二节　研究现状

主要是对研究现状的综述与分析，分为国内研究、国外研究、研究评述三个部分，有利于掌握和理清相关一系列研究起点、研究来源、研究分支、研究去向等节点性问题，明确前人已有研究成果的得失，为该书的研究定位、所处研究节点锁定位置。

一、国内研究

目前史学界对于晋察冀边区首府张家口的研究，主要经历了以下两个阶段：

一是 20 世纪 80 年代的研究。在此历史时段，中国正处于改革开放初期，许多科研工作者更倾向于研究某些大城市以及战斗历史相对悠久的区域，专门针对晋察冀边区时期张家口的研究并不丰沛，导致此时期研究成果与 20 世纪 90 年代以后相较，成果较少。在政治著作方面：韩延龙、常兆儒的《中国新民主主义革命时期根据地法制文献选编》①第一卷中，较为详细地阐述了"张家口市参议会选举暂行条例"。在经济著作方面：中国人民银行河北省分行出版了《回忆晋察冀边区银行》②，横跨抗日战争时期到解放战争时期两个历史时段，阐述晋察冀边区银行的人员构成、党组织建设、设置机构、开展建设等领域情况，向世人呈现出战争环境下革命力量为推动边区经济金融建设所做的积极努力，这甚至对中华人民共和国成立后的经

---

① 韩延龙，常兆儒 . 中国新民主主义革命时期根据地法制文献选编 [M]. 北京：中国社会科学出版社，1981.

② 中国人民银行河北省分行 . 回忆晋察冀边区银行 [M]. 石家庄：河北人民出版社，1988.

济金融事业的发展具有深远影响。在河北省金融研究所出版的《晋察冀边区银行》①中，详细阐释了晋察冀边区银行《禁止使用白洋及对杂钞管理办法》《银钱业组织管理办法》《没收假边币办法》以及《肃清银元办法》等基本问题的相关史实。在魏宏远的《抗日战争时期晋察冀边区财政经济史资料选编》②一书中，专门探讨了晋察冀根据地的财政经济领域重要问题，较为系统地剖析了抗日战争时期晋察冀边区的工业、矿业、手工业、纺织业、商业等领域的基本情况。在史料方面：在韩延龙、常兆儒的《中国新民主主义革命时期根据地法制文献选编》③一书中，详细记录了《晋察冀边区行政委员会关于张家口、宣化公营工厂工人工资标准的通知》以及《晋察冀边区奖励技术发明暂行条例》等具体事项。在文学著作方面：在 20 世纪 80 年代以前，相关的文学研究成果较为稀少，目前有具体史料可查的有河北省文学艺术界联合会出版的《晋察冀边区的文学：1937.7—1948》《晋察冀边区的艺术：1937.7—1948》以及《晋察冀边区的文学艺术：1937.7—1948》等。在军事著作方面：主要留存于部分当时军事将领回忆录抑或年谱记载中，如《聂荣臻回忆录》④。但纵观 20 世纪 80 年代，此类记述通常不够系统、全面。

二是 20 世纪 90 年代以后的研究。20 世纪 90 年代后，部分科研工作者开始着力于进行晋察冀边区首府张家口的专门性研究，大量研究成果在这一时期迅速地涌现出来，相关领域的研究思路亦随之得到显著拓展。在政治著作方面：关于晋察冀边区政府在张家口进行的政治治理，出现了晋察冀边区革命史编纂委员会出版的《晋察冀边区革命史编年》⑤，该书史料丰富而全面，将晋察冀边区人民的革命斗争、社会改革、各项建设的情况进行了详细记录与阐释，自此，对于晋察冀边区革命根据地史的研究不再仅仅局限于抗日战争阶段，而是向晋察冀边区整体历史研究领域拓展。在张伟良的《晋察

---

① 河北省金融研究所 . 晋察冀边区银行 [M]. 北京：中国金融出版社，1988.

② 魏宏远 . 抗日战争时期晋察冀边区财政经济史资料选编 [M]. 天津：南开大学出版社，1984.

③ 韩延龙，常兆儒 . 中国新民主主义革命时期根据地法制文献选编 [M]. 北京：中国社会科学出版社，1981.

④ 聂荣臻 . 聂荣臻回忆录 [M]. 北京：解放军出版社，2007.

⑤ 晋察冀边区革命史编纂委员会 . 晋察冀边区革命史编年 [M]. 石家庄：河北人民出版社，2007.

冀边区史稿》①一书中，详细记载了七七事变前华北地区的军事态势、社会状况，对晋察冀边区抗日民主根据地的创建、巩固、建设等相关史料进行了有益梳理。在谢忠厚、肖银成的《晋察冀抗日根据地史》②一书中，以中国共产党领导的敌后抗战为中心，详细论述了晋察冀边区根据地进行的军事、政治、经济、文化等领域的斗争、改革、建设措施及取得的主要成就等。在经济研究方面：在贾章旺的《晋察冀边区的烽火记忆——解放战争中的边区货币》③一文中，对边区货币在解放战争中所起到的举足轻重的作用给予了合理肯定与分析。在张彦琛的《晋察冀边区财政工作中的结构与变革》④一文中，作者认为晋察冀边区可谓抗日战争时期中共领导下的模范根据地，其财政工作的突出成就不容忽视，其为长期战争的持续性供给提供了保障。晋察冀边区通过建立起具有鲜明特点的财政结构，并通过这些结构的运转主导了区域内经济的发展。通过对原有产权的重新界定，团结各方面力量在抗日的旗帜下；通过对财政工作的优化，降低内部交易费用；通过安排财政支出，主导资源流向。在军事研究方面：《聂荣臻年谱》⑤《萧克回忆录》⑥《杨成武回忆录》⑦都是军事题材著述。在中央档案馆、河北省社会科学院、中共河北省委党史研究室联合出版的《晋察冀解放区历史文献选编（1945—1949）》⑧一书中，对部队组织演变历程、晋察冀军区基本任务、民兵工作、人民武装纪律条令等内容进行了相对全面的论述。在文化研究方面：有中共河北省委党史研究室出版的《晋察冀解放区首府张家口》⑨一书，对张家口市的电影业、广播电台、旧剧联合会等作出相对详细的记载与研究。此时段中，张家口市的文化驶入急速发展的快车道，被国内外誉为"文化城"。河

① 张伟良．晋察冀边区史稿 [M]．北京：解放军出版社，2005．
② 谢忠厚，肖银成．晋察冀抗日根据地史 [M]．北京：改革出版社，1992．
③ 贾章旺．晋察冀边区的烽火记忆——解放战争中的边区货币 [J]．金融博览，2011（07）：12-13．
④ 张彦琛．晋察冀边区财政工作中的结构与变革 [J]．理论界，2013（08）：128-130．
⑤ 周均伦．聂荣臻年谱 [M]．北京：人民出版社，1999．
⑥ 萧克．萧克回忆录 [M]．北京：人民文学出版社，2018．
⑦ 杨成武．杨成武回忆录 [M]．北京：解放军出版社，2007．
⑧ 中央档案馆，河北省社会科学院，中共河北省委党史研究室．晋察冀解放区历史文献选编（1945—1949）[M]．北京：中央档案出版社，1998．
⑨ 中共河北省委党史研究室．晋察冀解放区首府张家口 [M]．北京：中共党史出版社，1996．

北省新闻出版局出版史志编委会、山西省新闻出版局出版史志编委会联合出版的《中国共产党晋察冀边区出版史》[①]一书中，详细阐释了晋察冀边区根据地的建立及边区新闻出版史、边区机关团体的新闻出版事业、北岳区以及冀热辽区等的新闻出版事业等内容。在陈韶旭、寇振宏的《晋察冀首府张家口是延安精神和西柏坡精神的连接点》[②]一文中，作者对张家口在特殊历史时期发挥的重要历史作用作出肯定，并阐释了晋察冀首府张家口为后续西柏坡精神以及城市建设所留下的有益启示。韩祥瑞的《晋察冀边区（张家口）文化研究》[③]一书中，记述了 1937—1949 年张家口的晋察冀边区文化，并收录了党和国家领导人及晋察冀边区首长为张家口的题词、张家口晋察冀边区遗址、晋察冀边区在张家口地域建立的抗日根据地、张家口市抗日战争时期革命老区等。王利民的《晋察冀边区党的新闻宣传研究》[④]一书中，"新革命史"研究理念贯穿始终，从国家与社会互动关系角度出发，全方位阐释了晋察冀边区中国共产党的新闻宣传产生效果的具体过程，并详细、明确地阐释了中共新闻宣传对日本、国民党、普通民众产生的重大影响，社会各界对中共新闻宣传的截然不同的反应，以及中共对新闻宣传工作的不断调适以及变通。朱志伟的《解放战争时期晋察冀边区宣传民众工作述论》[⑤]一文中，认为解放战争时期的民众宣传工作取得了伟大的历史功绩。同时，在工作中也积累了丰富的工作经验，成为新中国乃至当今民众宣传工作的瑰宝，为新时代社会建设提供了很好的借鉴。总体而言，在此时段内，张家口文化建设领域有一定建树，张家口"文化城"的地位由此基本被奠定和稳固下来。

　　针对晋察冀边区首府在张家口进行教育治理的研究成果相对较多，涵盖针对张家口市的小学、中学、职业学校、大学多个领域的探索。曹剑英、

① 河北省新闻出版局出版史志编委会，山西省新闻出版局出版史志编委会．中国共产党晋察冀边区出版史 [M]．石家庄：河北人民出版社，1991．

② 陈韶旭，寇振宏．晋察冀首府张家口是延安精神和西柏坡精神的连接点 [J]．河北北方学院学报（社会科学版），2013，29（01）：99-103．

③ 韩祥瑞．晋察冀边区（张家口）文化研究 [M]．北京：中国文史出版社，2014．

④ 王利民．晋察冀边区党的新闻宣传研究 [D]．保定：河北大学，2014．

⑤ 朱志伟．解放战争时期晋察冀边区宣传民众工作述论 [D]．石家庄：河北师范大学，2007．

刘茗、石璞等的《晋察冀边区教育史》[①]一书中，涵盖抗日战争时期到解放战争时期的晋察冀边区教育事业发展脉络与基本史实。特别是针对1945—1946年这一特定历史时段进行着墨，详细记录了战争对教育的影响，教育与土改的结合，干部学校、中等学校以及小学教育的调整，社会教育的发展以及教师队伍、教师待遇标准的演化发展。王谦的《晋察冀边区教育资料选编——教育方针政策分册（下）》[②]一书中，立足于1943—1948年的晋察冀边区，论述了晋察冀边区的课本、群众读物、儿童读物、教职员薪金制、冬学运动、"四四"儿童节、"六六"教师节等相关史实。王谦的《晋察冀边区教育资料选编——教育方针政策分册（上）》[③]一书中，则更加侧重于阐释晋察冀边区初等教育的教材内容、师生情况等问题。郎琦、张金辉、肖守库的《晋察冀边区首府张家口高等教育探研》[④]一文中，认为晋察冀边区首府张家口主要借助迁入、改造、合并、新建等方式创建了六所高等学校，在办学过程中，积累了极为宝贵的城市正规化办学经验，换言之，张家口在当时已经成为中国共产党在省会大城市正规化开办高等教育的"试验田"。文芳《解放战争时期晋察冀边区小学教科书的分析》[⑤]一文中，以对解放战争时期晋察冀边区小学教科书的科学、系统分析为基础，并有机结合晋察冀边区发展各相关领域可信史料，不仅使读者对晋察冀边区社会政治、经济、文化教育发展历程形成宏观认识，而且使读者对晋察冀边区小学教科书的文本特征得出微观认知，明确其对边区教育事业以及边区社会发展所产生的巨大推动作用。

此外，此时段科研工作者对晋察冀边区研究的视域得到了持续的拓展，譬如，部分学者开始专门关注晋察冀边区的禁烟、禁毒等问题。众所周知，

① 曹剑英，刘茗，石璞，等.晋察冀边区教育史[M].石家庄：河北教育出版社，1995.

② 王谦.晋察冀边区教育资料选编：教育方针政策分册（下）[M].石家庄：河北教育出版社，1990.

③ 王谦.晋察冀边区教育资料选编：教育方针政策分册（上）[M].石家庄：河北教育出版社，1990.

④ 郎琦，张金辉，肖守库.晋察冀边区首府张家口高等教育探研[J].河北师范大学学报（教育科学版），2016，18（05）：48-53.

⑤ 文芳.解放战争时期晋察冀边区小学教科书的分析[D].长沙：湖南师范大学，2010.

在抗日战争时期，日军对边区根据地实施丧心病狂的"毒化"政策，导致大城市烟馆林立、乡村种植罂粟成为普遍现象。晋察冀边区紧邻敌伪沦陷区，"毒化"形势可谓非常严峻。中国共产党第一次解放张家口后，立即马不停蹄地实施了一系列禁烟、禁毒措施。在禁烟禁毒方面，王金香的《中国禁毒史》①一书中，对于从清朝道光年间到中国共产党领导的禁烟禁毒运动作出宏观梳理。肖红松的《近代河北烟毒与治理研究》②一书中，对近代河北烟毒治理的原因、影响、局限性等问题都有深入阐释。在论文方面，研究成果也十分丰沛，尹红健的《群众在晋察冀边区禁烟禁毒中的作用》③一文中，对于在禁烟禁毒工作中广大人民群众所发挥的显著作用给予充分肯定和深入分析。肖红松的《晋察冀边区烟民戒治活动述论》④一文中，作者指出禁烟禁毒运动属于晋察冀边区群众运动的一个重要组成部分。

二、国外研究

基于研究资料的可得性等问题，国外对中国共产党城市接管问题研究成果并不多见。针对晋察冀边区首府张家口的市政建设的专门性研究几乎难以得见，国外研究成果主要从抗日战争时期和解放战争时期国共两党关系、国共统治力量对比情况入手，宏观地分析晋察冀边区首府张家口政权建设所面临的国内政治环境。当然，其中也间或涉及日伪蒙疆联合政府、张家口的解放等历史问题。

首先，针对张家口政权建设（1945—1946）及国内政治环境的研究。晋察冀边区首府张家口的政权建设（1945—1946），其所处历史时段为抗日战争胜利后到解放战争初期。抗日战争胜利后，国共两党在原日占区进行"一城一地"的争夺，但国民党的腐朽统治令其民心大失。而中国共产党始终奉行民主政治原则，一切以人民为中心，逐步成为民心所向。在此背景

---

① 王金香 . 中国禁毒史 [M]. 上海：上海人民出版社，2005.

② 肖红松 . 近代河北烟毒与治理研究 [M]. 北京：人民出版社，2008.

③ 尹红健 . 群众在晋察冀边区禁烟禁毒中的作用 [J]. 大众文艺，2010（06）：143.

④ 肖红松 . 晋察冀边区烟民戒治活动述论 [J]. 史学月刊，2012（12）：77–85.

下，晋察冀边区首府张家口政权建设如火如荼地铺展开来。国外关于此类内容研究成果包括：2000 年，美国学者费正清在《伟大的中国革命》^①一书中，具体阐述了国共两党关系。他认为："1937 年，抗日战争爆发，同时，国民政府和延安的中国共产党都在打两条战线的战争，一边打日本，一边相互打。"国共第二次合作后，国民党一党专政的弱点愈发凸显且变本加厉。反之，中国共产党在政治民主建设方面成就卓然，特别是"三三制"、土地改革成效巨大，敌后根据地的范围不断拓展，理论建设领域也实现了同步推进，逐步实现"马克思主义的中国化"。2006 年，费正清的《剑桥中华民国史》^②一书中，较为详细地记载了解放张家口、平津战役在张家口拉开序幕等史实。费利克斯·伯克利特的《解构中国民族主义国家：财政崩溃中的行政改革（1937—1945）》一书中，侧重于剖析 1937—1945 年国民党的财政改革措施。他指出，国民党应该被视为导致民族主义国家垮台的罪魁祸首。该书对中国的解放战争相关史实进行了记录，认为中国国民党垮台的重要原因即为财政政策失当，民心尽失之后，国民党的行政改革也无法力挽狂澜。

其次，针对张家口的研究。与其他国家相较可知，苏联、日本学者更加重视对张家口的研究，相关研究成果较常见，研究内容主要针对伪蒙疆自治政府时期对张家口的统治、张家口第一次解放等问题。今村鸿明的《张家口研究》一书中，记载和论述了日军 1937 年 8 月占领张家口后建立伪蒙疆自治政府，张家口自此成为日伪"首府"，日本对张家口进行法西斯式统治的基本史实。日本防卫厅战史室的《华北治安战》^③一书中，具体阐释了日本在张家口成立伪察南自治政府后，日本在幕后操纵该政府的外交、经济、内政等情况。楳本舍三的《关东军秘史》^④以及林三郎的《关东军和苏联远东军》^⑤等书，主要侧重于关注 1945 年苏联出兵远东地区与日本关东军作战情况、苏蒙联军进攻张北城情况。他们取得的共识是：苏军发起的对日作

①　[美]费正清.伟大的中国革命[M].北京：世界知识出版社，2000.

②　[美]费正清.剑桥中华民国史[M].北京：中国社会科学出版社，2006.

③　[日]日本防卫厅战史室.华北治安战[M].天津：天津人民出版社，1982.

④　[日]楳本舍三.关东军秘史[M].上海：上海译文出版社，1992.

⑤　[日]林三郎.关东军和苏联远东军[M].吉林：吉林人民出版社，1979.

战，应该被视为张家口解放的重要客观条件。

综上可知，国外研究成果大多立足于抗日战争大环境，研究视阈显然不够开阔，对晋察冀边区、晋察冀抗日根据地的研究仅仅是零星涉及，并不深入探究，与晋察冀边区首府张家口的市政管理建设（1945—1946）紧密相关的研究成果基本上难以得见。

三、研究评述

以往，科研工作者涉及晋察冀边区首府张家口的政治、经济、军事、文化、教育等方面的研究成果相对丰富，而专门针对张家口的市政管理建设研究成果较为罕有。譬如，在中共河北省委党史研究室的《晋察冀解放区首府张家口》[①]一书中，大致涉及了晋察冀边区首府张家口的社会治安、处置汉奸、清理敌伪资产、优待抗属、首届参议会市政工作报告等问题。赵丽英的《晋察冀边区首府张家口的政权建设（1945—1946）》[②]一文中，对晋察冀边区首府张家口的政权建设（1945—1946）问题作出相对系统的论述。总体而言，此类研究成果应该归类至社会研究抑或政权建设研究层面，并不属于城市管理研究领域的研究内容。专门针对晋察冀边区首府张家口城市建设的研究论文不多，如张金辉、郎琦的《新中国城市建设的样板和试验田——晋察冀边区首府张家口的市政建设研究》[③]以及杨艺琪的《晋察冀边区首府张家口市城市管理研究》[④]等。根据上述情况可以推知，与晋察冀边区首府张家口市政管理、建设相关的研究成果较为单薄，有待科研工作者对其进行进一步拓展和充实。本书基于已有研究成果，确定全新研究主题，希望把研究视角由回溯中国城市"管理"转向对现代城市"治理"的探索上。该书以张家口为案例在论述了城市管理和治理的理论、城市治理理论演化与脉络、国家治理体系现代化中城市治理基础上，分别

---

① 中共河北省委党史研究室.晋察冀解放区首府张家口[M].北京：中共党史出版社，1996.

② 赵丽英.晋察冀边区首府张家口的政权建设（1945—1946）[D].秦皇岛：燕山大学，2019.

③ 张金辉，郎琦.新中国城市建设的样板和试验田——晋察冀边区首府张家口的市政建设研究[C]//第九届河北省社会科学学术年会论文集，2014：370-376.

④ 杨艺琪.晋察冀边区首府张家口市城市管理研究[D].石家庄：河北师范大学，2019.

考察了城市善治理论、大都市区治理理论、城市群治理理论等城市治理领域理论前沿，力求梳理出城市治理在新时代的创新与变革以及实践与开拓，为城市治理发展趋势作出合理预测与展望，进而切实提高城市规划、建设、治理水平。

第三节　方法与创新

研究方法的单一化和同质化已然成为科学研究领域的痼疾，破解之法唯有融合以及创新。

一、研究方法

该书研究方法主要包括历史文献调查法，归纳、演绎结合法。研究方法选取的显著特征是，既有对传统历史学研究方法的继承与发扬，也融合、吸收了现代管理学领域的研究方法精髓。

（一）历史文献调查法

在史学研究领域，历史文献调查法的别称为历史调研法，在调研工作领域，此方法极为常见。在历史文献调查法指引下，首先应搜集各类历史文献、资料，并从中提炼和归纳出与研究课题高度相关的文献资料，在此基础上，对这些选定的文献资料进行分析、加工、处理，最终得出研究结论。文献，长久以来被视为经典典籍，但是随着科技的进步，文献所指的范畴在逐步拓展。在现代，人们认为，用文字、图像、符号、声频、视频等手段记录人类知识的物质属于文献，更进一步可推知，以一定方式将人类社会知识记录于某种物质载体上所形成的东西都可以称为文献。该书通过查阅中国国家图书馆、张家口市图书馆、张家口市档案馆等机构的大量原始档案与资料，获取较为丰富和全面的关于张家口第一次解放的一手史料，并综合运用考证法、文献分析法、归纳法等科学研究方法，探索这一特殊历史时段的历史发展脉络，并明确张家口作为中国共产党领导下解放的第一座省会城市，对中华人民共和国成立后的城市建设与管理，甚至于对现代城市治理所产生的重要影响力。

（二）归纳、演绎结合法

所谓归纳，可以理解为基于一定的经验观察，从现象中超脱出来，凝练、概括出普遍性与一般性结论。归纳意味着从特殊到一般、从个性到共性、从具体到抽象、从经验到理论，为了系统地提出问题、凝结出规律性结论、建构解释现象的理论必须学会运用归纳法。所谓演绎，指的是基于一般原理或理论，通过逻辑推理来解释具体的事件或现象。演绎是从一般到特殊、从共性到个性、从抽象到具体、从理论到经验事实，常常用于检验一种理论、判断一种理论的正确性。该书力图从零散、细小的史料中寻找出有机关联性的材料，充分利用归纳和演绎相结合的方法，对烦琐而零散的资料进行分类整理，厘清脉络结构，从而将当时晋察冀边区首府张家口的市政管理建设作为一个整体历史事件完整呈现出来。

二、创新之处

创新之处主要包括史料创新，观点、方法创新，研究视角创新。

（一）史料创新

1. 大量搜集和查阅了中国国家图书馆、张家口市图书馆、张家口市档案馆等的相关原始资料，将原始档案与《晋察冀日报》《察哈尔日报》以及《解放日报》等相关重要报刊的初始资料有机结合，相互印证，客观论述晋察冀边区首府张家口第一次解放时的市政管理建设实践。

2. 更加注重挖掘常被研究者忽视的张家口革命与建设领导人的回忆录、年谱等文献资料，力求令可用史料更加充盈，有利于对张家口第一次解放后中国共产党对张家口市政管理建设的具体实施进行深入探索和剖析。

（二）观点、方法创新

在观点上提出：晋察冀边区首府张家口的市政管理建设与现代城市治理具有先行后续、一脉相承的关系，管理到治理的转型是历史发展的大势所趋，研究晋察冀边区首府张家口的市政管理建设，可以从中认识到张家口是"新中国城市建设的样板和试验田"①，并明确现代城市治理中值得延续的精髓所在，中国城市治理的未来可期。在方法上，不再局限于历史学研究方法，而是大胆引入管理学领域先进研究方法，对历史事件进行合理科学的归纳和演绎，将晋察冀边区首府张家口的市政管理建设与现代城市治理的逻辑关系充分展现出来，厘清历史发展脉络，为展望未来城市发展奠定坚实基础。

（三）研究视角创新

一是并未局限于历史学研究的单一视角。以张家口为代表的城市管理与建设属于系统工程，是不断延续与发展的伟大事业。以往，对中国共产党城市管理的研究大都集中于特定的某个历史时期，尤其是解放战争末期和中华人民共和国成立初期，对于抗日战争胜利后到解放战争开始前这一历史时段的研究相对薄弱。二是引发学界关注中小城市市政管理与建设。以往研究成果对城市市政建设研究多数聚焦于大城市或较大区域。如一些学者多关注北平、东北解放区，与之相较，张家口仅是相对而言的"大城市"，以张家口为代表的中小城市并未吸引太多研究者目光。三是拓展未来研究的思考维度。以往对晋察冀边区首府张家口的研究局限性大。主要凸显研究者对张家口的社会教育、与延安的关系问题的重视，很少有针对性地研究晋察冀边区首府张家口的市政管理与建设的。本书不仅关注晋察冀边区首府张家口的市政管理与建设，而且充分利用发散、演化思维，将城市管理与城市治理有机相连，梳理两者转轨脉络，思索未来城市治理发展趋势，贯古通今，为研究者提供更广阔的思索空间。

第四节 概念界定

本书的研究跨越了两个历史时段，研究的是一个二元结构的问题，研究

---

① 张金辉.晋察冀解放区高等教育研究 1937—1949 [M].北京：中国言实出版社，2018：9.

负载的复杂性和综合性较强。因此，对相关重要概念做出科学合理的界定与说明就显得至关重要。

一、时间界定

第一时段：从 1945 年 8 月 23 日抗日战争结束、晋察冀边区首府迁至张家口市，至 1946 年 10 月 10 日国民党挑起内战，中国共产党领导人民军队从张家口市实施战略性撤退。1945 年 8 月—1946 年 10 月这一历史时段内，晋察冀边区首府张家口不仅经历了第一次解放，而且经历了稳定城市的接管、建设乃至战略性撤退。在短暂的一年多时间中，中国共产党领导的晋察冀边区首府张家口市在政治、经济、文化、教育等不同领域获取长足进步，为后来中华人民共和国成立后的城市建设树立了可供借鉴的榜样。在此时间段内进行该书前半部分的论述，有利于从整体上把握解放战争时期晋察冀边区首府在张家口存在与发展的全过程，这可以凸显出本书扎实厚重的历史研究根基，全书的连贯性和系统性也得到最大程度彰显。第二时段：2019 年 10 月，中国共产党第十九届中央委员会第四次全体会议在北京召开至今。此次会议由中央政治局主持，中央委员会总书记习近平作重要讲话。会议审议通过了《中共中央关于坚持和完善中国特色社会主义制度、推进国家治理体系和治理能力现代化若干重大问题的决定》。以此时间段承接关于现代城市治理的论述，能从新时代新格局视角有机衔接晋察冀边区首府张家口市政管理建设，从对比研究中，梳理出城市管理到城市治理的承与变、过渡与衔接，使得人们更加深刻认识与领会到中国共产党对于城市发展的不忘初心与高瞻远瞩。

二、空间界定

本书前半部分对于晋察冀边区首府张家口的市政管理建设的空间地域非常明确，即 1945 年抗日战争结束后第一次获得解放的张家口市，当时，张家口市全市共计拥有 9 个区、55 条街以及 26 个村。在地区划分向度，桥东区：东安大街以北为一区；东安大街以南为二区；桥西区：东关街以南为三区；东关街以北，至善街、新华街以南为四区；明德大街以东，至善街以北至和尚庙街为五区；明德大街以西，新华街以北至黄家楼为六区；黄家楼及和尚庙街以北为七区；郊区：七里茶坊、高家屯以南为八、九区。日军入侵前，张家口原有耕地共计约121761亩，在日本侵略者入侵后，对张家口的土地资源进行肆无忌惮的掠夺和强占，导致张家口的耕地面积持续缩减，中国共产党领导张家口第一次获得解放时，张家口的水旱地共计仅为66761.62亩。本书后半部分现代城市治理研究的空间界定则较为广泛，包括全面贯彻习近平新时代中国特色社会主义思想，自信自强、守正创新，踔厉奋发、勇毅前行，为全面建设社会主义现代化国家、全面推进中华民族伟大复兴而团结奋斗的全中国各个区域的所有城市。

三、对象界定

中华民族全民族抗日战争时期，张家口曾经是"伪蒙疆自治政府"首府所在地。晋察冀边区存在时间为：1938年1月—1948年8月，在抗日战争取得胜利前，晋察冀边区首府位于河北省阜平县。抗日战争结束后，晋察冀边区首府即迁至张家口，在张家口存在的时间为1945年8月—1946年10月，之后解放战争爆发，晋察冀边区首府战略性撤离张家口，成功实现战略转移。本书前半部分的研究对象即1945年8月至1946年10月在张家口的晋察冀边区首府的市政管理建设。

本书以1945年8月23日八路军解放张家口为切入点，进行对晋察冀边区首府张家口的市政管理建设的研究。晋察冀边区首府张家口市政管理建设的经验和启示是本书的研究起点。之后，本书后半部分以中国城市管理到城市治理的历史变迁为过渡点，引出现代城市治理的理论基础、演化发展脉络、发展方向、创新与变革、实践与开拓等内容，是晋察冀边区首府张家口市政管理研究的拓展与发散，与之形成对比与呼应。

<h1 style="text-align:center">第五节　选题价值</h1>

选题价值主要包括学术价值、应用价值和现实意义。

一、学术价值

一是晋察冀边区首府张家口市政管理与现代城市治理研究，丰富了以往史学界对该问题的研究视角和方法；发展了城市管理到城市治理转型、比较研究体系的内容；拓展了现代城市治理新科学发展理念的研究领域；构建了环环相扣的城市管理到城市治理的研究理路。二是晋察冀边区首府张家口市政管理与现代城市治理研究彰显了中国特色，与新时代新格局下的新要求相互呼应，体现了历史学思维与管理学方法的有机结合，并且基于实证性量化手段的方法，由经验探索向实证研究转变，将深化并丰富晋察冀边区首府张家口市政管理以及现代城市治理在历史学、管理学领域的研究。

二、应用价值

一是对晋察冀边区首府张家口市政管理与现代城市治理研究承变关系的认识把握和导向定位，长远而言，有利于国家坚持和完善中国特色社会主义制度、推进国家治理体系和治理能力现代化等发展理念落实。二是现代城市治理的落实是全面深化改革和实现五大发展理念的必然要求，有利于全面建设社会主义现代化国家，早日实现中华民族伟大复兴、实现中国梦。三是依据城市管理向城市治理过渡、转型思路，既有利于提升城市治理理论在中国的应用水平，为机制创新提供现实指导，也有利于从理念、机制、工具层面启发国家城市治理发展思路。

三、现实意义

中国共产党第二十次全国代表大会召开以来，全党全国各族人民同心同德，埋头苦干，更加紧密地团结在以习近平同志为核心的党中央周围，坚定信心，开拓创新，为全面建设社会主义现代化国家，推进国家治理体系和治理能力现代化，实现中华民族伟大复兴的中国梦而努力奋斗。本书将深入研究晋察冀边区首府张家口市政管理与现代城市治理研究"承"与"变"，探索具有中国特色的市域治理现代化趋势，提高城市规划、建设、治理水平，推进共建共治共享社会治理社会化、法治化、智能化、专业化，实现人民获得感、幸福感、安全感更加充实更有保障更可持续，不断促进人民安居乐业、社会安定有序的良好局面最终形成。

第二章

中国共产党接管张家口城市工作的历史必然性

在历史研究领域，已经形成的共识是：历史的发展是有其必然性的。当然，所谓"历史的必然性"，其所指为历史唯物主义观照下的"历史的必然性"。换言之，"历史的必然性"认为，历史是发展的，是由其自身的发展性所决定的，有它的必然性，这是因为，世界是运动变化着的，不可能一成不变。其包括两重含义：一是指部分历史现象符合决定律，这被称为历史必然定律；二是指全部历史现象都符合因果律，这被称为历史的必然因果。基于"历史的必然性"规律，在某一历史条件下，社会发展到某种状态是必然的；历史的必然性究其本质而言即人的主观能动性在社会发展中的表现，其为主体与客体、人与社会之间相互作用而产生的最终结果。在本章，主要探究的问题就是中国共产党接管张家口城市工作的历史必然性，这背后暗含两条线索：一是在历史必然性推动下，中共中央作出夺取城市战略决策，二是在历史必然性指引下，接管张家口城市工作的理论依据业已具备。

第一节　中共中央作出夺取城市战略决策

根据历史发展进程和规律，中共中央审时度势，适时作出了夺取城市战略决策，深层原因有三个：首先，"二战"胜利为中国抗日战争转入大反攻创造了条件；其次，在敌后战场上，敌我形势逐步趋于明朗化，人民军队优势不断凸显，基于此，中国共产党夺取城市的现实基础已经初步具备；最后，夺取大中城市，可以被视为中国共产党创建中华人民共和国的客观需要。

一、"二战"胜利为中国抗日战争转入大反攻创造了条件

1943—1944 年，全球范围内的反法西斯战争形势逐渐明朗，反法西斯力量已经明显占据战争优势。1945 年，举世瞩目的雅尔塔会议正式召开，会议提出重要决议，即：欧战一旦战毕，苏联立即投身于对日法西斯的正义作战。在"二战"时期的欧洲战场上，德、意法西斯国家接连沉舟折戟、一败涂地，日本法西斯势力孤掌难鸣，事实上，其已然被全世界反法西斯力量合围起来。1945 年 8 月 6 日、9 日，美国向日本投放破坏力巨大的两枚原子弹。随后，1945 年 8 月 9 日，苏联开始进攻长期以来盘踞在中国东北的日本侵略者。美国向日本投放原子弹以及苏联参与对日作战后，日本侵略者已然兵败如山倒。自此，中国抗日战争转入大反攻阶段。

可以讲，在此阶段，世界反法西斯战争的根本性转折已经初露端倪，毛泽东因而预判：日本侵略者在中国的全面溃败已是大势所趋，中国共产党领导的人民军队理应随时做好应对大事变的充分准备，将日本侵略者驱逐出去指日可待。1944 年 4 月，中国共产党的高级干部会议在延安如期召开，在此次会议上，毛泽东强调："我们要准备不论在何种情况下把日寇打出中国去。为使我党能够担负这种责任，就要使我党我军和我们的根据地更加发展和更加巩固起来，就要注意大城市和交通要道的工作，要把城市工作和根据地工作提到同等重要的地位。"[①] 1944 年 6 月，《关于城市工作的指示》出台，其中，要求各中央局、中央分局以及区党委"必须把城市工作与根据地工作作为自己同等重要的两大任务"，"必须把争取敌占一切大中小城

---

① 毛泽东选集（第三卷）[M]. 北京：人民出版社，1991：945.

市与交通要道及准备群众武装起义这种工作，提到极重要地位"①，"以期在今年下半年及明年上半年，就能收获显著成绩，准备配合世界大事变，在时机成熟时，夺取在有我强大军队与强大根据地附近的一切敌占城市与交通要道。"②

二、敌后战场形势的发展为夺取城市夯实了现实基础

1943 年，在中国共产党领导下，敌后解放区力量迅速壮大，抗日根据地持续蓬勃发展，事实上，在敌后，抗战军民已经具备阻止日本侵略者大举进犯的实力。1944 年，针对气焰嚣张的日伪军，中国共产党领导人民军队在华北、华中以及华南地区发起局部反攻，数量庞大的县城、敌据点等国土重新获得光复，1700 多万人口从敌伪势力手中被解放出来。面对大好形势，毛泽东号召，中国共产党要带领人民夺取城市政权，同时，全党要做好充分的思想准备，实现工作重心的成功转移。在中国共产党第七次全国代表大会上，毛泽东指出："现在要最后打败日本帝国主义，就需要用很大的力量转到城市，准备夺取大城市，准备到城市做工作，掌握大的铁路、工厂、银行。"③ 在中国共产党领导下，1945 年春，人民军队持续打击日本侵略者嚣张气焰，数量庞大的县城得以被光复。1945 年 5 月，为了进一步打击日伪势力，八路军、新四军合力发动规模宏大的夏季攻势，收复数量庞大的城镇，迫使日伪势力向铁路主干线、重要大城市收缩，解放区之间联系渠道被打通了，中国共产党领导的人民军队由游击战向运动战转变，在此历史节点上，全面反攻已经势在必行。

毋庸置疑，中国共产党领导的抗日武装已成为抗日救国的决定性力量，全体中国人民的革命觉悟空前高涨，解放区实力日渐增强，全国性民主运动此起彼伏蔓延开来……在此情势下，中国共产党领导人民夺取城市的重要契机已然到来。中共中央认为，在此历史节点上，最为紧要的战略任务即为

---

① 中央档案馆 . 中共中央文件选集（第十四册）[M]. 北京：中共中央党校出版社，1992：244.
② 中央档案馆 . 中共中央文件选集（第十四册）[M]. 北京：中共中央党校出版社，1992：244.
③ 中共中央文献研究室 . 毛泽东在七大的报告和讲话 [M]. 北京：中共文献出版社，1995：137.

夺取城市、交通要道，因为这些工作"比以前有更宽广的社会条件与群众条件"[①]。

三、夺取大中城市是中国共产党创建新中国客观需要

在抗日战争胜利前后的一段历史是至关重要的，甚至可以决定中国的前途与命运。抗日战争胜利后，中国将走向何方，取决于国共两党的角力。而城市战略地位重要且特殊，因此，成为国共两党角力的焦点区域。日本侵略者投降后，国民党随即倒向美国怀抱，借助美援，与中国共产党激烈争夺城市要地。中国共产党积极应对此种情势，积极夺取城市，为战胜国民党内战阴谋做足充分准备。1945 年 8 月，毛泽东撰写了《评蒋介石发言人谈话》，强调：制止内战的有效方式显而易见，即"坚决迅速努力壮大人民的民主力量，由人民解放敌占大城市和解除敌伪武装"[②]。毛泽东把广大城市喻为"桃子"，他认为：我们势必要和国民党争夺这些桃子。其中，一批大"桃子"，是要被国民党夺去的，如上海、南京、杭州等大城市。一批中小"桃子"，是双方激烈争夺的，如同蒲、平绥、北宁、平汉、正太、白晋、德石、津浦、胶济等中小城市。此外，一些有把握的"桃子"落在人民手中的可能性极大，如河北、察哈尔、热河、山西、山东、江苏等区域的城市。中国共产党已经具备摘得胜利果实的实力，能够把必争的、有把握的"桃子"握在手中，战胜国民党反动派就指日可待。

抗日战争胜利后，在对日反攻、对国民党自卫反击作战过程中，中国共产党领导中国人民收复了许多城市。1945 年 8 月至 9 月，仅仅 1 个月时间内，中国共产党收复县级以上城市百余座。1946 年，中国共产党收复城市500 余座。由于战争的反复和战略的安排，1946 年初解放战争开始时，解放区拥有县级以上城市 464 座，重要港口及市镇 3 座。中国共产党占领和管理过的城市数量较多，涵盖张家口市、邯郸市、长治市等。

---

①　中央档案馆.中共中央文件选集（第十四册）[M].北京：中共中央党校出版社，1992：245.

②　毛泽东选集（第四卷）[M].北京：人民出版社，1991：1150.

第二节　接管张家口城市工作的理论依据

凡是成功的经济社会发展实践，必须要有与之相匹配的一套理论来阐述和指导，否则，在前进的道路上，努力方向就有可能失准。理论的力量不是简单地坐而论道，而是货真价实的行动动力。中国共产党始终坚持共产主义远大理想，始终秉持为人民服务根本宗旨，始终不渝地为人民利益而不懈奋斗。中国共产党运用科学理论武装全党、教育人民，其意义非常深远。正如恩格斯言道："一个民族要想站在科学的最高峰，就一刻也不能没有理论思维。"① 列宁也认为："只有以先进理论为指南的党，才能实现先进战士的作用。"② 基于此可知，中国共产党的根本优势就是理论优势。就科学理论而言，其一方面是中国共产党的先进之源、胜利之本，另一方面是中国共产党的执政所依、发展之基。

一、理论基础——马列主义城市观

马克思、列宁的城市思想，无疑是马克思哲学理论不可或缺的组成部分。马克思、列宁有着丰富的关于城市的论述，但遗憾的是，其并未建构出系统的城市理论。但毫无疑问，马列主义城市观可被视为中国共产党管理建设城市的理论基础。

（一）城市的缘起

在深入分析、考察原始社会的基础上，马克思、恩格斯认识到，所谓城市，并不是从来就有的，当社会生产力发展到较高水平时，城市才应运而生。在原始社会末期，原始部落成员建造城垣，形成具有防御功能的居

---

① 马克思恩格斯文集（第九卷）[M]. 北京：人民出版社，2009：437.

② 中共中央马克思恩格斯列宁斯大林著作编译局. 列宁全集（第六卷）[M]. 北京：人民出版社，1986：24.

住中心，这事实上就是"城"的滥觞。恩格斯认为："用石墙、城楼、雉堞围绕着房屋聚集的城市，是部落或部落联盟核心位置。"① 在原始社会，"城市"仅具备"城"的初始含义，是一种狭义的城市。而真正的城市，还应该同时肩负区域经济、交易中心职责。"城市产生的根本动因为：生产力提高、社会分工扩大、商品交换频繁。"② 马克思、恩格斯强调："民族内部细化分工后，不仅会导致工商业、农业分离，而且会导致城乡分离、城乡利益对立。"③ 在这种分离和对立的基础上，城市正式诞生。伴随生产力发展水平的提升，生产要素必须实现持续性高度集聚，而"城市恰好集聚了大量人口、生产工具、资本、享乐需求"④。因此，"城市的出现，意味着阶级对立产生、城市对乡村进行统治和剥削、社会生产力趋于发达、社会分工扩大、人类城市文明诞生"⑤。

（二）城市的发展

马克思、恩格斯认为，城市的发展，是社会生产力发展的结果，亦是资本主义大工业的"伴生物"。马克思提出，工场手工业是资本主义大工业以及现代城市实现发展的基础。1. 工场手工业与商业结合后，工场手工业之所以进行生产，不仅仅是为了满足区域内部消费需求，更重要的目的是实现对外交换。马克思认为："城市工业已经与农业实现了分离，其生产的产品即为商品，为了销售产品，必须以商业为媒介……所以，商业与城市相互依赖，二者不可分割。"⑥ 基于此，以市场交换为目的的资本主义大工业大行其道，商业、工场手工业的结合与聚集催化了近代城市的诞生与发展。2. 工场手工业得到快速发展后，工业人口向城市大规模聚集，一方面，资本主义大工业拥有了劳动力来源；另一方面，城市的发展充满内生动力。马克思、恩格斯认为："在城市，最重要的并非人口增长，而是纯粹的工业人口的增长……因此，要减少……农业人口，使其脱离土地。与农业相关联的劳动同

---

① 马克思恩格斯选集（第四卷）[M].北京：人民出版社，1972：159.

② 马克思恩格斯全集（第二十一卷）[M].北京：人民出版社，2003：186.

③ 马克思恩格斯文集（第一卷）[M].北京：人民出版社，2009：520.

④ 马克思恩格斯全集（第三卷）[M].北京：人民出版社，1960：57.

⑤ 马克思恩格斯文集（第二卷）[M].北京：人民出版社，2009：689.

⑥ 马克思恩格斯全集（第三卷）[M].北京：人民出版社，1956：38.

农业分离……是分工和工场手工业得以发展的前提条件，因此，分工……是极为普遍的现象。"① 可见，在生产要素集中、生产与贸易结合、工业人口增长的前提下，资本主义大工业步入发展快车道，同时，为城市带来繁荣、发展的优良契机。

（三）城市功能以及作用

马克思、恩格斯提出，伴随生产力发展、社会分工扩大，城市功能处于持续演变过程中，并呈现"简单—复杂""单一—多元""低级—高级"的发展趋势。城市被视为人口、生产、资本、工业、商业、文化、科技、享乐和需求聚集地。列宁认为："城市是经济、政治、人民精神生活的中心，是国家发展动力之源。"② 论及城市的功能和作用，一般涵盖：1. 政治功能。城市发展水平不断提升后，社会分工随之持续扩大，因而，行政管理部门也常驻城市，之后，城市成为地域政治中心，具备政治功能。然而，"此时，占据统治地位的依旧是自然经济，城市虽肩负交易功能，但其经济职能仍相对薄弱。"③ "之后，在统治者推动下，城市文化功能、生产功能日益显著。总而言之，古代城市、现代城市的功能、作用大不相同。"④ 2. 经济功能。在近代资本主义工业飞速发展的背景下，近代城市诞生并持续繁荣发展，此时，城市不仅是工业中心，而且成为贸易中心。围绕工业、贸易中心，城市又衍生出科技、金融、信息以及交通运输中心等。城市逐步成为区域、国家乃至世界中心。城市经济功能不断增强后，可以同时带动城乡协同发展。"城市最为本质的功能是，推动人口流、智力流、物质流、能量流、资金流、信息流的聚焦与扩散，并在此基础上产生大量经济效益。"⑤ "城市……是一个有机整体，具备强大的聚焦经济效益、辐射扩散效应。"⑥ 近代，在世界范围内爆发大规模产业革命，城市经济功能愈发凸显，一个现代城市可以身兼

---

① 马克思恩格斯选集（第一卷）[M].北京：人民出版社，1972：39.

② 列宁全集（第十九卷）[M].北京：人民出版社，1995：264.

③ 孙志刚.经济哲学问题研究[M].北京：中国广播电视出版社，2000：173.

④ 孙志刚.城市功能论[M].北京：经济管理出版社，1998：15.

⑤ 臧学英，王坤岩.京津冀协同发展战略框架下天津城市功能提升的路径选择[J].理论与现代化，2017（04）：19-26.

⑥ 陈柳钦.城市功能及其空间结构和区际协调[J].中国名城，2011（01）：46-55.

多元经济功能，但是，一个现代城市必然要具备一种主要和特有的功能，这无疑是一个城市的特质。城市的主导功能日渐凸显，究其本质而言，是生产力发展观照下的区域分工所致。恩格斯认为，城市之间的联系在不断加深，新的劳动工具在城市之间传递，生产和商业领域分工加剧，每个城市都拥有其独特的优势工业部门。城市的地域局限性在消弭。城市分工得到细化后，城市之间更易于形成相辅相成、关系密切的协作经济体系，社会再生产得以加速发展。换言之，社会再生产经过城市内部经济活动、城市之间经济活动的互动，实现专业化协作生产、商品交换、复杂社会分工。3. 文化功能。城市发展水平持续攀升，刺激民众从落后的乡村中出走，进入梦寐以求的城市，被纳入现代社会生活轨道中，与农村相较，民众的文化、觉悟程度已经不可同日而语，其更易培育自身文明的习惯与需要，妇女独立且男女平等。城市在潜移默化中影响和改变着民众的思想与观念。基于此，城市成为科学水平、艺术造诣、人类文明标志。

（四）城乡统筹发展

马列主义认为，所谓城乡统筹发展，更侧重于强调认清城乡分离以及对立根源，明确城乡分离以及对立消除的可行性，并以此为基础，寻求城乡统筹发展的多元路径。

1. 城乡分离以及对立根源

马克思、恩格斯认为，导致城乡分离乃至对立的根源为：生产资料私有制基础上的社会分工。马克思、恩格斯强调："在私有制的范围内，城乡对立得以存在。城乡对立反映的是个人屈从于分工或其某项特定活动，在此情况下，部分人成为城市动物，部分人成为乡村动物，两者间利益的对立不断加深。"[①]

2. 城乡分离以及对立消除的可行性

马克思、恩格斯认为，城乡间的分离、对立是可以消除的。无可否认，资本主义发展加剧了城乡分离与对立，同时，资本主义发展也孕育着消除城乡分离与对立的可能性。也就是说，资本主义生产力发展到一定水平后，城

---

① 马克思恩格斯文集（第一卷）[M]. 北京：人民出版社，2009：556.

乡融合发展成为大势所趋，并具备了坚实的物质技术基础。马克思、恩格斯强调："资本主义生产方式将被更高级的综合发展方式所取代，农业、工业不再完全对立，而是联合、融合发展，资本主义发展就是这一切的物质前提。"①

3. 城乡统筹发展的多元路径

马列主义认为，城乡统筹发展的多元路径主要包括：废除私有制，建立公有制；发展生产力，并合理布局生产力；重视城市对农村的带动作用；使城乡联系成为巩固而不可分离的联合体；使农业人口和非农业人口的生活条件接近。

（1）废除私有制，建立公有制。归根结底，私有制是导致城乡分离和对立的制度根源。所以，私有制下，根本不能彻底破解城乡分离和对立问题。"消除阶级、阶级对立、旧有分工，令所有人共享福利，促进城乡融合，全体社会成员共同发展……这一切的前提条件都是废除私有制。"②实行公有制后，"公民公社成立，统筹工业、农业生产，城乡生活方式有机融合，相辅相成"③。私有制彻底消弭后，"农业、工业的结合将更加顺畅和合理，城乡对立的消弭也指日可待"④。（2）发展生产力，实现生产力合理布局。马克思、恩格斯强调，所谓城乡分离和对立，其背后隐藏的问题是生产力发展不够发达。因此，欲消除城乡分离和对立、实现城乡协调发展，必须先做到升级生产力水平。同时，马克思、恩格斯认为，不仅要重视发展生产力问题，而且要重视生产力合理布局问题。马克思、恩格斯强调："在一国范围内，应该实现大工业均衡分布，这有利于消除城乡分离问题。"⑤（3）以城市带动农村发展。马克思、恩格斯指出，国民经济迅速发展的基础即为农业，因此，要实现城乡统筹发展，必须对农业发展问题给予高度关注。同时，一个较为发达的城市，一般身兼工业、商业、航运、贸易以及地方中心等多重角色，

---

① 马克思恩格斯全集（第十三卷）[M].北京：人民出版社，1960：552.

② 马克思恩格斯文集（第三卷）[M].北京：人民出版社，2009：326.

③ 张纯美，洪静媛.马克思恩格斯全集名句名段类编[M].沈阳：辽宁大学出版社，2012：260.

④ 邓杰.近代以来上海城市规模的变迁[M].上海：上海社会科学院出版社，2017：97.

⑤ 天津市社会科学界联合会，中共中央编译局马恩室.马克思恩格斯学说集要（下）[M].天津：天津人民出版社，1995：3483.

规模、集聚效应非常显著，城市的发展可以有效地促进农村劳动者素质提升从而催动农业、农村发展。（4）构筑城乡发展共同体。将城乡间的生产与商品交换有机结合，将工业生产与满足农民生产生活的需要有机结合，不断加强和巩固城乡联系，使两者成为密不可分的共同体。（5）发展城乡交通工具，活跃城乡经济，令城乡交往便捷顺畅，令城乡人口生活条件均衡提升。

因此，马列主义城市观可以被视为中国共产党接管城市工作的理论基础，中国共产党以马列的城市观为指导，同时，结合特定历史背景、中国实际情况，开天辟地地创制一套具有中国特色的城市管理与建设的理论体系。

二、指导思想——新民主主义理论

1940 年 1 月，毛泽东作《新民主主义的政治与新民主主义的文化》讲演。同年，毛泽东发表《新民主主义论》。《新民主主义论》是新民主主义理论形成的重要标志，是中国共产党将马克思主义基本原理同中国实际相结合取得的伟大理论成果。可以讲，中国共产党对城市的接管与建设，就是以新民主主义理论为重要指导思想的。

（一）新民主主义革命理论指导城市管理建设

论及中国共产党的新民主主义理论，应该涵盖新民主主义革命、新民主主义社会理论。就新民主主义革命理论而言，其解决的是"无产阶级领导的，人民大众的，反对帝国主义、封建主义和官僚资本主义的革命"[1] 问题，革命的任务是实现民族独立和人民解放，建立新民主主义共和国。在新民主主义革命理论视阈，与城市管理建设相关的内容涵盖：

1. 取消帝国主义在华特权是新民主主义革命的首要任务

帝国主义肆意、疯狂的侵略，为中国社会进步和发展造成了巨大桎梏，直接导致近代中国陷入贫穷落后困局。因此，中华民族的最大敌人即帝国主义，中国革命的首要任务即彻底推翻帝国主义压迫性特权，推动中华民族步入独立自主发展轨道。基于此，毛泽东认为，中国共产党对外关系的原则、

---

① 毛泽东选集（第四卷）[M]. 北京：人民出版社，1991：1313.

立场为："否认蒋介石独裁政府的一切卖国外交，废除一切卖国条约，否认内战时期蒋介石所借的一切外债。要求美国政府撤退其威胁中国独立的驻华军队，反对内战，反对日本侵略势力重新抬头。同外国订立平等、互惠的通商友好条约。联合世界上一切以平等待我之民族共同奋斗。"[①] 在城市管理、建设领域，该理论为中国共产党所积极奉行，城市政府处理涉外事务时，常以此为最高标准。

2. 推翻国民党反动政权是新民主主义革命的重要任务

近代中国沦为半殖民地半封建社会，地主、买办阶级完全依附于国际资产阶级，依赖帝国主义扶持，在中国不断扩张其势力。地主、买办阶级代表的是中国最落后、反动的生产关系，对中国生产力发展产生极大不利影响。"地主、买办阶级利益在中国的表现形式，即为国民党反动统治。"[②] 国民党政权代表大地主、大资产阶级利益，抗日战争胜利后，美帝国主义就与国民党勾结，支持其悍然发动内战，其用心险恶，试图将中国重新变为半殖民地半封建社会。毫无疑问，彻底推翻国民党蒋介石反动统治，是解放战争时期的重要革命任务之一。因此，为了实现对城市的管理建设，必须先一鼓作气覆灭国民党反动统治。

3. 基于官僚买办资产阶级的反动性没收官僚资本

在《中国革命和中国共产党》中，毛泽东明确界定了官僚买办资产阶级性质。即："带买办性的大资产阶级，是直接为帝国主义国家的资本家服务并为他们所豢养的阶级，他们和农村中的封建势力关系密切……带买办性的大资产阶级历来……是中国革命的对象。"[③] 1947 年，在《目前形势和我们的任务》中，毛泽东指明四大家族官僚资本的性质。即："蒋、宋、孔、陈四大家族……垄断了全国的经济命脉。这个垄断资本，和国家政权结合在一起，成为国家垄断资本主义。这个垄断资本主义，同外国帝国主义、本国地主阶级和旧式富农密切地结合着，成为买办的封建的国家垄断资本主义。这

[①] 毛泽东选集（第二卷）[M]. 北京：人民出版社，1991：565.

[②] 毛泽东选集（第一卷）[M]. 北京：人民出版社，1991：3.

[③] 毛泽东选集（第二卷）[M]. 北京：人民出版社，1991：639.

就是蒋介石反动政权的经济基础。"[①] "这个国家垄断资本主义，压迫工人农民、城市小资产阶级、中等资产阶级。这个国家垄断资本主义，在抗日战争期间和日本投降以后达到了最高峰，它替新民主主义革命准备了充分的物质条件。"[②] "这个资本，在中国……叫做官僚资本。这个资产阶级，叫做官僚资产阶级，即是中国的大资产阶级。新民主主义的革命任务，除了取消帝国主义在中国的特权以外，在国内，就是要消灭地主阶级和官僚资产阶级（大资产阶级）的剥削和压迫，改变买办的、封建的生产关系，解放被束缚的生产力。"[③]

（二）新民主主义社会理论指导城市管理建设

就新民主主义社会理论而言，其解决的是新民主主义共和国的政治、经济、文化和社会建设问题，同时，以稳步地由农业国向工业国转变、由新民主主义向社会主义转变为目标。毛泽东认为："所谓中华民族的新政治，就是新民主主义的政治；所谓中华民族的新经济，就是新民主主义的经济；所谓中华民族的新文化，就是新民主主义的文化。"[④] 换言之，在新民主主义社会中，其政治、经济、文化各方面，必然一定程度上含有社会主义因素，且社会主义因素是占据领导地位的决定性因素，因此，其为中国向社会主义过渡夯实了基础。在新民主主义社会理论体系中，可供城市管理建设领域借鉴的主要有：

1. 新民主主义经济建设的系列理论问题

就新民主主义经济建设而言，其主要涵盖：国营经济是国民经济主导力量；发展私人资本主义是新民主主义社会必然要求；新民主主义经济应做到"节制资本"；新民主主义社会的基础是工业化；新民主主义的经济构成和基本政策等。

（1）国营经济是国民经济主导力量

毛泽东认为：在当时的中国，现代性工业产值较低，仅占"国民经济

---

①　毛泽东选集（第二卷）[M]. 北京：人民出版社，1991：1253.

②　毛泽东选集（第四卷）[M]. 北京：人民出版社，1991：1254.

③　毛泽东选集（第四卷）[M]. 北京：人民出版社，1991：1254.

④　毛泽东选集（第二卷）[M]. 北京：人民出版社，1991：665.

总产值的 10% 左右，但集中程度却非常之高，集中在帝国主义、中国官僚资产阶级手中"①。"没收这些资本归无产阶级领导的人民共和国所有，就使人民共和国掌握了国家的经济命脉，使国营经济成为整个国民经济的领导成分。"②"大工业、大银行、大商业，不管是不是官僚资本，全国胜利后一定时期内都是要没收的，这是新民主主义经济的原则。"③毋庸置疑，国营经济的性质是社会主义的，国营经济应该成为国民经济的主导性力量。基于该理论，中共中央在指导城市管理建设工作时，必然会要求做到没收官僚资本。中国共产党认为："凡属国民党反动政府和大官僚分子所经营的工厂、商店、银行、仓库、船舶、码头、铁路、邮政、电报、电灯、电话、自来水、农场、牧场等，均由人民政府接管。"④

（2）发展私人资本主义是新民主主义社会必然要求

就新民主主义革命的对象而言，其绝非一般意义上的资产阶级或资本主义。毛泽东认为：在新民主主义革命阶段，革命的对象不是一般的资产阶级，而是民族压迫和封建压迫；革命的措施，不是一般地废除私有财产，而是一般地保护私有财产；革命的结果，是"将使工人阶级有可能聚集力量因而引导中国向社会主义方向发展，但在一个相当长的时期内仍将使资本主义获得适当的发展"⑤。毛泽东指出，在新民主主义社会条件下，发展私人资本主义具有一定必要性。他认为："资本主义会有一个相当程度的发展，这是经济落后的中国在民主革命胜利之后不可避免的结果。"⑥"中国的私人资本主义工业……是一个不可忽视的力量。"⑦"拿资本主义的某种发展去代替外国帝国主义和本国封建主义的压迫，不但是一个进步，而且是一个不可避免的过程。它不但有利于资产阶级，同时，也有利于无产阶级。"⑧并深入剖析

---

① 毛泽东选集（第四卷）[M]. 北京：人民出版社，1991：1431.
② 毛泽东选集（第四卷）[M]. 北京：人民出版社，1991：1431.
③ 毛泽东文集（第五卷）[M]. 北京：人民出版社，1996：140.
④ 毛泽东选集（第四卷）[M]. 北京：人民出版社，1991：1457.
⑤ 毛泽东选集（第三卷）[M]. 北京：人民出版社，1991：1074.
⑥ 毛泽东选集（第二卷）[M]. 北京：人民出版社，1991：650.
⑦ 毛泽东选集（第四卷）[M]. 北京：人民出版社，1991：1431.
⑧ 毛泽东选集（第三卷）[M]. 北京：人民出版社，1991：1060.

道："在新民主主义的国家制度下，除了国家自己的经济、劳动人民的个体经济和合作社经济之外，一定要让私人资本主义经济在不能操纵国民生计的范围内获得发展的便利，才能有益于社会的向前发展。"[①]

（3）新民主主义经济应做到"节制资本"

就私人资本主义而言，其"将从活动范围、税收政策、市场价格和劳动条件方面被限制。我们要……按照各地、各业和各个时期的具体情况，对于资本主义采取恰如其分的、有伸缩性的限制政策"[②]。新民主主义经济不应该是"少数人所得而私"，不允许少数资本家、地主"操纵国民生计"，最终目的并非建立资本主义或半封建社会。当时，为了推进经济发展，中国必须奉行"节制资本""平均地权"理念。毛泽东强调："大银行、大工业、大商业归国家所有。凡本国人及外国人之企业，或有独占的性质，或规模过大为私人之力所不能办者，如银行、铁道、航路之属，由国家经营管理之，使私有资本制度不能操纵国民之生计，此则节制资本之要旨也。"[③]

（4）新民主主义社会的基础是工业化

1944 年，在陕甘宁边区，工厂厂长及职工代表会议胜利召开，此次会议中，毛泽东强调："共产党是要努力于中国的工业化的。"经济和工业是"决定一切的"。"中国社会的进步，主要依靠工业发展。因此，工业必须是新民主主义社会的主要经济基础。只有工业社会才能是充分民主的社会。"[④]在写给秦邦宪的一封书信中，毛泽东指出："新民主主义社会的基础是工厂、合作社，而非分散的个体经济。分散的个体经济……是封建社会的基础，而非民主社会的基础。新民主主义社会的基础是机器，而非手工。"[⑤]"新民主主义的国家，如无巩固的经济做它的基础，如无进步的比较现时发达得多的农业，如无大规模的在全国经济比重上占极大优势的工业以及与此相适应的交通、贸易、金融等事业做它的基础，是不能巩固的。"[⑥]在中国共产党第七

---

①　毛泽东选集（第三卷）[M].北京：人民出版社，1991：1060-1061.

②　毛泽东选集（第四卷）[M].北京：人民出版社，1991：1431.

③　毛泽东选集（第二卷）[M].北京：人民出版社，1991：648.

④　毛泽东选集（第一卷）[M].北京：人民出版社，1991：183.

⑤　毛泽东选集（第一卷）[M].北京：人民出版社，1991：207.

⑥　毛泽东选集（第一卷）[M].北京：人民出版社，1991：1081.

次全国代表大会上，毛泽东对于发展工业的重要性给予强调，并制定了国家实现工业化的战略目标。

（5）新民主主义的经济构成和基本政策

在中国共产党第七届中央委员会第二次全体会议的报告中，毛泽东强调："国营经济是社会主义性质的，合作社经济是半社会主义性质的。二者外加私人资本主义、个体经济、国家资本主义经济就是人民共和国的主要经济成分……就构成新民主主义的经济形态。"[1] 在《关于新中国的经济建设方针》一文中，刘少奇认为，新民主主义社会涵盖五种经济成分，具体而言，即国营经济、国家资本主义经济、合作社经济、私人资本主义经济、独立小生产者[2]。在当时及抗日战争胜利后，中国共产党"以发展国营经济为主体、普遍建立合作社经济、扶助独立的小生产者、组织国家资本主义经济、容许私人资本主义经济的发展"，"对于带有垄断性质的经济，则逐步地收归国家经营，或在国家监督下采用国家资本主义方式经营"[3]。

1947 年，毛泽东提出新民主主义经济指导方针，即：发展生产、繁荣经济、公私兼顾、劳资两利。1948 年，中国共产党领导人民解放了北平、天津等城市，这意味着，中国共产党即将在全国范围内领导新民主主义经济建设，因此，中国共产党制定政策时必须兼顾全局。1949 年，基于已有的新民主主义经济指导方针，毛泽东对新民主主义经济基本政策进行了完善，即公私兼顾、劳资两利、城乡互助、内外交流。新民主主义经济基本政策涵盖公私、劳资、城乡以及内外关系等，被称为"四面八方"政策。就新民主主义经济政策而言，其重中之重即为妥善处理"四面八方"关系，兼顾"四面八方"利益。在"四面八方"政策引领下，城市管理建设工作必然获益良多。

2. 新民主主义政治建设的系列理论问题

新民主主义政治建设的系列理论问题主要涵盖：新民主主义的共和国特点与性质；新民主主义共和国是革命阶级联合专政；新民主主义共和国实行人民代表大会制度等。

① 毛泽东选集（第四卷）[M].北京：人民出版社，1991：1433.
② 新望，范世涛.中国经济学经典文选（上）[M].北京：华夏出版社，2017：144.
③ 乔宗寿，王琪.毛泽东经济思想发展史[M].上海：上海人民出版社，1993：311.

（1）新民主主义的共和国特点与性质

1940年，毛泽东指出新民主主义共和国"一方面和旧形式的、欧美式的、资产阶级专政、资本主义的共和国相区别，那是旧民主主义的共和国，那种共和国已经过时了；另一方面，也和苏联式的、无产阶级专政的、社会主义的共和国相区别，那种社会主义的共和国已经在苏联兴盛起来，并且还要在各资本主义国家建立起来，无疑将成为一切工业先进国家的国家构成和政权构成的统治形式；但是那种共和国，在一定的历史时期中，还不适用于殖民地半殖民地国家的革命。因此，一切殖民地半殖民地国家的革命，在一定历史时期中所采取的国家形式，只能是第三种形式，这就是所谓新民主主义共和国。这是一定历史时期的形式，因而是过渡的形式，但是不可移易的、必要的形式"[①]。

（2）新民主主义共和国是革命阶级联合专政

1948年，毛泽东指出："新民主主义的政权是工人阶级领导的人民大众的反帝反封建的政权。所谓人民大众，是包括工人阶级、农民阶级、城市小资产阶级、被帝国主义和国民党反动政权及其所代表的官僚资产阶级和地主阶级所压迫和损害的民族资产阶级，而以工人、农民和其他劳动人民为主体。这个人民大众组成自己的国家并建立代表国家的政府，工人阶级经过自己的先锋队中国共产党实现对于人民大众的国家及其政府的领导。"[②]据此可知，毛泽东对于新民主主义共和国政权的领导力量、基础力量和团结对象等问题已经有非常明晰的认识。

（3）新民主主义共和国实行人民代表大会制度

1940年，《新民主主义论》问世，毛泽东第一次明确了"人民代表大会"这一概念。他指出：新民主主义共和国政权构成的形式即政体"可以采取全国人民代表大会、省人民代表大会、县人民代表大会、区人民代表大会直到乡人民代表大会的系统，并由各级代表大会选举政府"[③]。1945年，毛

①　李应瑞. 百年来中国共产党关于新型国家制度的理论主张与实践演进[J]. 统一战线学研究，2021，5（05）：34-51.

②　毛泽东选集（第四卷）[M]. 北京：人民出版社，1996：1272.

③　毛泽东选集（第二卷）[M]. 北京：人民出版社，1991：677.

泽东强调："新民主主义的政权组织，应该采取民主集中制，由各级人民代表大会决定大政方针，选举政府。它是民主的，又是集中的……在民主基础上的集中，在集中指导下的民主。"①

3. 新民主主义文化建设的系列理论问题

就新民主主义文化建设理论而言，主要涵盖文化、政治、经济关系及其阶级性；新民主主义文化内涵以及性质；在新民主主义文化建设中知识分子发挥重要作用等。

（1）文化、政治、经济关系及其阶级性

毛泽东提出："文化是一定社会政治和经济的反映，又作用于一定社会政治和经济。"② "一定形态的政治和经济首先决定那一定形态的文化；然后，那一定形态的文化又……作用于一定形态的政治和经济。"③ 文化属于观念、形态范畴，其具有鲜明的阶级属性，其存在的目的是为特定阶级提供服务，同时，维护特定阶级的利益。在半殖民地半封建社会衍生的中国文化，反映的是半殖民地半封建社会政治、经济特征，同时，其服务对象也是半殖民地半封建社会。而就新民主主义文化而言，其反映的是新民主主义政治、经济的特征，服务对象自然而然是新民主主义国家。

（2）新民主主义文化内涵以及性质

毛泽东指出：新民主主义文化是无产阶级领导下的文化，其以共产主义思想为指导，是一种人民大众的、反帝反封建的文化。新民主主义文化具有民族特性，"它是反对帝国主义压迫，主张中华民族的尊严和独立的。它……带有我们民族的特性。它同一切别的民族的社会主义文化和新民主主义文化相联合，建立互相吸收和互相发展的关系，共同形成世界的新文化"④。新民主主义文化具有科学特性，"它反对一切封建思想和迷信思想，主张实事求是、客观真理、理论和实践一致。中国无产阶级的科学思想能够和中国还有进步性的资产阶级的唯物论者和自然科学家，建立反帝反封建反

---

① 毛泽东选集（第三卷）[M]. 北京：人民出版社，1991：1057.
② 毛泽东选集（第二卷）[M]. 北京：人民出版社，1991：663.
③ 毛泽东选集（第二卷）[M]. 北京：人民出版社，1991：664.
④ 毛泽东选集（第二卷）[M]. 北京：人民出版社，1991：706.

迷信的统一战线"[①]。新民主主义文化具有大众特性，遵循民主原则，"它应为全民族中多数劳苦民众服务，并成为他们的文化"[②]。与革命相关的一系列文化、实践运动皆以广大人民群众为主体，因此，文化工作者的首要任务是接近民众和理解民众，革命文化的赓续和传承离不开广大民众。

（3）知识分子在新民主主义文化建设中发挥作用

毛泽东强调："为了扫除民族压迫和封建压迫、建立新民主主义国家，需要大批人民的教育家、科学家、工程师、技师、医生、新闻工作者、著作家、文学家、艺术家、普通文化工作者。他们必须具有为人民服务的精神，从事艰苦的工作。一切知识分子，只要是在为人民服务的工作中著有成绩的，应受到尊重，应把他们视为国家和社会的宝贵财富。"[③]

综上所述，新民主主义理论为中国共产党管理、建设城市提供了系统、丰富的理论指导。在新民主主义理论指引下，中国共产党接管城市后，彻底消除帝国主义在华特权、覆灭国民党反动政权、没收官僚垄断资本、接管城市管理机构，建立了新民主主义性质的政治、经济、文化机构，为民族工商业发展开辟路径，推动城市生产生活步入正轨，旧有的半殖民地半封建城市彻底消失在历史长河里，新民主主义城市应运而生，国家逐步从新民主主义社会向社会主义社会转变。

三、中国共产党城市工作思想理论

中国共产党历来都高度重视城市工作，重视以城市为中心进行的一系列工作，如：城市的经济工作、宣传工作、卫生工作以及工运工作等。中国共产党成立前后，对于城市工作的重视是一如既往的。中国共产党成立前，在北京、上海、长沙、济南等城市，共产党早期组织在城市中积极推进马克思主义宣传、工人运动等，这些早期活动为之后中国共产党的正式成立夯实了群众以及思想层面的根基。1921 年，中国共产党正式成立，开启了为争取民

---

① 毛泽东选集（第二卷）[M].北京：人民出版社，1991：707.
② 毛泽东选集（第二卷）[M].北京：人民出版社，1991：708.
③ 毛泽东选集（第三卷）[M].北京：人民出版社，1991：1082.

族解放的浴血奋斗历程。中国共产党正式成立后，对于城市的工会、经济、宣传等领域工作给予高度重视，从而使得中国共产党领导的城市工作与新民主主义革命实现高效互动。在中国共产党第七届中央委员会第二次全体会议上，毛泽东认为"开始了由城市到乡村并由城市领导乡村的时期"，提出在此历史时段内中国共产党"必须用极大的努力去学会管理城市和建设城市"①。

（一）中国共产党工作重心转移思想

就中国共产党的工作重心由农村向城市转移思想而言，其可谓中国共产党城市工作中最基本的理论问题。中国共产党的工作重心转移的思想回答了城市工作的中心任务、领导地位、工作方式以及重建城乡关系等问题。然而，许多人对于中国共产党的工作重心转移等基本问题认识不清，当时，中国共产党党内一些党员心存困惑，无法完全理解工作重心转移后的城市工作内容。事实上，在获得解放后较长的历史时段内，多数城市未能破解城市管理建设最为核心的问题，这些城市将注意力侧重于救济民众、帮助失业工人等事务，其工作中的最根本问题并未得到有效解决。换言之，"恢复工业、建立城乡交换关系才是最根本的问题，不应该被忽视。倘若城市无法解决这些问题，就会导致大量人口失业。单纯地以乡村养城市并非良策"②。正如任弼时所言："以城市为重心，基本原则为依靠工人阶级、恢复和发展工业生产、组织贸易；城市中的一切其他工作……都应服从于工业的发展。"③就中国共产党工作重心转移思想而言，其包括多方面的内容：

1. 中国共产党工作重心转移的中心任务是恢复发展城市生产

中国共产党之所以果断决定转移工作重心，是由于中国革命在当时特定历史时段内已经取得了决定性胜利，大规模战争已经收尾，因而，后续工作必然以建设、发展为主。在中国共产党第七届中央委员会第二次全体会议上，已经给出鲜明理念：从现在起，党的工作重心应该由农村转移到城市，同时，我们的建设事业开始起步，应该逐步学会如何管理城市，并明确提出城市工作的中心任务为恢复、发展城市生产事业。中国共产党第七届中央委

---

① 毛泽东选集（第四卷）[M].北京：人民出版社，1991：1427.

② 王金艳.解放战争时期中国共产党接管城市工作的理论和实践[D].长春：吉林大学，2010.

③ 马长林.1949年：百年瞬间[M].上海：东方出版中心，2015：205.

员会第二次全体会议具有里程碑式意义，其为中国共产党工作重心由革命转向建设作好了准备、部署，为未来中华人民共和国建设勾勒出宏伟蓝图，为中华人民共和国政治、经济、文化、外交等各方面的基本政策奠定基础，提出了把中国由农业国转变为工业国、由新民主主义社会转变为社会主义社会的目标。关于转变后的建设问题，中国共产党认为：（1）学会管理、建设城市。中共中央指出："接管城市工作开始后，我们要高度重视城市生产事业的恢复和发展"[1]，基于此，"党和军队的工作重心必须放在城市，必须……学会管理、建设城市"[2]。（2）集中统一地进行国家建设。国家建设要求党的工作务必做到集中统一，要管理、建设一个统一的国家，"必须贯彻集中统一的原则，严格做到思想上、组织上、行动上一致"[3]，但事实上，当时，战争并未彻底结束，在组织形式上，不可能一刀切式地实现集权，分权、区域性问题必然长期并存。由分散到集中无法短时间内一蹴而就，基于此，只能"在分区经营的基础上，有步骤、有重点地实现全国统一"[4]。（3）十个指头"弹钢琴"。中国共产党"有乡村有城市，有农业也有工业，有毛驴也有铁路，有内地商业也有对外贸易"[5]。"我们的工作不能……一个时期只搞一件事，其他可以放松。""现在必须有重点地全面配合，像弹钢琴那样，十个指头轻重缓急协同动作。"[6]（4）精雕细琢、钻研业务。"过去，中国共产党工作重心在农村，环境简单、战事频仍，工作上常常倾向于大刀阔斧，这可能导致处理问题粗枝大叶的弊端。"[7]"中国共产党工作重心转移后，情况更加复杂，任务更加繁重，工业建设工作必须做到细致入微……需要钻研业务、准确的计划、具体的领导、细密的组织工作。"[8]（5）做好经济核算。"中国

---

① 毛泽东选集（第四卷）[M]. 北京：人民出版社，1991：1428.

② 毛泽东选集（第四卷）[M]. 北京：人民出版社，1991：1427.

③ 葛英儒. 中国共产党政治建设制度体系构建研究 [D]. 兰州：兰州大学，2021.

④ 沙健孙. 中国共产党与新中国的创建：1945—1949（下）[M]. 北京：中央文献出版社，2009：574.

⑤ 魏宏运. 中国现代史资料选编 5 第三次国内革命战争时期 [M]. 哈尔滨：黑龙江人民出版社，1981：405.

⑥ 毛泽东选集（第四卷）[M]. 北京：人民出版社，1991：1442.

⑦ 李震. 中国共产党组织领导力研究 [D]. 北京：中共中央党校，2019.

⑧ 房维中，金冲及. 李富春传 [M]. 北京：中央文献出版社，2001：357.

共产党工作重心在农村时，战争频繁，生产生活领域以供给制度为主，经济核算理念薄弱。工作重心转移到城市后，亟须进行大规模经济建设，经济核算的重要性日益凸显。经济核算意识缺失，不能合理计算劳动力、原材料消耗、成本等问题，会导致资源浪费，有损国家财产。因此，经济核算制和定额制的构建势在必行。"①

2. 中国共产党工作重心转移应实现城市对乡村的领导

中国共产党第七届中央委员会第二次全体会议后，党的工作重心将转移到城市这一目标已经非常明确，同时，意味着由城市领导乡村时期由此开启。然而在具体的工作实践过程中，个别地区无法从本质上认识此问题。当时，一些中国共产党党员认为，中国农村地域辽阔，农民人口基数庞大，而与农村相较，城市数量不多，城市产业工人力量薄弱，农村才是中国革命发源地，中国革命理应是无产阶级领导的农民革命，农民为革命的成功作出巨大贡献，而城市普遍解放较晚，城市产业工人对革命战争的贡献相对较小，基于此，部分中共党员认为党的工作重心由农村转移到城市、由城市领导农村的思路令人费解。一旦中国共产党的工作重心由农村转移到城市，究其本质，就是要利用集中在城市的小部分现代工业去领导数量庞大的分散在农村的个体农业和手工业，用聚集在城市先进的生产力领导相对落后的广大农业经济。若中国共产党工作重心无法真正从农村转移到城市，中国由农业国转变为工业国的目标就会沦为空谈，中国由新民主主义转向社会主义也失去了必要的前提条件。基于此，中国共产党反复强调：为了实现党的工作重心转移，必须确立城市对农村的实质性领导地位，事实上，城市已经具备了领导农村的先决条件。1949年12月，毛泽东强调："在城乡关系中……城市就是中心。城市的手工业，对于农业来说也是一种进步，工业更不待说。在工商关系中，应当工业是中心，因为工业是生产价值的。"② 张闻天指出："城市代表更高的生产力，代表工业、技术、科学与文化。城市代表最先进的工

---

① 房维中，金冲及.李富春传 [M]. 北京：中央文献出版社，2001：360.

② 中华全国总工会，中共中央文献研究室.毛泽东 邓小平 江泽民论工人阶级和工会工作 [M].北京：中央文献出版社，2002：43.

人阶级。因此，它应该而且有资格领导乡村。"①

3. 中国共产党工作重心转移即实现工作方式的转移

在中国共产党党内，一些党员认为，应该以游击战争或农村观点分析城市问题，因此，在实施对城市的建设与管理时，部分党员习惯于直接照搬、套用旧有的农村工作经验，无法清晰界定封建主义和资本主义界限，某些做法不仅违反中国共产党城市政策，而且不利于城市工商业恢复与发展，进而为中国共产党工作重心成功转移造成障碍。在此情况下，中国共产党反复强调"在大城市……决不能搬用乡村工作作风。在大城市……一举一动都要合乎城市的情况"②。为了成功实现工作方式转变，中国共产党认为：（1）不能全盘进行群众斗争。在农村区域，一般借助自下而上的群众斗争打土豪分田地，使农民成为土地、生产工具的所有者，但是，在城市区域，单纯依靠群众斗争根本无法彻底解决工人、贫民的生产生活问题。这是由于城市经济与乡村经济是两种不同的经济形态，城市的工人、贫民根本无法通过获得生产工具直接蜕变为独立小生产者。此外，如果一味地在城市中无休止地进行清算斗争，往往易于导致工商业受到无辜侵害，工商业失序后，会导致城市生产生活秩序混乱，从而令城市中的工人、贫民劳动者更加难于维生。（2）明确区分封建主义、资本主义。在农村区域，可以将地主阶级的封建性财产没收分给农民阶级；但是，在城市区域，必须竭尽所能采取相关政策保护城市工商业者的资本主义财产，保护其所有权、合法营业权。此外，针对敌伪所辖企业及官僚资本操控企业，只能由政府没收。简单粗暴地采取群众清算斗争方式分配胜利果实的做法在城市并不适宜。（3）发动工人运动的方式需考量。在农村区域，可以领导农民分地，但是，在城市区域，不能领导工人分红，借由分红旗号发动城市工人运动的做法并不可取。以经济向上发展、生产力向前进步为前提，城市工人阶级的生活状况才能够从根本上得到改善。"片面……强调工人的福利，会使生产陷入困局，不利于工人生活的改善，

---

① 张闻天文集编辑组.张闻天文集（第四卷）[M].北京：中共党史出版社，1995：11.

② 中央档案馆.中共中央文件选集（第十八册）（1949年1月至9月）[M].北京：中共中央党校出版社，1992：85.

属于一种……左倾冒险主义。"① （4）正确对待政权民主化。在农村区域，可以通过建立贫民团、农会、农民代表会代替旧政权，彻底消灭地主势力，建立农村民主化政权。"在城市中，直接以工会、贫民会取代政权的做法并不可取，这样做并不能真正令政权民主化。与农村相较，城市阶级关系的复杂性更甚，城市的新民主主义政权不仅包括工人贫民，还包括知识阶级、中小资产阶级。如果仅仅局限于工会贫民政权，则不利于构建革命统一战线。此外，工会贫民政权一旦成为第二政权，很可能导致工会贫民会、市区政权之间形成对立态势，这种情况对管理城市、建立城市新民主主义秩序都非常不利。"②

4. 中国共产党工作重心转移要求建立新型城乡关系

以城市领导乡村、工业领导农业为前提，建立新型城乡关系，是处理好城乡关系、工农关系的关键环节。长期以来，旧有城乡关系往往是对立、割裂的，中国共产党解放城市并获取城市政权后，随即将其工作重心由农村转移到城市，初衷就是破除旧有城乡关系，同时，建立新型城乡关系。从古至今，中国始终作为农业大国屹立于世，农业的恢复与发展，可以为城市提供粮食、工业原料、工业品市场，为城市经济的恢复与发展夯实基础。围绕新型城乡关系的构建，中国共产党领导人皆有相关论述。毛泽东强调，必须做到"城乡兼顾"。他提出："城乡必须兼顾，城市工作和乡村工作、工人和农民、工业和农业是密切相连的。"③（1）毛泽东认为，城乡兼顾具有必要性。他强调："消灭封建制度，发展农业生产，就给发展工业生产，变农业国为工业国的任务奠定了基础。"④此外，由于"中国的主要人口是农民，革命、国家工业化都有赖于农民支持，因此，工人阶级应当积极地帮助农民进行土地改革"⑤。（2）刘少奇认为，"城乡是一体的"。他指出："树立城乡一体观点非常必要。过去，中国共产党工作重心在农村，现在，则面临国家资本主

---

① 肖玉元. 中国共产党民生话语演进研究 [D]. 贵阳：贵州师范大学，2021.

② 郑咪咪. 新民主主义革命时期党的城市工作探析 [D]. 杭州：杭州师范大学，2015.

③ 毛泽东选集（第四卷）[M]. 北京：人民出版社，1991：1427.

④ 毛泽东选集（第四卷）[M]. 北京：人民出版社，1991：1316.

⑤ 宋士昌，郑贵斌. 中国共产党关于"三农"问题的理论与实践 [M]. 济南：黄河出版社，2006：56.

义、城市、大工业、国营企业、城乡关系等新问题。我们要以城市工作为重心来领导全党工作……'单打一'的做法必须改变。"①（3）任弼时对"工农联盟"有新认识。他指出："工农联盟，现在和过去主要是表现在给农民以土地，从封建制度下解放农民，来实现联盟。今后农业要发展，农民生活要提高，就要供给以便宜的工业品；同时，农民以自己的产品供给城市，使工业发展，工人生活改善，这样才能巩固工农联盟。我们今后的工作重心应当放在城市，努力发展工业，首先是国营工业，这是十分必要的。但同时必须注意农业经济发展的配合……我们必须认识这种互相促进的工业和农业的关系。"②换言之，构建新型城乡关系，应该被视为城市经济恢复与发展的关键性问题。（4）张闻天认为，"城乡须互助合作"③。他提出："农村供给城市粮食、原料，城市在经济上文化上帮助农村，城乡关系是互助合作关系"④，"城市在城乡互助合作中领导乡村，其实质就是：工业与农业并重，工业领导农业；工农联盟，工人阶级领导农民"⑤。

5. 中国共产党工作重心转移要求学会管理城市

中国共产党工作重心成功实现转移的中心环节就是做好城市工作，城市工作是实现党的工作重心转移的内在要求。倘若中国共产党无法真正做好城市工作，党的工作重心转移就无从谈起，因此，为成功实现党的工作重心转移，第一步骤就是做好城市工作。毛泽东指出，中国共产党应该"努力学会管理、建设城市。必须学会在城市中……作政治、经济、文化和外交斗争"⑥。"倘若中国共产党不能学会作这些斗争并取胜，政权就无以为继。"⑦

（二）关于发展城市生产事业的思想

中国共产党对城市生产事业的重视是一以贯之的，相关思想理念具有一

---

① 张霜. 社会主义现代化思想演变与发展研究 [D]. 长春：吉林大学，2021.
② 中央档案馆. 中共中央在西柏坡 [M]. 深圳：海天出版社，1998：870.
③ 张闻天文集编辑组. 张闻天文集（第四卷）[M]. 北京：中共党史出版社，1995：10.
④ 刘彦. 70 年中国基层社会治理的演进路径及经验研究 [D]. 长春：东北师范大学，2020.
⑤ 马文奇，周环. 张闻天经济思想研究 [M]. 西宁：青海人民出版社，1992：79.
⑥ 毛泽东选集（第四卷）[M]. 北京：人民出版社，1991：1427.
⑦ 卢汉龙. 新中国社会管理体制研究 [M]. 上海：上海人民出版社，2009：23.

定先进性与前瞻性，主要包括：城市中心工作应为生产建设；巩固政权亟须发展生产；努力发展生产是全体人民责任；发展城市生产事业的基本要求等。

1. 城市中心工作应为生产建设

在中国共产党第七届中央委员会第二次全体会议上，毛泽东指出：在城市发展进程中，中国共产党要抓好的中心工作即生产事业，"城市中其他的工作……都是围绕着生产建设这一个中心工作并为这个中心工作服务的"[①]。

2. 巩固政权亟须发展生产

当一个城市的生产真正得到恢复与发展时，城市的关注点不仅是"消费"，而且是"生产"，为了巩固城市的人民政权，发展生产已经成为重中之重。倘若"不能使生产事业尽可能迅速地恢复和发展……使工人、一般人民的生活有所改善，那我们就不能维持政权"[②]。

3. 努力发展生产是全体人民责任所在

刘少奇强调：在城市中，发展生产事业是全体人民共同要求。"厂长、经理、资本家，统统都应注重发展生产……工会和工人对发展生产要负责……"[③]为大力、有效地发展生产，毛泽东则指出："全党同志必须用极大的努力去学习生产的技术和管理生产的方法；学习同生产有密切联系的商业工作、银行工作和其他工作；必须利用一切可用的社会现成的人才……向他们学习生产技术和管理的方法。"[④]"要动员一切力量发展生产，特别是工商业家。"[⑤]

4. 发展城市生产事业的基本要求

一方面，城市应该竭尽所能帮助国营生产与私人生产得到恢复与发展，并诱导国营企业与私营企业避免恶性竞争形成友好合作。譬如，可以借由发展国家资本主义，达成私人与国家间的稳固合作。另一方面，城市恢复与发展生产应该以劳资两利为基础。只有生产发展了，国家和工人阶级的根本利

① 毛泽东选集（第四卷）[M]. 北京：人民出版社，1991：1428.
② 毛泽东选集（第四卷）[M]. 北京：人民出版社，1991：1428.
③ 中共中央文献研究室 . 刘少奇论新中国经济建设 [M]. 北京：中央文献出版社，1993：118.
④ 毛泽东选集（第四卷）[M]. 北京：人民出版社，1991：1173.
⑤ 王金艳 . 解放战争时期中国共产党接管城市工作的理论和实践 [D]. 长春：吉林大学，2010.

益才能得到保障，城市应该有效组织工人，"努力排除生产障碍，推动资本家维持生产"①。同时，资本家的合理利益也应得到保护。

（三）关于城市改造目标和道路的思想

针对城市改造目标以及道路的思想，中国共产党主要阐释四个方面内容，包括：城市改造目标是转变为新民主主义城市；城市改造应遵循新民主主义道路；应对半殖民地半封建性质的城市经济进行改造；改造城市应激进和缓进手段结合等。

1. 城市改造目标是转变为新民主主义城市

1949 年，全国工会工作会议召开，在此次会议上，周恩来发言认为：当时，中国城市仍存在帝国主义政治、经济及文化侵略势力，封建主义的压迫依然存在，必须将城市中的殖民地、半殖民地半封建因素彻底清除，中国城市应该是人民的城市，应该是自力更生、独立自主、民主的城市。《城市工作大纲》颁行后，王稼祥认为：被帝国主义、国民党统治的旧城市，必须进行彻底改造，构建新民主主义新型城市势在必行。并强调："在经济方面：取消帝国主义的经济特权，没收官僚资本，保护民族工商业。以公营企业为骨干，领导私营工商业，发展合作社事业。新城市的经济是新民主主义经济。在政治方面：消灭帝国主义、国民党大地主大资产阶级、少数法西斯专政而劳动人民毫无民主权利的黑暗统治，建立以工人劳动人民为骨干、团结知识阶层、联合中小民族资产阶级的绝大多数的民主统治。在文化方面：消灭帝国主义、国民党压迫下的倒退黑暗的文化事业，恢复与开展文教、科技事业，使大多数人民得到自由的进步的文化生活。"②

2. 城市改造应遵循新民主主义道路

当时，在部分城市中，城市领导者未能彻底地理解中国共产党城市政策的新民主主义性质，导致其在处理劳资关系时，对于工人进行过度祖护，同时，过度强化工人和资本家间的斗争关系。基于此情况，刘少奇提出："必须实行劳资两利，过度限制资本家并不合理……应该让资本家的生产、工人的生活都得以适当提高，否则资本家工厂关门，国家现在又不能接收过

---

① 李新芝，谭晓萍. 刘少奇纪事：1898—1969（下）[M]. 北京：中央文献出版社，2011：566.

② 虞强. 新中国初期（1949—1956）集体主义价值观建构研究 [D]. 扬州：扬州大学，2021.

来，假如接收私人资本那就是实行社会主义了，这是要犯政治路线上的错误的。中国今天还不能实行社会主义，否则将违背人民利益，也违背了工人利益。"① 在中国共产党内，有些党员认为应"立即消灭资产阶级"，基于此，刘少奇指出："立即消灭资产阶级的做法，不是无产阶级的路线，而是小资产阶级的平均主义、农业社会主义的倾向，是错误、反动的。私人资本主义现在不只可以存在，而且需要发展、扩大。"② 究其实质，该政策即为新民主主义政策，换言之，就是借由新民主主义的道路，进而成功实现城市改造。

3. 应对半殖民地半封建性质的城市经济进行改造

周恩来强调，在近代中国，由于历史原因，长期以来形成了半殖民地性质的经济结构，此种经济结构以帝国主义意志为转移，城市工厂依靠帝国主义提供的原料进行来料加工成产品，再由帝国主义运到国外市场进行销售，其维护的始终是帝国主义利益；中国共产党解放并接管城市后，城市畸形的经济结构并未立即发生变化；中国共产党的任务就是改变此状况，依靠中国自产原料进行生产，"稳步重构中国经济结构"③。周恩来认为：中国共产党"接收的官僚资本企业冗员问题严重，导致人力物力财力浪费"④，因此，官僚资本企业管理机构革新必须及时提上日程，同时，必须着力破解冗员问题。刘少奇认为，城市要想进一步发展下去，城市企业旧制度民主化改革必须坚定地进行下去，企业不是救济机关，而是生产机关。企业必须实施民主化管理⑤。

4. 改造城市应激进和缓进手段结合

王稼祥指出，城市改革是一项长期的历史任务，一蹴而就是不可能的，城市改革应该是计划周密且步骤严谨的。在改造城市的过程中，既离不开革命激进手段，也离不开改良缓进手段。"在占领城市初期，为了摧毁国民党旧政权、没收官僚资本、镇压战犯和反革命分子，必须采取革命激进手段。而在城市管理、建设的其他改革领域，采取改良、缓进的手段更为适宜。这

① 左华. 刘少奇民生理论与实践研究 [D]. 天津：南开大学，2014.
② 沙健孙. 中国共产党和资本主义、资产阶级（下）[M]. 济南：山东人民出版社，2005：470.
③ 聂锦芳. 周恩来经济评传 [M]. 北京：中国经济出版社，2000：131.
④ 中共中央文献研究室. 周恩来经济文选 [M]. 北京：中央文献出版社，1993：13.
⑤ 赵秀山，冯田夫，赵军威，等. 华北解放区财经纪事 [M]. 北京：中国档案出版社，2002：636.

个变化过程不是随意进行的，而是在城市的统一方针、全面计划下进行的，孤立、片面地进行城市某种改革，是难于取得成效的。"①

（四）关于城市管理的思想

中国共产党对于城市管理问题给予高度重视，刘少奇指出："接收后的城市管理问题……大家应努力学习解决。"②当时，结合特定历史与现实环境，中国共产党认为，在进行城市管理时，做好经济工作是重中之重。

1. 城市管理首位问题为发展生产

刘少奇强调："接收城市只是工作的开始，今后的任务是如何管理好城市，只有将城市的生产恢复、发展起来，把消费城市变为生产城市，人民政权才能巩固。"③他认为在城市建设进程中，城市生产得到快速、良性发展时，就意味着城市的管理是有效的。刘少奇还进一步强调：在城市建设中，"管理生产要处理的问题有二，一是私人企业的复工问题……二是将接管的官僚资本企业交由适当机关经营，以便进行正常生产，同时，要依靠工人阶级来管理生产"④。

2. 合理管理私人资本主义经济

（1）利用国家资本主义形式，达到管理私人经济目的。李富春认为："哈尔滨市差不多60%到70%的私人企业是靠国家订货而生产……这有利于国家对其进行利用、限制、改造。将来，甚至可以通过组织托拉斯的方式，囊括和管理私人小企业。"⑤（2）引导私人资本主义经济发展，使其为国计民生贡献力量。张闻天认为："凡属有利于国计民生的私人资本，都应使其有利可图，进而得能生存和发展；凡属无利或有害于国计民生的私人资本，都应使之无利可图，进而被迫转业。"⑥这种做法的最终目的，即打击商业投机资本，引导其流向工业投资领域。（3）与私人资本主义投机性、破坏

———————

① 于洋.解放战争时期中国共产党建国思想与实践研究[D].北京：清华大学，2017.

② 中共中央党史和文献研究院.刘少奇年谱：增订本（第二卷）[M].北京：中央文献出版社，2018：377.

③ 马京波，王翠.刘少奇生平研究资料[M].北京：中央文献出版社，2013：345.

④ 王金艳.解放战争时期中国共产党接管城市工作的理论和实践[D].长春：吉林大学，2010.

⑤ 左华.刘少奇民生理论与实践研究[D].天津：南开大学，2014.

⑥ 马文奇，严法善，周环，等.社会主义经济思想简史[M].北京：中国经济出版社，1993：80.

性经济活动作斗争。张闻天指出："一切私人资本主义经济……必然包含有投机和操纵的本质、无政府无组织的带有破坏性的经济活动，因此，同私人资本主义经济的投机性和破坏性的经济活动作斗争，是今后经济战线上的任务。只有正确地坚持这种斗争，才能使私人资本向着有利于国计民生的方向发展，减少其破坏性，增加其建设性。"①

3. 应对城市进行深入调研

中国共产党第七届中央委员会第二次全体会议召开时，王稼祥指出："要从各个城市的实际情况出发，必须进行调查研究，把城市的各项基本问题和基本情况梳理清楚。城市典型调查、普遍调查、工商业登记、户口登记等手段可以并用，城市多年积累的档案材料等也应收集、利用起来。"②

4. 管理城市要做好组织生产和分配

李富春认为：中国共产党在管理城市时，必须要注意做好组织生产、组织分配工作，"组织生产，要由恢复到发展，由局部计划到全面计划"③。"城市中的一系列生产生活必需品，如粮食、煤炭、棉花等，需求量非常庞大，要努力做到保证供应、合理分配。"④

（五）关于城市民主建政的思想

针对城市民主建政问题，中国共产党主要阐释三个方面内容，包括合理定义城市政权性质；正确看待城市政权民主化；城市政权应做到集中统一等。

1. 合理定义城市政权性质

王稼祥指出："城市政权……是整个解放区民主政权的一部分。城市中的政权是以工人阶级为领导，团结知识阶层，联合小的、中等的资产阶级的统一战线的政权。因此，城市政权不仅包括工人、手工业劳动者，而且包括进步知识分子、小资产阶级分子，还必须允许拥护民主政府纲领，赞成反美、反蒋、反封建的中等资产阶级分子参加。城市政权不只是工人、贫民的

① 马文奇，周环. 张闻天经济思想研究 [M]. 西宁：青海人民出版社，1992：109.

② 王金艳. 解放战争时期中国共产党接管城市工作的理论和实践 [D]. 长春：吉林大学，2010.

③ 房维中，金冲及. 李富春传 [M]. 北京：中央文献出版社，2001：345.

④ 郑昌俊. 李富春经济思想研究 [D]. 杭州：杭州师范大学，2010.

政权……城市政权中的统一战线问题必须得到应有重视。理应竭尽全力地完成城市政权民主化的过程。"①

2. 正确看待城市政权民主化

城市政权民主化无法一蹴而就，其必须经历艰苦且长期的斗争过程。在此过程中，必须做到：（1）组织临时城市人民代表会议。中国共产党解放城市后，要立即对城市民众进行宣传教育，使其认识到中国共产党领导的新政权属于人民政权。之后则应召开临时城市人民代表会议，由城市人民团体选举代表，共同商讨城市施政纲领，听取城市政府工作报告，并为改进政权工作献计献策。最后，实行由城市民众普遍参与的普选，并召开正式的各级人民代表会议。人民选举、召开代表会议是极为重要的，可以被视为实现城市政权民主化的一个重要环节。（2）正确对待政权机关工作人员成分问题。针对那些旧的城市政权下级职员、专技人员，如果他们自愿拥护民主政权愿意为人民服务，可适当吸收他们进入机关工作，但对他们的改造问题必须抓紧抓好。改造政权过程中，更应注重新成分的引进。首先，引进工人。在生产、学习、政治活动中，应该逐步地大胆吸收有觉悟、有文化的优秀工人，将其培养成为城市政府工作人员。其次，吸收进步学生、进步劳动妇女、先进专技人员以及手工业劳动者。应该耐心教育此类新晋工作人员，引导其认真负责地做好政府部门工作。（3）有效地发扬劳动人民对政权的批评精神，针对人民群众对政府个别人员不法行为的申诉与反馈，务必做到及时发现与处理。（4）处理好政权与职工会及其他群众团体的关系。职工会、其他群众团体都应该被视为城市政权有力支柱。城市政权应采取各项措施，推进职工会及其他群众团体步入发展正轨，但是，城市政权应该做到不干涉团体内部组织生活。城市政权、群众团体的性质是截然不同的，所有属于政权的权力必须由城市政府施行，如制定法令、处理民事／刑事案件、拘捕罪犯、罚款没收等，群众团体无法代替城市政权行使这些权力。同时，群众团体应该密切关注城市中的违法行为，一旦发现则应及时报告城市政府。

---

① 刘华超.中国共产党执政能力建设的历史考察及其启示研究［D］.济南：山东大学，2021.

3. 城市政权应做到集中统一

在中国共产党解放和管理城市初期，通常习惯于机械套用乡村建政经验组织城市政权，导致城市中区、街政权林立，它们各自为政，致使城市管理政出多门、秩序混乱。在此种情况下，刘少奇强调："城市工作的特点是集中领导，区、街一级组织应是市级组织的派出机关，一切都要集中到市级机关。"①

（六）关于城市工作依靠力量的思想

针对城市工作依靠力量的问题，中国共产党主要阐释两方面内容，包括：工人阶级是城市工作依靠力量；应依靠工人加强党的阶级基础。

1. 工人阶级是城市工作依靠力量

在城市工作中，需要明确一个基本问题，即依靠力量问题。在以往，中国共产党工作重心在农村，中国共产党领导革命战争，主要依靠力量为农民群众。之后，中国共产党解放大量城市，工作重心逐步发生转移，城市成为中国共产党新的工作焦点。城市中的阶级构成复杂性远超农村，因此，在城市斗争中，中国共产党必须准确把握城市工作的依靠力量。部分中国共产党党员认为，应该依靠工人阶级；部分党员认为，应该依靠城市贫民；甚至个别党员认为，应该依靠资产阶级。基于此种情况，在中国共产党七届二中全会上，毛泽东指出：必须全心全意地依靠工人阶级开展城市工作。周恩来强调："工人阶级要参加新中国的各种建设工作。"包括"政权建设"②"国防建设"③"文化建设"④。针对此问题，王稼祥强调："城市工人中及劳动人民中的群众工作，是建立人民城市的基础，是城市生产运动、改造政权、镇压反革命分子、实现城市施政纲领的最基本的条件。"⑤如果没有工人阶级支持，"仅依靠行政管理手段推动城市经济、政治和文化改革和建设"⑥，必然

---

① 赵秀山，冯田夫，赵军威，等. 华北解放区财经纪事 [M]. 北京：中国档案出版社，2002：634.

② 李国忠. 中国共产党工运思想文库 [M]. 北京：中国工人出版社，1993：314.

③ 中共中央文献研究室. 周恩来经济文选 [M]. 北京：中央文献出版社，1993：17.

④ 国家经济贸易委员会. 中国工业五十年——新中国工业通鉴 [M]. 北京：中国经济出版社，2000：798.

⑤ 王金艳. 解放战争时期中国共产党接管城市工作的理论和实践 [D]. 长春：吉林大学，2010.

⑥ 孙东山. 马克思国家治理思想及其当代价值 [D]. 哈尔滨：哈尔滨师范大学，2020.

会成为一种不切实际的妄想。

2. 应依靠工人加强党的阶级基础

刘少奇强调：中国共产党要依靠工人阶级对城市实现管理，应该致力于"加强工人工作，使工人成为完全可靠的依托力量。其主要办法有三：保障工人生活水平、深入广泛地教育工人、合理积极地组织工人"①。首先，要保障工人基本生活。与中国共产党后方机关职员相较，城市工人的生活水平理应更高。其次，要注重工人教育。中国共产党接管城市后，必须高度重视对工人进行政治教育。教育方式有开办短期训练班、夜校等。只有对工人阶级进行深入彻底的马列主义阶级教育，才能进一步提高其阶级觉悟。最后，要善于组织工人。具体而言，应该做到：在工人中大力发展党组织，建立各级工会、工厂管理委员会、工人代表会，尽一切可能团结工人阶级。

（七）关于城市工作组织保证的思想

针对城市工作组织保证问题，中国共产党提出三方面内容，包括应保障城市工作所需干部供应；城市工作中应严把干部作风问题；城市工作中要重视建党问题等。

1. 应保障城市工作所需干部供应

中国共产党工作重心由乡村转移到城市，亟须大批合格的城市工作干部。但由于中国国土辽阔，存在许多城市，城市工作干部极为紧缺。基于此，毛泽东指出：干部的供应"虽然大部分应当依靠老的解放区，但是必须同时注意从国民党统治的大城市中去吸收。国民党区大城市中有许多工人和知识分子能够参加我们的工作，他们的文化水平较之老解放区的工农分子的文化水准一般要高些。国民党经济、财政、文化、教育机构中的工作人员，除去反动分子外，我们应当大批地利用"。②毛泽东还强调："占领几十个大城市所需要的工作干部，数量极大，这主要依靠军队本身自己解决。"③人民军队干部以及战士多数并不熟悉城市问题，因此，城市工作应由城市干部来承担。倘若中国共产党干部无法做好接收、管理、建设城市等工作，中国共

---

① 中共中央文献研究室.刘少奇论新中国经济建设[M].北京：中央文献出版社，1993：69.

② 毛泽东选集（第四卷）[M].北京：人民出版社，1991：1289.

③ 毛泽东选集（第四卷）[M].北京：人民出版社，1991：1344.

产党工作重心转移必然面临重重困难。

2. 城市工作中应严把干部作风问题

在城市工作中，严格把控党员干部工作作风问题至关重要。毛泽东认为，进城干部作风建设问题必须得到应有的重视，他指出："严禁破坏任何公私生产资料和浪费生活资料，禁止大吃大喝，注意节约。"[①]周恩来认为：中国共产党解放城市后，进入新的环境，仍旧要做到"精兵简政，节衣缩食"[②]。接收城市机关时，必须摒弃官僚机构不好的旧作风，对其进行彻底坚决的改造。中国共产党进入城市后，不能够像剥削阶级那般奢侈腐化，而是要始终如一地坚持艰苦朴素的优良作风。国家的经费应该有效节约，用于更需要的领域，如生产、革命、战争领域等。

3. 城市工作中要重视建党问题

具体论及城市工作中要重视建党问题，整体上，应该涵盖五层含义。

（1）充分做好群众工作。高度重视城市中职工会、学生会、妇女会、青年团组织工作，从整体上提升城市民众觉悟。建党的任务必定是建立在坚实的群众工作基础上的。如果跳过群众工作，急于组建党小组以及党支部，会导致党组织成分复杂，难以凸显其应有作用。（2）在城市中建党，必须主要以工人阶级为基础。就城市中党员的成分而言，首要考虑的即工人阶级。此外，对于出身贫苦的先进知识分子、学生、教职员以及专家也可积极争取，进行个别吸收。（3）在城市建党工作中，党员教育是重中之重。对党员进行教育时，必须向其深入地阐明中国共产党的纲领、党章、城市政策等。（4）在城市建党工作中，党组织必须是一元化的。城市中工厂以及机关等，其党支部必须始终统一于城市市委以及区委。倘若城市中工厂以及机关直属支部各自为政，会极大地破坏党组织、地方群众间的紧密联系，导致城市党委无法统筹全局地安排部署工作。（5）在城市建党工作中，要重视整党工作，特别是要高度重视中国共产党老干部的思想、作风、生活问题。"城市实际情况比农村更为复杂，中国共产党内某些老干部没有经受住诱惑，丧失了无产阶级立场，被地主资产阶级所拉拢和腐化；倾向于支持'左'倾冒险

---

① 毛泽东选集（第四卷）[M]. 北京：人民出版社，1991：1324.

② 周恩来选集（上卷）[M]. 北京：人民出版社，1980：362.

主义政策。这部分老干部已经严重脱离劳动群众，他们在生活上不严肃、贪污腐化、沾染旧社会恶习。因此，在城市中，中国共产党更要注重严密党的组织，加强对中国共产党干部的管理、监督、整顿。"①

　　综上所述，中国革命的进程在持续向前推进，进入解放、接管、建设城市的全新历史阶段。根据此具体情况，中国共产党坚持马克思主义城市观，以新民主主义理论为指导思想，将把半殖民地半封建城市改造成为新民主主义城市视为战略目标，积极破解城市管理建设进程中层出不穷的问题，形成了独具中国特色的、系统完整的城市工作理论体系，这对于新民主主义理论而言，无疑是一种举足轻重的丰富与完善。

---

①　中共中央政策研究室党建研究局.老一辈革命家论党的建设（第二卷）[M].北京：党建读物出版社，2001：655-656.

第三章

中国共产党接管建设张家口城市工作历史背景

在历史上，张家口市也曾经有"张垣"和"武城"的别称，在抗日战争爆发前，张家口市是察哈尔省省会，居于沟通华北与西北的重要位置。1937年，卢沟桥事变爆发，日本侵略者经张家口、大同进入太原，并向归绥进发，日本侵略者操纵蒙奸德王、伪军李守信等傀儡，在张家口成立伪"蒙疆政府"，张家口成为该伪政府的首都。在抗日战争时期，在中国共产党领导下，晋察冀北部军民陆续建立起平西、平北、察南以及察北等根据地，从周边入手对日本侵略者魔爪下的张家口实现包围。1945年5月，在"二战"的欧战战场上，苏军势如破竹攻下德国柏林。1945年8月，苏联正式宣布对日作战。1945年8月9日，毛泽东向全国人民发出号召："对日寇的最后一战。"① 之后，朱德总司令命令根据地敌伪军向人民军队投降。晋察冀军区司令员兼政委聂荣臻、副司令员萧克、副政委刘澜涛转达上级指示，命令晋察军区部队攻占张家口。在此情况下，区党委召开紧急会议，并作出一系列重要决定：首先，成立晋察冀军区北线指挥部，由军区参谋长易耀彩兼任司令员，冀察区党委宣传部部长杨春甫兼任政委，指挥参战部队收复张家口。其次，待张家口解放后，应成立中共张家口市委员会，领导张家口的城市接管与建设等工作。

---

① 毛泽东选集（第一卷）[M]. 北京：人民出版社，1991：1119.

第一节　中国共产党接管城市工作的历史进程

为顺应时代发展趋势，中国共产党承担起缔造民族国家的任务，这赋予了中国共产党在城市接管中的突出地位，也使中国共产党的城市管理道路从萌芽时期就具备了与西方截然不同的特点。

一、中国共产党初步接收管理城市

在此时期内，中共中央相继颁发了一系列与接管城市工作相关的文件，如：《中共中央转发太岳区党委对新收复城市、据点的指示》①《中共中央关于夺取大城市及交通要道的部署给华中局的指示》②《中共中央关于苏联参战后准备进占城市及交通要道的指示》③《中共中央关于日本投降后我党任务的决定》④《中共中央关于新解放城市工作的指示》⑤《中共中央转发晋冀鲁豫中央局关于新解放区城市政策和群众工作的指示》⑥等。而这一系列文件的颁布，主要目的为阐明进而解决城市接管与建设工作中关键性问题：（1）积极恢复城市社会秩序。城市一旦获得解放，有必要对其实行短暂军事管理，包括规定管制区域、指定警戒部队以及实施军事戒严等；针对俘虏

---

① 中央档案馆.中共中央文件选集（第十五册）（1945 年）[M].北京：中共中央党校出版社，1991：140.

② 中央档案馆.中共中央文件选集（第十八册）（1949 年 1 月至 9 月）[M].北京：中共中央党校出版社，1992：601.

③ 中央档案馆，河北省社会科学院，中共河北省委党史研究室.晋察冀解放区历史文献选编1945—1949 [M].北京：中国档案出版社，1998：1.

④ 徐塞声.中共中央南方局历史文献选编（下）[M].重庆：重庆出版社，2017：950.

⑤ 章开沅.中国抗战大后方历史文化丛书　中国共产党关于抗战大后方工作文献选编（二）[M].重庆：重庆出版社，2019：1173.

⑥ 《中国人民解放军通鉴》编辑委员会.中国人民解放军通鉴：1927—1996 [M].兰州：甘肃人民出版社，1997：1113.

及日本居留民，要划出专门的安置区；针对战争罪犯和卖国贼，要对其实行登记与逮捕；针对所有军事性质机关、工厂、学校、兵营和要塞等要严格管控；对于所有轮船、火车、汽车、水陆码头、邮电机关等要进行军事检查与控制。（2）处理好工厂、企业及物资财产。对于敌伪公有财产、大汉奸名下企业，要成立统一机关进行接收。对于一般汉奸名下财产，不可随意没收，须经地方政府严格核查，才能够由政府实施没收。对于私人企业，则要按照不同情况区别对待：并未与敌伪合作的私企，应该得到保护并维持经营；被敌伪强迫与之联合经营的私企，仅对敌伪资本进行没收，并以公私合营方式经营；被敌伪强行没收的私企，则应做到归还原主。（3）处理好公用事业机构及其资产。对于学校、图书馆、博物馆和医院等公用事业机构进行有效的保护，指派特定军事机关检查处理其文件、器材和物资，禁止随意破坏；对宗教团体和慈善机构实施保护；对公用事业原有工作人员，尽可能地争取留用。（4）着手建立城市政权。城市获得解放后，应该立即以城市为中心建立人民政权，新生的人民政权应积极地吸收当地群众领袖、积极分子、进步人士参与建设。

二、这一阶段接管城市工作的特点

在该阶段，中国共产党接管城市工作呈现的特点涵盖：夺取城市是城市工作主要内容；接管城市工作留有一定历史痕迹；考虑城市的长期占领和建设等。

（一）夺取城市是城市工作主要内容

为保证反法西斯战争获得胜利，在抗日战争末期，中国共产党集中力量从日本侵略者魔爪下夺取城市，同时，国内政治斗争风起云涌，中国共产党需要与国民党争夺城市领导权。在当时的历史背景下，国共两党关于抗日战争胜利后建国问题的政治斗争风起云涌，国民党妄图借助美国援助与中国共产党抢夺抗日战争胜利果实，并意欲挑起内战。因而，在此阶段，城市工作军事斗争性、政治斗争性兼具。

（二）接管城市工作留有一定历史痕迹

中国共产党接管城市后，面临一系列日伪殖民统治遗留的复杂问题亟须处理，涉及政治、经济、文化和社会等多个层面。因此，中国共产党接管城市应该力求：彻底消除日本帝国主义殖民影响、清查处理汉奸敌伪财产、合理解决俘虏战犯以及日本居留人口问题等。

（三）考虑城市的长期占领和建设

从初步接管城市起，中国共产党就非常重视对于城市生产力的保护问题，一方面，注重保护私营工商业，另一方面，注重城市生产的恢复与发展。由此可见，城市接管工作属于一项具有建设性的长远工作，但考虑到当时的战时环境，这一性质暂时无法占据主导。

第二节　抗日战争的胜利对张家口政权建设的影响

中国人民的抗日战争获得胜利，为张家口政权建设带来重大影响，一方面，抗战胜利后，张家口政权建设获得宝贵的和平环境；另一方面，日伪军残余势力给张家口政权建设带来的阻碍也不容忽视。

一、抗战胜利给张家口政权建设提供了和平环境

1945 年 7 月，中、英、美联合发布《波茨坦公告》，要求日本侵略者无条件投降。1945 年 8 月 9 日，苏联远东军经中苏边境进入中国东北，并对日本侵略者发起进攻。1945 年 8 月 10 日，蒙古人民共和国对日本宣战。此时，抗日战争已进入最后阶段。"在中共中央和八路军总部的指示和命令下，8 月 10 日，张家口周围各抗日根据地部队由局部反攻转入全面大反攻，在广大民兵和群众的配合和支援下，向日伪占领的城镇和交通要道展开猛攻。"[①] 8 月

---

① 赵丽英 . 晋察冀边区首府张家口的政权建设（1945—1946）[D]. 秦皇岛：燕山大学，2019.

9 日，毛泽东发表《对日寇的最后一战》[1]声明，8 月 10 日至 11 日，八路军总司令朱德连续发出多道对日作战命令，"要求各解放区所有武装部队，立即向日军发出最后通牒，限期缴械投降，如遇顽抗应坚决消灭之"[2]。

1945 年 8 月 15 日，日本天皇宣布停战诏书，日本无条件投降。日本在中国长达 14 年的奴役统治告终。在此喜讯激励下，全中国举国欢腾，全国军民喜泪喷涌，奔走相告。萧克描述当时情况道："记得 8 月 15 日那天，听到日本投降的消息后，许多人兴奋地敲打脸盆欢呼，入夜，各窑洞口都燃起篝火庆祝，八年抗战，艰苦奋斗，胜利的喜悦难以言表。"[3]伟大的抗日战争最终获得胜利，日本侵略者对中国的奴役统治宣告终结，在张家口，这意味着伪蒙疆联合自治政府的彻底覆灭。在这种情况下，人民军队可以在相对和平的环境下接管、建设张家口，同时，中国共产党能够对张家口进行相应的政治建设。

二、日伪军残余势力给张家口政权建设带来阻碍

抗日战争胜利后，日本侵略者被赶出中国，人民军队解放、接管、建设张家口迎来契机。然而，值得注意的是，当时，在张家口部分区域内，敌伪武装残留势力短时间内并未彻底消失，日本侵略者幕后操纵的伪蒙疆联合自治政府仍负隅顽抗。在张家口局部地区，部分人民仍被日伪军所奴役。日本法西斯正式投降后，在张家口日伪已经失去其统治根基，但这并不意味着日伪统治的彻底瓦解，日伪留存在张家口的侵略统治影响无法即刻彻底消除。与此同时，国民党按捺不住其独裁专制欲望，已经对内战跃跃欲试，因此，多重因素叠加之下，人民军队收复张家口、对张家口进行政权建设工作更加困难重重。

①　毛泽东选集（第三卷）[M].北京：人民出版社，1991：1119.
②　赵丽英.晋察冀边区首府张家口的政权建设（1945—1946）[D].秦皇岛：燕山大学，2019.
③　赵丽英.晋察冀边区首府张家口的政权建设（1945—1946）[D].秦皇岛：燕山大学，2019.

第三节　张家口旧政权的状况

所谓知己知彼，百战不殆。中国共产党接管张家口后，张家口旧政权的状况较为复杂，不仅需要理清旧政权的机构变动，而且还要了解旧政权的统治情况。

一、旧政权的机构变动

就其性质而言，张家口旧政权属于伪政权，其目的是奴役张家口人民。当然，张家口旧政权的机构也有所变动，经历了伪察南自治政府阶段、伪蒙疆联合自治政府、新的伪蒙疆自治政府阶段，具体包括：

（一）伪察南自治政府阶段

1937 年，震惊中外的七七事变爆发，日军明目张胆地入侵张家口、大同以及绥远等地区。1937 年 9 月 4 日，伪察南自治政府正式成立，并将张家口定为首都。同年 10 月 15 日，伪晋北自治政府在大同正式成立。同年 10 月 28 日，伪蒙古联盟自治政府在绥远正式成立。"伪察南自治政府下辖万全、怀安、阳原、蔚县、涿鹿、宣化、怀来、延庆、龙关、赤城等县，首都设于张家口。最高委员于品卿，原系张家口魁兴大洋货商店之经理，并担任张家口商会委员，最高顾问为敌伪向竹内元平，由金井章二引荐。察南自治政府总务由金井章二主持，总务部下设四厅一处，总务处长为日人牧野、保安处长为日人高木，民政处长为陈玉铭。张家口作为'首都'一直处于日本统治者的严密控制和操纵之下。这一地区的人民在日本法西斯的统治下，饱受奴役之苦。几年来在日本顾问的直接控制支配下，自治政府出卖民族利益，干尽罪恶勾当。伪政府财政部门公布：鸦片特税及皮毛及烟酒、印花等税可年收入三百余万元；对各县均派有伪知事，完成其行政职权；各县设一参政官，由敌伪最高顾问委派敌人充任。县行政、保安等大权均操纵在日本人手中；公路方面除修筑各村关之公路外，并命令各村镇派人看守公路所经之区域，以防游击队破坏。"①

（二）伪蒙疆联合自治政府阶段

晋北三个自治政府之间是互相独立的，各自实行分权制，由于日伪对1937年成立的伪察南、蒙古联盟控制不便，1937年11月，晋北三个自治政府被合并，统称伪蒙疆联合委员会。"定张家口为首都，下设有总务、金融、交通、产业四个委员会，直接指挥统辖区内各部门活动。后扩大组织将四个委员会改为总务、商业、财务、交通、民生、保安六部，最高顾问为金井章二；同时，察南、晋北两伪政府改为察南、晋北两政厅，以陈玉铭为察南政厅厅长，竹内元平为次长，田汝弼为晋北正厅厅长，森静熊次郎为次长。至1944年1月1日，察南伪政厅改为宣化省，晋北伪政厅改为大同省，设有五盟公署。原伪蒙疆联合委员会亦改称伪蒙疆联合自治政府（又称蒙古自治邦）。伪政权成立之初，于品卿主席下置陆军、内政、财政、产业、交通、治安、司法七部，各部次长均由日本人充任，各科处要职均为日本人。1942年6月1日，伪政府政治机构改组，于品卿下设政务院，任吴鹤龄为院长，取消七部制，改组为四委员、两部、一局制。四委员即伪回教委员会、兴蒙委员会、司法委员会、总力委员会。伪内政部以丁其昌为部长，财政部改为经济部，以马永魁为部长，伪交通部改为交通总局，以金永昌为总局长。后又改组为伪内政、经济、交通、司法产业五部，伪回教、兴蒙、总力三委员会依旧。"② 为满足敌伪强化统治需要，伪政权机构不断进行改组，但是归根结底，其最高领导权依然为日本人牢牢掌控，他们虽然设置中国官员，但这些官员仅是日军的傀儡，其代表日军统治意志。日伪强化统治横行肆虐，民众在其残暴统治下苟延残喘。

（三）新的伪蒙疆自治政府阶段

1943年1月，德穆楚克栋鲁普亲王（简称德王）为加强其联合自治政府的统治力量，将察南政厅改组为宣化省公署，下辖10县，并将宣化设为省会；这标志着厅署与县署被纳入统一的行政体系，其集权程度更高。同

---

① 刘晓堂. 民国时期察哈尔地区主要社会问题研究 [D]. 呼和浩特：内蒙古大学，2017.

② 赵丽英. 晋察冀边区首府张家口的政权建设（1945—1946）[D]. 秦皇岛：燕山大学，2019.

时，这意味着，日本侵略者对蒙古自治邦政府进行强化统治的方式愈发赤裸，日军对中国人民的压迫在持续加强。在这个阶段，张家口被称为"特别市"，5个盟公署被称为"盟政府"，直属伪蒙疆联合自治政府。1944年秋，伪蒙疆联合自治政府将张家口改为"政务院直辖特别市"[①]，市长、副市长、政务院院长分别由韩广森、崔景岚、吴鹤龄担任。实际上，官员的任免权为日军牢牢暗中把控，这些官员仅仅是日军的傀儡，他们唯日军马首是瞻。在此阶段，日伪对张家口的统治进一步强化。从此阶段起至抗日战争结束，伪蒙疆联合自治政府组织机构固定下来。由伪蒙疆联合自治政府到蒙古自治邦政府，再到新的伪蒙疆自治政府的一系列变动可以推知，日伪对张家口的奴役在不断加强，统治方式趋于暴露，张家口人民在水深火热中苦苦挣扎。

二、旧政权的统治情况

伪蒙疆联合自治政府从成立到覆灭，在政治方面，丧心病狂地镇压张家口人民抗日活动，同时，实行反共政策。伪政府妄图分化中华民族，利用汉奸加强法西斯统治，并将蒙疆地区划为防共特区。从伪蒙古自治政府施政纲领即可窥一斑而见全豹："宣扬东亚道义、期其实践；使诸族大同协和，以人民之总意为基础，大施经纶；新兴民生、确保安宁，以完全人民之幸福；由共产主义毒害中解放诸族，以资强化世界之防共线。"[②]分析此纲领可知，伪蒙古联合自治政府旨在抵制中国共产党并愚化人民，最终目的是维护日本的侵略统治。在经济方面，伪政府对经济产业实行统制措施，张家口的实业由日本侵略者完全控制，森林以及矿产等不动产不得自由买卖；张家口的动产也被日本侵略者把控，并通过大蒙古公司按照其定价收购杂粮、皮毛、牛、羊、烟土等，这些物资皆不得私自出口；日本侵略者对张家口实行令人叹为观止的经济掠夺，不仅成立蒙疆银行、各类股份公司对张家口直接进行资本输出，而且从张家口地区掠夺羊毛、煤炭、兽皮等宝贵资源。《察哈尔纪事》载："仅1938年，伪'蒙疆'向日本输出羊毛1000万斤。而该

---

① 宋恩荣，余子侠.日本侵华教育全史（第二卷）[M].北京：人民教育出版社，2005：512.

② 赵丽英.晋察冀边区首府张家口的政权建设（1945—1946）[D].秦皇岛：燕山大学，2019.

地域年产羊毛达 3500 万斤。"① 在文化方面，日伪贯彻日本侵略者的奴化政策，在张家口开办用日文教学的学校，令青少年耳濡目染"中日亲善、民族协和"② 等殖民统治美化内容，摧残中华民族精神与国人抗日意志，日伪宣扬的所谓"民族道义"其目的就是分裂中华民族。日伪政府还针对村镇、学校发行日伪报纸，竭力美化其奴化统治。可见，日伪政府在张家口的侵略统治可谓无孔不入，张家口政治、经济、文化等方面皆深受其害。

第四节　张家口的解放与接管

张家口第一次解放后，随即面临庞杂的城市管理与建设问题。张家口市政管理建设工作在中国共产党领导下有条不紊地开展起来。

一、张家口市的第一次解放

1945 年 8 月，苏联正式对日宣战，并派兵攻打盘踞在中国东北的日本侵略者。紧随其后，蒙古人民共和国也正式对日宣战。同年 8 月 12 日，苏军骑兵机械化集群进入察哈尔北部，在八路军察北游击队的配合下，解放多伦、商都、察哈尔盟以及张北等城镇。在狼窝沟战役中，苏蒙联军英勇作战，胜利解放察哈尔北部地区。之后，八路军、新四军及其他人民军队向敌人展开全面反攻，并命令敌人限期投降。在人民军队的猛烈反攻下，交通要道及重要城镇重回人民军队手中，敌人仅有投降一途。在抗日战争胜利鼓舞下，张家口周边抗日民主根据地的党政军民展开了全面大反攻以及接受敌伪投降的准备工作。各级党委纷纷抽调干部为接管和建设城市做好准备。

1945 年 8 月 12 日，聂荣臻、萧克、刘澜涛电告晋察冀军区代司令员兼

---

① 宋从越.伪蒙疆政权法律制度研究与批判 [D].呼和浩特：内蒙古大学，2011.
② 《中国人民解放军历史资料丛书》编审委员会.东北抗日联军.文献 [M].沈阳：白山出版社，2011：425.

政委程子华、参谋长唐延杰等，命令冀察军区司令员郭天民、政委刘道生派部队沿张家口到康保的大道与苏蒙联军联络，夺取张家口。《晋察冀军区关于各所属部队进占城市及交通要道的政治训令》指出，在苏联对日宣战后，日本已宣布接受《波茨坦宣言》，八路军、新四军当前紧急任务为进占各大城市及交通要道，无条件办理敌伪投降、编遣缴械、维持革命秩序等。为此训令所有武装部队严格注意下列事项："（一）遵照朱总司令 8 月 14 日 34 号命令，受降敌军，将其缴械。如遭拒绝，坚决消灭之。而对缴出武器之敌军官兵，应严格执行优待俘虏条例，将其集中管理，听候遣送回国，绝对不得有杀戮虐待俘虏等事情发生。（二）遵照朱总司令命令，争取伪军反正，令其听候调遣。如其拒绝投诚，坚决消灭之。如在日本军已签署无条件投降之后，则将其缴械。而对反正之伪军，则应根据我军改造旧军队的原则与经验，有计划地加以整编改造。（三）遵照朱总司令命令，接收各大城市及交通要道。在进占城镇及交通要道时，应对部队事先进行深入的纪律教育。严整部队群众纪律，保证军容整肃，军纪严明，军行所至，秋毫无犯。负责保护人民安全，维持社会秩序。对待人民，态度务须和蔼。丝毫破坏行为，均须严格禁止并进行深入的思想教育，说明抗日战争结束以后，我们尚须进一步地建设独立、自由、民主、统一、富强的新中国。不仅应继续巩固广大的农村根据地，更应管理解放之城市与交通要道。而军队之群众纪律，对于扩大我军政治影响，争取新解放区群众，关系至巨。凡进占城市与交通要道部队，必须坚决服从命令与指挥，除执行任务外，不得随意外出，无故深入民宅，索取人民一针一线。除敌伪军武装军需外，没收敌寇汉奸产业应由政权处理，武装扰乱之反动分子坚决予以镇压，不得擅自逮捕人民。城市与交通要道，即为我占领。我们将以使中国富强为己任，无长期建设观念之任何对公共建筑、市政交通、人民财产之破坏行为，绝对禁止。（四）各部队行至及占领城市交通要道后，应开展广泛群众性的宣传工作及群众工作。宣传与实行我党主张和民主政府的一切政策法令，宣传抗日战争的胜利，主要是由于中国广大人民觉悟团结，成为有组织的力量，以及苏联的参加对日作战，盟国对日本的进攻得来的，揭发国民党反动统治集团一党专政，在抗战中的腐败无能丧师失地，和直至今天还包藏发动反人民内战的阴谋。（五）所有部队应保持高度警惕，敌军之局部抵抗。伪军之拒绝投诚缴械，反动分子之叛乱，随时都有可能遇到，取消国民党一党专政建立民主的联合政府仍为当前的重要政治任务，不得有丝毫之轻忽麻痹。"①

在当时，张家口战略位置极其重要。1945 年 8 月，蒋介石即命傅作义率部队由绥远向东进发，蓄谋与中国共产党抢夺张家口。基于此形势，毛泽东强调："针锋相对，寸土必争"②，一方面，中共中央命令绥远八路军阻止傅作义部队东进；另一方面，中共中央命令晋察冀军区从速解放张家口。为做好晋察冀边区辖境内城市接收工作，晋察冀边区行政委员会分别任命宋邵文、张苏、张明远、刘秀峰、张孟旭为边区行政委员会主任兼北平市市长、天津市市长、唐山市市长、保定市市长、张家口市市长。

晋察冀军区接到中共中央发出的攻占张家口的命令后，即派部队挺进张家口。1945 年 8 月 16 日，平北军分区司令员詹大南以及政委段苏权率领部队从赤城向张家口进发。同年 8 月 18 日，八路军派代表持朱德总司令命令以及冀察军区司令部公函与日本驻蒙疆派遣军谈判。八路军代表向日军宣读了朱德总司令命令，要求日军放下武器向八路军投降。日军则提出，要先请示日本驻北平司令官，之后才能向八路军投降。次日，八路军代表再次催促日军投降，日军却表示：冈村宁次命令他们只能向蒋介石的"合法政府"投降，不准向八路军投降。八路军代表则严正指出：八路军代表的就是中国合法政府，日军如果拒绝投降就意味着自取灭亡。

1945 年 8 月 20 日，八路军开始进攻拒绝投降的敌人，迅速进入张家口市区，占领日本驻张家口"公使馆"，并开始进攻火车站。之后，八路军攻占张家口飞机场以及清水河以东的张家口市区。天黑时，八路军部队驻扎于东山。同年 8 月 22 日，日军利用铁甲车打前站，意欲经张家口火车站向北平撤退，用火车与八路军进行激战。为避免出现重大伤亡，八路军当夜撤出张家口市区。同年 8 月 23 日，八路军再次进军张家口。张家口市内日伪残余势力贼心不死，盘踞在临时工事中，意欲阻断八路军行军。八路军则直接

---

① 中共河北省委党史研究室. 晋察冀解放区首府张家口 [M]. 北京：中共党史出版社，1996：17–18.

② 毛泽东选集（第四卷）[M]. 北京：人民出版社，1991：1126.

插入市区将日伪军分割包围。八路军包围德王府后，伪蒙疆军队最高司令官畏罪自杀，伪军纷纷投降，随后，八路军解放万全县城。当天下午，张家口市区战斗全部结束。被日伪奴役八年后，八路军胜利收复张家口。八路军收复张家口之战无疑是一次战略意义重大的胜利。

在第一次解放张家口进程中，八路军与民兵英雄何金海率领的"红石山民兵游击队"① 相互配合，攻占龙烟铁矿、下花园发电厂，电厂机械设备、物资得以完整地回归于人民手中。庞家堡铁矿工人配合八路军攻占了该铁矿。崇礼支队攻占了崇礼县城。察北骑兵支队解除了伪蒙疆军警武装，收缴大量轻机枪、步枪、战马。

1945 年 8 月 24 日，《中共平北（十二）地委宣传部通知》指出："我分区与十三分区主力自 21 日起经三日激烈战斗，已于 23 日占领张家口。伪蒙疆政府已瓦解，敌蒙古军司令官自杀。各地当即根据这一伟大胜利消息，开展广泛宣传，在机关所在地召开群众大会庆祝，并在各县城附近召集大会，进行政治攻势，配合通牒威胁，迫使敌伪投降。攻克张家口的宣传，特别应与反正统思想、我军力量强大结合起来，有力地驳斥国特的各种谣言。另外，干部群众中的盲目乐观，坐待胜利，过分依靠苏联，以及不少干部不是由于胜利即将到来而高度发扬工作积极性放手发动群众，而是被胜利冲昏头脑，想这想那，不安于现在实际具体的工作等错误思想必须纠正，对群众应反复深入反国特的教育，启发明确的阶级意识，以'当前的紧急任务'与'全世界必须警惕蒋介石埋伏扰乱远东和平的祸根'两社论作思想检查，发动干部坦白反省，以达大刀阔斧放手发动群众，使工作迅速追上客观的需要。"②

1945 年 8 月 25 日，《聂荣臻、萧克、程子华、刘澜涛致解放张家口参战部队全体指战员嘉奖电》称："易、杨、白并转解放张家口参战部队全体指战员：你们以无比的刚毅英勇与坚决勇猛的进攻精神，消灭了张家口拒降的敌人，并于 23 日晨完全解放了张家口城，为表彰你们光荣的战功，军区特决定：以张家口之名授予你们——我解放张家口所有的参战部队，并提

---

①　中共张家口市委党史研究室 . 张家口革命史话 [M]. 北京：高等教育出版社，1990：148.

②　中共河北省委党史研究室 . 晋察冀解放区首府张家口 [M]. 北京：中共党史出版社，1996：20.

款 54 万元偏赏你们，望我全体指战员再接再厉，继续坚决消灭拒降的敌人，并加强卫戍，维护城市社会秩序。"①当日，张家口新华广播电台庄严宣告：被日本侵略者侵占多年的张家口终获解放，已回到张家口人民手中。同时，这也标志着张家口市的城市建设正式拉开帷幕。

人民军队第一次解放张家口后，日本侵略者操控下的伪蒙古联合自治政府即宣告崩溃、消亡。对于中国共产党而言，解放张家口具有独特而深远的意义。作为八路军在抗日战争中收复的第一座省会城市，张家口必然在中国近代史上留下浓墨重彩的一笔。在张家口解放祝捷大会上，晋察冀军区司令员兼政委聂荣臻言道："我们之所以能收复张家口，并不是敌人自动投降的结果，而是边区子弟兵、八路军、游击队和广大民兵以及张家口各界同胞用我们自己的力量英勇战斗取得的。"②"张家口曾经是伪'蒙古自治政府'所在地，中国共产党领导人民军队解放张家口后，日本侵略者背后操纵的伪政权随之覆灭，盘踞在张家口周围大小据点的敌伪势力纷纷自觉大势已去。张家口获得第一次解放，被日本侵略者奴役八年的北方重镇重获光明与自由，重新回到张家口人民手中。抗日战争进入大反攻阶段后，张家口市是八路军夺取的第一座省会级城市，同时，张家口占据重要而独特的地域优势、历史机缘，为晋察冀首府迁驻张家口奠定有利的前提条件。"③

二、城市建设的主要领导人

1945 年 9 月 26 日，《晋察冀军区关于加强张家口市军政领导的决定》指出："为进一步加强张家口市的工作，决定张家口市政府直接由边委会领导。关于市府干部决定加以调整。市长由宋劭文兼任，现任市长张孟旭改任副市长，秘书长由江石之兼任，公安局长由边委会公安管理处处长许建国兼任，现任公安局长苏毅然改任副局长，权哲明任社会局长，郝沛林任财政局副局长，贾庭三任建设局长，纪之任教育局长，王子俊任法院院长。以上各

---

① 中共河北省委党史研究室 . 晋察冀解放区首府张家口 [M]. 北京：中共党史出版社，1996：19.

② 中共张家口市委党史研究室 . 张家口革命史话 [M]. 北京：高等教育出版社，1990：149.

③ 中共张家口市委党史研究室 . 张家口革命史话 [M]. 北京：高等教育出版社，1990：149.

员均已到取接事。"① 1946 年 5 月 10 日,张家口市参议会隆重选举产生的议长、市府委员、市长诞生,名单为:"正副议长:刘秀峰、于德海、陈儒仁;市府委员:杨春甫、张孟旭、恽子强、李靖南、王荣仁、权哲民、洪子良;正副市长:杨春甫、张孟旭。"② 从中可以明确窥见张家口城市建设历任的主要领导人及其职任。

以下是上述主要城市建设领导人的简要情况介绍:

(一)宋劭文

宋劭文(1910—1994),字时昌,山西太原人。出身于商人家庭。1932年,在北京大学就读,在校期间作为进步青年积极参加革命活动,之后,加入社会科学家联盟,并担任北平社联宣传干事 / 秘书、《社会科学》期刊编辑。1933 年,任北京大学学生会主席,主编期刊《北大学生》,促进了马克思主义思想在大城市的传播。同年,加入中国共产党,并担任北平社联党团书记。1934 年 5 月,在北平被捕,先后被关押于南京市、苏州市。1935 年4 月,出狱,从北京大学毕业。1935 年 7 月,在太原重新加入中国共产党。1936 年,在山西牺牲救国同盟会工作,负责思想宣传方面相关工作。1936年 9 月,遵照中共组织安排,出任山西省五台县县长、山西第一区行政主任公署政治主任。利用此合法身份作为掩护,他为支持人民军队打赢抗日战争作出重大贡献。

1938 年,晋察冀边区政府诞生,宋劭文担任边区行政委员会主任。他组建了晋察冀边区的县—区—村三级行政机关,并参与制定晋察冀边区《减租减息单行条例》《实施细则》《征收救国公粮条例》《边区垦荒单行条例》《抗战勤务动员办法》等一系列法律法规。1945 年,张家口第一次解放后,被任命为张家口市市长,领导张家口城市管理、建设。

1948 年,"宋劭文任华北人民政府农业部部长、华北财政经济工作委员会秘书长,并参与统一华北财政和金融、土地改革、恢复并发展工农业生产和城市商业流通等工作,在建立完善财经工作制度和方法等方面发挥了

---

① 杨艺琪 . 晋察冀边区首府张家口市城市管理研究 [D]. 石家庄:河北师范大学,2019.
② 刘国峰 . 1946 年中共张家口市首届参议会研究 [D]. 锦州:渤海大学,2019.

重要作用"①。

中华人民共和国成立后，"宋劭文任政务院财政经济委员会财经计划局局长。1952 年，任中财委秘书长。在国民经济三年恢复时期，他推进中央的财经工作方针落到实处，为争取全国财政经济状况好转、恢复国民经济作出卓越贡献。他曾经参与制定国家一五计划，并代表中国参加中苏谈判。1953 年，历任轻工业部副部长、国务院第四办公室副主任、国家经委副主任、中央财经领导小组秘书长、国家基建委副主任兼党组副书记等"②。

1979 年起，他先后担任国家机械委员会党组副书记、国家计委顾问，兼任国务院物价领导小组副组长、国务院经济技术和社会发展中心顾问等。他历任第五届全国政协常务委员、第六届全国人大常委会委员。1994 年，因病在北京逝世。

（二）张孟旭

张孟旭（1909—1985），"原名张志良。河北省安平县人。1925 年，在天津河北省第一师范学院求学。1929 年，加入共产主义青年团，同年 9 月，加入中国共产党"③。1930 年，任河北省第一师范学院党支部书记。1937 年，任中共安平县委组织委员。"1938—1942 年，先后担任深县县长、冀中公署政治主任特派员、冀中第十专区专员。1944 年，任平北专员公署专员。1945 年 8 月，张家口获得第一次解放，被任命为张家口市副市长。1948 年 12 月，张家口获得第二次解放，被任命为张家口市市长。1949 年，任湖南省政府秘书长和省军事管制委员会秘书长。1956 年，任湖南省委常委、副省长。1960 年，任湖南省委书记处书记。1964 年，任国务院文教办公室副主任。"④

（三）杨春甫

杨春甫，"原名杨雨祥，1913 年出生，河北省任丘人"⑤。"1931 年，参加革命。1932 年，加入中国共产党，1936 年，任中共保定市委书记，1937 年，任中共北平市委宣传部长；抗日战争时期历任房山、涞水、涿县联合县

---

① 太原市地方志编纂委员会 . 太原市志（第 7 册）[M]. 太原：山西古籍出版社，2005：664.
② 太原市地方志编纂委员会 . 太原市志（第 7 册）[M]. 太原：山西古籍出版社，2005：664.
③ 刘海林 . 张家口人物志（古代·近现代卷）[M]. 北京：党建读物出版社，2005：232.
④ 刘海林 . 张家口人物志（古代·近现代卷）[M]. 北京：党建读物出版社，2005：232.
⑤ 陈刚，刘增祥 . 天南地北沧州人 [M]. 北京：新华出版社，2008：20.

委书记兼县支队政治委员，八路军第四纵队政治部宣传科长，八路军冀热察挺进队宣传部长、平西地委书记，平北军分区政治部主任；后调任晋察冀中央分局社会部办公室主任，1944年，任中共冀察区党校校长，1945年，任冀察区党委宣传部长，1945年8月，率冀察军区北线部队解放张家口市，任张家口市委书记、市长兼卫戍区司令部政委，兼任晋察冀军区教导师政治委员。"[1]"1946年，任冀热察行政中心公署主任，1948年，任东北野战军第十一纵队副政治委员，1949年，任武汉军管会副秘书长兼军政接管部部长、第四野战军五十一军政委。1950年，任中国人民解放军空军干部部部长、空军党委常委。"[2]"1954年，任国家第二机械工业部副部长，1958年，任第一机械工业部副部长，1958年4月，任辽宁省委书记处书记，1965年，兼任沈阳市委第一书记、沈阳卫戍区政治委员，1968年，任辽宁省革命委员会副主任，1971年，任中共辽宁省委副书记，1972年，任中共辽宁省委书记。"[3]

曾任中共八大代表以及第九、十届中央委员。

（四）江石之

江石之原名姜振政，字实泽，曾用名姜时喆。"1908年10月15日生于房山县佛子庄村一个农民家庭。他童年因家中生活贫困借钱读书，最后以优等生毕业于通州师范，1932年至1937年曾在顺义、房山、怀柔等地区教书，1938年3月江石之经共产党员、邓华支队联络员包森同志介绍，邓华批准，参加了革命，同年4月20日加入中国共产党。参加革命后，历任房涞涿游击支队政治部主任、邓华支队民运干事和工作队队长、密平蓟联合县长、游击一、二支队政治部主任、房涞涿游击队长、挺进军政治部总务处长、平西军分区敌工科科长、平西地委敌工部副部长、张家口市政府秘书长兼劳动局局长、察哈尔省政府财委秘书长、工业厅厅长，调地质部门后，任地矿司司长、北京市地质局党委书记、局长等职。"[4]

1967年8月5日因病逝世，终年59岁。

---

① 陈刚，刘增祥. 天南地北沧州人 [M]. 北京：新华出版社，2008：20.
② 陈刚，刘增祥. 天南地北沧州人 [M]. 北京：新华出版社，2008：20.
③ 陈刚，刘增祥. 天南地北沧州人 [M]. 北京：新华出版社，2008：20.
④ 李桂清. 平西抗战纪事 [M]. 北京：北京联合出版公司，2015：175.

（五）许建国

许建国（1903—1977），湖北黄陂人。"原名杜理卿。1922 年加入中国共产主义青年团，曾参加安源路矿工人大罢工，翌年加入中国共产党。曾任湘潭县武装纠察队队长、中共湖南省委军事部干事。"[①] 1930 年，任中国工农红军第三军团参谋长、军团政治保卫局侦察部部长、保卫局局长。"1934 年，参加长征，任第八军团政治保卫局局长。1936 年，到达陕北后任三纵队四师特派员、军团保卫局局长等。抗日战争时期，先后任陕甘宁边区保卫处副处长、中共中央社会部保卫部部长、华北人民政府公安部部长。1949 年后，历任中央人民政府政法委员会委员、天津市公安局局长、天津市委书记、华东军政委员会公安部部长、上海市副市长兼公安局长、中共上海市委书记处书记。曾在上海与周谷城先生一起受到毛泽东的接见。后任驻罗马尼亚、阿尔巴尼亚大使。1977 年在河北逝世。"[②]

（六）苏毅然

苏毅然，"四川苍溪人，1918 年生。1933 年参加革命，初任川陕省苏维埃税务局分所长。1935 年到川陕省财委工作，后随红军长征。1936 年 2 月，加入中国共产主义青年团。同年 12 月，加入中国共产党。1936—1939 年，在延安中共中央党校、马列主义学院学习，任总支文书"[③]。"1939 年 1 月参加华北战地考察团赴晋察冀抗日根据地。此后历任中共北方分局社会部机要员、秘书、秘书主任，中共晋察冀平北情报站站长、平西专署公安科长、地委社会部长、组织部长、地委委员，张家口市公安局副局长、市委秘书长，河北涞源、满城、完县县委副书记、书记、地委委员，皖南行署公安局长，区党委委员。"[④] "1952 年 5 月起，任安徽省公安厅厅长、政法办公室主任、省委委员，安徽省计委主任、党组书记，安徽省委候补书记、副省长兼计委主任。1960 年起，历任省委候补书记、副省长，省委书记处书记、

① 熊月之．上海名人名事名物大观 [M]．上海：上海人民出版社，2005：73.

② 熊月之．上海名人名事名物大观 [M]．上海：上海人民出版社，2005：73.

③ 山东省地方史志编纂委员会《山东年鉴》编辑部．山东年鉴：1988 [M]．北京：世界知识出版社，1989：776.

④ 山东省地方史志编纂委员会《山东年鉴》编辑部．山东年鉴：1988 [M]．北京：世界知识出版社，1989：776.

副省长。省委书记、副省长兼计委主任。1970年起，任省革委副主任，党核心小组成员，省委副书记、书记，1977年，任省委书记、省纪律检查委员会第一书记、省长、省政府党组书记。1983年，任山东省委书记。1985年，任中共山东省顾问委员会主任。自1971年起，先后当选为中共十大、十一大、十二大、十三大代表，第十一届、十二届中央委员，十三届中央顾问委员会委员。"①

（七）王子俊

王子俊，原名王殿琳，山西省解县人，1905年生。"早年参加学生运动，1931年在北平大学法学院读书时参加了'赤色互济会'，为法学院分会负责人，并负责北平西南区互济会的工作。1932年参加中国共产党。后因组织被破坏，被迫离开北平回乡，与党组织失去联系。1933年至1934年在太原任《党讯报》国际新闻编辑，并与人合编《乡村小学周刊》。1935年在北平任北京新报编辑，同时给外事月报、现代评论、天津益世报等报刊投稿，进行抗日救亡宣传。1936年在北平重新入党，被党组织派往陕西省高桂滋部做统战工作，任《绥德日报》编辑，宣传抗日救亡。"②

1937年抗日战争爆发后，"他回到山西工作，由中共平遥县委介绍到山西国民兵军官教导团第二团，任团政治处政治干事，并做中国共产党的秘密工作。1938年初教导二团改编为决死第十一总队，任第三大队政治指导员、中共十一总队工委委员、书记，同时任中共决死四纵队委员会委员。同年底，调任决死四纵队政治部组织科科长"③。1939年夏，"王子俊到晋察冀边区工作，先后任边区政府行政保卫队政治处主任、边区政府司法处秘书主任、边区高等法院书记官兼推事、第十三专署民政科长、广灵县县长等职。日本投降后，张家口市第一次解放，他被任命为张家口人民法院院长。1948年随军南下，任河南省洛阳市人民法院院长"④。

中华人民共和国成立后，他先后任"武汉市人民法院院长、武汉市人

①　山东省地方史志编纂委员会《山东年鉴》编辑部.山东年鉴：1988 [M].北京：世界知识出版社，1989：776.

②　王万旭.华夏之根运城人（上）[M].北京：中国社会出版社，2008：169.

③　王万旭.华夏之根运城人（上）[M].北京：中国社会出版社，2008：169.

④　王万旭.华夏之根运城人（上）[M].北京：中国社会出版社，2008：169.

民政府委员、最高人民法院中南分院民庭工作负责人。1953年调最高人民法院任督导员、秘书处副处长。1958年调到黑龙江，先后任合江地区中级人民法院院长、黑龙江省政法干校党委书记、哈尔滨市人委视察员等职"①。"文革"中被停止工作，回到原籍山西运城，后离休。于1983年病逝。

（八）刘秀峰

刘秀峰，"原名法常，字爱川，化名李子芳、柳霞波、达流。1908年出生在河北省顺平县寨子村一个农民家庭。7岁入本村小学，1918年初小毕业后入高小。1923年考入保定育德中学初级第一班，并开始阅读进步书刊和马列书籍。1925年初加入中国共产主义青年团，次年春转为中共党员，并受党组织派遣参加国民党保定市党部，任组织部长"②。"后任中共保定市委机关支部书记、职委会委员和技术书记。1926年9月19日因叛徒告密被捕，不久经营救出狱。后回乡建党，曾任完县特支书记、完满（城）联合县委书记。1928年1月调天津顺直省委工作。1929年6月由于叛徒告密再次被捕，坚持了长期的狱中斗争。1935年8月刑满出狱后，任保定特委宣传部长。抗日战争时期，任平汉线省委组织部长、华北抗日义勇军第三路总指挥，平汉线省委宣传部长、民运部长等。"③"1940年调到延安中央党务研究室，协助王若飞同志工作。解放战争时期，任张家口市委书记兼卫戍司令部政委、冀中区委书记兼军区副政委、石家庄市委第一副书记、第一书记。"④"1949年4月兼任石家庄市市长。参加了全国土地会议。中华人民共和国成立后，任天津市委副书记、副市长，华北局组织部长、副书记兼工业部长，华北行政委员会第一副主席等。1954年9月任建筑工程部部长、党组书记。是第二届全国政协委员。"⑤1965年"四清运动"中受到错误批

---

① 王万旭.华夏之根运城人（上）[M].北京：中国社会出版社，2008：169.

② 中共石家庄市委党史研究室.中国共产党石家庄历史大辞典：1921—1949 [M].北京：国家行政学院出版社，2007：591.

③ 中共石家庄市委党史研究室.中国共产党石家庄历史大辞典：1921—1949 [M].北京：国家行政学院出版社，2007：591.

④ 中共石家庄市委党史研究室.中国共产党石家庄历史大辞典：1921—1949 [M].北京：国家行政学院出版社，2007：591.

⑤ 中共石家庄市委党史研究室.中国共产党石家庄历史大辞典：1921—1949 [M].北京：国家行政学院出版社，2007：591.

判。"文革"中又遭残酷迫害。1971 年 3 月 29 日在北京含冤去世，时年 63 岁。1980 年 5 月 6 日，中共中央为他在"四清"和"文革"中受到的错误批判平反昭雪，恢复名誉。

（九）陈儒仁

陈儒仁（1904—1948），河北沧州人。"1920 年，在张家口做电业学徒工。1932 年，任厂务主任、技术员。1925 年，深受五卅运动影响，传播共产主义思想，领导张家口电灯工人工会工作，组织工人成功举行罢工，支持革命。1926 年，加入中国共产党，任中共华北电灯公司党支部书记。大革命失败后，任张家口市委书记。"[1] 1934 年，抗日同盟军失败，陈儒仁被捕，获救后继续进行斗争。"抗日战争爆发后，积极组织抗日活动并保护电业资产。1946 年，任张家口市参议会议员、副议长。1947 年，遵照党组织命令，参与石家庄电厂供电设施抢修工作。后由于劳累过度，因公殉职。"[2]

（十）恽子强

恽子强（1899—1963），"又名恽代贤，湖北武汉人"[3]。"1920 年，从南京高等师范学校毕业。1924 年，从东南大学文理科化学系毕业。之后，辗转在河南省、辽宁省、广东省、湖北省、上海市等地从事教育、革命工作，曾在长春吉林师范、上海中法大学任教。1942 年，参加新四军。1943 年，在延安军工局工作，后任延安自然科学院副院长、晋察冀工业专门学校校长、晋察冀化工研究所所长、华北工学院副院长等。1949 年后，历任中国科学院办公厅副主任、编译局副局长、中国科学院东北分院副院长等。先后当选为第一届全国政协委员、中国化学会副理事长。曾任《科学通报》编委会主任、《化学通报》主编等职。1955 年，被聘为中科院数学物理学化学部学部委员，并当选为常委、副主任。"[4]"参与制订国家第一个发展科学技术远景规划，做出无可取代的重大贡献。"[5]

---

[1]　刘海林 . 张家口人物志（古代·近现代卷）[M]. 北京：党建读物出版社，2005：238.

[2]　刘海林 . 张家口人物志（古代·近现代卷）[M]. 北京：党建读物出版社，2005：239.

[3]　顾树新，张士朗 . 南京大学校友英华 [M]. 南京：南京大学出版社，1992：272.

[4]　顾树新，张士朗 . 南京大学校友英华 [M]. 南京：南京大学出版社，1992：272.

[5]　顾树新，张士朗 . 南京大学校友英华 [M]. 南京：南京大学出版社，1992：273.

三、张家口城市的军事接管

1945 年 8 月 23 日，八路军收复张家口，中国共产党冀察区党委、冀察区行署、冀察军区领导率领事先组成的张家口军事接管会及党政机关工作人员进驻张家口市，以此为标志，张家口的接管与建设工作正式启动。总体而言，张家口的接管与建设工作包括以下内容。首先，废除伪政权。张家口军管会宣布：张家口获得解放后，必须立即废除日本侵略者背后操控的伪蒙古联合自治政府。其次，发布安民布告。向张家口全体人民宣告，张家口获得了第一次解放，人民的城市终于回归到人民手中。最后，维持全市社会治安。中国共产党领导下的人民军队查封了仓库，接管了银行、放送局以及报社等旧有机构。曾经的日伪统治机构洗心革面，被改造为服务张家口民众的公共设施。"1945 年 8 月，张家口市人民政府公产管理处成立，负责接收伪'蒙疆不动产有限公司'名下房产、日伪时期各单位购买／新建房屋、'七七事变'前官僚和外籍人士房产及庙宇等。张家口解放后，民主影院即投入营业。公会堂、世界馆等旧有机构被改造为人民影院、民主影院；放映影片包括《保卫莫斯科》《苏联一日》《直捣柏林》等。9 月 10 日，晋察冀边区银行进驻张家口，并直接负责接收蒙疆银行的一系列工作。12 月，华北联合大学迁移至张家口，并及时复校。"①

值得注意的是，在解放张家口的过程中，中国共产党对于舆论宣传工作毫不松懈。借助电台广播的先进传播方式，向全国人民宣告张家口解放的好消息，令张家口解放成为举国关注的重大事件。张家口解放后，中国共产党冀察党委特地派出新华支社记者团，随部队一起抵达张家口。1945 年 8 月 24 日，中国共产党接管伪蒙古联合自治政府通讯社、无线电发射台、放送局，放送局被改造为"张家口新华广播电台"。张家口新华广播电台播放了张家口解放、安民布告等好消息，全国人民对此重大喜讯反响强烈。1945 年 8 月 28 日，张家口新华广播电台转播延安新华广播电台节目，这意味着，

---

① 赵丽英. 晋察冀边区首府张家口的政权建设（1945—1946）[D]. 秦皇岛：燕山大学，2019.

中共中央的声音首次通过广播形式传播到了张家口。1945 年 9 月，《晋察冀日报》开始在张家口出版，张家口人民对此事件感到欢欣鼓舞。张家口市政府还将日伪时期的"蒙疆神社"①改造为"胜利公园"，该公园成为抗日战争胜利后极为重要的纪念遗址之一。究其实质，"胜利公园"的出现，不仅是建筑改名问题，也有利于中国共产党对张家口解放进行正面舆论宣传。针对张家口的解放，中国共产党不仅重视大众舆论宣传工作，而且重视参战部队宣传工作。1945 年 8 月 24 日，平北军分区团以上干部会议召开，段苏权面向部队代表，报告了解放张家口的过程。

张家口的第一次解放，意味着国民党对中国东北地区的封锁被彻底打破，不仅利于中国共产党抗日根据地的巩固与发展，而且有利于中国共产党后续解放东北地区。新华电台报道中国共产党接管张家口、张家口电台成立、《晋察冀日报》在张家口出版、民主影院建设、晋察冀边区银行在张家口营业等，从各个领域的蓬勃发展情况可以推知，中国共产党对张家口的解放、接管、建设问题极为看重。中国共产党领导人民军队成功解放张家口后，就开始在张家口尝试民主政权建设、城市建设，这些伟大尝试为中国共产党后续的民主政权建设、城市建设工作提供了极为宝贵的经验，并带来深刻的发展启示。

四、晋察冀边区首府的建立

在张家口，晋察冀边区首府建立后，张家口市人民政府正式运行，晋察冀军区司令部也随之迁至张家口。

（一）张家口市人民政府开始运作

1945 年 8 月 23 日，在晋察冀中央局、晋察冀军区指示下，张家口卫戍司令部正式成立，任命易耀彩为司令员，任命杨春甫为政治委员。同时，中国共产党张家口市委员会、张家口市政府正式成立，任命杨春甫为市委书记，任命张孟旭为市长。至此，张家口市民主政府开始运作，市政府坐落于

① 任其怿. 日本帝国主义对内蒙古的文化侵略活动 [M]. 呼和浩特：内蒙古大学出版社，2006：266.

桥西区长青路。为整顿社会秩序和稳定民主政权，8月29日，"张家口市人民政府召开全市区长联席会议，颁布了民主的、临时的紧急施政纲领"①。内容涵盖："（一）救济失业贫民和灾民，为生活困难群众提供最基本的生活保障；（二）镇压特务汉奸，登记与处置伪组织人员，将坏分子从民众中筛查出来及时处理；（三）成立民主政权组织，推进城市运转步入正轨；（四）取消一切苛捐杂税，实现工商业自由发展，扶助私营工业、民间手工业，发展公营工业，加强运输工作与物资交流，大力推进城市经济恢复与发展；（五）组建和发展各种群众团体组织，保障劳动群众的政治、经济利益②，使得民众真正成为城市的主人。"12月27日，晋察冀边区、张家口市组成特别法庭，于品卿等日伪势力代言人得到依法惩治。中国共产党对日伪破坏分子及时给予正义审判，目的在于彻底铲除日伪势力在张家口的残余影响力。判处汉奸于品卿死刑，同时也凸显了中国共产党彻底铲除日本帝国主义侵略势力的坚定决心。

（二）晋察冀军区司令部迁驻张家口

起初，在晋察冀边区，中国共产党领导机构为中共晋察冀中央局。1938年，中共中央北方分局成立，任命彭真为书记。中共中央北方分局隶属于中共中央北方局。1941年，中共中央北方分局任命聂荣臻为书记，任命刘澜涛为副书记。1943年，中共中央北方分局改称中共中央晋察冀分局，任命聂荣臻为书记，任命程子华和刘澜涛为副书记。1945年，中共中央北方局撤销，晋察冀分局升级为中国共产党晋察冀中央局。晋察冀中央局任命聂荣臻为书记，任命罗瑞卿为副书记。"在晋察冀中央局的办公地点选址问题上，考虑到中国共产党今后发展方向，《关于领导机关迁驻张家口的命令》指出：为便利作战指挥及领导各种工作，边区各级党政军民机关移至张家口。"③同时，晋察冀军区司令部迁至张家口桥东宣化路。1945年9月9日，晋察冀军区司令员兼政治委员聂荣臻，副司令员萧克，副政治委员刘澜涛、罗瑞卿

---

① 《河北省志·共产党志》编纂委员会.河北省志·共产党志[M].北京：中央文献出版社，1999：148.

② 吴明怿.冀鲁豫抗日根据地的粮食工作研究[D].上海：上海大学，2020.

③ 赵丽英.晋察冀边区首府张家口的政权建设（1945—1946）[D].秦皇岛：燕山大学，2019.

由延安抵达张家口。9月10日，中国共产党晋察冀中央局在张家口正式成立。9月14日起，晋察冀边区政府工作人员开始迁移，并陆续进驻张家口。其中，包括晋察冀边区行政委员会、晋察冀军区、中共中央晋察冀分局、机关、警卫部队等机构的工作人员。之后，中国共产党晋察冀中央局副书记程子华，委员赵振声、许建国、胡锡奎及晋察冀军区政治部主任潘自力、柴树藩，军区参谋长唐延杰、副参谋长耿飚、曾涌泉与军区直属机关等陆续进驻张家口。晋察冀边区行政委员会主任宋劭文、边区参议会于力等则由阜平转移到张家口。晋察冀军区司令部迁驻张家口之后，晋察冀边区的首府已然更换为张家口。在1946年10月晋察冀军区部队战略性撤离张家口之前，晋察冀边区首府始终驻在张家口。

抗日战争胜利后，日本在中国的侵略与奴役即刻告终，在中国共产党领导下，人民军队成功解放了具有重要战略地位的省会城市——张家口。在平北和平西根据地的大力支持下，中国共产党稳步推进着解放、接管、建设张家口的各项工作。张家口解放后，日伪时期的旧政权宣告覆灭。张家口在政治、经济、文化等方面被日伪侵略与奴役的局面发生根本性扭转，张家口人民从水深火热的炼狱中获得自由。张家口占据着十分特殊和重要的地理位置以及战略位置，因此，晋察冀党政军首脑机关决定迁移，在张家口解放后迅速进驻张家口，从此，张家口正式成为新的晋察冀边区首府。

五、首府成立后的施政步骤

张家口获得第一次解放后，按照晋察冀边区行政委员会令指示，张家口市政府正式成立。杨春甫在张家口市首届参议会上的市政工作报告，明确了晋察冀边区首府——张家口市政府成立后的施政步骤。

（一）建立革命的新社会秩序

中国共产党率领人民军队围攻张家口且胜利在望时，在张家口的敌伪统治秩序已经逐步呈现崩盘之势，在这种情况下，饱受苦难的张家口市民自发地行动起来，破坏敌伪基础设施并夺取敌伪囤积物资。汉奸、蒙奸、特务、警察、流氓等势力皆蠢蠢欲动，浑水摸鱼借机发财的"普防团"在张家口大行其道。人民军队进入张家口时，敌伪零散武装、"警防团"等纷纷趁机骚扰破坏，工商业、学校被迫停业、停学，失业工人、难民遍布于城市角角落落，整个城市秩序陷入混乱。

在混乱局势下，张家口市政府成立并开始运作，不仅要对城市负责，更要对人民负责。张家口市政府以最快速度发布布告安定民心，宣布城市接管、建设相关一系列政策，并暂时对张家口实施军事管制，解除日伪反动武装，并接管电灯、电话、自来水等公司企业，管理全市仓库、桥梁、交通，清除潜在的破坏性爆炸物。劝导张家口市民遵守城市秩序，镇压奸伪、特务、破坏分子等。尽快计划召开人民代表大会，加快复业、复工、复学的进度。对于敌伪人员进行详细登记，为职工提供双薪。制定措施救济灾民和难民，为其分发足够维生的食粮、物品等。以上措施得以贯彻落实后，张家口混乱的秩序告终，全新的城市秩序逐步构建起来。

（二）发动群众严惩汉奸卖国贼

在张家口市政府领导下，张家口人民敢于与敌伪、汉奸、特务等坚决地斗争。1945 年 9 月，张家口人民清算控诉运动拉开序幕。在该运动中，张家口人民群众检举、清算、控诉了一大批敌特等压迫者。张家口市政府大力支持人民群众进行清算控诉斗争，应人民群众的要求，张家口公安机关、法院逮捕、审判了数量庞大的敌特、违法分子。罪大恶极的违法犯罪分子被严惩，同时，犯罪情节较轻者得到宽大处理和教育。部分敌伪职员被机关与企业留用，对其采取宽容政策进行团结与改造。在人民清算控诉运动中，伸张了人民群众的浩然正气，罪有应得的战犯和汉奸得到应有惩处，可谓大快人心。在敌伪奴役、压迫中苦苦求生的张家口人民终于胜利获翻身成为城市的主人。工人、农民群体还展开了增资、减租斗争，人民生活得到改善，人民的自由与民主权利得到保障。

（三）扶助工商各业发展繁荣经济

在获得第一次解放前，张家口就属于较为重要的工商业城市，只有依靠工商业的正常运转，其经济才能快速恢复与发展。张家口第一次解放后，敌伪制定的反动的经济统治政策被撤销，张家口市政府宣布张家口贸易自由，并废除敌伪时期林立的苛捐杂税，取缔敌伪操纵的工商业组织、公会等，在中国共产党领导下成立各工商业者民主联合会、全市总商会，这标志着张家口工商业拥有了全新的行业组织。为了达到平抑物价、稳定金融、调剂供需、发展贸易的目的，张家口市政府颁行多种政策、措施，推动张家口市工商业发展步入正轨。

（四）开展人民民主运动成立民选政府

解放区人民政府的基本原则是：政府应该是属于人民的政府，政府应该由人民民主选举产生。1945 年 11 月，顺应张家口人民的意愿和要求，张家口市政府宣布：彻底废除敌伪时期制定的、具有封建殖民性质的甲牌制，由人民民主地选出新的街（村）政权。张家口市政府确定进行街（村）政权民选后，马上开始推进市级政权的民选工作，但是，由于当时国民党反动派仍然妄图进攻张家口，张家口市紧急自卫状态无法立即解除，市级政权的民主选举无法按时推进，张家口市取消军事管制后，该工作才重新得以提上日程。1946 年 3 月，张家口市选举委员会得以成功组建，由其主持整个选举工作，在此次人民民主大选运动中，张家口人民参加选举和竞选的热情空前高涨，参议员、参议会很快选举产生。

第四章

中国共产党接管张家口城市工作的基本政策

在晋察冀边区，军政民代表大会胜利召开后，关涉多个领域的决议案纷纷出台。基于此，晋察冀边区政府施政方针和各项政策得以制定，会后，晋察冀边区政府颁布一系列文件，包括《晋察冀边区县政府组织大纲》《晋察冀边区减租减息单行条例》《晋察冀边区区村镇公所组织法》等，比较全面地制定了边区政府的施政方针和各项政策法令。它们以"抗战高于一切""巩固和扩大抗日民族统一战线"为前提，以中国共产党新民主主义革命理论为指导，以抗日救国十大纲领为依据，并与晋察冀边区所面临的实际境遇有机结合起来，对于政治、军事、经济、文化等领域均有所涉及，是边区施政方针、政策制定的源头所在。

1945 年 8 月 8 日，苏联对日宣战。1945 年 8 月 9 日，毛泽东同志发表《对日寇的最后一战》，开始了全国规模的大反攻。苏联红军出兵中国东北，迫使日本政府于 1945 年 8 月 15 日宣布无条件投降。但侵占张家口的日军第二混成旅团及伪军，借口"未接到上司指令"，拒绝向八路军投降，并声言准备"自卫"。因之八路军平北部队奉命武力解放张家口。苏蒙联军向坝上狼窝沟攻击，造成八路军围歼张垣日伪军的有利条件，1945 年 8 月 20 日，八路军平北主力在地方部队的配合下发动急攻，经两天激战，日军败逃，伪军投降。1945 年 8 月 23 日，张家口宣告第一次解放。

张家口这座繁华美丽的塞外山城，自古是蒙汉通商贸易的枢纽，是各族人民交流往来的商业都市。同时，它又位处内蒙古、华北和东北 3 区的接合部，是进出内地的北大门，因此，又是兵戈相争的战略要地。日本侵略军攻占察绥后，不仅投以重兵驻守，以防苏联红军南下，而且百般经营，培育敌伪势力，扶植伪蒙联合自治政府。使这座山城变成了伪蒙疆的政治军事的心脏和血腥统治的中心。第一次解放张家口，不仅有着十分重要的战略意义，而且因为张家口是八路军解放收复的第一座大城市，使人民有了"两间房子"。因此，中国共产党必须依靠组织人民治理建设好这"两间房子"，使这座山城变成人民民主政权管理下的新型城市，并为中国共产党用自己建设政权的经验，接管治理更多的大中城市作出尝试，闯出路子。

因为中国共产党有革命根据地政权建设的经验，又有毛泽东同志《新民主主义论》《论联合政府》等关于建立民主政权的光辉论著和党的有关各项政策的指导，使人民政权在这座被日伪蹂躏多年、社情复杂的山城很快建立起新秩序，并成为晋察冀边区的模范城市。

根据毛泽东关于把马克思主义中国化的思想，彭真阐释了把中共中央总的政策在边区具体化的问题。他认为："我们不应像公式主义者那样，把中央总的路线和政策不顾当时当地的具体情况如何，囫囵吞枣地千篇一律地背诵、空谈或机械地执行，也不应像事务主义者那样，把中央总的路线和政策置之脑后，只是忙碌于日常事务，以致迷失自己的政治方向。我们应把中央总的路线和政策与边区实际情况有机结合，具体问题具体分析。为此，一是需要彻底、深刻地了解党的路线和各项政策，将贯穿其中的精神进行深刻体悟；二是需要冷静、仔细地分析和精确地了解边区党的主观力量和各方情况，将边区当前形势置于国内外总形势观照下思考问题；三是在决定边区的各项具体政策时，我们必须有合法的根据，因为边区政府是隶属于国民政府的地方民主政府。所谓合法的根据，并不是机械地死守任何不合抗战需要的或反动的法律条文，而是指国民政府建国大纲、抗战建国纲领和各项适合于抗日统一战线精神的法令。"[1]

根据创建晋察冀边区抗日根据地实践，彭真提炼出解决边区各种具体政

---

[1]　《彭真传》编写组. 彭真传（第一卷）[M]. 北京：中央文献出版社，2012：228-229.

策问题的总的原则精神。他指出：决定根据地内的各种政策，"一是要保证在边区建立巩固的抗日统一战线'秩序'。具体而言，即对日寇、汉奸、反动派实施专政政策，对抗日人民实施民主政策。二是要保证改良工农生活，同时要调节各个抗日阶级和阶层的利益。要很审慎地处理劳资关系和地主与佃农、债主与债户的关系。要使统一战线内部斗争控制在合理合法的范围内，高度关注并保障全盘利益、各阶级利益。三是要时刻明确当前中心任务为依靠基本群众，建立最广泛、巩固的统一战线，集中一切力量，与日本帝国主义作坚决斗争。为达到此目的，应该竭尽所能保护各个阶级、阶层的抗日人民的利益，令他们得以安居乐业，不仅有余力积极抗日，而且愿意自觉投身于建设事业。确保抗日人民的言论、集会、结社、出版及信仰自由权，他们拥有政治自由权、财产所有权，神圣不可侵犯。四是要坚持政权'三三制'原则不动摇，三三制是巩固统一战线及其秩序最行之有效的措施"①。彭真认为，"只有根据这样的精神，这样的原则、观点来决定我们的各项具体政策，把中央总的路线和政策在边区彻底地具体化，无保留地彻底实现，才能最广泛地动员、组织、依靠边区广大群众，而使边区的统一战线扩大、巩固到最大限度，并使边区依靠着各种建设和组织工作的顺利发展，巩固到最高度，成为我们真正可以长期依靠的持久的根据地"②。

第一节　经济政策

基于晋察冀边区经济政策，张家口市因地制宜，出台了张家口市经济建设政策。

---

① 《彭真传》编写组 . 彭真传（第一卷）[M]. 北京：中央文献出版社，2012：229.

② 《彭真传》编写组 . 彭真传（第一卷）[M]. 北京：中央文献出版社，2012：229–230.

一、晋察冀边区经济政策

针对财政经济政策领域问题，彭真指出，边区财政经济政策、财政经济建设的重要性非同小可。他认为："它与安定抗日根据地的人民生活，解决军队给养与全部军需有着极大的关系。它对于统一战线的继续不断的巩固与发展，起着重大的决定的作用。它成为敌后根据地达到独立自主、自力更生的建设工作的重要一环。"[①]

在生产和贸易问题上，彭真明确地提出要遵循 3 个原则："一是要增加物力、财力，充分地发展工业、矿业、农业、林业等生产，活跃境内的正当贸易。除汉奸以外，一般商人都有充分的贸易自由，以繁荣边区的经济。二是要启发小生产者的生产积极性和自动性，在有利民生、军需的前提下，使其自由自主地从事于生产和贸易。政府只能在这个方针下加以指导。这里要把农民、手工业者、小商人的自私自利的经营与边区整个抗战的需要巧妙地结合起来。三是要正确定位公营企业、合作社地位。在边区，公营企业在经济领域占相对次要的位置，其并非主要经济支柱。生产合作社、贩卖合作社、供销合作社、消费合作社等在边区共存，但仅仅起到调剂市场的作用，属于一种杠杆。合作社制度有发展的必要性，但合作社不能够占据绝对垄断地位，不能因合作社的存在而挤压私人经济形态的发展空间。合作社、个体小农、小手工业者、小商人是平等竞争关系，良性的竞争促进生产、贸易发展水平的升级，其调剂作用毋庸置疑。"[②]彭真强调，农业生产是边区经济的支柱，要用极大力量注意发展农业。

在金融问题上，彭真的报告总结了边区金融政策的成功经验与主要办法，重点阐释了当时边区的金融政策和外汇政策，并指出："目前边区金融政策的中心，是要更好地管理边币的发行与流通，平衡边币的市场，加速边币的流通过程，防止边币局部通货膨胀。发展境内贸易，注意货物合理流

---

① 《彭真传》编写组．彭真传（第一卷）[M]．北京：中央文献出版社，2012：233.

② 《彭真传》编写组．彭真传（第一卷）[M]．北京：中央文献出版社，2012：233.

通与调配，应被视为平衡边币市场、加速流通的关键性步骤。"① 边区目前解决金融问题的正确方针是："确定边币为唯一通币；现洋准许人民自由储蓄，但严禁在市面流通；私运现洋出境者，没收其现金，并以汉奸治罪，没收财产，而以百分之若干赏于查缉者；立即肃清晋钞；合作社、贸易局、税收机关之一切收入一律用边币。"② 关于外汇政策，彭真的报告针对敌人人为地将边币、外汇贬值，边区贸易因季节关系以致入超而增加了贴水，外汇尚未适当统制、调剂，边币流通管理不好等问题，提出应有的对策是："统制并鼓励某些商品的输出；严格管理、调剂外汇，利用商人建立与平津大商号的汇兑关系；严格统制对外贸易；在外汇领域制定兑换比率，敌伪钞票购买边币必须贴水，特别在冀中要人为地把伪钞贬值至边币之下；争取并保障出超；平衡边币市场，加速流通，避免局部膨胀现象。"③

在财政问题上，彭真的报告阐释了边区财政建设的基本原则和实行统一累进税的政策措施，明确了边区财政政策应遵循的基本原则："一、改善民生和军需；二、巩固统一战线，并照顾工农生活；三、坚强的持久性，严格统筹统支，开源节流，量入为出；四、发展生产是开辟财政来源中的来源；五、避免繁杂、频繁的无计划的征收，坚持整收零支；六、有钱出钱，有力出力。报告认为，边区政权未统一以前，根本无所谓财政制度。边区政府成立后废除了苛（捐）杂（税），保持了旧税中一些比较合理的税收。"④ 在这一阶段里，公债公粮制度是成功的，其他税收措施则甚微，管理亦极差。自从实行统一累进税后，边区财政建设进入了第三阶段。彭真的报告认为："在累进的所得税和财产税实现后，除了出入口税外，废除了一切间接税，它是真正的直接税。"⑤ "统一累进税实行后，除整理出入口税收外，其他一切捐税及田赋一概废除豁免。这样，人民负担有一定的合理的限度，我们的财政亦可以保持比较稳固的持久性。"⑥

① 《彭真传》编写组.彭真传（第一卷）[M].北京：中央文献出版社，2012：233.
② 《彭真传》编写组.彭真传（第一卷）[M].北京：中央文献出版社，2012：233-234.
③ 《彭真传》编写组.彭真传（第一卷）[M].北京：中央文献出版社，2012：234.
④ 《彭真传》编写组.彭真传（第一卷）[M].北京：中央文献出版社，2012：234.
⑤ 《彭真传》编写组.彭真传（第一卷）[M].北京：中央文献出版社，2012：234.
⑥ 《彭真传》编写组.彭真传（第一卷）[M].北京：中央文献出版社，2012：234.

基于《财政问题决议案》以及《经济问题决议案》分析可知，晋察冀边区军政民代表大会对于抗战时期边区财政经济建设的基本政策已经较为明确和详细了。

在财政金融方面，为支持抗日战争，边区积极开辟抗战经费筹措路径，财政调度领域以自筹、自给为主。具体而言，包括："募集公债，以人民财产比例为基本遵循，利用合理分配/自由认购方式进行募集；偿还旧债、废除苛捐杂税，创立合理统一的累进直接税，增加公共企业收入，由边区政府积极发展公营企业；建立边区关税，保护贸易，设立边境临时关卡；没收日寇及汉奸财产以充政府抗日经费"[①]。

同时，"统一战时财务行政，由原来在合理负担原则下的各机关、部队自发筹粮筹款，改为由边区政府统一征收或开支。为此，实行公开的预决算制度，各机关、部队按照预算支领经费。加强金融工作，要求整理通货，明令禁止滥发土票。1938年3月，创立了晋察冀边区银行，管理调节金融，并发行货币，协助农民合作社，发行以农产品为担保的流通券，收集现金外币，建立信用机关，发展商业信用"[②]。

在经济建设方面，规定边区经济建设的基本任务是："发展独立的民族经济，充实国防，加强抗战力量，改善并提升人民生活水平，为抗战经济动员工作夯实基础。"[③]

农业方面，"为恢复扩大农业生产，要持续扩大耕地面积，防止新荒，鼓励开垦荒地，实行农民经政府核定后自由开垦和各群众团体成立的垦荒团集体耕垦及军垦政策；给农民必要的生产物资，迅速恢复遭敌破坏的生产；组织对抗日军人家属代耕或承耕；对逃跑地主的土地，由政府分发给无地及少地的贫苦农民承领耕种，土地所有权仍属原地主。为改进农业生产，要求减轻农民负担，取消苛杂旧税，实行减租减息；改进农业生产技术，有效组织农民共同建立合作社，发展水利事业，防灾减灾，提高生产能力，鼓励粮食和必要的原料生产，重视农家牧畜副业的发展。并要调整和充实农业金

①　谢忠厚，肖银成．晋察冀抗日根据地史[M]．北京：改革出版社，1992：59．

②　谢忠厚，肖银成．晋察冀抗日根据地史[M]．北京：改革出版社，1992：59．

③　谢忠厚，肖银成．晋察冀抗日根据地史[M]．北京：改革出版社，1992：59-60．

融，建立统一的农业仓库管理制度，管理粮食消费"①。

工业商业方面，"纺纱织布，购置农具，着重发展农村手工业、家庭副业，主要品种是：造纸及煤炭、食盐等。要求在手工业发达区域建立大工厂、大作坊，鼓励商人投资经营手工业生产；奖励技术工人，提高生产技术水平；要求加强开发军需工业，充实工业生产资金。发展输出入贸易，在保护私人商业自由原则下，经营土特产品输出、必需品输入；建立边区关税、统制品进出，实行特产输出、必需品输入的奖励办法；禁止非必需品输入、必需品输出；调节物品供儒，平衡物价，取缔奸商"②。

二、张家口经济建设政策

1946 年 4 月 4 日，《中共张家口市执行委员会关于本市目前施政方针》指出："发展工业巩固经济建设基础，奖励扶植公私企业及手工业作坊与生产合作社，欢迎实业家投资，欢迎与优待科学家、工程师及一流技术人才；实行自由贸易，交流各地物资，反对投机操纵，提倡公私营业互助合作，稳定金融，平抑物价，发展交通运输奖励合作事业；贯彻减租，发展农业生产，举办市郊农贸，兴修水利，恢复沟渠，增加牧畜，发展副业，改良农业技术，组织劳动互助，并在市内外大规模植树造林；照顾劳资利益，调节劳资关系，适当改善员工生活，增进劳动热情，实行契约自由，双方不得无故解约。严格劳动纪律，提高生产效率，工资应以企业性质、技术条件、劳动态度、熟练程度不同分别定之。工厂实行 8 小时至 10 小时工作制，店员、学徒、手工业工人、农村工作之时间，应按习惯与实际情况双方议定；实行简易合理之工商业税收，公私企业平等课税，贫困小商酌情免减。对农村中实行农业统一累进税，厉行节约，反对贪污浪费，严整编制，以减轻人民负担。"③

---

① 谢忠厚，肖银成.晋察冀抗日根据地史[M].北京：改革出版社，1992：60.

② 谢忠厚，肖银成.晋察冀抗日根据地史[M].北京：改革出版社，1992：60.

③ 中共河北省委党史研究室.晋察冀解放区首府张家口[M].北京：中共党史出版社，1996：187–188.

　　1946 年 4 月 27 日，在张家口市首届参议会上，杨春甫所作市政工作报告《张家口的市政建设》认为：张家口市政府将着手"扶助工商各业的发展繁荣经济"。追根究底，则源于："张家口属于工商业城市，城市要实现进一步发展，必然有赖于工商业发展。张家口获得解放后，张家口政府随即取消敌伪制定的经济统治政策，明确贸易自由原则，并废除敌伪时期的各种苛捐杂税，小商业的发展迎来良好契机。11 月，敌伪时期遗留的用于统治工商业的各种组织、公会被彻底地摧毁。在民主原则下，各行各业的工商业者组成各业联合会，进而促成了张家口市全市总商会的成立，张家口的工商业终于迎来真正的解放与发展时期。当时，国民党反动派集中力量大肆进攻解放区，张家口人民肩负武装保卫张家口的艰巨任务，加之居心不良的特务分子四处造谣传谣，部分工商业者倾向于观望、等待。但张家口政府依然信心十足，其致力于平抑物价、稳定金融、发展贸易、减租增资，当工人与资方发生难以调解的纠纷时，张家口市政府则在二者之间起到调剂作用，积极促进劳资合作，共同推进工商业发展。基于此，在相对和平的环境下，张家口工商企业的发展愈发快速。"①

　　在《张家口的市政建设》中，还倡导"增资减租、调节劳资关系"。②"增资的目的是改善工人生活现状，同时，提高劳动生产力，改善劳资关系。张家口政府制定相关政策时，遵循的原则是劳资两利、劳资合作，力求令生产双方皆可从中获益。在此政策作用下，张家口市政府第一时间废除了敌伪时期实施的落后的配给制。8 月，发给公营工厂工人双薪。9 月，为个人增加薪资 20%～30%。10 月，新工资制正式运行，新制度致力于奖励生产，技术水平较高的工人获得较好工资待遇。但是，在第二次世界大战中许多国家深受其害，法西斯侵略他国，破坏全球经济秩序。在张家口，工人不仅在业而且获得增资优待，其生活幸福程度可见一斑。"③

　　此外，《张家口的市政建设》还强调："拥军优抗、拥政爱民。""张家

---

　　①　中共河北省委党史研究室. 晋察冀解放区首府张家口 [M]. 北京：中共党史出版社，1996：203-204.

　　②　《张家口人民代表大会志》编纂委员会. 张家口人民代表大会志 [M]. 北京：中国民主法制出版社，2004：63.

　　③　中共河北省委党史研究室. 晋察冀解放区首府张家口 [M]. 北京：中共党史出版社，1996：208.

口遭受日伪残暴统治多年，参加抗日部队的民众数量相对较少。双十节时，张家口进行了第一次优抗活动，受惠者共计226户，发粮18025.12斤，12月，张家口市政府对优抗人员作出详细调查，其中，生活困难者402户皆得到优待与救济，各自得到3个月优待粮，共计21663斤。旧历年时，第三次优待活动正式开启，共发出4个月优待粮，共计26405斤。此外，张家口市政府积极帮助抗属组织生产，为其谋划长期生计来源，为其发出无息贷款共计749000元，分别贷给抗属共计79户。"①

第二节　政治政策

基于晋察冀边区政治政策，张家口市因地制宜，出台了张家口市政治民主政策。

一、晋察冀边区政治政策

关于政权建设，彭真强调："边区政权并非工农小资产阶级专政政权，但是在其中，工农小资产阶级占优势；边区主要生产资料被地主资产阶级所掌控。因此，边区的政权、经济基础不完全一致。政治上，工农小资产阶级优势明显；经济力量上，地主资产阶级则更具优势，归根结底，地主资产阶级掌握着剥削工具。为协作御敌，边区政权基本上是而且必须是反对帝国主义、汉奸的民族斗争武器。"② 彭真认为，边区政权呈现出独有的特点，即："在政治方面，它绝对不能沦为阶级压迫的武器，反之，其强力反对抗日阶级间进行阶级压迫、一党专政，对于抗日阶级、阶层、党派的政治权利与自由均予以大力保障；在经济方面，它绝对不能成为阶级剥削的武器或反对某种剥削制度与根本镇压剥削制度复活的武器。必须基于抗日民族统一战线总

---

①　中共河北省委党史研究室.晋察冀解放区首府张家口[M].北京：中共党史出版社，1996：209.

②　《彭真传》编写组.彭真传（第一卷）[M].北京：中央文献出版社，2012：231.

的方针，不断想方设法减轻、限制封建剥削程度，达到改善人民生活现状的目的。"①

以改革边区政权为最终目的，彭真的报告提出 9 条指导原则，包括："一、根据国民政府建国大纲中民主选举的原则及边区抗战的环境和实际需要；二、民意机关和执行机关都应以民主集中制为基本组织原则；三、边区各级民意机关应是全权的民主的民意机关，政权执行机关竭尽所能地服从民意机关；四、县以上应设全权民意机关，而村级政权机构应把村长制、村代表会有机融合，使之形成统一体；五、民主实施应以公民为单位，不应以户口为单位；六、政权机构改革，应以适合敌后抗战环境、便于人民行使民主权利、提高行政效率、满足抗战需要为基本出发点；七、应该实行平等的、直接的、普遍的、无记名投票的民主选举；八、政府机关中，应合并或取消重复机关，裁汰冗员，以一事权，以专职责；九、肃清旧的和新的文牍主义，以简单、明了、易举、易行、适合敌后抗战环境为基本原则，重新厘定公文程式。"②

彭真的报告还对政权机关的工作作风有具体要求，具体涵盖："一、各级行政机关中，应充分发扬民主作风，形成集体领导，发扬自我批评精神。二、将日常工作与中心工作适当分工，又适当联系，不应把二者混在一起。三、制度应一个个地建立，不能把一切都同时提出。四、给下级发指示和命令、通告等，应实事求是，根据主客观条件量力而决定。五、彻底肃清官僚主义、形式主义和新旧文牍主义。六、党员在政权中应成为民主、廉洁、负责、认真及组织性、纪律性之模范。"③

关于中国共产党如何领导政权的问题，彭真的报告作出专门阐释。"我们党不能像国民党那样在组织上直接领导政权，实行以党专政；党只能经过自己的党员和党团或支部的核心领导作用，从政治上领导政权。在政权中工作的党员或党团，必须绝对服从各该级党委，不得有与党委不一致之言论、主张和行为。党委不能企图使各该级民意机关或执行机关服从自己，党员或

---

① 《彭真传》编写组 . 彭真传（第一卷）[M]. 北京：中央文献出版社，2012：231.
② 《彭真传》编写组 . 彭真传（第一卷）[M]. 北京：中央文献出版社，2012：231–232.
③ 《彭真传》编写组 . 彭真传（第一卷）[M]. 北京：中央文献出版社，2012：232.

党团也不能强制或以其他非民主手段勉强使政权中的非党干部服从自己。一切带原则性的问题，党员必须根据党的决议或指示去处理，或预先取得党委批准。但党委不应不必要地干涉其日常事务或代替、包办政权工作，应在党的方针和原则下，给政权工作同志以充分的机动与自由发挥其创造天才之余地。党委对政权中党团或党员的领导，主要是政治上、策略上、工作方针及方式、作风上的领导，并管理其组织生活给以必要的监督与帮助。"[1]

（一）边区政权机构性质、任务、职能和民主建设基本制度

在《晋察冀边区军政民代表大会宣言》中，清晰地强调："边区临时行政委员会，是以民族统一战线的政权形式，包含各党派、各阶层、各种民族分子"[2]，"它的实际内容是贯彻抗日与真正民主。在行政体系层面，属于中华民国的地方政府"[3]。究其根本，边区政权机构即将完成的历史任务非常艰巨和伟大，即："普遍武装人民、动员人民参战；改善人民生活、保障人民拥有最基本民主权利，彻底将敌伪汉奸势力清除出去；统一财政经济，保证部队给养，发动群众参加战争相关工作；使晋察冀边区成为华北抗战中最为优质的根据地，为了争取持久抗战的最后胜利而不懈奋斗。"[4] 在晋察冀边区军政民代表大会上，颁布了《政治问题决议案》，其中，提出："边区最高行政机关——晋察冀边区行政委员会的委员和候补委员由边区'代表大会选举'，呈国民政府任命。边区政府以下设县政府、区公所、乡镇或村公所。"[5] 同时，强调："县长、秘书及各科长、区长及助理员，均由民选，未能民选前，由边区行政委员会委任；乡长、镇长、村长也均由民选。下级对上级政府执行报告制度，上级政府对下级政府实行巡视、检查制度。"[6]

晋察冀边区军政民代表大会《政治问题决议案》中，明确了建立军政民

---

① 《彭真传》编写组.彭真传（第一卷）[M].北京：中央文献出版社，2012：232.

② 晋察冀边区阜平县红色档案丛书编委会.晋察冀边区法律法规文件汇编（上）[M].北京：中共党史出版社，2017：53.

③ 晋察冀边区阜平县红色档案丛书编委会.晋察冀边区法律法规文件汇编（上）[M].北京：中共党史出版社，2017：53.

④ 晋察冀边区阜平县红色档案丛书编委会.晋察冀边区法律法规文件汇编（上）[M].北京：中共党史出版社，2017：53.

⑤ 谢忠厚，肖银成.晋察冀抗日根据地史[M].北京：改革出版社，1992：57.

⑥ 谢忠厚，肖银成.晋察冀抗日根据地史[M].北京：改革出版社，1992：57.

的正常关系的重要性，规定："凡行政层面事宜，均由政府处理，军民有意见，可建议政府采纳。并规定动员委员会、救国委员会等半政权性质的组织不能独立存在，而要逐渐与政府机构合并，由边区政府公布统一的合理负担办法、优待抗日军人家属办法、减租减息办法等，群众团体对诸如此类事宜负协助职责；边区政府致力于扶植民众团体组织，基于全体人民集会、结社、言论、出版、宗教、信仰等自由。"[1]

《政治问题决议案》还规定，建立独立的司法系统和统一的人民武装自卫队。就"边区设高等法院及高等检察处"[2] 和"县设司法处"[3] 而言，如县司法处因种种原因暂时无法设立，则民刑案件审理由县政府定夺。针对建立统一的人民武装自卫队问题，规定："边区政府民政厅之下，设人民武装部，总领各县人民武装自卫队。"[4] "凡年在 18 岁以上，50 岁以下，无残疾者，均编为队员。"[5] "该队队员不脱离生产，以刀、枪、矛、棒、火枪、土炮等为武器，担负坚壁清野，清除汉奸，建立通讯网等任务。"[6]

此外，在《政治问题决议案》中，还明确指出要取消薪饷制度，边区政府工作人员按供给制获得工资以及相应待遇，边区政府工作人员实际所获得的生活费可以满足其基本生活需求，"原则上每人每月不超过 18 元"[7]。

（二）建设整顿边区人民抗日武装和优待抗日军人的基本要求

在边区军政民代表大会《军事问题决议案》中，明确指出：除正规军外，所有脱离生产的武装部队，要求"应逐渐统一编制为游击队"[8]。其中，涵盖保安队、自卫队、公安局、户察、义勇军、游击队等。而且要求边区遵照军区司令部拟定的编制方法对游击队重新进行编制。为解决好部队供给问题，边区政府实行统筹统支举措，并应彻底摒弃以往盛行的各自为政、勒索

① 谢忠厚，肖银成．晋察冀抗日根据地史 [M]．北京：改革出版社，1992：57–58．
② 谢忠厚，肖银成．晋察冀抗日根据地史 [M]．北京：改革出版社，1992：58．
③ 谢忠厚，肖银成．晋察冀抗日根据地史 [M]．北京：改革出版社，1992：58．
④ 谢忠厚，肖银成．晋察冀抗日根据地史 [M]．北京：改革出版社，1992：58．
⑤ 谢忠厚，肖银成．晋察冀抗日根据地史 [M]．北京：改革出版社，1992：58．
⑥ 谢忠厚，肖银成．晋察冀抗日根据地史 [M]．北京：改革出版社，1992：58．
⑦ 谢忠厚，肖银成．晋察冀抗日根据地史 [M]．北京：改革出版社，1992：58．
⑧ 谢忠厚，肖银成．晋察冀抗日根据地史 [M]．北京：改革出版社，1992：58．

摊派的不良方式，将部队人员与政府工作人员平等视之，"部队薪饷编制被彻底地取消，部队人员可以按照规定每月获得最低限度生活费用"①。

《军事问题决议案》要求，"为减少政府经济负担，对于武装组织之扩大，必须注意到质量，应多组织不脱离生产的自卫队。并以最快的速度进行义勇军、游击队等各种游杂武装的改造"②，"在组织上，要彻底剔除那些不良分子，着力于对其进行严肃的思想政治教育，协助其积极建立与民众、行政人员之间的良性互动关系"③。对那些假借抗日之名义胡作非为的土匪部队，甚至汉奸武装，不可争取的应予严缉取缔。

《军事问题决议案》还明确规定了对游击队员应以优待抗日军人家属办法对待，令其真正能享受优待。在此基础上，1938 年，《晋察冀边区优待抗日军人家属暂行办法》正式颁布，规定："抗战军人是为国家争生存，为民族争气节，是中华民族的优秀分子，是民族英雄，应受全民族的尊崇，其家属亦应受优待。"④ 还规定，"凡抗战军人家属（系指抗战军人之祖父母、妻子及一向依靠生活之弟妹等），其年龄小于 16 岁或者大于 46 岁者，可以不去服公役，在 1937 年 9 月 1 日前之债务无力偿还者，待抗日战争停止后偿还之；其子女、弟妹等，入学费一律免缴；家属有疾病时，公立医院免费治疗；政府没收之汉奸土地，抗战军人家属有优先使用权；抗战军人因抗战伤亡者，受政府抚恤等。"⑤

二、张家口政治民主政策

《中共张家口市执行委员会关于本市目前施政方针》指出："坚决执行'三三制'政策，共产党员在政权机关中只占 1/3，并应与各阶层、各民族社会贤达亲密合作，爱护与培养本地干部，建设新张家口。"⑥

---

① 谢忠厚，肖银成.晋察冀抗日根据地史 [M].北京：改革出版社，1992：58.
② 谢忠厚，肖银成.晋察冀抗日根据地史 [M].北京：改革出版社，1992：58.
③ 谢忠厚，肖银成.晋察冀抗日根据地史 [M].北京：改革出版社，1992：58.
④ 谢忠厚，肖银成.晋察冀抗日根据地史 [M].北京：改革出版社，1992：59.
⑤ 谢忠厚，肖银成.晋察冀抗日根据地史 [M].北京：改革出版社，1992：59.
⑥ 张宏华.晋察冀抗日根据地乡村社会建设研究 [D].太原：山西大学，2019.

在张家口市首届参议会上的市政工作报告《张家口的市政建设》中，杨春甫强调："建立革命的新社会秩序。"① "张家口市政府是在紧急情况下宣告成立的，其对张家口人民负有极其艰巨的责任。张家口市政府成立后第一时间发布布告安民，宣布张家口市政府的各项政策，并由卫戍司令部对整个城市实施军事管制措施，解除'警防团'、铁路局警卫队、德穆楚克奸逆遗留亲卫队的武装，与此同时，派专人接管电灯、电话、自来水各公司企业，管理敌伪遗留的仓库，监督修理桥梁，管理交通，扑灭市内不断蔓延的大火，清除市内军火弹药、爆炸物等危险之源。对不遵守革命秩序的市民并不粗暴对待，而是施以耐心的劝导，令其学会如何遵守城市秩序，对奸伪特务破坏分子则毫不留情，施以暴力镇压手段进行压制。召开各界人民及代表会议，号召张家口市全市范围内复业、复工、复学。进行敌伪人员登记，为职工发放双薪。普遍救济灾民、难民，为其提供足以维持生计的食粮、衣物等。多种举措共同施力，张家口混乱的城市现状很快得到遏制，全新的城市秩序呼之欲出。"②

"发动群众严惩汉奸卖国贼。""在张家口市政府的英明领导下，张家口人民对在日伪时期迫害他们的敌伪、汉奸、特务等发起坚决的清算斗争。9月后，张家口人民清算控诉运动拉开了帷幕……不计其数的敌伪、汉奸、特务被张家口民众自发检举、清算控诉。政府作为人民的依靠，对人清算控诉运动予以关注与扶助，张家口市公安机关、法院应张家口人民控诉和要求，逮捕数量庞大的奸特、坏分子。罪大恶极的敌伪、汉奸、特务必将受到严惩，对犯罪情节较轻尚可教育者则网开一面，以宽大教育方针对其进行感化，有的被判处短期徒刑，有的经过教育后愿意改过自新则被直接释放。一些敌伪职员甚至获得留用，在张家口市各机关与企业部门中任职，张家口市政府对这部分人进行积极的团结改造，使他们愿意全心全意为人民服务。在此运动中，张家口人民充分彰显了革命的浩然正气，战犯、汉奸则基本上得到及时有效的处理。张家口人民从被压迫的噩梦中苏醒，人民大翻身已经成为现实。在张家口市工人、农民群体中，展开了增资、减租斗争，工

---

① 中共河北省委党史研究室. 晋察冀解放区首府张家口 [M]. 北京：中共党史出版社，1996：202.

② 中共河北省委党史研究室. 晋察冀解放区首府张家口 [M]. 北京：中共党史出版社，1996：203.

人、农民的生活条件得到极大提升，他们拥有了代表各自利益的各种团体，张家口人民真正成了张家口市的主人，人民被赋予前所未有的民主与自由权利。"①

"开展人民民主运动成立民选政府。""政府是属于人民的，由人民民主选出……张家口市政府成立后，即接受人民的意见，彻底摧毁日伪时期残留的封建殖民地性质的甲牌制，而由人民民主地选出新的街（村）政权。当时，张家口市政府准备在街（村）政权民选后，即着手进行民选市级政权，但因国民党反动派挑起内战，疯狂进攻张家口，张家口市只能采取措施紧急自卫，民选市级政权活动未能如期进行，直到和平实现以后，张家口军事管制告一段落后，才继续进行了这一工作。3月10日，组织张家口市选举委员会，主持进行选举工作，仅一个多月的人民民主大选运动进行得非常顺利，张家口人民热情地参加选举和竞选，选出参议员，组织参议会。"②

"保障人民权利实行普选。""张家口市政府成立后，致力于保障张家口人民的自由权利、政权、人权、财权等。一部分汉奸、特务为张家口人民所痛恨、控诉，张家口市政府经调查定案后对坏分子实行逮捕与审判，而其他情节较轻的犯罪者，张家口政府均本着宽大政策对其进行感化与转化。至于广大人民的各项权利均落到实处，在张家口市民主政府的领导与保护下，张家口民众取得了他们热切期盼的一切民主自由权利。"③

第三节　文化政策

基于晋察冀边区文化政策，张家口市因地制宜，出台了张家口市文化教育政策。

---

①　张宏华．晋察冀抗日根据地乡村社会建设研究 [D]．太原：山西大学，2019．

②　中共河北省委党史研究室．晋察冀解放区首府张家口 [M]．北京：中共党史出版社，1996：204．

③　中共河北省委党史研究室．晋察冀解放区首府张家口 [M]．北京：中共党史出版社，1996：205．

一、晋察冀边区文化政策

张家口获得第一次解放后，中共晋察冀中央局、晋察冀边区政府首府随即进驻张家口，张家口不仅成为晋察冀边区的政治、经济、军事中心，而且也成为文化中心。晋察冀边区新民主主义文化教育事业繁荣发展，教育和发动群众，保卫胜利果实，为解放战争胜利和新民主主义革命胜利增强了坚实的精神动力。张家口作为全中国第一个解放的省会城市，部分文化研究机构、学校和一大批文艺战线工作者从延安来到晋察冀解放区，张家口一时间成为解放区的文化城，吸引了大批外国记者到张家口采访，美国记者柯莱写道"张家口已形成文化城"[①]，天津《大公报》撰文形容"倘若以人口和文化人来做比例，张垣必然是文化气息最为浓厚的城市"[②]。周恩来称"张家口同延安一样成为解放区的政治、经济和文化的中心"[③]，张家口因此有"第二延安"[④]的称号。

解放战争时期，晋察冀解放区贯彻新民主主义文化方针，依据形势不断创新文化教育的任务、对象、内容、方法，为新中国的文化教育事业提供经验和借鉴。为保证新民主主义文化方向，晋察冀边区政府陆续发布了《告张家口各界同胞书》《晋察冀边区行政委员会冀热辽行署关于新解放区教育工作的通知》《边委会关于目前教育工作的指示》《边委会关于深入开展冬学运动的指示》《边委会组织关于今年冬学运动方针任务的联合指示》等文件，明确指出要做到"清除奴化文化和封建主义，大力发展民族的、科学的、大众的新民主主义文化"[⑤]。以社会教育为解放战争、生产建设、生活需求和土地改革服务的目的，依据群众自愿原则，反对敌顽势力合流，反对国民党蒋介石集团进攻解放区，以"和平、民主、团结、统一"为主要内容，在城市中以民主教育和劳资教育为主，在农村以文化课和生产课为中心，按照行业单位

---

① 河北省社会主义学院. 华北人民政府统战理论与实践 [M]. 石家庄：河北人民出版社，2018：76.
② 荣宁. 燕赵文化的嬗变与经济社会发展互动关系 [M]. 保定：河北大学出版社，2010：219.
③ 河北省社会主义学院. 华北人民政府统战理论与实践 [M]. 石家庄：河北人民出版社，2018：76.
④ 韩祥瑞. 张家口悠久的历史 [M]. 北京：党建读物出版社，2006：150.
⑤ 河北省社会主义学院. 华北人民政府统战理论与实践 [M]. 石家庄：河北人民出版社，2018：77.

自由结合、分散学习等形式开展学习。据统计，仅张家口市公办"小学校猛增至 52 所，大中学校 15 所"[①]；民间教育进入飞速发展轨道，"民办公助的新型小学不仅有工人办的工人子弟学校，还有市民办的一区一街小学和农民办的黑石坝小学等"[②]；同时，社会办学也欣欣向荣，"有零散工人学校，还有妇女民校、青年民校及农村中的民校，全市民校约有百余处"[③]。"在中小城市和较大集镇，建立经常性的工人市民夜校、民校、识字班、补习班等学习组织，创办民办教馆，组织阅读、展览、讲座和文化娱乐活动"[④]，丰富群众文化生活。仅张家口市就创办了 50 多所工人学校，组织成立话剧团、歌舞队等组织，把身边榜样和典型人物事迹搬上舞台，宣传演出；建立民办院校 81 所，学生 1 万多人；"文艺作品层出不穷，创作了《从斗争里翻身》《痛苦与快乐》《何大妈劳军》《枪毙杨小脚》《日寇离张记》《解放张家口》等作品"[⑤]。

从延安来到晋察冀解放区的艺术家深入基层进行创作，将伟大的革命精神和延安精神通过各种形式在解放区大地上传播，教育群众，引导群众。华北联合大学文工团编排了歌剧《白毛女》，演出 30 多场，每场座无虚席，受到广大群众好评，轰动解放区。著名诗人艾青在这里创作了反映解放区人民美好幸福生活的力作《人民的城》，著名作家丁玲创作了反映土改的小说《太阳照在桑干河上》。新华书店晋察冀分店和新华出版社编辑出版了毛泽东著作五卷本。这是解放区第一次出版毛泽东著作五卷本，使干部、群众、社会各阶层人士更加全面了解和学习中国共产党的政治、经济、文化政策，使新民主主义思想进一步深入基层、深入人心。《晋察冀画报》反映时代主题思想的《民主的察哈尔》《毛泽东近影集》以及《人民战争》等作品引起强烈反响。

1938 年，《晋察冀边区军政民代表大会决议案》颁布，其中，在《文化教育决议案》中，强调：为了达到发展边区文化教育的目标，应该遵循基本原则若干，即"（1）发挥高度的民族革命精神，以民众革命精神为引领，

---

① 河北省社会主义学院 . 华北人民政府统战理论与实践 [M]. 石家庄：河北人民出版社，2018：77.
② 河北省社会主义学院 . 华北人民政府统战理论与实践 [M]. 石家庄：河北人民出版社，2018：77.
③ 河北省社会主义学院 . 华北人民政府统战理论与实践 [M]. 石家庄：河北人民出版社，2018：77.
④ 王谦 . 晋察冀边区教育资料选编 [M]. 石家庄：河北教育出版社，1990：116.
⑤ 河北省社会主义学院 . 华北人民政府统战理论与实践 [M]. 石家庄：河北人民出版社，2018：77.

着力加强抗战力量。（2）培养健全的军事政治干部，利用高素质干部队伍更好地领导抗战。（3）造就专门技术人才，令人才各尽其用，为建立抗战时期各种事业奠定坚实基础。（4）培养情感热烈的新青年，引导他们自发投身于革命事业，扩大民族革命的基础势力。（5）提高一般民众的文化水准，对他们进行适当的文化教育，并注重其身体健康水平"①。具体而言，可以阐释为："整顿学校教育。（1）恢复乡（村）镇的初级小学和高级小学，令所有学校一律于春季开学。不搞性别歧视，男女生兼收，并尽可能地设立幼稚园。（2）编订各种救亡读物与教材，将小学课本进行重新编订，使教材内容适应抗战环境。编订大众易于理解的初级读物。编订各种宣传革命精神的系列化丛书。（3）重行检定小学教师，对其知识储备不足、教育水平过低者加以训练，培育一批合格的优质小学教师。（4）筹划教育经费。对乡（村）镇小学校经费，做出重行整理。旧有义田及祭田等类似收入，可提作学款。旧无款项支持的，由乡村合理负担摊起。如新创学校，则其经费另筹。小学面向所有民众完全免费招生。教育待遇由各县政府结合各县生活具体情形斟酌规定。（5）改变学生生活及课程编制。废除旧有形式主义的编制，采取军事化管理。为所有学生添授新文字。组织儿童团、歌咏队等，引导学生做实际活动。实行小先生教育制。"② "扩大民众教育。（1）普遍设立民众教育机关。建立农、工、妇女等为主体的各种补习学校、识字班、夜校等。创立通俗图书馆、书报社、讲演所等服务广大求知若渴的民众。（2）加紧民众宣传。广泛组织宣传团、流动教育团等，经常到乡村进行宣传指导。组织歌剧社、鼓书社等，并将旧剧班改良加演新剧，丰富民众文化生活。经常举行各种宣传周、讲演会等，向民众普及新知识。（3）提高民众娱乐及健康水平。提倡并奖励各种运动。提倡并奖励各种武术。提倡农村各种娱乐活动、设俱乐部等。"③ "扩大干部教育。广泛地设立各种干部训练班、短期学校等，造

---

① 晋察冀边区阜平县红色档案丛书编委会.晋察冀边区法律法规文件汇编（上）[M].北京：中共党史出版社，2017：51–52.

② 晋察冀边区阜平县红色档案丛书编委会.晋察冀边区法律法规文件汇编（上）[M].北京：中共党史出版社，2017：51–52.

③ 晋察冀边区阜平县红色档案丛书编委会.晋察冀边区法律法规文件汇编（上）[M].北京：中共党史出版社，2017：51–52.

就、培育大批干部人才。将旧有军政人员进行登记训练，使其自愿、自觉地投身于国家的救亡工作。"[1] "举办特种技术人才训练班。实行技术人才总登记。开设各种技术训练班、讲习所等。"[2] "筹办边区日刊，令民众有机会读书看报。"[3]

二、张家口文化教育政策

《中共张家口市执行委员会关于本市目前施政方针》指出："普及国民教育与社会教育，发展中等职业教育、在职干部教育、职业青年业余教育，提倡民办公助、教学与实际结合的方针，大量培养师资，改善文教工作者的生活"[4]；"开展群众卫生运动，健全各种卫生医疗设施，改进公共卫生，加强防疫工作，建立妇女卫生事业，以增进人民健康"[5]。

在张家口市首届参议会上的市政工作报告《张家口的市政建设》中，杨春甫指出："张家口被敌伪势力统治的黑暗的八年中，敌伪系统的奴化教育影响力极大，对张家口青年毒化程度非常之深。张家口迎来第一次解放后，张家口原有的小学都陆续恢复教学，但是，仍有70%以上的失学儿童及失学青年没有机会进入课堂继续学习，因此，张家口市政府必须迅速建立各级学校，彻底肃清敌伪奴化教育残留影响力，大力普及国民教育，发展中等教育，创建社会教育，将新民主主义教育方针落到实处。"[6] "张家口市政府主张，办学领域必须做到走群众路线，不只是公办学校，民办公助学校同样可

① 晋察冀边区阜平县红色档案丛书编委会.晋察冀边区法律法规文件汇编（上）[M].北京：中共党史出版社，2017：51-52.

② 晋察冀边区阜平县红色档案丛书编委会.晋察冀边区法律法规文件汇编（上）[M].北京：中共党史出版社，2017：51-52.

③ 晋察冀边区阜平县红色档案丛书编委会.晋察冀边区法律法规文件汇编（上）[M].北京：中共党史出版社，2017：51-52.

④ 皇甫束玉，宋荐戈，龚守静.中国革命根据地教育纪事（1927.8—1949.9）[M].北京：教育科学出版社，1989：316.

⑤ 中共河北省委党史研究室.晋察冀解放区首府张家口[M].北京：中共党史出版社，1996：188.

⑥ 中共河北省委党史研究室.晋察冀解放区首府张家口[M].北京：中共党史出版社，1996：215-216.

以得到很好的发展。民办公助的新型小学在张家口蓬勃发展，有工人办的工人子弟学校，市民办的一区一街小学和农民办的黑石坝小学等。除学校以外，民办的儿童补习班、半日校也纷纷出现在张家口市，有学校积极推行小先生制，取得了很好的教学效果。对旧教师群体，不能够一味打击，而是采取团结与改造方针，使他们得以自我转化，与新教师一起为张家口的新教育服务，旧时课堂上人们习以为常的惩罚打骂制度被彻底废止，学生自治组织如儿童团、学生会及学生联合会纷纷诞生，由全体学生自由民主地选出班干部，自觉规定学习纪律，实现学生的自治，所有学生都乐于自觉完成学习计划。学校不再单纯管教，而是以教导合一的指导方式助力学生实现自治。"[1]

在《张家口的市政建设》中，还指出："张家口人民在政治上、经济上翻身做主人之后，迫切需要获得他们期盼已久的文化知识，他们的意愿是要创办他们自己的学校。他们基本上是以行业、工厂为单位自发组织学习，人数多者组织学校，人数少者组织各种学习小组。部分零散工人也非常渴望学习文化知识，他们多倾向于参加以农村、街间为单位的街（村）间民校。此外，张家口市的妇女民校、青年民校及农村中的民校遍地开花，全市民校众多，共计达到百余处。"[2]

第四节　社会政策

基于晋察冀边区社会政策，张家口市因地制宜，出台了张家口市社会治安政策。

一、晋察冀边区社会政策

在《晋察冀边区群众运动决议案》中，就社会政策问题，已经给出一系

---

[1]　中共河北省委党史研究室．晋察冀解放区首府张家口 [M]．北京：中共党史出版社，1996：216.
[2]　中共河北省委党史研究室．晋察冀解放区首府张家口 [M]．北京：中共党史出版社，1996：216.

列指导思想："边区政府保障群众集会、结社、言论、出版、信仰自由；政府应扶助群众运动，承认各群众团体的独立性，不干涉其内部问题；在可能条件下，予以物质协助；政府应即颁布改善与保障各阶级、各民族利益的条例和法令，如劳动法、土地法、商业法、婚姻法等，群众团体依法有监督与弹劾政府权力，但不能直接干涉政府行政。"具体到妇女问题，《妇女问题决议案》可见相关规定，明确要求，政府要"扶助妇女组织，提高妇女文化、政治水平，改善妇女生活，禁止贩卖及虐待妇女，废止娼妓及童养媳，保障妇女的参政权、婚姻自由权、财产继承权等"①。

二、张家口社会治安政策

《中共张家口市执行委员会关于本市目前施政方针》指出："救济贫民，安置失业工人，厉行禁烟禁毒，严防匪盗，建设为人民服务的新政，巩固社会治安；整顿市容、修路、筑堤、防洪、防火，建设新市场，增加及整修水利设备。"②

在张家口市首届参议会上的市政工作报告《张家口的市政建设》中，强调张家口市政府致力于"救济贫苦灾难民"，"切实地救济了数量庞大的灾民、贫民，8—11月，张家口市政府两次发出救济粮，共计384751斤，发出棉衣2000身，棉花4200斤，使27296人免于饥寒之苦。12月，张家口市政府致力于组织生产，帮助灾难民谋划生计，共为其发放50万元贷款。每户最多可贷15000元。职业介绍所也发挥了重要作用，帮助1450人成功就业。政府投资500万建设工厂，招收大量贫苦妇女纺毛维生。张家口市政府还组织了失业工人合作社，以三个木匠合作社为例，参加该社的工人达到430人。张家口部分工厂实行减员后，被减员者达547人，张家口市政府则介绍其转业，转业者达128人，张家口市政府出资送回原籍者171人，其余人获得公费入学资格或贷款经营小商业，被减员者全部得到较为妥善的安置。张家口市救济院收容了140人，其中，已有50人因生产可自给自足。

---

① 谢忠厚，肖银成. 晋察冀抗日根据地史 [M]. 北京：改革出版社，1992：61.
② 中共河北省委党史研究室. 晋察冀解放区首府张家口 [M]. 北京：中共党史出版社，1996：188.

此外，对于仍无法安置的灾难民，张家口市政府又为其发粮 17937 斤，虽然联合国救济总署给予的救济物资非常有限，但张家口市政府仍坚持调查实际情况并组织有序发放。张家口市政府针对救济工作的计划始终在进行中，将救济院的设备进行扩充，保障妇女儿童优待待遇落到实处"①。

《张家口的市政建设》中强调要"厉行禁烟戒毒"。"察绥地区曾经非常盛行种植鸦片，在国民党统治时期，这一传统一直被延续下来。日伪势力占据张家口后，为实现其毒化政策，更对张家口人民强种劝吸。在张家口市，设立大烟馆 40 余家，吸大烟人数竟然高达 17000 人。张家口市政府成立后，首先勒令张家口市全部烟馆停业，11 月，张家口市政府设立禁烟督察局，实行鸦片禁种、禁售制度，对市民存烟则定价收买，以免流毒危害社会。张家口市政府广泛开展禁烟教育，号召全市烟民自动戒烟，并进行烟民登记，按其吸嗜程度，在自愿原则下编成禁烟小组帮助其戒烟。共计 125 人在张家口市政府组织、帮助下自动戒绝烟瘾。为了帮助贫苦者戒烟，张家口市政府成立戒烟所，贫苦烟民则多选择在住所戒烟，张家口市政府供给其衣食，并对其家属给予救济。日伪势力统治张家口时期，每年冬季许多贫苦烟民因冻、饿、瘾失去生命。张家口获得解放后，这种现象逐步消弭，张家口的戒烟所、戒烟医院功不可没。"②

《张家口的市政建设》中，强调要进行"公务公用建设"。"敌伪统治张家口时期，曾经对张家口进行公务与公用建设，一是为了便于日本侵略者居留及汉奸物质享受，二是为了装饰伪蒙疆首都，以便利其进行侵略战争。全蒙疆广大人民的血肉，用来给敌伪机关及日本居住区建筑洋楼马路，中国人的居住区及商业区则照旧破烂不堪，对比鲜明程度令人咋舌。"③ "张家口解放后，张家口市政府领导张家口人民修建了敌伪溃退时故意破坏的桥梁，修补道路、下水道，建立胜利牌坊，修筑标语、灯场、安置路灯、修复自来水、恢复原来供水量，保证张家口市民众吃水、用水。"④ "关于交通方

---

① 中共河北省委党史研究室 . 晋察冀解放区首府张家口 [M]. 北京：中共党史出版社，1996：210.

② 中共河北省委党史研究室 . 晋察冀解放区首府张家口 [M]. 北京：中共党史出版社，1996：210.

③ 中共河北省委党史研究室 . 晋察冀解放区首府张家口 [M]. 北京：中共党史出版社，1996：210-211.

④ 中共河北省委党史研究室 . 晋察冀解放区首府张家口 [M]. 北京：中共党史出版社，1996：211.

面，边委会交通管理局开办了公共汽车公司，但遗憾的是车数不多，无法完全满足张家口人民生活需要，张家口市政府将继续改善此状况。气候转暖后，张家口市政府在工务方面将推出重大举措，主要是补修筑西渠大坝、大境门坝、朝阳坝及修筑清水河两岸护岸以防水患；其次则为改装怡安街、至善街、河套街等商业区马路及补修马路，装修下水道以及装饰公园、马路植树等。"①

---

① 中共河北省委党史研究室. 晋察冀解放区首府张家口 [M]. 北京：中共党史出版社，1996：211.

第五章

中国共产党接管张家口城市工作的主要成就

1945 年 8 月，在中国共产党英明领导下，八路军第一次成功解放张家口。作为华北重镇，张家口位于平绥铁路线中心，联通平津、华北、内蒙古等广阔区域，可见，张家口所处的军事、战略地位是至关重要的。基于此，"中共中央、毛泽东主席皆高度重视张家口的治理、建设工作，大批延安干部奉命进驻张家口，助力张家口各项接管和建设工作。中共晋察冀中央局、晋察冀边区政府、晋察冀军区司令部陆续迁移至张家口。至此，毫不夸张地讲，张家口已然成为晋察冀边区名副其实的军事、政治、经济以及文化中心。"① 晋察冀边区首府驻扎于张家口的特殊历史时段内，在中国共产党领导下，张家口民众精诚团结，高度配合人民军队行动，迅速成功接管、建设了省会级城市张家口，彻底清除了日伪遗留残余影响力，令张家口在政治、经济、文化、城市建设等多个领域进展卓然，因此，张家口被誉为"新中国城市建设的样板和试验田"②，为后续中国共产党管理和建设大城市工作拓展了思路，积累了经验。

---

① 王富聪 . 中共对华北沦陷城市工作研究（1937—1945）[D]. 保定：河北大学，2020.

② 张金辉，郎琦 . 新中国城市建设的样板和试验田——晋察冀边区首府张家口的市政建设研究 [C]//. 第九届河北省社会科学学术年会论文集，2014：370–376.

第一节 经济方面

被日本侵略者侵占和奴役的历史时段里，张家口地区饱受日伪残暴统治政策的摧残。日伪实行配给制，普通百姓只能得到质次价高的物资，且日常所需物资供应经常出现无以为继的问题，同时，张家口日伪妄图向百姓灌输殖民、奴化思想，令其逐渐失去抗争意识。双重压迫下，张家口地区可谓民不聊生。中国共产党领导人民军队第一次解放张家口后，在较短的历史时段内，张家口城市秩序迅速得到扭转和恢复，基础设施建设也在张家口市政府领导下稳步进行，城市管理与建设的各个领域都呈现欣欣向荣之势。为了达到稳固政治局面的目的，张家口市政府必须先从处理经济问题入手。

一、降低税率减轻人民负担

1945 年 9 月 14 日，张家口获得第一次解放大约 1 个月后，坐落于张家口的晋察冀边区实业公司营业逐步步入运行正轨，结合张家口民众实际需求，为广大人民群众提供日常生活所需物资。譬如，为了满足张家口民众燃料供给需求，尽可能使售煤地点接近居民住所，并设有专人负责燃料出售工作。仅仅用 9 天时间，就面向居民售出 537200 斤煤。同时，保障了煤炭称重的公平准确。此种做法方便了群众，张家口人民交口称赞："从前在敌人的压迫下屡次受到剥削，贫苦居民求生困难，八路军为人民带来了自由，人民生活显著改善。"

其实，为了稳固张家口市场从而加快经济发展，张家口市政府制定了一系列行之有效的政策、措施。以营业税问题为例，1945 年 10 月 25 日，在冀察行署指示下，张家口对营业税、营业所得税、烟税、酒税、卷烟统税、契税等问题皆作出专门性规定。其中，营业税征收对象是晋察冀边区所有被中国共产党收复的城市、集镇。"第一，行署专署专设财政科，由该科专人负责对 6 种税收情况进行详细调查，并以此为依据，办理相关税收手续。县级行政单位专设税务局，工商业发达区域再设税务局分局。县税务局涵盖调审、税收两个部门。具体而言，调审股统计县内工商业发展情况，审核工商业从业者报税情况，确定不同行业适用的征税额。税收股的职责是掌握税票、管理账簿等。第二，由行署负责税票印制与分发，县级行政单位并无资格进行税票印制。征税起始日期为 10 月，10 月前免征税。第三，每月 10 日前，县税务局应将税收统计报送至专署，专署将各个县税务报告报送至行署。税收款项手续费应该按时缴纳，且不允许任何机关或者个人挪用。第四，县税务局应该立即执行此办法，并因地制宜地制定出具体税收工作计划报送上级机构。"[1]

营业税的征收范围相对较广，涵盖制造业、贩卖业、承揽业及其他行业。具体而言，主要有：

"1. 制造业领域：（1）矿业、纺织业、毛绒业、豆腐业免征营业税；（2）铁器、火柴、榨油、粗皮、皮裘等行业，征收营业额的 5%；（3）粉房、面粉、木器、制草、皮件、鞋帽、蒙靴、砖瓦、陶皮、橡皮、铜器、锡器、酱油、制糖等行业，征收营业额的 7%；（4）生芋、卷烟、酿造等行业，征收营业额的 10%。"[2]

"2. 贩卖业领域：（1）粮食、柴炭、油盐、醋酱、鱼菜等行业，征收营业额的 7%；（2）绸布、杂货、席麻行、木器、铁器、五金、电料、皮毛、肉类、碱、文具纸张、鞋帽广货、中西药、旅蒙等行业，征收营业额的 10%；（3）茶叶、烟酒、陶瓷、糕点、自行车、金银、珠宝、钟表、眼镜、估衣古玩、干鲜果、蘑菇、清凉饮料等行业，征收营业额的 13%。"[3]

"3. 承揽业领域：（1）承揽制鞋业，征收承揽金额的 5%；（2）承揽木器、洗染、成衣、磨面、机器修理、电器修理等，征收承揽金额的 10%；（3）承揽运输业等，征收承揽金额的 15%；（4）承揽建筑业等，征收承揽金额的 25%；（5）修理自行车、钟表镶牙、油漆纸扎等业，征收承揽金

①　杨艺琪.晋察冀边区首府张家口市城市管理研究[D].石家庄：河北师范大学，2019.

②　杨艺琪.晋察冀边区首府张家口市城市管理研究[D].石家庄：河北师范大学，2019.

③　杨艺琪.晋察冀边区首府张家口市城市管理研究[D].石家庄：河北师范大学，2019.

额的 30%。"①

"4. 其他行业：（1）印刷出版业，征收营业额的 5%；（2）运输业、理发业、澡堂业，征收营业额的 8%；（3）饼面业、饭馆业、茶馆业，征收营业额的 13%；（4）照相业，征收营业额的 30%；（5）旅馆业，征收营业额的 35%；（6）物品赁贷业，征收营业额的 30%；（7）娱乐场业，征收营业额的 40%；（8）堆栈业，征收营业额的 45%；（9）牙行、介绍、委托业，征收营业额的 50%；（10）银钱业，征收营业额的 60%。"②

此外，值得注意的是，张家口市政府对于营业税暂行办法也作出了具体规定，"原定为每个除 1000 元至 4000 元之免税点——因其在调节负担上作用不大，徒增计算麻烦，今税率既经降低，即予废除；关于所得税税率，因当前物价较颁布税则时已高涨数倍，若仍依原法执行，即缩短负担嫌重，今后所得税税率一律改按本会财税字第 3 号令颁之《工商业征税办法》之税率，以米面价折计"③。

上文所述张家口市政府出台的降低税率的政策与办法，为张家口市民众、商家积极响应与大力拥护，全市商户能够充分领会、贯彻张家口市政府的税收精神，理解政府收税的目的是"取之于民用之于民"，因此，工商业从业者纳税的积极性与主动性空前高涨。特别是在印刷业、织布业领域，从业者十分认同张家口市政府将所得税、营业税统一征收的措施。张家口茶叶联合会主任霍延年认为：此种征税办法体现的是张家口市政府作为民主政府的本色。张家口市政府的税收办法兼具公平性与合理性，工商业从业者依法缴税是理所应当的。

除了为张家口市民众提供日常急需物资、为工商业从业者制定合理的营业税征收办法外，张家口市政府还兴建粮食合作社，目的是解决工人粮食短缺问题，平抑城市物价。1946 年 1 月，张家口市政府还出台缓期征税办法。张家口市政府考虑到年关在即，工商业从业者可调度资金相对紧张，因此，对于张家口市营业税、所得税等延期征收，工商业从业者可在阴历春节过后

---

① 杨艺琪 . 晋察冀边区首府张家口市城市管理研究 [D]. 石家庄：河北师范大学，2019.
② 杨艺琪 . 晋察冀边区首府张家口市城市管理研究 [D]. 石家庄：河北师范大学，2019.
③ 杨艺琪 . 晋察冀边区首府张家口市城市管理研究 [D]. 石家庄：河北师范大学，2019.

再缴纳税款。

在中国共产党领导下，张家口市政府采取积极的经济发展措施，张家口市民众的日常物资需求得以充分满足，工商业迎来公平合理的营业税征收办法，张家口广大民众的生活水平急速改善，工商业从业者也对政府交口称赞。在市场迅速稳定、经济恢复发展的同时，张家口市政府成为民心所向，这一切是后续张家口推进城市管理与建设工作的扎实基础。

二、增资减租改善工农生活

在增资减租改善工农生活方面，主要包括增资、减租等具体举措，基于此，张家口市工农生活现状得到极大改善。

（一）增资

所谓增资，指的是张家口市政府想尽办法增加民众的工资收入，目的是改善其生活水平。增资群体涵盖人员广泛，如政府工作人员、公营工厂工人、技术工人、前敌伪组织人员、各局工作人员等皆在增资人员之列。

1. 政府工作人员

张家口获得第一次解放后，政府工作人员按照薪金制领取工资。该制度的基本精神即：适当照顾干部及其家属生活，同时，尽可能做到简化供给手续。该制度遵循的基本原则为：首先，按统计酬。即按干部当时从事的具体工作给予相应工资，其所获取的最低工资足以维持 1 人基本生计。就中等干部而言，除其维持其自身生计外，其所获取的工资足以维持其家庭成员 1～2 人的基本生计。其次，对资历较长的干部给予适当照顾。换言之，就任同一职务的干部中，更加倾向于适当照顾工龄相对较长的干部。最后，严把干部任免关、奖惩关、晋级关。对于干部的任免，灵活弹性地执行，使每位干部得以各得其所、各展所长，对于干部奖惩、晋级制度也应严格按照规则执行。

当时，张家口市的政府工作人员共计划分为 4 级："第一级：市长、局长，此外，如地方法院院长也属于第一级；第二级：科长，如：地方法院推事、登记长官、监狱长、区长、公安分所长、民教馆长、救济院长等都属于第二级；第三级：科员，如区长助理员、派出所所长、禁烟所所长、各局的股长等都属于第三级；第四级：办事员，如区干事等。薪金制下，就是依据这四级按月向政府工作人员发放工资。增资后的工资标准以小米折合。第一级：发放小米450～600斤；第二级：发放小米390斤；第三级：发放小米330斤；第四级：发放小米270斤。"①

在薪金制下，张家口市政府更加明确了公、私界限的不同，政府工作人员办公室用品用具，集体宿舍的炭火、床铺、煤火以及水等由政府出资负担。而政府工作人员个人所需衣食鞋被及其他日常用品均需要自行出资负担。如政府工作人员家属有不住宿舍者，政府会发放住房补贴或分配给其公房，其中，煤火水电等需政府工作人员自行负担。

2. 公营工厂工人

公营工厂工人也因增资而获利。以张家口市宣化公营工厂工人为例，1945年10月，与工厂工人以及相关人员进行若干次讨论后，张家口市政府针对张家口宣化公营工厂，提出针对工人工资的增加标准，主要目的是改善工人生活，维持工人基本生计，且增资后工人工资标准以小米折合。起初，工人工资标准被规定为四个等级：童工、女工、学徒，发放小米100斤；普通工人，发放小米200斤；熟练工人，发放小米250斤；技术工人：发放小米300斤。

工人增资后，张家口工人数量持续增加，经济发展也随之提速，导致之前的工资已经无法满足工人生活需求。因此，张家口市政府决定，在之前的基础上，进一步提高公营工厂工人工资标准：童工、女工、学徒，发放100斤至200斤小米；普通工人，发放200斤至280斤小米；熟练工人，发放250斤至330斤小米；技术工人，发放300斤至450斤小米。此类增资标准并非完全刚性，在具体执行时，也必然会参考劳动性质、技术等级作出灵活弹性的调整。一般情况下，童工、女工、学徒应贯彻落实同工同酬原则，熟练程度、工龄长短、劳动强度等也可作为增资的附加条件。值得注意的是，通常，重工业工人工资＞技术工人工资＞轻工业工人工资。

不同轻重工业中，工作贡献有所不同，重工业中也并非所有工人工资都

---

① 杨艺琪. 晋察冀边区首府张家口市城市管理研究 [D]. 石家庄：河北师范大学，2019.

高于其他工业工人工资，在重工业工厂的闲杂人员、伙夫等一般只能被视为普通工人，工资不能超过 200 斤小米。就技术工人而言，通常情况下，铁路技术工人、煤业技术工人、电器技术工人、印刷制版工人、火车司机工人等增资力度相对较大，但工资不能超过 450 斤小米。

进入 1945 年 11 月后，张家口市全市部分生活必需品价格出现上涨，之前颁行的公营工厂工资标准已经显得不合时宜，导致工人基本生活无法得到保障，基于此种情况，张家口市政府决定，在张家口宣化的公营工厂中，除按原评定工资增加标准为工人发放工资外，从 11 月起，参照张家口市物价波动情况，每月为公营工厂工人发放津贴。针对公营工厂工人津贴发放的具体办法，张家口市政府提出："从 12 月起，除发放原评定工资外，轻工业工人工资平均增加 10%，重工业工人工资平均增加 15%，童工、女工、学徒等的平均工资也应相应适当增加。而根据原评定工资标准，工人工资支出为每月小米 200 斤，其中，粮食占 50%，石炭占 30%，布匹占 20%。按照这个比例推断，乘以本月煤布二项物价增长的指数，即得出本月份煤布二项津贴的具体数字。"[①]

当时，在张家口市公营工厂中，大约 50% 的工人住在工厂宿舍中，他们与不住在工厂宿舍的工人待遇有所差异。工人增资后，张家口市政府规定，对于愿意居住在工厂宿舍的工人，免除其房租、水电费。同时，也教育工人及工人家属不要浪费宿舍水电。换言之，凡不住工厂宿舍的工人，每人每月加发房费补贴边钞 150 元。张家口的冬季十分寒冷，工人在冬季会消耗更多煤炭，所以，张家口市政府提出，冬季每月为公营工厂工人另外多发放煤炭 90 斤。

增资办法的出台、不同津贴的补助落到实处后，普通工人、熟练工人、技术工人、轻重工业工人等皆可从中受益。张家口市政府对所有公营工厂工人都是一视同仁的。工人增资后，生产积极性飞速提升，并带动张家口社会经济进入发展快车道，张家口的城市建设与发展拥有了源源不断的动力。

---

① 杨艺琪. 晋察冀边区首府张家口市城市管理研究 [D]. 石家庄：河北师范大学，2019.

3. 技术工人

1945 年 11 月，张家口市工厂厂长和工会主任联席会召开，此次会议的目的是提升技术工人待遇。在此次会议上，边区总工会主任马辉之言道：中国共产党领导人民军队解放张家口后，针对工人群体，采取了普遍增资措施，但技术工人与普通工人相较，二者待遇差距不大。为实现张家口市工业建设大计、激发技术工人工作积极性，应参考技术好坏、劳动态度等指标提升技术工人待遇，并同时兼顾熟练工人与普通工人待遇。此次会议适应张家口城市发展需求，有利于推进张家口城市经济建设，不仅可以增加技术工人工资，而且令他们享有较高社会地位，其生产积极性随之大幅提升。

为了达到提高技术工人工资的目的，张家口市政府规定：任用技术工人时，注重的指标为：资历、经验、技术水平、对边区经济建设所做贡献等。遵照这一标准，张家口市政府将技术工人划分为不同等级："第一级：技正。这类工人在技术、理论领域创造性极强，并为张家口经济建设作出卓越贡献。譬如，从国内外大学毕业，同时，手握研究发明专利者。第二级：技士。这类工人不仅独立掌握技术，并有能力进行技术设计与技术研究。譬如，大学毕业后，掌握技术路线与实践经验者。第三级：技佐。这类工人不仅独立设计研究而且直接进行实际工作。譬如，专门学校毕业，并掌握一定实践经验者。第四级：技术员。这类工人可以协助他人，进行试验研究及勘测工程。譬如，从专门训练班毕业者。"[①] 当时，并不是任意机关皆可随意任用技术工人。具体规定如下：县、市政府以上机关：可任用技佐、技术员；特别市政府以上机关：可任用技士；边区行政委员会及行署：可任用技正。技术工人被任用后，技正、技士应在边区行政委员会备案，技佐应在专员公署备案。

增资后，技术工人工资标准为：技正，每月小米 600 斤至 1200 斤；技士，每月小米 450 斤至 800 斤；技佐，每月小米 250 斤至 500 斤；技术员，每月小米 200 斤至 250 斤。值得注意的是，部分拥有特殊功绩或技术的工人，还拥有特别加薪机会。年老或因事故退休的技术工退休时，可以获得退

① 杨艺琪. 晋察冀边区首府张家口市城市管理研究 [D]. 石家庄：河北师范大学，2019.

休金。当然，退休金的金额并不固定，会根据工人具体情况进行弹性调整。

此外，张家口市政府特别重视技正一职。针对此类技术工人，张家口市政府设立了专门的奖励办法。技正可以获得荣誉奖、奖金等奖励。荣誉奖涵盖：为其建立专门的研究所；对其荣誉进行宣传；授予其奖旗、奖匾、奖状、奖章。奖金规定为：获得 1 项专利技术者，张家口市政府奖励其 1 万至100 万元；拥有特殊发明与贡献者，张家口市政府给予其特别奖励。

4. 安置的前敌伪组织人员

按照原有规定，通常情况下，旧日的伪职员即使得到张家口市政府留用，其每月工资必须低于一般政府工作人员。对打字员等人员，张家口市政府会给予他们适当照顾。在日伪时期，此类人享有的待遇就相对优厚。张家口市政府为安抚他们，使他们愿意发自内心地为人民服务，应该为其适当增资。张家口市政府规定，此类人每月工资折合小米 120 斤至 180 斤。

5. 各局工作人员

中国共产党第一次解放张家口后，派各局工作人员进驻张家口工作，在他们的勤奋努力下，张家口政治、经济、教育等领域工作成效卓然。但是，各局工作人员的工资水平长期处于低位，使得部分工作人员不愿意踏实工作，进而令政府工作的推进受阻。有鉴于此，张家口市政府认为，增加各局工作人员工资已经势在必行。各局工作人员大致可分为两类，一类是前敌伪组织的人员，一类是从抗日根据地派到各局工作的干部。此处重点明晰第二类人员增资情况。

从抗日根据地派到各局工作的干部，他们长期以来都在条件艰苦的根据地生活，待遇提高困难重重。抗日战争胜利后，短时间内经济条件仍难以提升，因此，其工资并未因抗日战争胜利而立即增加。张家口第一次获得解放后，从抗日根据地进驻张家口各局工作的干部仍生活艰难，基于此，张家口市政府决定对此类人的工资进行调整：对其实行薪金制，各局工作人员工资发放标准可参照一般供给标准，也可根据实际情况略微提高；家庭生计难以维系者由机关给予一定帮助。工资发放等级有二，第一级是科长以上，第二级是股长以下。第一级工作人员每月工资折合小米 190 斤，第二级工作人员每月工资折合小米 180 斤。

政府工作人员、公营工厂工人、技术工人、前敌伪组织人员、各局工作人员均从增资办法中得到裨益，较高的工资待遇极大地提升了张家口人民生活水平，令他们以更加高涨的工作热情投身于张家口城市建设洪流中去。中国共产党领导下的张家口市政府树立了在张家口人民心中的公信力，为张家口城市的进一步建设和发展夯实了群众基础。

除增资举措外，张家口市政府极为注重工人福利的落实。在假期福利方面，1945 年 12 月，张家口市政府明确规定，在当年阳历新年期间，宣化各供应企业机关、平绥铁路局、邮政局、电话局、银行、贸易公司、电业公司、自来水公司及各公营工厂的职员、工人皆可以获得 3 天休假，在这 3 天中，对清扫工人而言，各区清扫工人一律于 1 月 1 日放假一天，12 月 31 日、1 月 2 日不放假，但发给他们双薪过节费作为补偿。此外，在物质福利方面，1945 年 12 月，张家口市政府决定发放阳历年过节费。部队、地方人员发放 1 斤猪肉，前方部队每人加发 6 顿细粮、1 斤黄豆、3 盒纸烟。后方部队、前方人员发放 4 顿细粮。机关、学校、部队、职教员、勤务员等每人均发放 1 斤猪肉。旧历年假期也被提上日程，如在旧历年期间，张家口宣化各公营工厂工人均获得 3 天假期以及过节费 200 元。在此期间因为种种原因而无法休假的工人则会获得额外的工资补偿。

在为工人提供应有福利领域，张家口市政府作出了非常积极的表率，有利于张家口市政府得到张家口人民的拥护与爱戴，为人民军队解放全中国奠定了前期基础，为中华人民共和国成立后如何团结工人阶级探索了有效路径。

（二）减租

前文所述增资问题，针对的对象主要是工人，而减租问题针对的对象主要是农民。减租，主要指的是减少地租，减租措施最终目的为减轻农民负担，同时，提高农民生活水平。

抗日战争取得胜利之前，中国大部分农村地区事实上已经处于经济崩溃临界点。当时，大部分农民没有自己的土地，只能租地种植农作物维持生计，他们饱受地主剥削与压迫，每年向地主缴纳高额地租。在广大农村，地主成为绝对的权力主宰者，贫苦的农民受到残酷压榨与剥削，为了生存下去举步维艰。除受制于地租剥削外，许多农民同时沦为高利贷剥削的受害者，大量农村地区奉行"一口苗交租"办法，农民为了及时交齐地租，被迫向地主借高利贷。当时，通常情况下，农民向地主借贷应付利息为五分利，还款期限为一年，如无法及时还清，农民就会陷入利滚利的陷阱而难以自拔。一旦发生自然灾害，农民生活更加无以为继，颗粒无收加之残酷剥削，令大量农民深陷水深火热的境地。获得解放后，农民终于翻身做主人。在政府的大力救济与援助下，农民基本生活有了保障。同时，农民也在热切盼望改善长期以来困窘的经济生活。

抗日战争进程中，在解放区，中国共产党已经在持续推行减租减息政策，对于调动广大农民群众积极性大有裨益，因减租减息政策受益的农民生产热情与抗日热情高涨，即使环境极为艰苦，农民仍愿意大力支持解放区抗战事业。抗日战争获得胜利后，减租减息政策得到进一步继承与发扬，更多农民群众可以享受到减租减息带来的益处。就减租方法而言，中国共产党已经有深刻的经验总结："减租必须是群众斗争的结果，而不能是政府的恩赐，这是减租工作成败的关键。"[1]换言之，中国共产党应通过发动群众斗争的方式，使得农民自发争取减租，这会令农民群众更加团结、更有觉悟，有利于减租措施长期延续下去。反之，倘若不经过群众斗争，农民可能会错误地认为减租仅仅是政府的施舍与恩赐，这必然会导致农民群众的主动性、积极性难于彰显。基于此，为了使得减租措施真正落到实处，中国共产党应该发动农民群众自觉进行斗争争取减租，人民政府只负责在执行减租法令、调节租佃关系维度为农民群众提供帮助。具体而言，就是在农民群众自觉进行斗争争取减租遇到顽固地主威胁时，由人民政府出面帮助农民群众解决此类问题。

1946 年 5 月 4 日，《关于土地问题的指示》[2]（简称《五四指示》）正式出台，在该指示中，中国共产党提出：坚决拥护农民一切正当的主张和正义的行动，批准农民获得和正在获得的土地，强调解决解放区的土地问题是中国共产党当时最基本的历史任务。该文件颁布后，正式没收地主土地分给农

---

[1]　华北解放区财政经济史资料选编编辑组.华北解放区财政经济史资料选编（第一辑）[M].北京：中国财政经济出版社，1996：847.

[2]　中国人民解放军政治学院党史研究室.中共党史参考资料（第十卷）[M].北京：中共党史资料出版社，1984：164–167.

民，农民真正成为土地的主人。

在农村，减租政策实行之后，广大农民群众的生产生活需要得到前所未有的满足，农民的生产积极性和生产效率急速提升，粮食产量增加显著，农村经济建设呈现出一派生机勃勃的景象。追根究底，农村减租政策的实质为农民运动，倘若农民运动积极性高，则减租必然收效明显；倘若农民运动积极性低，则减租必然收效微末。在中国共产党领导下，减租措施有利于调动广大农民群众的革命与抗日积极性，从前无地、少地的广大农民群众成为自己土地的主人，其生活水平发生翻天覆地的变化，使得中国共产党在广大农民群众中深得人心。

第二节　政治方面

中国共产党接管张家口后，政治方面取得的主要成就有两方面，包括肃清日伪时期统治遗患、建立健全民主政权机构。

一、肃清日伪时期统治遗患

张家口第一次获得解放前，日伪势力在张家口肆虐了八年之久，张家口人民在日伪魔爪下困苦重重，在政治上，张家口人民受到日伪势力沉重压迫；在经济上，张家口人民受到日伪规定的统制低价政策残酷剥削，失去自由且生活困苦。据统计数据显示，日伪统治张家口时期，"全蒙疆充斥多种苛捐杂税，所谓'国税'就有20余种，全张家口的预算额达148277000元，市地方税有20种，预算额为11510144元。'国税'与地方税共计40余种，总预算额为159787144元，这仅仅是预算数，而实际收入远超其预算，敌人实际上从张家口盘剥的税收已达其税收总额的91.2%，仅就所谓国税而言，半年内张家口市人均负担1100余元。实际上，张家口人民负担更加沉重，每年还要另外缴纳：卫生费91958元、积谷费93936元、马车调整费 112378 元、警察后援会费 27024 元、口组储蓄费 629581 元、定期存款费 1000000 元、献铜费 4444400 元，五花八门、层出不穷的剥削借口下，搜刮钱款达 6697269 元"[1]。基于上述情况，张家口市政府决定，对敌伪公司财产、伪组织共有财产等，应由张家口市政府查封并进行管理。对汉奸财产，则应通过司法手续做出整饬。

（一）惩处附逆者

接管张家口后，中国共产党惩处的附逆者主要包括两类，即汉奸、伪蒙疆人员等。

1. 汉奸

在抗日战争史上，汉奸始终是一个臭名昭著的群体，抗日战争获得胜利后，为巩固革命的社会秩序，必须大力严惩汉奸特务。1945 年 10 月，张家口市公安局公布被惩处的汉奸、特务名单，包括何思林、李福林、石金堂、徐德风、毛俊儒、郭景增、郭万伯、刘玉耀、周纪、李同元、石国珍、耿口、周子良、郝维斌、朱建勋、刘振东、王恩庆、张丰年、王子扬、刘见周、张鹏、吴英贵等，同时，对这批汉奸、特务提起公诉。在张家口横行多年的大汉奸于品卿、张子清，张家口第一次解放后终于得到应有惩处。

于品卿，河北南宫人，任伪蒙疆联合自治政府主席。卢沟桥事变发生前，于品卿已经与日本特务沆瀣一气，肆无忌惮地进行反华活动。1938 年以及 1941 年，于品卿曾经两次亲自到日本向天皇进贡，为此，日本天皇分别奖励其三等、四等"旭日军"勋章两枚。在日本侵略者奴役张家口的 8 年中，于品卿与日本侵略者狼狈为奸，张家口人民对其极度仇视。1937 年 8 月，张家口商民在于品卿胁迫下，被迫成立所谓维持会，向无耻的日本侵略者提供物资、金钱支持。在中国共产党领导下，张家口获得第一次解放，随即，晋察冀边区高等法院发布《关于清理汉奸于品卿财产的布告》。该布告明确指出，于品卿勾结日本侵略者，出卖国家利益，罪大恶极，人民政府有权利依法处理其财产。于品卿在张家口市或其他地区的房产、投资、贷款都应得到查封、扣押。此外，张家口市政府还鼓励市民对于品卿进行告发，且

① 杨艺琪. 晋察冀边区首府张家口市城市管理研究 [D]. 石家庄：河北师范大学，2019.

告发者可获得奖金奖励。在张家口市政府和张家口人民共同努力下，1945年12月，晋察冀边区行政委员会特别法庭判决了汉奸于品卿："于品卿通谍敌国，窃据国土，反抗中华，以财物资敌，使国土附属于敌，从重处死刑，被夺公权终身，并没收全部财产。"[1]

张子清，是卢沟桥事变后盘踞在张家口的另一大汉奸，国家被日本侵略者蹂躏，张子清却借机令自己飞黄腾达。张家口处于伪蒙疆政府德王统治时期，张家口人民对"王爷府"极度恐惧。张子清和德王府狼狈为奸，经常借势德王府压榨张家口人民。1940年，张子清任伪理发会会长，借公务之便贪污大笔钱款。他不仅翻新了自己名下的理发馆，还耗费巨款为自己兴修私宅，同时，他还向张家口人民放高利贷谋取暴利。1940年，张子清与日本高利贷势力相互勾结，其操控的高利贷资本规模越来越大，张家口人民深受其害。1940年后，张子清逼迫理发工人长期为其捐税，理发工人入不敷出，只能向张子清借高利贷维生。张家口市几百名理发工人被迫向张子清借高利贷，在敌伪统治压迫下，理发工人苦于无力反抗。此外，张子清还禁止理发工人摆摊、勒令违反其号令的理发馆停业，并对理发工人动用私刑，非常残暴。

汉奸张子清罪大恶极，张家口市理发工人对其十分愤恨，张家口获得第一次解放后，老奸巨猾的张子清试图以抵赖、利诱等手段为自己脱罪，理发工人不为所动，坚决要求严厉惩治汉奸张子清。在民愤压力下，张子清无奈认罪。张子清当众向张家口理发工人屈膝认罪，并将其贪污的大笔赃款上交给张家口市人民政府。

张家口人民对于惩处汉奸问题起到了居功至伟的作用。后续，涌现出"大后方人民扩大检举汉奸运动"，汉奸杨仲量被依法枪毙，汉奸张景秋罪行被审判，汉奸杨品德罪行被清算……在中国共产党领导下，张家口依法审判和制裁了罪大恶极的汉奸、特务等，究其本质，张家口第一次解放后的汉奸清算运动已经成为张家口人民发起并领导的群众性运动。

2. 伪蒙疆人员

1934年，在日本侵略者幕后操纵下，伪蒙疆政府联合委员会成立，同

---

[1]　焦晓琳. 晋察冀边区检察制度研究 [D]. 太原：山西大学，2021.

时，以张家口为中心，设立察南自治政府。1939 年，日本侵略者任命德王为联合委员总务委员长。以此为基础，日本侵略者把驻地位于张家口的 3 个伪政权进行合并，即伪蒙疆联合自治政府。在中国共产党领导下，张家口第一次获得解放，日伪附逆者必须得到严惩。

1945 年 11 月，为缉捕战犯德王李守信，晋察冀边区行政委员会通令指出，"兹据察哈尔省人民代表大会及察哈尔省政府请示称：'伪蒙疆政府主席德穆楚克栋鲁普（德王）及伪蒙疆军总司令李守信，背叛国家民族，甘心事敌，认贼作父，残杀中国人民，罪不容诛，请依法严缉'等情，查该犯等，危害国家民族，屠杀中国人民，罪大恶极，特此通令严缉"。

在日伪统治时期，伪蒙疆钞票在两大区域实现了流通，即限期禁用地区、暂准流通地区。所谓限期禁用地区，即为东起延庆、西迄大同的区域，且该区域不断被拓展。"在限期禁用地区内放出边币——如以边币收买粮食及其他物资，以开展贸易工作。银行举行口款等并可由银行或区公所贬值收兑。收兑比值暂定为 1∶2.5，期限为第二年 1 月底将伪蒙疆钞票肃清。逾期行使者，伪蒙钞全部没收之。限期禁用地区划限期以后，由晋察冀边区委员会视货币流通及边蒙比值变化情况再划新的限期禁用地区。所谓暂准流通地区，即为限期禁用地区以北区域，与限期禁用地区相反，暂准流通地区出现逐渐缩减的现象。该地区的边币比值仍采用暗中定价办法：月前边币为 1∶3，变更时由边区银行通知其他地区比值，应以张市为准。限期禁用地区划限期以后，由晋察冀边区委员会视货币流通及边蒙比值变化情况再划新的限期禁用地区。关于限期禁用地区的划定，与两种地区内之比值，由晋察冀边区委员会决定，其他机关今后不能自行规定，以免自乱步骤；在敌伪合流地区，伪蒙疆钞票严禁流入边区，各级政府应在适当地点设人检查，凡携入者没收，千元以下者贬值收兑之……关于伪蒙钞的最后处理，可与晋绥地区共同处理之。"[①]

由上可知，在城市接管与建设领域，中国共产党摸着石头过河，探求独具中国共产党特色的发展之路。首先，在接管城市前夕，中国共产党善于凝

---

① 杨艺琪.晋察冀边区首府张家口市城市管理研究[D].石家庄：河北师范大学，2019.

聚民心，基于在抗日战争阶段积累的强大群众基础，快速取得了城市民众的拥护与爱戴。其次，在接管城市后，中国共产党提出详备完善的城市工作计划以及城市工作制度，不仅整顿了城市秩序，而且肃清了敌伪汉奸势力，资财部、收容部等不同政府部门对城市的接收、管理井然有序。最后，正确发动群众助力城市接管。在中国共产党领导下，张家口第一次获得解放后，部分张家口民众对中国共产党持支持和相信态度，然而，也有部分张家口民众持疑惑与观望立场。基于此种情况，张家口市政府民运部门开始运作，召开各种类型的群众座谈会，发动群众的力量助力城市管理与建设。中国共产党领导的户口清查、汉奸清理等运动中，张家口民众无疑是关键性力量，其作用毋庸置疑，户口清查、汉奸清理工作之所以能够圆满地如期完成，离不开张家口民众的积极参与以及大力支持。

（二）清理日伪资产

一方面，清理敌伪资产。1945 年 4 月，张家口市政府明确强调"为恳求退还敌伪物资扣留市款 6000 万元的请示"。1945 年 9 月，敌伪资产清理委员会正式成立并展开工作，委员会成员有张苏、易耀彩、李耕涛、白文治、杨德才、张孟旭、郑树等，任命张苏为主任委员，任命易耀彩和李耕涛为副主任委员。同时，委员会下设秘书长，任命吕东担任。另外，还设有清理处、运输部、工业部等部门。敌伪资产清理委员会主要任务为：清理冀察区内一切敌伪资产，如公司、商店、银行、学校等。1945 年 11 月，张家口市政府对敌伪资产清理给出更为详细的划分与说明：所有敌伪资产，除武器弹药及作战急需之军用器材由部队机关直接接管外，其余一切资产如粮食、布棉、食盐……均由敌伪资产清理委员会统一接收。机关部队或个人，不得随便破坏或私自收运任何物品；敌伪资产接收后，应随即造具清册，报请政府处理，作为财政收入。以往关于敌伪物资之接收处理……应由敌伪物资清理委员会进行清查，并将清查结果造册上报听候处理；还成立了公产管理处，负责管理所有敌伪公司、房产、土地、田园及伪组织共有不动产。由上可知，张家口市政府在清理敌伪物资领域总结出了可资借鉴的手段以及方式。首先，通常情况下，在张家口解放后发现的一切物资应由上级进行统一处理。但办公用具、饮食用具、燃料等不在此列，应根据不同地区特殊情况，由上级指定数目，并由下级清理人员就近直接取用，此方法可以有效降低人力物力损耗。其次，对敌伪物资完成接收后，必须立即造具清册，对接收物资进行详细、完备的登记。清册涵盖接收物资性质、名称、包装、数目等具体项目。

另一方面，摧毁敌伪组织。对张家口市政府而言，只有彻底地摧毁敌伪组织，才能真正建设起民主政权。那些被敌伪势力操控，用于压迫奴役张家口人民的政权、团体都应该被彻底地摧毁。同时，为了建设张家口市民主政权，必须调动起群众力量并武装人民，组织工人、农民、文化人、青年、妇女、店员、学生等团结一心，推进民主政治的贯彻落实。张家口市政府颁布自由贸易政策后，张家口个别同业公会、商会，在日伪统治张家口的历史时段内为敌伪操控，惯于限制行业的开张、歇业、定价、买卖，这些组织也被彻底摧毁，之后，张家口市政府对工业、商业等领域的管理与建设步入正轨。

（三）肃清奴化思想

一方面，摧毁了敌伪文献。日本侵略者投降后，日伪势力在张家口留下大量文献资料，张家口市政府认为，此类敌伪文献必须彻底清除，并专门设立敌伪文献清理处，按照既定计划清理敌伪文献。"第一，重点整理档案文献，特别是应该完全掌控大机关档案；第二，动员一切力量搜集图书，与地方区政权、资产清理委员会相互联络，及时发现文献中存在的问题并妥善处理；第三，动员广大文化机关、学校等，协助文献清理工作；第四，实施行政方式防止文献图书散失，同时，禁止私自偷窃、烧毁图书；第五，对敌伪文献作出整理、分类，并向上级汇报相关情况。"[①]清理敌伪文献时，张家口市政府始终秉持着条理清晰、层次分明、有步骤、有计划的原则。日本侵略中国的主要目的是奴役中国人民，掠夺中国资源，将中国变为其殖民地。所以，在敌伪文献中，充斥着奴役、压榨、掠夺的殖民主义思维，同时，中国文化被肆无忌惮地摧残。因此，这部分内容必须被彻底清理。但是，值得注意的是，部分敌伪文献可以为我所用，在对敌斗争中发挥积极作用。

---

① 杨艺琪. 晋察冀边区首府张家口市城市管理研究 [D]. 石家庄：河北师范大学，2019.

另一方面，肃清了日伪奴化教育。张家口被日伪势力控制后，日伪势力对张家口民众实行奴化教育，目的是破坏张家口人民传统民俗、习惯与信仰，令该地区后人无法揭开日本侵略者的真面目，并沦为日本侵略者侵略和统治张家口的工具。在这种情况下，中国共产党领导张家口人民第一次解放张家口后，必须彻底肃清日伪奴化教育残渣。第一次解放后的张家口，需要的是民族的、民主的、科学的、大众的文化教育政策，因此，张家口市政府主导了对师资、教材的改造，旧有的敌伪所设学校先停课整顿，经张家口市政府审查后方可重新开课。

二、建立健全民主政权机构

张家口刚刚获得第一次解放，张家口市政府当即挂牌运行，但这属于紧急情况下成立的、带有军管性质的临时政权机关，并没有经历民主选举环节。盘踞在张家口的反革命残余被彻底清除后，城市经济社会发展亟待步入正轨，从上而下建立健全人民民主政权机构的任务随之到来。

对张家口市政府而言，民主选举人民政权意义深远。抗日战争时期，在晋察冀边区，普遍实行"三三制"抗日民主政权，该制度有利于团结一切可以团结的力量，进而取得抗日战争伟大胜利。就张家口市人民民主政权的建立健全而言，其既是晋察冀民主政权的继续与发展，也是城市人民民主政权的新尝试与新实践。当时，中国共产党夺取的城市数量较少，但是，随着革命形势的发展，必定会有更多大中城市为人民所掌控。张家口人民民主政权的建立与健全，就为后续获得解放的城市的人民民主政权建设起到镜鉴作用。所以，聂荣臻等非常重视张家口市人民政权的产生，多次指示张家口市政府要认真学习毛泽东主席的《新民主主义论》《论联合政府》等论著以及中国共产党相关政策，不仅要借鉴晋察冀边区民主政权建设经验，而且要建立适应城市特点的人民民主政权。

就张家口市人民政权的建立而言，可划分为4大阶段：

第一阶段：发动群众进行清算斗争。群众清算斗争的目的为：使人民群众在政治上占据优势，使人民民主政权的建立拥有雄厚群众基础。仅仅花费

2 个月时间，在张家口市政府领导下，张家口"建立基层工会 161 个，会员 13922 人，村农会 26 个，会员 3474 人，基层妇联会 46 个，会员 802 人，新建支部 61 个，发展新党员 768 名。1945 年底，新党员增加到 2648 人，占全市总人口的 2%，新建立支部 140 个"[①]。在群众清算斗争中，涌现出大批先进骨干分子，为张家口市民主政权的建设以及干部选拔夯实了思想、组织基础。

第二阶段：清理和整顿内部组织。中国共产党刚解放张家口时，为了城市管理与建设工作的迅速铺开，张家口的各级政府中都留用了部分日伪时期的旧职员，其中，很多人愿意协助张家口市政府掌握、了解张家口情况并开展城市管理与建设工作。但与此同时，一些坏分子也借机混入政府部门。基于此情况，在各级政府正式选举前，必须对张家口市政府内部组织进行彻底清理、整顿。清理和整顿内部组织后，消除了坏分子可能带来的隐患，也发现、提拔了部分历史清白、表现积极、贡献较大的旧职员。显而易见，这十分有利于调动日伪留用人员的工作积极性。在中国共产党战略性撤出张家口时，很多此类人员追随人民军队进入根据地并加入中国共产党，他们大部分人成为中华人民共和国成立后的城市工作骨干。

第三阶段：改造基层政权并选举基层干部。在上一阶段清理和整顿内部组织基础上，张家口市政府废除了敌伪时期的旧甲牌制度，在城市基层设街、村、闾基层政权，并由群众民主选举街、村和闾长。张家口城市基层政权普选后，"全市共设 55 街、26 村、828 闾，有 1272 人当选为街、村、闾干部。其中，工人占 25.3%，贫农占 12.9%，佃雇农占 6.3%，工商业者占 41.2%，富农和开明地主占 2.5%"[②]，就占比而言，虽然工人相对占比不大，但基本上体现了人民民主政权性质和中国共产党的统一战线政策，也凸显出了城市政权特点。民主选举成功后，张家口人民终于拥有了自己的基层政权机关。200 多名工人骨干当选街、闾长，为张家口基层政权带来焕然一新的

---

① 范凌.中共城市工作的伟大尝试——纪念抗战胜利暨张家口市第一次解放与接管五十周年 [J].党史博采，1995（08）：23-27.

② 范凌.中共城市工作的伟大尝试——纪念抗战胜利暨张家口市第一次解放与接管五十周年 [J].党史博采，1995（08）：23-27.

氛围。新当选的基层干部以人民为中心，竭尽全力为人民服务，受到了张家口民众的拥护和爱戴，这为后续进行的张家口市人民政权的选举奠定了坚实基础。

第四阶段：建立参议会并选举产生市政府。张家口市政府的目的是团结各阶层，为建设和平、民主、繁荣的新张家口而奋斗。"市选工作从1946年3月初开始，经过宣传动员、公民登记、印刷选票、组织竞选等筹备阶段，于3月29日召开了选民大会，全市共选出参议员95名，候补参议员26名。"① 1946年5月，张家口市参议会召开，审议了市政府工作报告和提案，确定了市政府施政方针，讨论了兴利除弊的大事，根据"三三制"政权原则，民主选举了议长、副议长、市长、副市长、政府委员等。1946年5月16日，张家口市政府委员会第一次会议召开，确定了各局长、秘书长人选，讨论、修改了市政府组织条例草案。到此阶段，张家口市民主政权组织机构逐步趋于完善，并以崭新面貌出现在人民群众面前，以人民意志为准绳，行使神圣的权力和职责。在此过程中，张家口民众参政议政意识和热情空前提升，张家口人民对城市政权的关心和信任与日俱增。

第三节　文卫方面

接管张家口后，在中国共产党领导下，张家口在文化卫生方面也取得了卓越成就。一方面，大力发展文化教育事业；另一方面，改善城市医疗卫生条件。

一、大力发展文化教育事业

张家口作为知名的塞上名城，历史悠久，文化底蕴深厚。但在日伪统治

---

① 范凌. 中共城市工作的伟大尝试——纪念抗战胜利暨张家口市第一次解放与接管五十周年 [J]. 党史博采，1995（08）：23-27.

张家口的历史时段内，张家口文化事业发展极为迟滞。当时，张家口仅有 5 所中学和 13 所小学，而且这些学校被日本侵略者奴化思想控制，普通民众根本无权入学。在文化生活领域，日本侵略者在张家口开设"公会堂"和"世界馆"，大肆传播殖民性质电影，宣传日本侵略者"王道乐土"的殖民侵略思想。除此之外，张家口仅拥有 4 家旧剧院，仅放映淫乱低级、封建落后的剧目。

毋庸置疑，在中国共产党领导的新民主主义社会秩序下，张家口的文化发展状况显得愈发不合时宜。为迅速扭转、改善此状况，中国共产党领导人民军队第一次解放张家口后，立即发布《告张家口各界同胞书》，其中，中国共产党大力号召张家口人民，坚决而有步骤地扫除一切奴化、封建主义、法西斯主义文化，大力发展民族的、科学的、大众的新民主主义文化。张家口市政府高度重视张家口文化教育事业，多措并举，推动进张家口文教事业进一步发展。

在推动文化事业发展进程中，张家口市委、市政府认为，应该重点发展张家口教育事业，并提出：民办、公助、普及教育的正确方针，同时，重视发挥老解放区教育工作者作用，推动了张家口教育事业的繁荣与发展。仅在张家口第一次解放后的几个月时间内，张家口的小学校增至 52 所，大中学校增至 15 所，分别是原来学校数量的 4 倍和 3 倍。在张家口市政府支持下，张家口首次建立社会大学——业余公学，业余公学令数千名原本已无升学机会的在职干部、职业青年得到宝贵的受教育的机会，他们补习文化知识、提高文化水平，进而获得担负更重要工作的机会。张家口市还开办了大批工人、妇女夜校，吸引了社会上很多渴望学习文化知识的民众，甚至有部分天津爱国青年、华北联大学生跨越国统区来到张家口求学。

张家口市委、市政府还非常注重组织、培训革命的文化队伍。1945 年 9 月，在张家口市政府支持下，原有的抗敌剧社、挺进剧社、战线剧社、群众剧社等联合成立张垣音乐研究会，该研究会致力于开展群众性的音乐活动、培养音乐人才，并为张家口人民创作了大量革命歌曲。1945 年 10 月，张家口市曲艺协会成立，曲艺协会的目标为：团结教育旧艺人，同时，创造为新社会服务的艺术作品。在张家口市委、市政府的支持下，还成立了北方画会。画会将实现和平、民主、团结、统一方针作为首要任务，配合革命斗争出版画刊、举办展览，并为张家口培训美术音乐人才。1945 年 11 月，旧剧联合会在张家口成立。1946 年 3 月，鲁迅学会在张家口成立并出版《鲁迅思想研究》等著作，促进了鲁迅文艺思想在张家口地区的传播。1946 年 4 月，张家口文协成立，沙可夫当选为主任，丁玲、吕骥、丁里、艾青等当选为理事。在张家口市政府正确领导下，张家口文协团结了张家口地区的专业文艺工作者和旧社会艺人，培养了大批群众文化艺术队伍，张家口的群众文艺活动如火如荼地开展起来。

张家口市委、市政府还对创办报刊电台、出版革命书籍工作给予高度重视与大力支持。与农村相较，城市聚集大量民众且普通民众的受教育程度较高，此外，城市还拥有大量先进的现代化印刷以及播音设备。基于此，中国共产党致力于借助新闻媒介手段，宣传马列主义、毛泽东思想，宣传中国共产党的路线、方针、政策，提高人民群众的觉悟。在张家口第一次获得解放的次日晚间，张家口新华广播电台准备就绪，开始播音。张家口新华广播电台发射功率极大且覆盖面积极广，中国华北、东北、南方城市可收听，印尼、印度、匈牙利、美国也可收听。该电台对于扩大中国共产党广播宣传的作用和影响而言意义重大，并被视为延安新华广播电台的重要组成部分。1945 年 11 月，在延安新华广播电台，毛泽东主席亲自与张家口新华广播电台通话，勉励其做好广播工作。之后，朱德也赞许、鼓励了张家口新华广播电台的工作。为方便普通民众收听节目，张家口新华广播电台在张家口市内开通有线广播，电台喇叭遍布市区，民众收听节目极为便捷。电台还经常邀请工人参与进来，与电台共同举办群众喜闻乐见的特别节目。张家口市政府主要领导刘秀峰、杨春甫等，皆在电台面向张家口人民做过广播讲话。在张家口市政府领导下，还创办了多种报纸，如《新张家口报》《张垣日报》《子弟兵报》《商业周报》等，出版了多种刊物，如《民主青年》《北方文化》《时代妇女》《长城》等。丁玲、艾青、周扬、成仿吾、许世平、杨沫等名家曾经参与大部分期刊编辑工作，新华出版社出版文艺新书百余种，向张家口民众提供丰富、健康、向上的高质量文化食粮。

张家口第一次获得解放后，城市文化事业急速发展，这不仅有利于张家口民众阶级觉悟的提升，而且推动了社会生产力的进一步发展，对张家口城市建设大有裨益。在张家口庆丰戏院，上演了由张家口本地真人真事改编的戏剧《枪毙杨小脚》[①]，将流氓恶棍杨小脚依仗敌伪势力压迫残害张家口民众、张家口民众对其滔天罪行进行清算、民主政府依法对其实行惩处等史实呈现于舞台，张家口民众对此剧目产生强烈共鸣，进而更加积极地参与到现实中对敌伪汉奸的清算斗争中。1946年5月，蒋介石在东北挑起内战，当月，张家口市文艺界举行义演，共计收入923300元，此项费用由新华社转交东北民主联军。此后，张家口市文艺界多次为人民子弟兵义演，不仅筹集到了资金，而且在潜移默化中团结、教育了人民。其中，美蒋反动派的内战阴谋被文艺节目无情揭露，对于动员人民而言意义重大。

二、改善城市医疗卫生条件

在中国共产党领导下，张家口获得了第一次解放，但是，由于城市刚经历了战争，伤员问题凸显出来，而因现实条件所限，当时的医疗卫生条件、防疫条件皆不尽如人意，导致许多伤员无法得到及时救治。张家口经历了城市接管、整顿后，对城市卫生医疗工作倾注更多力量。

（一）医院

首先，进行医疗设施建设，开设大量公立、私立医院。其中，张家口市开设公立医院共计4所，涵盖部队设立1所、机关设立2所、市立1所。开设私立医院共计3所。公立医院当中，除了市立医院是主要为群众治病以外，其他公立医院同样承担为群众治病的任务。

其次，具体到市立医院，市立医院当时共有三大科室：内科、外科及产科，这些科室均有专科医生坐诊，并对需要诊治的贫苦民众、抗属实行免费优待。对于贫苦无依的普通民众，张家口市政府规定允许他们免费住院治疗。

距张家口第一次解放仅一个半月时，在张家口市政府领导下，城市人道

---

① 刘谷.晋察冀革命文化艺术发展史[M].北京：中国戏剧出版社，2007：340.

主义医疗卫生体系就初步得以建立，由此可见，张家口市政府对人民群众生命健康之看重，这也是张家口即将开展的群众卫生运动的重要基础。

（二）卫生人员训练班

解决开设医院、分科诊疗问题后，张家口市政府又面临一大问题，即城市医务人员匮乏。如果此种情况一直持续，医院将无法正常运营，人民群众的生命健康就无法得到保障。基于此，1945年10月28日，晋察冀边区行政委员会发出召开"卫生人员训练班"通知，针对被选送学员资格，也给出具体规定：18岁~25岁之间，身体强壮无疾病者；高小卒业或有同等学力，政治坚定无问题者；男女兼收。甄选出符合条件的人员后，直接派送到军区卫生部进行卫生人员专门训练。

在张家口市政府帮助下，学员生活待遇也得到了落实，每月向每个学员发放200斤小米以及煤贴、布贴。每月的煤布贴费用由政府统一公布。一般情况下，卫生班学员住在集体宿舍进行统一管理，住宿所烤火费、电费由张家口市政府负担。

由此可见，张家口市政府为了解决学员生活困难，让学员认真学习医学专业技能，从生活费到各种补贴皆安排周全，有利于卫生人员训练班正常学习。

（三）城市卫生

在某种程度上，卫生情况影响和反映着一个城市的整体风貌。张家口是中国共产党领导下的八路军解放的第一座省会级大城市，因此，张家口的城市卫生建设必然会成为全国瞩目的焦点，这不仅仅是张家口一个城市的问题，而且与中华人民共和国成立后的城市卫生工作息息相关。

张家口市政府自成立之初，就对于城市卫生事业给予持续关注。1946年1月，张家口市政府颁布专门性文件——《关于开展卫生工作的通知》。在该通知中，要求张家口全市清扫污垢，建设公共卫生。具体而言，号召"所有驻张机关、部队、学校、工商业者、普通群众等开展大清扫运动，从室内到室外，从院落到街道，都要进行彻底清扫，并将清扫工作发展到日常生活中；在合适的地方建立渗水井和污水桶，将污水全部排入污水井中，禁止乱排乱倒；冬天要把积雪运到室外，无力运输时，要报告给各区卫生处，由其设法运输；杜绝乱扔垃圾，随地大小便等，要到各区设立的公用垃圾箱和专门临时公共厕所解决，各街的公共卫生由各机关、学校、工厂、商店与所在区公所或街公所分段负责，彻底清查，按期检查与清理，从而保证了人民群众的身体健康和精神愉悦" [1]。

城市卫生的清扫与管理是一项系统性工程，与市容市貌息息相关。张家口市政府将城市卫生的清扫工作落实到人，每位张家口民众皆参与其中，此种做法为张家口后续的城市群众卫生运动的展开奠定了坚实的基础。

（四）群众卫生运动

1946 年 5 月，在张家口市政府主导下，召集了一批张家口区街卫生团体代表，讨论张家口夏季卫生工作、群众卫生运动问题。代表们着重商讨了夏季公共场所卫生、饮食卫生、居民卫生等关键性问题，并就垃圾处理、粪便处理、饮食业夏季卫生问题等制定出详细规范。首先，做好垃圾处理工作。规定在学校、工厂、机关等建筑面堆积的土砖瓦砾应由各部门自行设法运出张家口市外；10 车以内烟灰、尘土应由区内行政单位负责运出张家口市外；10 车以上烟灰、尘土应由制造单位负责运出张家口市外。其次，做好粪便处理工作。对过于简陋无法正常使用的厕所进行改造，包括深挖坑、安装纱窗等方式，同时，安排专人管理、清扫厕所，为车桶安装木盖、洋铁盖。最后，做好饮食卫生工作。鉴于张家口夏季炎热的情况，食物易坏易馊，因此，帮助小商小贩在其售卖食物的外面安装玻璃罩、纱罩。这些举措凸显出张家口市政府对人民群众生活健康的高度关注，以此为起点，张家口市群众卫生运动如火如荼地开展起来。

1946 年 6 月，由张家口市政府牵头，召集各界人士、团体集中讨论后，制定出详细完善的夏季卫生运动规定。同时，成立了张家口市卫生委员会，下设宣传教育组、清洁组、防疫组、秘书处等机构。其中，宣传教育组作为名副其实的先头部队，主要负责为张家口民众安排卫生讲演与座谈，并吸引其观看卫生展览。宣传教育组展开的工作意义重大，向广大张家口民众宣传了卫生的重要性，并鼓励他们积极参与人民卫生运动。清洁组属于卫生运

---

[1]　杨艺琪 . 晋察冀边区首府张家口市城市管理研究 [D]. 石家庄：河北师范大学，2019.

动的核心力量，肩负着此次卫生运动的具体清扫工作。防疫组主要负责防止疫病暴发与蔓延。秘书处负责群众卫生运动的所有后勤保障工作。1946年6月20日之前，为准备时期，1946年6月21日，群众卫生运动正式开展。1946年6月21至27日，第一周，宣传教育组首先发挥作用，对张家口民众进行广泛宣传教育，吸引民众积极参与卫生运动，并开始进行机关、团体、学校、工厂、大商店、部队等区域的卫生清扫；第二周，检查张家口居民卫生、饮食业卫生；第三周，清除张家口市内苍蝇等蚊虫；第四周，总结卫生运动成效，表彰卫生运动中涌现出的模范单位与模范个人。此外，张家口市政府领导提醒广大民众重视病菌问题，高度警惕传染病的流行，如伤寒、脑膜炎等。由于此类传染病有继续发展的可能性，因此，必须对城市卫生防疫工作倾注必要精力。

张家口市政府下达指令开展卫生运动，张家口各区积极响应，并开始迅速付诸行动："一区在典型街道进行卫生运动重点示范；二区把工作重点置于理发店、澡堂、娱乐场等公共场所，并成立区级卫生委员会；三区则着力发动机关力量，为卫生运动做出详细规划，整个卫生运动由区干部牵头并由公安分所负责；四区组织大量清道夫小队，将拉车、清扫工作落实到人，收效喜人……"[①]

此次卫生运动前后共持续约一个月时间，成效可谓十分显著。张家口所有普通民众的住所都得到彻底清扫，街道堆积的垃圾已不见踪影；食品卫生得到人们的重视，大部分街市零售饮食外部增加了卫生的纱罩、玻璃罩；张家口市政府为群众购买了大量防止传染病的疫苗并进行了接种。

归根结底，此次卫生运动是在中国共产党领导下，由张家口市机关、干部、学校、工厂牵头，广泛发动张家口民众参与其中的大规模群众运动。宣传教育组、清洁组、防疫组都为此次卫生运动作出巨大贡献，张家口人民群众能够拥有身体健康和优质生活环境与此次运动息息相关。在张家口市政府和民众的共同努力下，群众卫生运动取得了一定成效，"城市卫生"理念更加深入人心，并潜移默化地贯穿城市建设全过程，"在机关干部的督促领导

---

① 杨艺琪. 晋察冀边区首府张家口市城市管理研究 [D]. 石家庄：河北师范大学，2019.

下，张家口保持着经常清洁的状态"，良好的生活方式得以可持续发展。中国共产党在此次运动中贯彻一切为了群众方针，受到张家口民众热烈拥戴，有利于中国共产党进一步开展张家口城市管理与建设工作。

（五）传染病防治

值得注意的是，在张家口市政府领导的群众卫生运动中，疾病、传染病防治无疑是关键性步骤，防疫组主要负责此项工作。20世纪40年代，流行的传染病主要为天花、麻疹、瘟疫等。

1945年底至1946年2月，在张家口市医院，发现6例天花病人，其中，4例重症，1例死亡。基于此情况分析可知，当时，天花的传染性与危害性之大。天花一旦暴发，必须马上采取有力措施防止其继续蔓延，否则，后果必然不堪设想。天花的传染渠道多元，呼吸、飞沫等方式都会导致病毒的急速传播，甚至结痂后仍会继续传染。基于此，必须在萌芽期彻底扼杀天花病毒，具体方法为接种牛痘。牛痘是一种效果较佳的疫苗，其原理是：将天花患者脓疱内的脓汁种在牛身上，经过接种，令牛体产生抵抗毒力。人类进行牛痘接种后，其抗病毒效力仅有三年，在天花流行时，必须进行第二次牛痘接种。因此，张家口市政府积极为民众接种牛痘疫苗。

1946年2月19日，张家口市政府发出布告，指出为了应对各种瘟疫，全市民众必须注重肉食卫生问题，并根据张家口市实际情况设立南北汉回屠宰场，禁止民众私自宰杀牲畜，且禁止未经政府检验的畜肉在市场上流通。张家口市政府针对瘟疫防治工作作出强制性批示，最大限度地保障了张家口民众身体健康。

麻疹属于儿童常见急性呼吸道传染病，传染性非常大。病菌遍布患儿泪液、鼻涕、咳痰中，传染途径广泛。1944—1945年，晋察冀边区广大农村曾经发现大量麻疹病例，当时，儿童被传染麻疹后死亡率极高，约达49.2%。

事实上，麻疹是有预防之法的。一旦麻疹出现流行性传播，必须隔离患者，并对患者治疗用具严格消毒杀菌。张家口市政府给出了具体的麻疹应对方法：第一种：非药物疗法。即无需药物介入，即可治疗麻疹，譬如，为缓解麻疹伴生的呼吸黏膜炎症，可以蒸发水蒸气，如在火炉上放水壶，将水壶盖掀开，令水蒸气冒出；又譬如，控制麻疹患者病房温度，尽量保持温暖，避免阳光直射患者。第二种：药物疗法。患者可食用甘汞；喉咙痛可含漱 2% 食盐水或硼酸水加薄荷；结膜炎可以 3% 硼酸水治疗；咳嗽可用祛痰剂或镇咳剂。第三种：食饵疗法。这属于一种借助饮食调理身体的方法。譬如，给患者食用橘子水、柠檬水、汤、粥、鸡蛋、蔬菜等，促进患者消化与康复。

张家口市政府还对卫生部门及医院提出要求，务必将传染病控制住，将人民群众的生命健康放在首位。经过各级人员的共同努力，经常暴发在春夏季的传染病得到控制，人民得以正常生活和生产。

（六）女性卫生

张家口市政府关注女性卫生，并采取一系列具体措施保障女性卫生。具体而言，规定女性母乳喂养的时间应该得到科学控制，一般为 15～20 分钟；喂养次数也应有度，一般情况下 1 天 6 次。不仅要保证新生儿有饱腹感，而且要防止产妇乳头破裂症等伴生疾病。

张家口市政府不仅关注女性母乳喂养问题，而且为产妇提供一定补助，很好地兼顾了产妇身体健康以及精神愉悦。张家口市政府作出具体规定：对脱离生产的女性而言，适当减少其工作，产前 20 天—产后 40 天准其休假，除薪金外，市政府补助其小米 100 斤。对产后未满 30 天的女性而言，保障其拥有较为宽松的工作环境。

张家口市政府还对女性月经问题作出相关指导。月经是女性青春期开始出现的一种定期性子宫内膜出血。女性月经来潮的年龄各有差异，与教育、生活、营养、个人体质等皆息息相关。通常情况下，城市家庭富裕女性比农村贫苦女性更早进入经期。月经期间，女性可能出现肚子疼、腰痛、高度贫血、呕吐等问题，应该引起人们重视。张家口市卫生部指出：正当月经时，妇女应避免过劳、预防感冒、严禁房事、减少洗澡，保持外阴清洁，不使用脏污纸片、布片、棉花等。无论是哺乳还是月经都可能对女性身体健康造成伤害甚至威胁生命。因此，张家口市政府提醒广大女性注重个人卫生问题。

当然，在张家口城市管理与建设进程中，城市整体医疗卫生条件得到显著提升，医疗设施得到进一步完善，对女性健康而言也是一种福音。

第四节　社会方面

抗日战争未获得胜利前，张家口人民生活极端困苦。在日伪残酷压榨下，张家口市农民生活尤为悲惨。在七里茶坊的区农民代表大会上，农民代表对敌伪的压榨罪行进行了控诉。敌伪势力不仅侵占农民的土地、农场、畜场，而且强迫农民种植指定低价官菜。张家口市农民失去赖以生存的土地并被敌伪势力残酷奴役，无望的苦旅似无尽头。在中国共产党领导下，张家口市迎来第一次解放，日伪势力被清除出去，张家口人民成为城市主人，生活条件改善十分显著。然而，残留问题仍层出不穷，在张家口市仍有敌伪零散武装活动，导致城市秩序混乱。基于此，张家口市人民政府立即采取一系列措施，维护张家口社会秩序稳定。

一、加强社会治安整顿

1945 年 9 月，张家口市市长宋劭文面向全市发表《关于严重警告破坏分子的广播演讲》。在此次演讲中，宋劭文认为，张家口获得第一次解放后，全市社会秩序整顿已经初见成效，"过去，许多伪组织人员为非作歹，现在，在政府宽大政策之下感动了，纷纷向政府登记和投递悔过书，愿意改过自新，从此衷心为人民服务"[①]。同时，宋劭文强调：在抗日民主政府领导下，宽大政策与镇压政策是紧密联系的，对于愿意改过自新的人，对其施行宽大政策，对于执迷不悟的坏分子，政府必会坚决镇压。张家口在经历中国共产党的接管、整顿后，部分问题仍未彻底得到解决。譬如，个别特务、破坏分子故意造谣生事、私藏军火、抢掠民财。他们蓄意破坏张家口市社会治安，张家口市政府必会对其进行严正警告，若这类坏分子继续妄图胡作非为，张

---

① 杨艺琪. 晋察冀边区首府张家口市城市管理研究 [D]. 石家庄：河北师范大学，2019.

家口市政府和张家口人民决不姑息他们，若他们诚心回头悔过，政府会按宽大政策对待他们，既往不咎，令其反省、悔过。在宋劭文的演讲中，体现出中国共产党接管、治理城市的信心与决心。演讲结束后，张家口市政府将其中提到的具体措施贯彻落实，已悔过的伪组织人员得到宽大处理的机会，执迷不悟的特务、破坏分子被强制镇压。

为达到维持治安、巩固政权的目的，张家口市政府还制定出《携带枪支暂行规则》以及《旅店规则》。首先，枪支方面。张家口市政府规定："枪支指手枪、驳壳枪及各式短枪，枪支携带者指实际枪支持有者；而所有枪支携带者，均须由个人或集体填具持枪证请求书。向市公安局申明理由，请领持枪证，持枪证不得转让他人，然后始准佩戴之，否则以私藏军火论；当枪支携带者遇有公安人员抽查时，须出示持枪证及枪支子弹，不得拒绝。"[1] 其次，旅店方面。张家口市政府强调：无论其留居久暂，皆须按日登录店簿，按时报送各该管公安机关；入住旅客须登记详细信息，包括姓名、年岁、性别、籍贯、职业、来张目的、停留期限等内容；各旅店不得存藏或出售鸦片、海洛因以及其他代用毒品；不得招留娼妓与旅客陪同过宿，以维风化；各旅店须协助各级公安人员清查店内旅客及必要时盘点搜查等。以上措施在张家口市政府推动下逐步实施，非法持枪用枪问题基本得到解决，人口管控趋于严密，张家口整体社会秩序得以初步呈现稳定态势。

二、改变整顿市容市貌

经历了抗日战争，张家口市第一次解放之初，一片荒芜，城市凋敝。对社会治安进行整顿后，在中国共产党领导下，张家口市政府进一步对城市实施管理，专门出台举措对张家口市容市貌进行革新，并吸引张家口民众积极参与整顿市容运动。

1946 年 1 月，张家口市政府发布《关于整顿市容工作的通告》，其中，重点强调："建立革命的社会秩序与纪律，安置小商，建立临时露天市场，

---

① 杨艺琪. 晋察冀边区首府张家口市城市管理研究 [D]. 石家庄：河北师范大学，2019.

并指定市场所在地，所有马路与中心街道商贩，一律到指定地点，不得再设于街道路旁，致影响交通；流浪本市的难民、乞丐，其能劳动生产者一律到总工会失业介绍所登记，等候介绍职业，其老弱残废不能劳动生产者，即到救济院报名，由该院收容，予以生活供给；街上来往车辆行人，须靠左边走，不得乱撞乱行，各种车辆及行人，均须服从路警指挥，及路标之规定，不得违反。"① 通告发布后，张家口人民随即积极地行动起来。为了初步整顿市容，张家口市公安局发布专门性通告，对洗刷标语、疏导交通、摊贩管理等问题作出具体规定。张家口市五区成立了纠察队，对街道上违法的小商贩、小偷等人进行抓捕。宣化成立了突击委员会，发动竞赛突击整顿宣化市容。宣化民教馆、新华书店设置了便民阅报栏，引得民众争相关注。张家口市府公安局则计划安装路灯、街头播音机等。在张家口市中心，有六条主要街道得到维护与修复。

在张家口市政府领导下，社会治安、市容市貌的整顿均得以顺利推进，张家口城市面貌从此焕然一新。黑暗与困苦的生活成为过去，光明与快乐的日子指日可待。

三、整肃军容军纪军风

张家口市获得第一次解放后，街头卫兵被撤销。随后，却出现一系列问题，如"军人不紧腰带不扎绑带、军服颜色混乱、以便衣或学生制服配军帽、上身军衣下身便衣、衣帽不整、戴日伪军帽、穿伪军衣服、横列行进、街头吃东西、吸烟、嬉笑打闹；非部队人员身着军服不守军纪、上街摆小摊卖东西"②。此类问题一方面有碍观瞻，另一方面对部队形象起到损毁作用。因此，晋察冀军区决定，大力整顿军容军纪，强调：军人在街上不准吸烟吃零食、行进时应勇往直前，不得嬉笑打闹，3 人以上外出须有 1 人带领并成纵队前进；非部队人员不准穿军服；退伍、复员军人不准穿灰黄色军服；市民群众不准着军服。

---

① 杨艺琪. 晋察冀边区首府张家口市城市管理研究 [D]. 石家庄：河北师范大学，2019.

② 杨艺琪. 晋察冀边区首府张家口市城市管理研究 [D]. 石家庄：河北师范大学，2019.

四、清查户口摸清底数

日伪统治时期的张家口，人口锐减。张家口市获得第一次解放后，逃难民众得到这个喜讯纷纷返回张家口，张家口市人口数量呈现不断增加趋势。

1945 年 12 月，张家口市公安局发布《为保障市民生命财产安全张市开始户口调查》通告，其中，着重指出：户口调查的目的是确立户口、维持社会治安、保障居民生命财产安全。同时，张家口《调查户口解释提纲》颁布，户口清查的重要性得到明确阐释与传播，并专门规范了户口调查人员行为。

1945 年 12 月，在张家口市政府领导下，城市户口调查启动，一个多月后，张家口市户口调查工作基本完成，效率喜人。张家口市户口调查步骤涵盖：

第一，宣传户口调查重要性，组织发动群众参与。张家口市作为中国共产党解放的第一个省会级城市，一切工作都是摸着石头过河，起初，一些张家口民众对户口清查的作用与意义无法清晰认知，也不愿意参与其中。日伪势力统治张家口时期，曾经采取极其残忍的手段进行户口清查，令张家口民众对户口清查产生恐惧、回避心理，导致户口清查工作无法顺利展开。基于此情况，张家口市公安局强调要做好几个方面工作："首先，召开张家口市公安干警动员会，令全市公安干警明确户口清查重要的意义、作用、影响等；其次，通过多种渠道，向张家口民众广泛宣传城市户口清查益处。如广播、报刊刊文、学校夜校宣讲、改编歌曲、拜门宣传等。"[1]

第二，有效组织户口调查，制定调查工作细则。在张家口市公安局领导下，专门性户口调查队宣告成立，负责领导全市户口清查工作。在张家口市内重点地区，共设置五个户口调查分队。在张家口市下辖各区，设立若干户口调查分队，做到各司其职。

在户口调查工作细则方面，也给出了具体规定：首先，入户前向民众说明来意，做到态度和蔼、尊重民众。户口调查事宜完毕后，工作人员及时离

① 杨艺琪.晋察冀边区首府张家口市城市管理研究 [D].石家庄：河北师范大学，2019.

开，禁止随意逗留、收取民众财物；其次，工作人员切忌假公济私、徇私舞弊，必须做到大公无私、翔实周密；再次，严禁借户口调查名义向民众索要、讹诈得利，民众发现此类违规行为后，可向政府揭发；最后，除被通缉者、武装特务外，调查中遇到违禁物品、违法人员，工作人员不可直接处理，需将其交由当地政府依法惩处。

第三，以点带面、循序渐进地推进户口清查工作。在张家口市户口清查工作中，工作人员并非平均分配于各个区域，而是首先抓住重点，然后全面推进。户口调查工作启动时，先把工作重点置于部分试点区，在试点区严肃、认真地做好户口调查工作，以此为典型和榜样，得到张家口民众认可与称赞，吸引更多普通民众积极参与调查工作。

张家口市户口清查胜利完成后，城市市区人口底数得以水落石出，根据调查结果可知，张家口全市共有 32351 户，123445 人；大小旅店 138 个，平均每天留客 22821 人；总人口中，男性占 58.63%，女性占 41.37%，18 岁以上的占 66.99%；察哈尔省人占 33.91%，河北省人占 28.16%，本市人占 24.31%，外国侨民共 210 人；汉族占 90% 以上，满、蒙、回族占 7%；初中以上文化程度的约占 36%，文盲人口占 51.43%；全市共有 23 个宗教团体，成员 4043 人；伪组织人员 1702 人；特殊人口 1358 人；调查前，全市民间商户为 2293 户，调查后，全市民间商户为 2582 户。

张家口刚刚获得解放，户口清查工作举步维艰，但在张家口市政府领导下，张家口市公安局在极短时间内就圆满完成了户口调查任务。同时，为城市人口调查积累了大量宝贵经验："第一，宣传发动务必做到广泛、深入。张家口获得第一次解放前，曾经为伪蒙疆政府所在地，张家口人民长期被压迫和奴役，发动他们难度极大。张家口市公安局针对此种情况推出相应举措，彻底消除了张家口人民的恐惧与疑虑。第二，准备工作务必做到详备、充分。张家口市公安局对于户口调查工作的安排、部署、调查内容、工作方法、组织纪律、人员培训等皆周密计划，户口调查具体程序、工作态度细微之处都充分给予重视。第三，认真推进工作，发扬民主作风。工作人员态度严谨认真，对调查结果进行反复核对，一旦发现登记错误，立即登门向民众致歉并作出修改，对个别隐瞒相关情况的民众，不是武断地批评，而是耐心宣传、教育、交流。第四，严格执行调查工作纪律。按照张家口市公安局针对人口调查作出的规定，严格要求工作人员执行到位，一旦出现违反纪律的工作人员，立即进行纠正并严格处罚，并向民众致歉"①。

五、救济安置失业人员

张家口解放后，政府救济工作随即展开，被救济的主要对象涵盖街头乞讨的外来难民、好吃懒做不肯从事生产劳动的乞讨者、原住本市的老弱孤寡。

首先，救济街头乞讨的外来难民。张家口第一次获得解放后，城市的各个角落随处可见乞丐，此类人员多从北京、天津、大同、绥远等地逃难而来。他们一般是农村居民，只要使他们回到农村，就可以解决其生活问题。基于此，张家口市政府决定：积极动员此类人员尽快返乡，告知他们华北农村解放区所覆盖的区域，鼓励他们回乡谋生；对于个别不愿离去的有生产劳动能力者，张家口市政府介绍其参加生产，对于无生产劳动能力者，张家口市政府介绍其进入社会局、救济院。返乡手续方面，张家口市政府要求各基层单位尽力给予此类人员帮助，如开路条、写证明信、发放回村路费等。

其次，救济好吃懒做不肯从事生产劳动者。张家口第一次解放后，此类人员数量颇多，张家口市政府参照大生产运动中改造懒婆懒汉方法，对此类人员进行改造，并发动张家口民众参与改造工作，对此类人员做好教育，使他们彻底转变，愿意重新参加生产劳动。

最后，救济原住本市的老弱孤寡。在被救济人员中，此类人员占比不高。张家口市政府对老弱孤寡给予了一定的特殊照顾，为其发放粮食共计18100斤。对于完全无生产劳动能力者，可报张家口市政府存档，经过政府批准后即可得到经常性补助。

自 1945 年 8 月至 1946 年 6 月底，在张家口市，经市总工会职业介绍所介绍职工就业者达 3138 人。张家口失业职工来源有："1. 察哈尔地区，日伪统治遗留的失业职工约 1000 人，其中，张家口市占 60%；2. 解放后陆

---

① 杨艺琪. 晋察冀边区首府张家口市城市管理研究 [D]. 石家庄：河北师范大学，2019.

续由外地逃至张家口的就业职工，北平约 100 人，天津约 40 人，大同约 20 人，来自河北、山西、山东、河南、辽宁、吉林、绥远、甘肃、浙江等国统区约 1300 人，以上两项共计约 2500 人。"此外，由张家口市总工会直接介绍工作的 300 人资料缺失，来源已经难以考证。

当时，在张家口市政府帮助下，"部分失业职工直接参加张市各工厂、商店、机关、学校、社会团体等工作单位的工作；部分失业职工转为小商人继续营业；部分失业职工在工会安排下进入各区瓦窑工厂、木瓦合作社等"①。

张家口市第一次解放后，在中国共产党领导下，历经城市治安、社会市容、军容军纪、户口清查、救济及安置失业人员等领域整顿、管理、建设，张家口市政府进一步巩固了城市的革命秩序，后续经济、城市建设前景一派大好。

六、建设城市基础设施

张家口第一次获得解放后，历经初步城市接管、整顿工作后，张家口市政府开始侧重于关注城市建设领域问题。一个城市的发展水平的高低，可直接从城市公共基础设施建设情况上窥一斑而见全豹，其中，城市道路、桥梁等的建设情况尤为关键。当时，关于城市的建设，中国共产党经验不足，相当于"摸着石头过河"，但他们将与人民息息相关的建设置于最为关键的位置，致力于大幅提升张家口人民生活质量。具体而言，张家口城市建设主要立足于自来水、桥梁、道路、电灯、电话、河堤、西沙河等方面。1945年 11 月，张家口市政府对张家口市政建设工作做出整体规划。其中，着重强调了对电话、路灯、自来水、桥梁、下水道、西沙河等进行全方位建设、完善。

（一）整修路灯、电话

张家口市获得解放前夕，日伪势力肆意破坏市内街道路灯，导致张家口市主要道路陷入黑暗之中。为解张家口民众燃眉之急，张家口市政府组织大

---

① 杨艺琪 . 晋察冀边区首府张家口市城市管理研究 [D]. 石家庄：河北师范大学，2019.

批电灯工人，为民众修复 578 盏路灯，并新安装路灯 281 盏，增配修复路灯 367 盏。不仅如此，张家口市政府为所有路灯更换了新灯泡、新电线，其中，在张家口市至善街上，新增电杆 35 根。经过对城市路灯的修理和整改，民众夜间出行更加便捷，譬如，东安大街、明德大街、怡安街、宣化大街的路灯照明状况极佳。

整修电话方面。张家口市获得第一次解放前夕，室内电话线路被毁坏殆尽，张家口市政府组织维修工积极抢修。1945 年 11 月，在张家口市内，近 1000 架电话可以通话，另外还有自动机 800 架、磁石机 100 架，皆得到适时修整。1946 年 4 月，"已有 5100 里可通话，其间，电线电杆均系新设，以张市为中心：南至宣化、涿鹿、西合营、蔚县、涞源，北至张北、尚义、康保、宝昌，西至万全、兴和、集宁、阳高、天镇、怀安，东至崇礼、沽源、龙关、赤城、怀来、延庆"[①]。由上述资料可以推知，1946 年张家口市对电话、电话线的修整覆盖面极大，张家口市所有地区均可从中获益。整修电话工作完成后，极大地增进了张家口民众间的联系，有利于城市通讯工作的恢复、进步。

（二）自来水

张家口第一次解放后，张家口市政府正式运行，立即将自来水管修复问题提上日程，其中，重点在于清水桥部分自来水管。之后，张家口市政府对张家口市第一水源地的水源辅助设施进行整修，不仅有效地提高了城市供水量，而且极大地增加了民众用水储备。张家口市政府还致力于做好整修破裂水管工作。1945 年 10 月，张家口自来水公司正式挂牌成立，成为张家口市自来水工作专门负责单位。在张家口市政府领导下，全市"已整修的水装置有将近 700 处，配水管 11 件，新装自来水 31 处，增设卖水所 4 处。整修水源地、实行防毒及水源地机械修理，合计 13 件，有两部扬水机也已修理完毕，其他柴油发电机预计在来年修理完成"[②]。

张家口市政府还制定了全新的水费计价原则。不同于敌伪对张家口民众的剥削与压榨，张家口市政府规定：张家口市机关部队、抗属用水 8 折优

---

① 杨艺琪. 晋察冀边区首府张家口市城市管理研究 [D]. 石家庄：河北师范大学，2019.

② 杨艺琪. 晋察冀边区首府张家口市城市管理研究 [D]. 石家庄：河北师范大学，2019.

惠，灾民、难民则可酌情减免水费。为了支持张家口工业发展，张家口市政府为工业用水装置的安装提供便利。张家口市自来水公司不以盈利为目的，专门组织人员和设备，供给张家口市公共用水。张家口市用水收费的基本原则为：不影响人民生计。张家口市用水缴费办法为：原定每户以 4 立方尺为基本水量，每月缴费 300 元，超过基本水量后，每吨缴费 70 元。现在仍以每户 4 立方尺为基本水量。如实际用水不足 4 立方尺，每立方尺缴费 75 元。

（三）桥梁

中国共产党第一次解放张家口后，仅用了 1 个月的时间，就将清水桥、解放大桥、清河桥、八角桥等 4 座桥梁修复完毕。当时，桥梁是民众出行所必需的基础设施。桥梁损坏后，张家口民众的正常出行必然受到极大影响。换言之，修整桥梁的重要性不言而喻。桥梁的修复，一方面方便了张家口民众出行，另一方面为张家口民众的安全提供了有力保障，因此，张家口政府对相关事宜非常重视。张家口市政府高效率、高质量地完成了全市主要桥梁修复工作，获得张家口民众的交口称赞。

（四）下水道

具体而言，指的是对张家口市排水系统的修整。在张家口市政府领导下，全市修整下水道多处："（1）由大境门经明德大街入新华街，长约 2500 米的下水道。（2）由大境门经长清街入清河之一条明渠，长约 2000 米的下水道。（3）于清河桥以下青河东岸商务街一带，有明沟 4 条，皆存在排水不良现象。这些明沟皆得到修复，均能保持清洁。（4）玉带桥下水道完成修复。（5）新华街下水道完成建造。（6）由东安大街南通宣化大道的下水道为暗沟被修复。（7）武城街下水道得到修复。"[①]

张家口市第一次获得解放后，城市下水道系统并不完善。在张家口市政府领导下，张家口市下水道从上堡通到下堡得以贯通，明清街、武城街、堡子里的下水道均得到及时修复。

（五）西沙河的治理

1946 年 5 月 27 日，在张家口市政府领导下，西沙河治理工作全面铺

---

① 杨艺琪 . 晋察冀边区首府张家口市城市管理研究 [D]. 石家庄：河北师范大学，2019.

开。1946 年 5 月 14 日，张家口市政府召开区长联席会议，经过讨论后决定：采取"民办公助"方式动员全市民众参与进来，分工、分段地对西沙河展开治理。从平门到西豁子，西沙河待治理段全长 228 米，总切土量 34270 立方米，需动用工人 30000 名，张家口市下辖各区协同完成河流治理任务，计划花费 1 周时间。

西沙河能否成功修葺，关乎张家口市民众的生命财产安全，其重要性显而易见。基于此情况，张家口民众普遍积极响应张家口市政府号召，共同完成西沙河修葺工作。在张家口市下辖各区中，各自成立治河委员会，负责领导、管理河流治理工作。张家口市政府成立了张家口市治河委员会，由各区、机关、部队、团体代表组成，任命王承周为主任。

西沙河修葺过程总体而言较为顺利。在全长约 4 里的大河滩上，动用 3300 名工人展开整修工作。按区、街将人员分成不同的大队、中队、分队和小组，分工协作，有条不紊。每段河滩还插有不同区、街的彩旗，各区治河分会工作组成员对工人进行宏观指导，砂石、担土皆有专人负责。值得注意的是，在修葺进程中，女性的表现也非常积极，如担任副分队长的刘于氏。在河流整治工作开始前夕，张家口市政府的民众宣传工作已经做得非常到位，因此，全市民众都积极投入其中，按时到工，保障工时。疏浚西沙河后，张家口民众的生命财产安全得到了有力保障。

1946 年 6 月 8 日，西沙河的修葺工作基本上已经宣告完成，其中，还有几个区在做最后的检查工作。治河委员会主任王承周巡视后，对施工不合格地段作出了指示。为达到增加河床泄水量的目的，张家口市政府决定：将铁路学院门前的石桥拆除，同时，改建木桥。1946 年 6 月 11 日，西沙河修葺工作终于顺利完工。经过修整后，自平门至胜利桥长度达到 3628 米，宽度达到 16 米，深度为 0.7 米，最深达 1.4 米，挖土量达 39432 立方米，共用工人 38317 名，虽然治理西沙河的工作量非常浩大，但在张家口市政府领导下取得了耀眼成绩。

西沙河治理的成功，解决了困扰张家口市民众多年的水灾隐患，使其能够更加安心地投入工农业生产中，进而推进张家口市城市建设进程的提速。

第六章
中国共产党城市建设工作的经验

在中国共产党领导下，张家口经过城市的接管、整顿、建设，城市整体上的恢复与重构初步完成，城市面貌焕然一新。在此过程中，中国共产党发挥的作用无疑是举足轻重的。但是，毕竟是中国共产党首次接收、管理、建设大城市，许多具体问题只能摸着石头过河，有待进一步研究与探索。

第一节　把工作重心从农村转到城市

一直以来，总结中国共产党革命成功经验的一句概括性的表述语是"农村包围城市，最后夺取全国胜利"[①]。自 1927 年的八一南昌起义和秋收起义之后，中国共产党的生存力量主要在农村，在农村建立革命根据地，以壮大自身的力量。1945 年，中国共产党第七次全国代表大会召开，在此次会议中，毛泽东指出，中国共产党要准备夺取大城市，到城市去工作，把工作重心转移到城市。基于此，在中国共产党人领导下，张家口作为全国首个获得解放的省会城市登上历史舞台。可以讲，把工作重心从农村转到城市，是

---

① 徐斌，张潭．毛泽东思想概论 [M]．北京：人民教育出版社，2007：75.

"农村包围城市"革命道路的重要里程碑，是"新民主主义革命理论"的重要实践演练，也是"延安精神"到"西柏坡精神"的中间环节。

一、"农村包围城市"革命道路的重要里程碑

在中国共产党成立初期，主要效仿的是苏联革命模式。即侧重于以城市为中心，发动工人阶级进行革命活动。"起初，毛泽东致力于城市革命运动，但是，经历韶山之行后，他对乡村革命有了更加深刻的认知，并逐步形成了以农村包围城市、武装夺取政权的城乡兼顾的革命统筹思想。"[1] 张家口获得第一次解放时，正好是毛泽东城乡革命统筹思想由"立足城市、凸显乡村"[2]向"发展乡村、徐图城市"[3]转变的重要转折阶段。1944年，毛泽东指出，不应该只关注根据地建设，而应该拓宽视野，增强城市管理意识，具体而言，即"要在根据地内学习好如何管理大城市的工商业和交通机关"[4]。1945年，中国共产党第七次全国代表大会召开，在此次会议上，毛泽东再次强调要准备夺取大城市，并把工作重心转移到城市。然而，抗日战争胜利后，"受制于日伪军和国民党军队的恶意阻挠，人民军队虽然包围了部分中心城市，但却未能将其解放"[5]。在此种情况下，张家口作为中国共产党依靠自身力量解放的第一座省会城市，成了抗日战争胜利后解放区最大的城市。

张家口获得解放后，在中国共产党领导下进行的张家口市政建设，是在中国革命道路由农村到城市的重要转折时期进行的，是对毛泽东到城市工作、学习管理城市理论的有力呼应。在中国共产党领导下，张家口城市管理和建设积累了大量宝贵经验，可谓中国共产党"农村包围城市，最后夺取全国胜利"[6]的革命道路上的重要里程碑。

① 周锦涛.毛泽东城乡革命统筹思想的历史考察[J].衡阳师范学院学报，2011，32（04）：52-56.
② 李佑新.毛泽东研究2010年卷[M].湘潭：湘潭大学出版社，2011：126.
③ 李佑新.毛泽东研究2010年卷[M].湘潭：湘潭大学出版社，2011：126.
④ 毛泽东选集（第三卷）[M].北京：人民出版社，1991：946-947.
⑤ 中共中央党史研究室.中国共产党历史：第一卷（1921—1949）下[M].北京：中共党史出版社，2002：845.
⑥ 徐斌，张潭.毛泽东思想概论[M].北京：人民教育出版社，2007：75.

在中国共产党领导下，张家口市政府成功进行了城市管理、建设工作，是一次意义重大的"进城赶考"，在此过程中，中国共产党在民主政权、经济发展、文化繁荣、教育改革等方面皆建树颇丰，可谓交出了令人民满意的历史答卷。

二、"新民主主义革命理论"的重要实践演练

1945年，世界反法西斯战争、中国抗日战争的胜利已经指日可待，在此重要的历史节点，毛泽东发表《论联合政府》一文。其中，明确提出了新民主主义一般纲领。在政治上，主张"建立一个联合一切民主阶级的统一战线的政治制度"[①]，要求遵循民主集中制原则，由各级人民代表大会选举政府，决定施政方针，凸显广泛民主。在经济上，"必须是由国家经营、私人经营和合作社经营三者组成的"[②]。在文化上，要建立民族的、科学的、大众的文化。此外，毛泽东强调，中国共产党要准备将工作重心由乡村转向城市。基于此，毛泽东要求"在城市驱逐日本侵略者以后，我们的工作人员必须迅速学会做城市的经济工作"[③]。

在晋察冀解放区，张家口是地位至关重要的省会城市，又恰逢中国共产党的工作重心从农村向城市转变的关键时期。因此，这一时段内张家口城市管理与建设工作更加引人瞩目，其肩负着极为深远的战略意义，"就是毛主席所说'建立新民主主义的中国'的实验任务"。在中国共产党领导下，张家口的城市管理、建设工作"正是探索管理和建设城市，为建立我党领导下的新民主主义中国种试验田"。中国共产党领导下，张家口的城市管理、建设是"新民主主义革命理论"在城市的具体实施，而张家口城市管理、建设取得的辉煌成就，可谓是新民主主义革命理论在张家口的成功实践演练。

---

① 毛泽东选集（第三卷）[M]. 北京：人民出版社，1991：1056.

② 毛泽东选集（第三卷）[M]. 北京：人民出版社，1991：1058.

③ 毛泽东选集（第三卷）[M]. 北京：人民出版社，1991：1091.

三、"延安精神"和"西柏坡精神"的中间环节

在中国共产党领导下，张家口获得第一次解放后，晋察冀边区行政机关、延安党员干部、学校、文艺团体等纷纷进驻张家口，他们不仅为张家口的城市管理、建设工作贡献力量，而且向张家口人民进行了广泛的革命文艺宣传活动，基于此，"延安精神"在张家口得到了赓续与传承。张家口的民主政治建设，被誉为"是延安精神传播的政治形态"[①]，"晋察冀首府张家口时期的革命文化兴起，是延安精神扎根地域的成功实践，是延安精神传播的文化形态"[②]。

同时，在中国共产党领导下，张家口城市管理、建设成就卓然且影响深远。国民党挑起内战进攻晋察冀解放区时，中国共产党主动撤出张家口转战西柏坡。在西柏坡，中国共产党提出"两个敢于"的革命精神、"两个善于"的科学精神、"两个坚持"的民主精神以及"两个务必"精神等革命精神，最终，促成了西柏坡精神的诞生。

张家口城市建设与管理是"延安精神"和"西柏坡精神"的重要的中间环节。在中国共产党领导下，张家口市政府进行城市管理、建设工作，一方面，赓续、传承了"延安精神"；另一方面，影响、启示了"西柏坡精神"。

第二节　始终秉持人民群众至上理念

古语云"水能载舟，亦能覆舟"[③]，如果说人民群众是水，那么，中国共产党就是舟。这可谓中国共产党与人民群众关系的生动写照。在张家口城市

---

① 陈韶旭，寇振宏．晋察冀首府张家口是延安精神和西柏坡精神的连接点 [J]. 河北北方学院学报（社会科学版），2013，29（01）：99-103.

② 陈韶旭，寇振宏．晋察冀首府张家口是延安精神和西柏坡精神的连接点 [J]. 河北北方学院学报（社会科学版），2013，29（01）：99-103.

③ 郭志坤，陈雪良．成语里的中国通史（中）[M]. 上海：上海人民出版社，2019：755.

管理、建设进程中，中国共产党始终坚持以人民为中心，把人民群众放在首要位置，为了维护人民利益鞠躬尽瘁，死而后已。基于此，张家口第一次解放后，中国共产党得到了张家口民众强烈拥护，对张家口城市的管理、建设皆颇有建树。换言之，在张家口城市的管理、建设进程中，民众起到了关键性乃至主导性作用。

一、在城市的接管整顿方面

在城市的接管整顿方面坚持人民群众至上理念，中国共产党取得的宝贵经验包括：整肃社会治安、整顿市容、清查户口、实行分类救济等。

（一）整肃社会治安

接管张家口后，中国共产党面对的社会局面可谓极度混乱，为维护、保障张家口民众的人身财产安全以及正常生活秩序，张家口市政府积极出台应对之策，不仅严正警告破坏分子，而且对其中的执迷不悟者给予坚决制裁。此外，张家口市政府对社会治安领域制定一系列规定，如限制私自携带枪支、管理旅店入住人口等。这一系列举措的落实，十分有利于稳定城市社会秩序、维护城市民众生命以及财产安全。由此可见，张家口市政府制定社会治安举措时，充分考虑到了张家口普通民众的生活现状与需求，始终把张家口人民利益置于首要位置。

（二）整顿市容

张家口第一次获得解放后，社会秩序混乱，市容市貌亟待整顿。张家口市政府专门发布布告，号召对张家口进行彻底的市容整顿工作，其中，重点解决了小商小贩、露天市场、难民乞丐等与张家口民众息息相关的日常问题，对张家口城市布局作出全新规划。整顿市容市貌凸显的是中国共产党以人民为中心、人民群众利益至上理论。

（三）清查户口

进行户口清查是实现城市管理、建设的必经之路，日伪统治张家口时期，通过极其残暴的手段施行户口清查，导致张家口民众对户口清查工作产生恐慌与误解，不愿意积极配合。而在中国共产党领导下，张家口市政府将民众置于一切工作的中心位置，周密安排户口清查工作，注意工作方法与工作态度，耐心安抚张家口民众。在张家口市户口清查过程中，张家口市公安局成立户口清查队，并要求相关工作人员态度和蔼、执法公正、严禁受贿。张家口市政府用了极短的时间就圆满完成城市户口清查工作。中国共产党注重与张家口民众的沟通、交流，户口清查工作始终以张家口民众为主体，把张家口民众利益放在首要位置考虑。

（四）分类救济

张家口第一次获得解放后，张家口市政府开始正常运转，随即积极做好社会救济工作。张家口市政府将救济对象细致分类，根据其不同情况分别给予帮助。针对乞丐群体，张家口市政府规劝其返乡务农以维持生计，身体残疾无法回乡的乞丐则被安置在张家口市收容所中。针对好吃懒做群体，张家口市政府耐心地教育改造他们，帮助他们重新走上工作岗位。针对老弱孤寡群体，张家口市政府为他们发放大量免费粮食，保障其正常生活。张家口市政府对于困难人群的积极救助，凸显了中国共产党对张家口民众困难生活的感同身受，为了人民生活幸福，中国共产党做到了鞠躬尽瘁、尽心尽力。

二、在敌伪汉奸的清理方面

在敌伪汉奸的清理方面坚持人民群众至上理念，中国共产党同样经验丰富，如清理敌伪势力、发动群众惩治汉奸等。

（一）清理敌伪势力

在中国共产党领导下，张家口获得第一次解放，张家口市政府随即在敌伪清理方面做了大量工作，包括清理敌伪资产、摧毁敌伪奴化教育、清除敌伪组织余孽等。以摧毁敌伪奴化教育为例，中国共产党领导下的张家口市政府非常警惕奴化教育对张家口民众可能产生的潜在危害，积极采取一系列对策挽救已经被奴化教育荼毒的普通民众，帮助民众学会弘扬中华正气、发扬中国文化。中国共产党非常注重人民的、大众的文化发展，这实质上凸显的是一切以人民为重理念。

（二）发动群众惩治汉奸

在日伪统治时期，汉奸于品卿、张子清等长期借助日伪势力，在张家口为非作歹，张家口人民深受其害，苦不堪言。在中国共产党领导下，张家口获得第一次解放后，张家口民众团结起来，共同向汉奸发起清算，对汉奸分子作出依法惩处。在汉奸清算过程中，张家口民众的力量和作用得到充分发挥。在中国共产党领导下，张家口市的汉奸清算运动已经演变为一场全市民众积极参与其中的群众性运动。该运动从侧面证明，中国共产党顺应民意，维护张家口民众根本利益。

三、在市面经济的稳固方面

张家口获得第一次解放后，中国共产党的工作重心也随之转移到如何繁荣城市经济方面。稳定和发展张家口城市经济，保障商业经营活动正常开展，是维护政权稳定以及人民群众利益的最重要前提条件。

首先，废除苛捐杂税减轻人民负担。张家口解放前，敌伪利用多如牛毛的苛捐杂税剥削张家口民众，张家口获得第一次解放后，民众生活负担大大减轻，物质需求得到较为充分的满足。其次，增资减租改善工农生活。增资方面，张家口获得第一次解放后，张家口市政府为政府工作人员、公营工厂工人、技术工人等都普遍增加工资，同时注重提升他们应得的福利待遇。减租方面，张家口市政府发动农民，使之自发参与减租运动，减租完成后，农民负担大大减轻。经过群众斗争获得减租后，农民更加团结，觉悟更高，生产积极性不断增强。

张家口获得第一次解放后，在废除苛捐杂税、减租减息的进程中，张家口民众的参与积极性始终十分高涨，其中，张家口市政府仅仅扮演辅助者角色。在某种意义上讲，张家口民众是废除苛捐杂税、减租减息的主体和主导力量，这凸显的是张家口市政府对民众的高度信任以及以人民为中心理念。在增资工作中，张家口市政府把工人按工种作出详细区分，各个工种、等级工人的利益得以兼顾，进而使得张家口民众生活水平获得整体性提升。

四、在城市的基础建设方面

在中国共产党领导下，张家口获得第一次解放，张家口市政府随即制定详细规划进行城市建设，毋庸置疑，城市基础设施建设的最直接受益者就是张家口市普通民众，路灯、电话、桥梁、下水道、自来水等城市基础设施的修整与建设完成后，张家口民众的生产生活更加便捷。在中国共产党领导下，张家口市政府进行城市基础设施建设时注重人民根本利益，以方便民众生活、解决人民困难为目标，凸显的正是中国共产党全心全意为人民服务的宗旨。

五、在医疗卫生改善方面

首先，医院建设方面。张家口市政府规定，市立医院以及其他公立医院皆有义务为张家口民众诊治，其中，市立医院应该免费救治贫苦民众、抗属等；其次，城市卫生方面。在张家口市政府领导下，张家口民众被有效地组织起来，共同开展城市卫生大清扫运动，城市环境得到大幅改善，有利于张家口民众身体健康；再次，传染病防治方面。张家口市政府高度重视天花、麻疹、瘟疫等病毒的传播，号召张家口民众注意饮食卫生、不得私自宰杀牲畜，以保障张家口民众身体健康。最后，群众卫生运动。这不仅是一场卫生运动，更是一场群众性运动。张家口市政府发出号召，鼓励全体张家口民众积极参与到卫生运动中，对机关、学校、团体、商店等地点进行彻底清扫。该运动凸显了中国共产党以人民为中心、一切为了人民的观念。

张家口获得第一次解放后，中国共产党领导下的张家口市政府高度重视民众利益以及民众意愿。正因如此，张家口民众愿意衷心拥护张家口市政府。中国共产党一切以人民为中心，成为真正的民心所向，为中华人民共和国成立奠定坚实的群众基础。

第三节 政权建设需要坚持民主原则

张家口第一次解放后，稳定城市秩序是关键。解放之初，张家口还存在数量不少的敌伪武装、汉奸、特务、流氓等组织，社会秩序严重混乱。为此，晋察冀边区政府立即成立了张家口卫戍司令部和中共张家口市委和市政府，并发布告示，由卫戍司令部实施军事管制，城市紊乱很快结束。城市秩序稳定后，晋察冀边区政府依据"政府是属于人民，而由人民民主选出的"[①]政策，组织开展民主选举，按照"三三制"原则选举参议会，成立人民政府。通过广泛宣传、发动，张家口市 5 条街、26 个村，选出代表1272 人，范围涵盖了工人、农民、部队、小资产阶级、工商业者等各阶级和阶层。张家口市参议会选举成功后，选出正副议长、市府委员、正副市长等，建立了代表各阶层、各民族利益的人民民主的联合政权。

一、政权建设要调动人民群众参政积极性

在张家口市政权建设中，张家口市政府非常注重人民群众参政积极性的调动问题。在张家口市参议会上，充分贯彻执行人民民主方针，参议员参政、议政的积极性空前高涨，提交出 300 余个提案，其中，大部分聚焦于张家口市城市财经、文教、卫生领域。张家口市参议会通过了一系列民主条例，是真正的民主而非表面化的"官样文章"，民主政治在张家口市生机勃勃地发展起来，张家口民众参与选举的热情一以贯之。中国共产党领导下的民主参政方式获得了民心、满足了民意，张家口民众怀着满腔热情，自发地积极参与城市民主政治建设。

随着国家政治体制改革的不断深化与发展，人民群众参政需求需要得到

[①] 河北省社会主义学院 . 华北人民政府统战理论与实践 [M]. 石家庄：河北人民出版社，2018：64.

应有的满足。当前，中国社会主要矛盾已经变成人民日益增长的美好生活需要和不平衡不充分的发展之间的矛盾，因此，人民群众愈发关注与自身幸福息息相关的问题，国家在制定相关方针政策时也始终以人民为中心。国家的政治生活不应是束之高阁的，而应该竭尽全力地贴近人民群众实际生活，让人民群众真正获得参与感，进而培育其强烈的主人翁意识。在现时代，网络技术的进步日新月异，国家出台的政策方针会在第一时间通过政府门户网站公开发布，方便普通民众对国家方针政策的获取与交流，政府通过网站可以及时掌握民意走向与普通民众达成信息交互，最终目的就是为人民服务，进而巩固中国人民民主国家政权。

二、政权建设要保障人民群众的民主权利

就政权建设要坚持民主原则而言，还包含着一层深刻意味，即人民群众能够获得有效切实的民主权利，以保障自身利益能真正实现。就地理环境而言，张家口市被群山环抱，南北方向有清水河贯穿其中。每年进入雨季后，山洪等自然灾害常常突发而至，因此，为了保障张家口民众生命财产安全，修筑堤坝势在必行。基于此问题，张家口市参议会上多个提案聚焦于修筑堤坝。有参议员提出："清水河堤已塌者应立即进行修补，解放桥两侧河堤要在雨季前竣工，补修大境门河桥之坝，修筑清河桥至电灯厂河堤，加宽西沙河河身，修筑兴隆坝护堤并于东山坡修水坝，在医科大学东墙外挖南流水渠。"[1] 为了保障此类市政建设工程的顺利实施，张家口市政府计划安排 50% 以上预算投向市政建设领域。从张家口第一届参议会、张家口市政府财政预算中，张家口市民众切实地感受到中国共产党为推进张家口市民主建设所作出的巨大努力，中国共产党领导下的张家口，必将会是一个真正为人民服务的、民主的张家口。纵观第一次解放后张家口政权建设全过程，明确可知中国共产党对人民群众民主权利的高度重视，这也激励着张家口民众积极投身于张家口城市民主政治建设。当前，中国已经进入新发展阶段，但中

---

[1] 中共河北省委党史研究室 . 晋察冀解放区首府张家口 [M]. 北京：中共党史出版社，1996：405.

国共产党始终牢记要保障好人民群众基本权利，为广大人民群众谋幸福。唯如此，人民群众才会更加紧密地团结在中国共产党周围。

第四节　政权建设要与经济、文化、社会建设相结合

张家口第一次解放后，在城市管理与建设进程中，中国共产党将政权建设与经济、文化、社会建设相结合，令两者相辅相成。一方面，只有城市政权获得相对稳定的局面时，城市的经济、文化以及社会等领域的建设才能在良好环境下快速推进；另一方面，只有城市经济、文化和社会建设等领域皆获得共同发展的机会与空间时，城市政权的稳定才能拥有坚实基础。

一、政权的稳定为经济、文化、社会建设提供良好环境

张家口第一次解放后，城市的各行各业皆百废待兴。为了张家口城市早日重新焕发活力与生机，中国共产党领导下的张家口市政府对张家口城市建设问题倾注前所未有的关注。张家口刚获解放，中共晋察冀中央局、晋察冀边区行政委员随即进驻张家口，延安也派出大批优秀党员干部进驻张家口，协助张家口进行城市管理、建设工作。在此时段，实质上，张家口已成为晋察冀边区军事、政治、经济、文化中心，城市各个领域的发展皆欣欣向荣。张家口获得第一次解放后，城市快速进入繁荣发展轨道，毋庸置疑，前提条件就是中国共产党领导下的民主政治、政权环境。中国共产党领导的人民军队第一次成功解放张家口后，仅仅用一年多时间，就迅速将日伪势力清除，秉持人民当家作主目标，建设中国共产党领导下的民主政治，张家口市民众坚决拥护中国共产党领导。在中国共产党领导下，张家口民众充分实现了其民主政治权利，并以高度热忱投入张家口城市各个领域建设工作中。为此，张家口市政府也因地制宜、因时制宜地制定了种种科学合理的方针政策，有力地推进张家口城市管理与建设。张家口市政府倡导"贸易自由""文艺创作要

为群众服务""开展群众卫生运动"政策，全速推进张家口经济、文化、社会等领域又好又快地发展，并在极短时间内将张家口建设成为名副其实的"模范城市"。当今，中国的社会主义经济、政治、文化、社会各项事业全面发展，仍得益于中国共产党领导下的和平稳定的政权环境，这一点是毋庸置疑的。

二、经济、文化、社会建设的共同发展保障政权的稳定

由于国民党悍然挑起全面内战，晋察冀边区首府张家口的政权建设迫不得已暂告一段落。但毋庸置疑，在中国共产党英明领导下，张家口城市经济、文化、社会等领域皆成就卓然。就经济建设领域而言，在中国共产党领导下，张家口市政府推行贸易自由、扶助工商业等施政方针，助力张家口在第一次解放后城市商业以最快速度得到恢复、发展，同时，这也是张家口第二次解放后城市商业进一步发展的至关重要的基础。此外，张家口城市工商业得到发展后，可以激发张家口市工商业阶级积极地与国民党反动派斗争到底。在中国共产党领导下，张家口市政府发起群众性合作社运动，张家口民众积极响应号召参与合作社，张家口全体民众的生产积极性空前高涨起来。就文化建设领域而言，在中国共产党领导下，张家口市文艺工作者坚持走群众路线，在文艺创作时，多采取张家口民众喜闻乐见的形式，使得文艺作品紧密融入民众生活，令普通城市民众产生深刻共鸣。基于此，张家口民众衷心地拥护中国共产党领导的民主政府，并时时刻刻紧密团结在中国共产党周围。在中国共产党领导下，张家口市政府在全市发起业余工学运动，为张家口普通工人提供学习文化知识的宝贵机会，同时，中国共产党在张家口市的群众基础得到了极大的巩固。就社会建设领域而言，中国共产党重视对市容市貌的整治与维护，力争将张家口建设成为文明的山城，为此，在中国共产党领导下，张家口市政府发动全市民众进行城市清洁运动，令整个城市面貌焕然一新，成为当时实至名归的"模范城市"。在中国共产党领导下，张家口民众对城市进行了涉及多领域、全方位的管理、建设工作，由于中国共产党领导下的民主政权极具先进性与优越性，张家口呈现出一派欣欣向荣的发展面貌。此后不久，国民党主动挑起全面内战，中国共产党被迫战略性撤出张家口，这导致张家

口民主政权建设暂时止步。不久后，在中国共产党领导下，张家口迎来城市的第二次解放，此时的民主政权建设无疑是在张家口第一次解放后的城市管理、建设成就的基础上进行的，换言之，张家口民主政权得到了赓续与传承。在全面建设社会主义现代化国家新征程上，中国的政治、经济、文化、社会等领域都要进一步改革与发展。在经济领域，要完整、准确、全面贯彻新发展理念，加快构建新发展格局，推动高质量发展；在政治领域，要深刻领悟"两个确立"的决定性意义，增强"四个意识"、坚定"四个自信"、做到"两个维护"，坚定不移走中国特色社会主义政治发展道路，坚持党的领导、人民当家作主、依法治国有机统一，积极发展全过程人民民主；在文化领域，要坚持正本清源、守正创新，着力提升全社会的凝聚力和向心力，推动中华优秀传统文化创造性转化、创新性发展，提升国家文化软实力、中华文化影响力，持续培育和践行社会主义核心价值观，丰富广大人民群众精神文化生活；在社会领域，要保障和改善民生，在幼有所育、学有所教、劳有所得、痛有所医、老有所养、住有所居、弱有所扶上持续用力，打造共建共治共享的社会治理格局，使人民获得感、幸福感、安全感更加充实更有保障更可持续。当政治、经济、文化、社会领域齐头并进地发展时，国家政权必然能更加稳固、持久。

第五节　需要处理好城市政权与乡村政权建设的关系

张家口第一次解放后，在城市管理与建设进程中，中国共产党高度重视并妥善处理城市政权与乡村政权建设的关系。一方面，乡村政权建设为城市基层政权建设提供了保障；另一方面，农村基层政权建设的加强使城市政权更加巩固。

一、乡村政权建设为城市基层政权建设提供了保障

长期以来，中国共产党都遵照农村包围城市理念发展和壮大，可以讲，

中国共产党政权建设的起点就是农村。在抗日战争期间，全国各地建立了很多抗日民主政权，这些政权的存在无疑皆以农村为基础和起点。在中国共产党领导下，张家口获得第一次解放，随即进行了农村基层政权建设。张家口第一次解放后进行的农村基层政权建设是中国共产党抗日民主政权的延续与发展。在中国共产党领导下，张家口成功进行土地改革后，张家口农村的民主政权建设随之拉开序幕，首先，废除了旧有的甲牌制，代之以村街制（街闾制），并对旧时代甲牌长予以取缔；领导农民群众进行民主选举，选出真正符合民意的街长；充分保障农民合法权益后，农民群众乐于更加积极地投身农村基层建设的洪流中。在张家口农村基层政权建设已经取得一定成效的基础上，县、市两级的政权建设也逐步铺开，进而形成自下而上地进行民主政权建设的态势，这凸显的无疑是张家口民主政权建设的渐变性、层次性。在张家口地区，农村人口占比非常大，由此可以推知，张家口农村政权建设成效意义重大，甚至可能直接影响、决定张家口城市民主政治建设成效。换言之，张家口城市基层政权建设的基础即农村基层政权建设。张家口农村基层政权建设的实践，能够为城市基层政权建设提供宝贵经验。

二、农村基层政权建设的加强使城市政权更加巩固

在解放战争时期，中国共产党致力于终结国民党反动派专制统治，还中国人民以自由和民主。在中国共产党领导下，农村基层政权建设目标明确："废除农村封建土地剥削制度，建立一个独立的、农民领导的政权，农民进行民主选举，废除封建残余，提高农民参政积极性。"基于颇具成效的农村土地改革，张家口农村基层政权建设更加顺畅。在中国共产党领导下，张家口土改工作进展顺利，"依靠贫农、团结中农、孤立地主"[①]策略贯穿始终，村干部带领广大农民进行合理斗争，县、区干部总体把握出谋划策，因而，张家口农村土改工作成效卓著。在中国共产党各级党委的正确领导下，张家口农村地区土改运动得以健康、顺利地进行。1946年10月，张家口共计

---

① 中共张家口市委党史研究室.中共张家口地方史：第一卷（1921—1949）[M].北京：中共党史出版社，2001：312.

45 万农民获得 140 多万亩土地（人均 3 亩）。借由土地改革，封建、落后的土地生产关系彻底破灭，张家口广大农民真正获得自由与解放，农民阶级斗争觉悟得以极大提升，并乐于主动投身农村基层政权建设工作，张家口新的工农联盟进一步被巩固。张家口土地改革的完成，不仅有利于张家口农业发展，而且为张家口工商业发展夯实基础。换言之，张家口城市政权建设的成就斐然，使张家口农村土地改革得到稳定的政权环境、政策、物质支持。进入新时代，中国共产党仍旧十分重视农村地区的基层政权建设。基层政权是最低一级行政区域内的国家政权，分为城市基层政权和乡村基层政权两种类型。基层政权处于国家权力的末梢、国家与社会关系的交叉点，在国家治理现代化进程中占据特殊地位。中国共产党第十九届中央委员会第三次全体会议审议通过《中共中央关于深化党和国家机构改革的决定》，强调"加强基层政权建设，夯实国家治理体系和治理能力的基础"。在中国城市化加剧的大趋势下，越来越多的农村人口向城市迁移，导致许多农村成为"空心村"。在此情况下，加强农村基层政权建设、提高农村党组织能力、增强农村向心力显得更加重要。当农村基层政权建设领域有所建树时，城市政权建设基础才会愈发稳固，反之亦然。

第六节　保护民族资本和城市工商业

张家口第一次解放后，张家口市政府宣布："对官僚资本和汉奸战犯的财产予以没收，民族资本和城市资产阶级的财产和实体一律保护，鼓励投资，扩大生产；执行自由贸易，通过废除苛捐杂税、发放政府贷款等方式，帮助私营工商业发展。"[①] 据不完全统计，张家口市"市政府给予工商业直接贷款政策，发放商业、工业以及合作贷款共计旧币 1156.607 万元；通过广泛宣传，在私营工商业主自愿的原则下，开展公私合作，共同繁荣城市经

---

① 河北省社会主义学院. 华北人民政府统战理论与实践 [M]. 石家庄：河北人民出版社，2018：66.

济；政府贷款，组织合作社，扩大生产，满足人民生活需要"①。为满足人民的经济生活和解放事业的物资需要，张家口市按自愿原则，以自由集股、政府贷款的方式，组织开办人民合作社，集中失业工人和手工业者重新投入生产，不仅解决了工人失业问题，还维持了稳定，扩大了生产，解决和满足了人民群众的生活需要。"张家口市共组织开办合作社达 112 个之多；晋察冀边区银行提供生产贷款及救济贷款，贷款额为旧币 1500 万元。"②

中国作为十几亿人口的大国，强大民族工业或者民族产业是非常必要的发展出路，民族工业或者民族产业收益巨大，就不能局限于被动承接发达国家的产业转移，中国不仅要发展民族工商业，尤其是要发展高科技民族产业。人类近代以来的不同国家的竞争史，就是一部不断地打击和消灭对方民族工业，用本国工业取而代之的历史。全球广大发展中国家之所以贫困落后，是因为在长时期的殖民统治下，殖民者只允许他们的企业在殖民地发展和壮大，毁灭和压制了当地民族工业的发展，使得当地民族工业无发展壮大之可能，而在今天，全球殖民统治已经结束的情况下，西方国家依然通过各种手段限制非西方国家的民族工业发展壮大，从而让该国永远处于全球价值链的底端，人均产值相对发达国家被拉开到 5 倍甚至 10 倍以上的差距。日本侵略时期日本侵略者对中国企业的掠夺，导致沦陷区日货横行，民族工业全部毁灭；中苏决裂后，苏联撤走专家，撕毁合同，同时通过军事压力迫使中国投入大量资金搞战备，这也是在压制中国的民族产业发展；而西方国家长期对中国实施军事技术封锁，现在美国更是不断制裁中国企业。因此，即使再艰难困苦，第一步必须赶走殖民者，获得民族独立，为民族工业创造发展的先决条件，第二步必须建立民族工业，并且坚持从弱小中成长壮大，最终实现有能力参与全球竞争的目标。否则，中国作为人口体量的超大国家，如果没有民族工业，国家经济发展只靠外资企业和卖资源，人均 GDP 上限不仅无法超越发达国家，甚至会落后于世界上大部分发展中国家。

---

① 河北省社会主义学院. 华北人民政府统战理论与实践 [M]. 石家庄：河北人民出版社，2018：66.
② 河北省社会主义学院. 华北人民政府统战理论与实践 [M]. 石家庄：河北人民出版社，2018：66.

第七节　依靠工人阶级巩固工农联盟

在管理、建设城市进程中，中国共产党认为，必须坚持执行"全心全意地依靠工人阶级，团结其他劳动群众，争取知识分子，争取尽可能多的能够同我们合作的民族资产阶级分子及其代表人物站在我们方面，或者是他们保持中立，以便向帝国主义者、国民党、官僚资产阶级做坚决的斗争，一步一步地去战胜这些敌人"[①]。在晋察冀局干部大会上，聂荣臻发表了讲话，他强调，城市工作与农村工作的差异非常显著，由于中国共产党长期以来都扎根于农村，导致中国共产党缺失城市工作经验，"应很好地积累此种经验，不要把农村的一套照旧搬运过来。在农村中我们依靠农民，在城市中我们就要依靠工人，如果解决了工人问题，城市便会成为我们的根据地"[②]。

晋察冀解放区早已进行了有益的实践和探索，并取得一定的成功经验。一是成立工会。晋察冀边区政府发动工人阶级成立工会，建立工人纠察队等组织，结合复工、复业、复课，进行接收工作。1945年12月，张家口市第一届工人代表大会胜利召开，在会上，宣告张家口市工人总工会正式成立，通过了《张家口市首届工人代表大会宣言》和《目前纲领》。此次大会号召张家口市工人"在中国共产党的领导下，开展工人运动，反对内战，保卫工人和全体人民的利益，联合各阶层力量，保卫和建设家园，建立独立、自由、富强与统一的新中国"[③]。"张家口市2万余名工人有80%被组织起来，成立产业工会81个、行业工会80个，90%的工矿企业恢复了生产。"[④]二是维护工人阶级利益，巩固工农联盟。在城市工作中，明确依靠力量是工人，在私营工厂中，帮助和组织工人发动斗争，要求资本家为工人改善生活条

①　河北省社会主义学院. 华北人民政府统战理论与实践 [M]. 石家庄：河北人民出版社，2018：67.

②　河北省社会主义学院. 华北人民政府统战理论与实践 [M]. 石家庄：河北人民出版社，2018：67.

③　中共中央关于党的百年奋斗重大成就和历史经验的决议 [J]. 当代贵州，2021（Z4）：20–39.

④　河北省社会主义学院. 华北人民政府统战理论与实践 [M]. 石家庄：河北人民出版社，2018：67.

件；在公营工厂中，注重体察工人在实际生活中面临的问题，并要求"公营工厂应当拿出部分盈利，帮助工人改善生活"①。在张家口市政府领导下，推行了劳资两利举措，普遍地为工人增资，竭尽所能地调解劳资纠纷，维护工人利益。张家口第一次解放后，在中国共产党领导下，张家口市政府针对工人出台的一系列举措深得民心，工人的生产积极性持续攀升。

中国共产党一以贯之的指导方针，即全心全意依靠工人阶级，该方针是中国共产党领导革命、建设、改革取得伟大胜利的根本政治保证。"新时代全心全意依靠工人阶级体现了理论逻辑、历史逻辑、现实逻辑的统一，深刻反映了马克思主义的理论特质、党领导工人运动的历史逻辑、新时代坚持和发展中国特色社会主义的实践要求。"②新时代新格局下，全心全意依靠工人阶级，必须要建立在正确认识工人阶级和工人运动在新时代展现出新的时代特征上。要始终坚持和巩固工人阶级的主人翁地位，不断焕发工人阶级的能动精神，依靠劳动创造美好幸福生活，为实现中华民族伟大复兴的中国梦贡献智慧和力量。习近平总书记在中国共产党第二十次全国代表大会报告中指出，"我国是工人阶级领导的、以工农联盟为基础的人民民主专政的社会主义国家，国家一切权力属于人民"③，强调"全心全意依靠工人阶级，健全以职工代表大会为基础形式的企事业单位民主管理制度，维护职工合法权益"④。面对新形势、新任务、新要求，各级党委、政府和社会各方面必须切实解决好全心全意依靠工人阶级贯彻落实过程中存在的突出问题，真正将全心全意依靠工人阶级的基本方针落到实处："一是要切实加强党的领导，对全心全意依靠工人阶级形成正确的思想认识；二是要不断提升工人阶级在中国特色社会主义现代化建设事业中的政治、经济和社会地位；三是要认真落实涉及职工切身利益的制度安排，最大限度地发挥工人阶级主力军作用；四是要全面提高职工队伍整体素质，保持工人阶级先进性；五是要积极构建社会化维权格局，维护工人阶级合法权益。"⑤

① 河北省社会主义学院.华北人民政府统战理论与实践[M].石家庄：河北人民出版社，2018：68.
② 韩喜平，陈伶浪.新时代全心全意依靠工人阶级的坚守逻辑[J].理论视野，2020（06）：18-22.
③ 本书编写组.党的二十大报告辅导读本[M].北京：人民出版社，2022：33.
④ 本书编写组.党的二十大报告辅导读本[M].北京：人民出版社，2022：35.
⑤ 韩喜平，陈伶浪.新时代全心全意依靠工人阶级的坚守逻辑[J].理论视野，2020（06）：18-22.

第七章

中国城市管理工作的历史变迁

　　在政治、经济、传统文化等多元要素交织的复杂背景下，中国市政管理体制经历了较为曲折的发展过程。作为文明古国之一的中国，城市很早就产生了，并经历了非常悠久的城市发展史。然而，在中国，市建制出现较晚，市政管理体制的形成、发展、完善相对落后，直至晚清时期，中国才正式出现市建制。中华人民共和国成立后，几经改革，一套具有鲜明中国特色的市政管理体制逐步形成。进入新时代，尤其是中国共产党第十八次全国代表大会以来，中国共产党对城市在中国经济社会发展、民生改善中的重要作用的认知不断深化和完善，中国共产党对城市工作的领导不断加强并细化，"人民城市为人民"①无疑已经成为国家推进城市发展一以贯之的最重要信条，以人为核心的新型城镇化建设在此背景下如火如荼地展开，极具中国特色的城市发展道路正在世人面前徐徐展开。中国共产党第十九次全国代表大会报告中提出，"提高保障和改善民生水平，加强和创新社会治理"②。中国共产党第十九届中央委员会第四次全体会议通过《中共中央关于坚持和完善中国特色社会主义制度　推进国家治理体系和治理能力现代化若干重大问题的决定》，

---

①　学习语：人民城市人民建、人民城市为人民 [EB/OL]. （2023–02–27）[2023–06–30]. https://baijiahao.baidu.com/s?id=1758933503606733860&wfr=spider&for=pc.

②　本书编写组. 党的十九大报告辅导读本 [M]. 北京：人民出版社，2017：44.

特别强调了国家亟须"构建基层社会治理新格局"①。中国共产党第二十次全国代表大会报告指出,"提高城市规划、建设、治理水平"②,最终目标是打造"宜居、韧性、智慧"③城市。《中共中央关于制定国民经济和社会发展第十四个五年规划和二〇三五年远景目标的建议》提出,"建设海绵城市、韧性城市"的未来愿景,并着力于强调"提高城市治理水平"④。习近平总书记高度关注城市治理,其关于城市治理的有关重要论述为推进中国城市治理体系和治理能力现代化提供了重要遵循。第一,城市治理是国家治理重要的基础性组成部分。欲认知国家治理水平,应求诸城市治理水平的折射。换言之,城市治理水平始终是衡量国家治理水平的重要标尺之一。第二,必须时刻以以人民为中心的发展思想统领城市建设。第三,城市文脉是城市建设和城市发展的灵魂,城市最为可贵之处就是处于生态和文化的融合环境之中,并在历史中滋养现实,在现实中延续历史。第四,城市社区党建是引领基层治理的不容忽视的重要抓手。第五,城市生态治理是城市治理不可或缺的重要环节,城市是人、社会、自然的交汇点和连接器,是生态环境的重要组成部分。城市和生态环境的关系是和谐统一、高度融合的,而不是相互对立、相互割裂的。

古往今来,在国家治理体系架构中,城市是极为重要的组成部分。在生产空间、生活空间、生态空间的交汇点上,城市的连接意义和建构价值无可估量。城市对于生产质量、生活质量、生态质量的改善和提升均有着举足轻重的影响。现代城市沿着"数字化—智能化—智慧化"轨迹向前发展,未来的城市必将更聪明且更智慧,毋庸置疑,"数字化—智能化—智慧化"是推动城市治理体系和治理能力现代化的必由之路。做好生产、生活、生态三大空间布局,是构建智慧城市生态的核心问题,而打造和谐相处共生共荣的宜居、韧性、智慧城市则是城市发展的重要目标,这应该成为所有中国城市治理体系和治理能力现代化发展的努力方向。

---

① 本书编写组.党的十九届四中全会《决定》学习辅导百问[M].北京:党建读物出版社,学习出版社,2019:22.

② 本书编写组.党的二十大报告辅导读本[M].北京:人民出版社,2022:29.

③ 本书编写组.党的二十大报告辅导读本[M].北京:人民出版社,2022:29.

④ 本书编写组.《中共中央关于制定国民经济和社会发展第十四个五年规划和二〇三五年远景目标的建议》辅导读本[M].北京:人民出版社,2020:40.

第一节　历史变迁的阶段性

整体而言，中国的市政管理体制的发展与变迁可划分为 4 个阶段，包括产生时期、发展时期、停滞时期、勃发时期。

一、产生时期

清朝末期，市建制在中国正式出现。1905 年，清政府派学员到西欧、日本等发达国家，学习近代资产阶级国家的民主宪政和地方行政制度。1909 年，清政府颁布《城镇乡地方自治章程》[①]，"在中国历史上，首次以法律形式将城镇与乡村区分开来，确认城镇与乡同为县领导下的基层行政建制"[②]。当时，"城"与"镇"均被视为市建制，在市组织中，由议事会负责立法，由董事会负责行政。清末关于市的规定相对粗泛，但却标志着中国现代意义上的"市"及市政管理体制正式产生。1911 年 11 月，江苏省临时参议会通过《江苏暂行市乡制》[③]，该规定基本沿袭了清制，但将清制中的"城"与"镇"统称为市，并规定，在较大的市之下，可再划分区。1921 年，北洋政府颁布《市自治制》[④]以及《市自治制施行细则》，提出将市划分为"特别市"和"普通市"。"特别市"与县同级，"受国务院内政总长（京都）或省行政长官（其他特别市）监督，市内分区。普通市隶属于县，与乡同级，受县知事监督"[⑤]。"特别市和普通市的行政体制大体相同，均设立议事机关（市自治会或市议会）和执行机关（市自治公所或市政公署），并设市长一名为市的自治代表。此外，特别市还设有市参事会或董事会，为行政辅佐机

---

① 本书编委会.中国全鉴：1900—1949 年（第 1 卷）[M].北京：团结出版社，1998：693.

② 王雅莉.市政管理教程 [M].大连：东北财经大学出版社，2012：42.

③ 钱端升，萨师炯.民国政制史（下册　省制与县制）[M].北京：商务印书馆，2018：428.

④ 钱端升，萨师炯.民国政制史（下册　省制与县制）[M].北京：商务印书馆，2018：435.

⑤ 王雅莉.市政管理教程 [M].大连：东北财经大学出版社，2012：43.

关，辅助市政府工作。"①

　　1928 年，中国市政管理体制进入一个重要发展时期。1928 年 7 月，中华民国政府制定和颁布了《特别市组织法》②和《市组织法》，其中，首次出现"特别市""普通市"说法。1930 年 5 月，又颁布新的《市组织法》，将市分为"行政院辖市"和"省辖市"，均为自治单位。市的基层实行"闾邻制"，市下分区、坊、闾、邻共 4 级。市的组织机构主要包括行政机构、民意机构。行政机构为市政府，设市长，"负责管理市政，下设秘书处和各职能局、科，分掌民政、财政、教育、建设、治安和卫生等事务"③，并设秘书长为市长的幕僚长。"市政府设市政会议，由市长、秘书长、参事及各局（科）负责人组成，主要任务是议决参议会提出的议案，市政府所属机构的办事细则、单行规则、预决算、整理市财政收支、募集公债、经营市公产和公营业、处理市各局（科）职权争议以及市长交议事项和其他重要事项等。"④市民意机构为市参议会，由市民选举产生，任期 3 年，每年改选 1/3。市参议员不得兼任本市市政府及其所属机构的公务人员，市民对市参议员有罢免权，对市参议会的决议有复决权。1933—1947 年，中华民国政府曾经对《市组织法》做过二次修改，此后，设市标准大大简化，在城市基层推行的"闾邻制"改为"保甲制"，"市以下设区，区之内编为保甲"⑤，至此，中国市建制已发展到较为健全的阶段，市在法律上具有地方自治的性质，并且还形成了省、县二级市的行政体系，至此，可以明确推知，中国市政管理体制已初具雏形。

二、发展时期

　　在国内革命战争时期，中国共产党就已经开始尝试在革命根据地组织市镇政权。1933 年 12 月，中华苏维埃共和国临时中央政府公布《中华苏维

①　王雅莉.市政管理教程 [M].大连：东北财经大学出版社，2012：43.
②　李薣，李贵连.中外法学之最 [M].北京：法律出版社，2002：133.
③　杨长明.中国城市郊区化与政府管理 [M].武汉：湖北人民出版社，2001：173.
④　王雅莉.市政管理学 [M].北京：中国财政经济出版社，2002：70.
⑤　杨宏山.市政管理学 [M].北京：中共中央党校出版社，2003：89.

埃共和国地方苏维埃暂行组织法（草案）》，规定："苏区城市分中央直属、省属、县属、区属四等。"[1] "市苏维埃为全市的最高政权机关。由全市选民选举代表组成。"[2] "市苏维埃下设扩大红军、工农业、国有财产、教育、选举以及工农检查委员会等机构。"[3] 1942 年 4 月，陕甘宁边区政府颁布《陕甘宁边区各级参议会组织条例》[4]与《陕甘宁边区各级参议会选举条例》[5]。1943 年 10 月，《修正陕甘宁边区乡（市）政府组织暂行条例》正式出台，规定"边区市制分为 3 级，即县级市、区级市和多级市，均设参议会，由共产党员、非党的左派积极分子和中间派各 1/3 组成"。1946 年，晋察冀边区行政委员会出台《张家口市参议会选举暂行条例》[6]《张家口市参议会组织暂行条例》[7]《张家口市政府组织条例》等一系列条例。其中，《张家口市政府组织条例》规定："市参议会为市各级政权的最高权力机关，市政府委员会是市最高权力机关的执行机关，由市参议会选举委员 7 人组成，并在委员中选举市长和副市长各 1 人。市政府下设 1 处 6 局，即秘书处、社会局、教育局、财政局、建设局、卫生局和公安局，必要时设置若干专门管理机关和专门委员会"[8]。这些条例的颁布标志着革命根据地的市政管理体系已初具规模，使得后续中华人民共和国市政管理体制的建设水到渠成。

中华人民共和国成立后，全国设市 131 个，设直辖市 12 个。除直辖市由国家直接领导外，其他市由省级行政单位领导。1949 年 12 月，中共中央

[1]　刘君德，汪宇明.制度与创新——中国城市制度的发展与改革新论[M].南京：东南大学出版社，2000：36.

[2]　杨长明.中国城市郊区化与政府管理[M].武汉：湖北人民出版社，2001：173.

[3]　贺曲夫.县下辖市与推进自治：我国县辖政区的发展与改革研究[M].北京：中国经济出版社，2012：213.

[4]　陕西省档案馆，陕西省社会科学院.陕甘宁边区政府文件选编（第五辑）[M].西安：陕西人民教育出版社，2015：312-316.

[5]　吴永.延安时期党的社会建设文献与研究（上　文献卷）[M].西安：陕西旅游出版社，2018：303-305.

[6]　晋察冀边区阜平县红色档案丛书编委会.晋察冀边区法律法规文件汇编（上）[M].北京：中共党史出版社，2017：125-126.

[7]　中央档案馆，河北省社会科学院，中共河北省委党史研究室.晋察冀解放区历史文献选编1945—1949[M].北京：中国档案出版社，1998：75-77.

[8]　刘君德，汪宇明.制度与创新——中国城市制度的发展与改革新论[M].南京：东南大学出版社，2000：37.

出台《市各界人民代表会议组织通则》^①，1950 年 1 月，中共中央出台《市人民政府组织通则》^②。在该通则中，指出："市人民行使政权的机关为市人民代表大会（或市各界人民代表会议）和市人民政府。在市人民代表大会闭会期间，市人民政府即为市的行使政权的机关。"^③"市人民政府委员会由市长、副市长和委员若干人组成，由市各界人民代表会议选举产生，但需提请上级人民政府转请政务院或由政务院转请中央人民政府委员会批准任命。市人民政府是事实上的一级政权机关，兼行立法和行政职能。市人民政府实行委员会制，市长为委员会主席。市人民政府委员会根据市区大小和工作需要，可设民政、公安、财政、建设、文教、卫生、劳动等局、处、科，及财经委员会，市人民监察委员会，市人民法院，市人民检察署。"^④

1954 年 9 月，中华人民共和国第一届全国人民代表大会召开，《中华人民共和国宪法》《中华人民共和国地方各级人民代表大会和地方各级人民政府组织法》《人民法院组织法》《人民检察院组织法》等正式颁布，至此，国家对地方各级政权机构的规定更加明确、清晰。"市人民代表大会是市的国家权力机关，市人民委员会即市人民政府，既是市人民代表大会的执行机关，又是市国家行政机关；市人民委员会对本级人民代表大会和上一级国家行政机关负责并报告工作。"^⑤"市长负责主持市人民委员会的工作。按照管理需要，市可设立若干工作部门以及市政建设和公用事业等机构。市辖区和不设区的市人民委员会在必要的时候，经上一级人民委员会批准，可以设立若干街道办事处，作为它的派出机关。"^⑥这是中国第一次以法律形式对街道办事处的性质做出的明确规定。1954 年 12 月，《城市街道办事处组织条例》^⑦

---

① 全国人大常委会办公厅，中共中央文献研究室 . 人民代表大会制度重要文献选编（一）[M]. 北京：中国民主法制出版社，2015：98-100.

② 陈祖耀 . 行政管理知识手册 [M]. 北京：劳动人事出版社，1987：236.

③ 王续琨，仇黎明 . 中国城市行政系统建设与改革 [M]. 大连：大连理工大学出版社，1998：12.

④ 王雅莉 . 市政管理教程 [M]. 大连：东北财经大学出版社，2012：44.

⑤ 卫学芝 . 人大主导立法下的法案起草模式研究 [D]. 济南：山东大学，2020.

⑥ 吴玉姣 . 地方立法谦抑论 [D]. 湘潭：湘潭大学，2019.

⑦ 关保英 . 行政组织法史料汇编与点评 1950—1960 [M]. 北京：中国政法大学出版社，2012：95-96.

《城市居民委员会组织条例》^①正式颁行。20 世纪 50 年代，在中国的某些大城市中，萌芽出"市领导县"的体制，在当时的历史背景下，该体制出现的原因是为确保城市蔬菜、副食品供应。后续的历史时段内，市政管理体制处于相对稳定阶段。

三、停滞时期

1958—1966 年，中国市政管理体制基本上进入发展停滞时期。1958 年，国家经济工作开始出现重大失误，加之连年自然灾害频发，中国国民经济陷入严重困难时期。1961 年，中共中央出台调整政策，针对城市的发展进行控制。1963 年，国务院颁布《关于调整市镇建制、缩小城市郊区的指示》^②，根据这一指示，有关部门对市逐个进行了审查，撤销了不合条件的市。"至1965 年底，市的总数由 1961 年的 208 个减少到 168 个，其中，保留直辖市 2个，地级市由 80 个减为 76 个，县级市由 126 个减为 90 个。"^③"文化大革命"浩劫来临后，中国市政管理体制基本被破坏殆尽，市、区两级的人大、人民委员会被"革命委员会"直接取代，城市管理、建设各个领域发展几近停滞，经济、社会发展陷入停滞乃至倒退状态。

四、勃发时期

中国共产党第十一届中央委员会第三次全体会议后，中国市政管理体制进入快速发展时期，市政组织结构得到改革和完善。1979 年，"地方各级革命委员会"改为"地方各级人民政府"。1982 年 12 月，在第五届全国人民代表大会第五次会议上，通过了新宪法和地方组织法，规定"市和区设人民代表大会和人民政府"^④。"市和区人民代表大会是地方国家权力机关，市和

---

① 关保英 . 行政组织法史料汇编与点评 1950—1960 [M]. 北京：中国政法大学出版社，2012：97–100.

② 高岩，浦善 . 中华人民共和国行政区划手册 [M]. 北京：光明日报出版社，1986：464–468.

③ 王雅莉 . 市政管理教程 [M]. 大连：东北财经大学出版社，2012：44.

④ 周俊 . 城市管理学导论 [M]. 上海：上海大学出版社，2006：39.

区人民政府既是本级人民代表大会的执行机关，又是地方国家行政机关。市和区人民政府分别由市长、副市长、区长、副区长、秘书长及各工作部门首长组成，实行首长负责制。"① 直辖市和设区的市的人民政府每届任期5年，不设区的市和市辖区人民政府每届任期3年。在地方组织法中，另外指出，"直辖市人大根据本行政区域的具体情况和实际需要，在和国家宪法、法律、政策、法令、政令不抵触的前提下，可以制订和颁布地方性法规，并报全国人民代表大会常务委员会和国务院备案。市辖区、不设区的市的人民政府，经上一级人民政府批准，可以设立若干街道办事处，作为它的派出机关"②。1982年，中共中央、国务院决定：在经济发达地区，进行地区体制改革，实行地市合并，由市领导县。1986年，国务院批转民政部《关于调整设市标准和市领导县条件的报告》③，确定"非农业人口6万以上，年国民生产总值2亿元以上，已成为该地区经济中心的镇，可以设置市的建制"④。此后，县级市逐年增加，1996年底，"除海南省和台湾省外的29个省、自治区、直辖市都实行了市领导县体制，全国218个地级市中，有206个实行了市领导县体制，县级市总数达445个"⑤。

1986年12月，在第六届全国人民代表大会第十八次会议上，地方组织法再次进行修改，对地方各级人大和人民政府的组织、职权、运行等作出明确规定。"该法赋予省、自治区人民政府所在地的市和经国务院批准的较大的市的人大及其常委会拥有制定地方性法规的权力。"⑥ 直辖市和设区的市的人大根据需要，可以设法制、财经、教育、科学、文化、卫生等专门委员会。"直辖市以及省、自治区的人民政府所在地的市和经国务院批准的较大的市的人民政府，可以根据法律和国务院的行政法规，制定规章。"⑦ "市人民政府

① 王雅莉. 市政管理教程 [M]. 大连：东北财经大学出版社，2012：45.

② 杨长明. 中国城市郊区化与政府管理 [M]. 武汉：湖北人民出版社，2001：176.

③ 范毅，徐勤贤，张力康. 城镇化进程行政区划调整与改革成效研究 [M]. 北京：中国发展出版社，2017：220–221.

④ 叶堂林. 小城镇建设：规划与管理 [M]. 北京：中国时代经济出版社，2015：3.

⑤ 王雅莉. 市政管理教程 [M]. 大连：东北财经大学出版社，2012：45.

⑥ 陈炳水. 现代城市发展与管理研究 [M]. 北京：中国环境科学出版社，2007：106.

⑦ 唐德华，王永成. 中华人民共和国法律规范性解释集成增编本：1991—1992 [M]. 长春：吉林人民出版社，1993：570.

会议分为全体会议和常务会议，由市长召集和主持。市政府工作中的重大问题，必须经政府常务会议或全体会议讨论决定。"[①] 1995 年 2 月，在第八届全国人民代表大会常务委员会第十二次会议上，地方组织法进行了修订，"将不设区的市和市辖区的人大和人民政府的任期每届由 3 年改为 5 年"[②]。1995年 6 月，国家又在全国 29 个开发区进行行政管理体制和机构改革的试点。此后，随着经济的不断发展，特别是开发西部的战略部署的确定，1997 年，在第八届全国人民代表大会第五次会议上，决定设立重庆市为直辖市，以充分发挥其作为特大经济中心城市的作用，加快西部地区的经济和社会发展。截至 2020 年底，根据《中国统计年鉴》，不计港澳台地区，中国共有 4 个直辖市，15 个副省级市，278 个普通地级市，388 个县级市，共计 685 个城市。

第二节　历史变迁的规律性

随着城市规模不断扩大，数量不断增多，城市的职能由原来的政治中心向经济中心、文化中心等方向综合发展。新中国成立后，在中国共产党的领导下，中国城市建设与发展经历了翻天覆地的变化，一批城市脱颖而出，更涌现出一大批践行新发展理念、承载着中国智慧的大城市。进入新时代，中国城市将持续探索治理体系和治理能力的现代化，向科学化、精细化、智能化城市治理转变。

一、简政放权，建设服务型政府

简政放权，建设服务型政府，成为中国共产党第十八次全国代表大会后行政体制改革的重要内容。改革开放以来，中国的工业化与城市化相互促

---

① 刘君德，汪宇明 . 制度与创新——中国城市制度的发展与改革新论 [M]. 南京：东南大学出版社，2000：41.

② 杨宏山 . 市政管理学 [M]. 北京：中共中央党校出版社，2003：94.

进，使得城市规模不断扩大。"一方面，使得城市居民对公共产品和服务的有效供给有了更高的需求；另一方面，城市特别是大中城市伴生的公共事务日益繁杂，并呈现出综合性、动态性、复杂性、不确定性，使得城市管理的任务异常艰巨，而有限的公共财政使得政府难于满足现实需要。"在现阶段，行政管理覆盖面与社会快速变化之间的矛盾始终存在，尽管政府掌控了很多公共资源，可以增设行政管理机构扩大管理人员队伍、加大资金投入力度，但几十年的事实证明，依靠政府自身扩张来应对城市发展危机的思路，已经愈发显得不合时宜。在中国现行城市管理体制之下，所凸显的基本特征可以表述为："政府集权、城市分级、城乡隔离、垂直切割。"① 随之而来的，就是在"地方自治、城市平等、城乡一体、横向合作"② 等方面的缺失。显而易见，这种缺失的弊端是，无法与现代城市所呈现的经济市场化、社会民主化和人口流动化潮流相适应。简而言之，现代城市管理的困境归根结底在于："集权与分权的矛盾。此矛盾的不断凸显，无疑是规模经济集中趋势与社会事务复杂化趋势相互作用导致的。在经济全球化大潮的引领下，一个城市欲形成强劲的竞争力，必须聚集其多元化的产业集群。一旦城市产业集群趋势形成，客观上，必然需要城市公共权力同步地实现集中。但与此同时，城市社会事务越来越趋于复杂化，城市民众对社会服务、公共参与要求呈现多元化趋势，城市公共部门采取分权化管理又势在必行。集权、分权之间的矛盾难于破解，是现代城市管理领域无法规避的问题。"③ "条块关系不顺也是现代城市管理中的根源性问题。此种条块矛盾，归根结底，属于垂直管理与属地管理矛盾、部门集权与地方分权矛盾。条块关系的矛盾在城市管理工作中十分普遍，如'管得了的看不见''看得见的管不了'，城市管理部门相互扯皮、推诿等现象可谓层出不穷。"④ "责权利不匹配同样是城市管理困境根源之一。究其本质，原因是管理责任与管理权力之间的脱节、错位。造成这一问题的根源则是：城市管理的事权、财权、人事权相互切割，政府权能

---

① 孙德禄. 点击中国策划（五）：城市策略 [M]. 北京：中国经济出版社，2008：398.
② 孙德禄. 点击中国策划（五）：城市策略 [M]. 北京：中国经济出版社，2008：398.
③ 曹阳，张德霖，何萍. 城市管理与城市发展 [M]. 沈阳：辽宁大学出版社，2008：180–181.
④ 曹阳，张德霖，何萍. 城市管理与城市发展 [M]. 沈阳：辽宁大学出版社，2008：181.

配置不够合理。"①为了克服和战胜城市管理中层出不穷的困境，全国各地都在改革、探索之路上奋进前行，但令人遗憾的是，目前并未找到从根源上破解问题的最优方式。人们终于开始认识到，政府的作用是有限的。在现代城市中，多数社会、经济问题的解决不能够单纯依赖政府的行政力量，而必须动员和依靠广大社会力量来合力破解；在此情况下，理应"摆脱以单一主体为特征的管理垄断体制，针对以往政府包揽式的公共产品与服务的供给模式作出变革，打造出以公共产品和服务的有效供给为目标的城市治理模式"②。现代城市治理需要尽可能地将社会成员纳入主体范围，动员社会力量一起"齐抓共管"，以"自理"促进"治理"，体现"人民城市人民管"的基本理念。

当然，"所谓城市公共治理，并不意味完全排斥政府管理，治理强调的是政府与社会之间应达成有效合作，摒弃以往的政府'统包'式管制模式，转型为'政府＋社会'的伙伴式管理模式"③，基于此，可以达到重构政府与社会新型关系的目的。在伙伴式、合作式城市治理模式下，政府扮演的角色应该为"掌舵者"，主要负责城市事务的规划、政策、监管；城市公共部门、第三部门的角色应该为"划桨者"，主要负责城市公共产品和服务的生产、供应。

实际上，政府管理本身也是把"双刃剑"，政府行政干预可以解决"市场失灵"，但干预不当，又可能产生"政府失灵"。联合国人居中心指出："人类住区的发展和城镇化管理已成为国际社会和联合国系统面临的最重要的挑战。"④人们在面临城镇化挑战的同时，最关键的是还面临着政府管理的挑战。20世纪70年代，西方发达国家兴起了旨在政府改革和重塑的新公共管理运动，从以官僚制为特征的"行政型政府"转向"治理型政府"。治理理论超越了市场与政府、公共与私人之间的两分法惯性思维，既承认政府存在的必要性，又强调政府作用的有限性，此外，又提出了第三种社会协调机

---

① 曹阳，张德霖，何萍．城市管理与城市发展[M]．沈阳：辽宁大学出版社，2008：181.

② 孙德禄．点击中国策划（五）：城市策略[M]．北京：中国经济出版社，2008：404.

③ 曹阳，张德霖，何萍．城市管理与城市发展[M]．沈阳：辽宁大学出版社，2008：186.

④ 高秀秀，张晓彤，何正．城镇和人类住区议题的演进与实践：SDG11的形成背景及执行进展[J]．中国人口·资源与环境，2021，31（11）：144-154.

制——自组织。因为有效的治理离不开政府，离不开公民对政府的认同，更离不开公民社会的强大。因此，自组织是好的治理的基础，没有自组织发育，就没有好的治理的内在动力。中国共产党第十八次全国代表大会报告也明确反映了中国走向治理型政府的措施，在转变政府职能方面，明确要求"深入推进政企分开、政资分开、政事分开、政社分开"①，"建设服务型政府"②，并且通过简政放权、大部门制改革、严控编制等措施，全力推进服务型政府构建工作。同时，在社会建设方面，要求"加快形成政社分开、权责明确、依法自治的现代组织体制"，"引导社会组织健康有序发展，充分发挥群众参与社会管理的基础作用"③，"完善基层民主制度，在城乡社区治理、基层公共事务和公益事业中实行群众自我管理、自我服务自我教育、自我监督"④，"健全基层党组织领导的充满活力的基层群众自治机制"⑤。公共治理理念下的政府重塑，是政府"简政放权"和社会力量参与治理两个方面同步进行的过程。"国务院带头以行政体制改革推进政府自我革命，下出简政放权的'先手棋'，取消、下放 7 批共 632 项审批事项。"⑥ 在地方，"先照后证，注册资本登记制度改革全面实行，新登记注册市场主体已逾 600 万户，呈爆发式增长"⑦。自此，由中央到地方积极推进的简政放权，建设服务型政府举措全面铺开，历史变迁的车轮不断向科学方向演进。

二、以城市管理为工作着力点

新型城镇化战略提出后，宣告了"重建设轻管理"⑧时代的结束，开启了"以城市管理"为抓手的新时期。在 21 世纪，中国粗放式、外延式的城镇

---

① 本书编写组. 十八大报告学习辅导百问 [M]. 北京：党建读物出版社、学习出版社，2012：25.
② 本书编写组. 十八大报告学习辅导百问 [M]. 北京：党建读物出版社、学习出版社，2012：25.
③ 本书编写组. 十八大报告学习辅导百问 [M]. 北京：党建读物出版社、学习出版社，2012：30.
④ 本书编写组. 十八大报告学习辅导百问 [M]. 北京：党建读物出版社、学习出版社，2012：24.
⑤ 本书编写组. 十八大报告学习辅导百问 [M]. 北京：党建读物出版社、学习出版社，2012：24.
⑥ 梅帅，王珂. 我国行政审批制度改革的回顾与展望 [J]. 行政与法，2018（03）：8–15.
⑦ 苏玉. 把责任举过头顶 [M]. 北京：航空工业出版社，2018：98.
⑧ 刘尚高，赵萍. 北京市海淀区新型城镇化发展研究 [M]. 北京：现代出版社，2016：117.

化已然成为一把"双刃剑"。1990 年，联合国人居中心就已经提出："在……新千年，世界真正地处在……十字路口。城镇化既可能是无可比拟的未来之光明前景所在，也可能是前所未有的灾难之先兆。"[①] 2001 年，中国颁布《国民经济和社会发展第十个五年计划》，提出："实施城镇化战略，促进城乡共同进步。"[②] 这是中国第一次明确地把城镇化升级为国家战略。然而，略显遗憾的是，2011 年，中国城市化的"双刃剑"效应仍十分显著。"中国城市化发展存在 5 个战略性弊端：一是全球范围内，中国城市化进程大大落后于工业化进程；二是在中国城市化进程中，土地城市化相对较快，而人口城市化相对较慢；三是在中国的城市化中，城市—农村、户籍人口—常住人口的非公平性愈演愈烈；四是中国的城市化注重发展数量、规模，付出巨大资源、环境代价，是粗放式发展；五是中国的城市化进程中，必须破解如何进入现代管理制度、消除城市病等挑战。"[③] 中国城市化高速发展的十几年来，在取得伟大成就的同时，也伴生了包括"经济金融危机、贫富两极分化严重、社会不满情绪高涨、生态环境破坏、城市交通两难、文化特色丧失、垃圾围城等"[④] 一系列严重问题。

2012 年，中国共产党第十八次全国代表大会召开后，城镇化的粗放式发展成为历史，追求城镇化的质量和以人为本的新型城镇化战略，必然要突出"城市管理"的地位和作用。"推进新型城镇化，就要彻底改变'重建设轻管理'的片面做法，要切实落实好'三分建设七分管理'的理念，建立起以管理为基础的新型规划建设和管理之间的关系。"[⑤] 因此，总结十几年中国城镇化战略的得失，强调要"注重提高城镇化的质量，科学规划城镇群规模和布局，促进大中小城市和小城镇的合理分工、功能互补、集约发展"[⑥]，

---

① 鹿斌. 新型城镇化背景下的社会治理结构创新研究 [D]. 苏州：苏州大学，2018.

② 本书编写组.《国民经济和社会发展第十个五年计划纲要》学习读本 [M]. 北京：中共中央党校出版社，2001：95.

③ 戎爱萍，张爱英. 城乡生态化建设：当代社会发展的必然趋势 [M]. 太原：山西经济出版社，2017：95.

④ 袁蕊."无直接利益冲突"现象及其治理研究 [D]. 济南：山东大学，2020.

⑤ 谢鹏. 基层干部人事制度的历史演进与改革探论 [D]. 北京：中国社会科学院研究生院，2020.

⑥ 本书编写组. 十八大报告学习辅导百问 [M]. 北京：党建读物出版社、学习出版社，2012：81.

强调质量型的城镇化和以人为本的城镇化；开启了一个新的城镇化历史时期，即以城市管理为龙头的新型城镇化开始了。

在新时代，该如何改善与提升城市管理水平，有效预防和医治各类"城市病"的发生，让城镇化趋利避害，进而实现新型城镇化，这也是中国共产党第十八次全国代表大会后摆在中国各级党委政府和学术界面前的热点、难点问题。

第三节　历史变迁的可行性

习近平总书记指出："一流城市要有一流治理，要注重在科学化、精细化、智能化上下功夫。"[1] 城市治理创新是迫在眉睫的关键性问题，通过创新管理制度，建设智能化、便捷化、有序化的服务体系，深化"放管服"改革等措施，中国城市创新管理上取得了可喜的成绩，但在与先进城市治理信息化、智能化、精细化上相比，还可以在如下几个方面进行城市创新治理改革：

一、一体化相互嵌入式的治理架构

顶层设计可谓城市管理工作的重中之重，在推进城市管理向城市治理转型进程中，必须敢于创新现代城市管理模式，最终目的是：构建"理念—体制—技术"一体化相互嵌入的治理架构。在理念层面，必须始终坚持以人民为中心的观念不动摇，注重凸显城市的"人文化"特征，城市的"物质空间"管理将不再是主要任务，城市的"社会空间"治理转变成为大众瞩目的新焦点。在体制层面，应该以包容、合作、联动为宗旨，逐步构筑"指挥＋监督"的"双轴心"城市管理体系。在技术层面，引入全球领先的高新技术手段，重塑城市"全模式""全流程"公共服务新形态，令制度变革与技术

---

① 习近平在上海考察时强调　坚定改革开放再出发信心和决心　加快提升城市能级和核心竞争力[N]. 人民日报，2018-11-08（01）.

赋能共同发挥其积极作用，助力现代城市治理结构构建，令城市治理框架有序运行。

二、提升"治理—技术—服务"能力

第一，在城市管理领域，不应囿于传统的城市管理方式、方法，而应创新性引入治理与技术因子，令其与城市管理工作融会贯通，三者间形成开放协同态势，同步升级"治理＋技术赋能"、智慧化、数字化能力，进而从整体上推进城市管理向城市治理的成功转型。第二，在城市治理进程中，政府端、企业端应达到同步融合发展，以"技术赋能＋服务沉淀"为驱动，打造凸显个性化、差异化的公共服务模式与系统。第三，现代社会是风险社会，面对危机、风险、挑战时，城市治理领域应该具备应急创新能力，突破常规做法，摆脱路径依赖，将"治理＋技术＋服务"组合效应淋漓尽致地发挥出来，整体升级应对城市危机的治理处置能力。

三、创新"整体—横向—纵向"机制

在整体层面，就城市治理而言，其本身就是一个不可分割的整体性工作。换言之，在城市治理进程中，"实体物理城市"和"云端数字城市"应该是共同存在、相辅相成的。在横向层面，把"现实政府"和"在线化政府"[①]视为相互促进、联动、映射的一体两面，其中，城市"现实政府"主要发挥领导、主导功能，城市"在线化政府"主要发挥监管、服务功能，唯如此，城市政府才能实现"上""下"协调、联动治理。在纵向层面，重塑城市行政组织结构已成为大势所趋，传统"金字塔"结构显然已经不合时宜，应该与时俱进，打造更加符合时代发展潮流的"扁平化"行政组织结构。创新"整体—横向—纵向"治理机制一旦初具规模，城市治理的整体化、精细化、高效化发展必然指日可待。

---

① 陈群民.打造有效政府：政府流程改进研究 [M].上海：上海财经大学出版社，2012：133.

四、实现城市治理的"三个"转变

第一，所谓现代城市治理，凸显的并非"人力密集"①，而是"人机交互"②。借助先进的高科技手段，在城市治理领域采用"人机交互系统"已经并非空谈，特别是城市公共事务是办理方面，不能只局限于"能办"，而是要做到"好办""快办""一网通办"③。第二，现代城市治理不再局限于"经验判断型"④管理，而是不断探索"数据分析型"⑤治理模式。以往，仅仅依赖城市管理者经验作出"人脑决策"⑥管理显然是不够科学和没有可信度的，在大数据、"城市大脑"⑦、数字化、云计算技术介入后，现代城市治理应逐步步入智能化、精细化模式。第三，现代城市治理不是"被动处置型"⑧，而是"主动发现型"⑨。现代城市治理进程中，在网格单元、部件传感器、信息化技术等多重加持下，城市突发事件得到实时监控与即时处置，在"一网统管"模式统领下，城市治理是高度透明、协调合作的典范，"主动发现型"城市治理模式的构建已经迫在眉睫。

---

① 本书编写组.人民至上 [M].北京：中国言实出版社，2020：76.

② 许隆文.计算机绘图 [M].北京：机械工业出版社，1989：518.

③ 罗新忠.社区治理智能化 [M].上海：上海交通大学出版社，2020：111.

④ 彭辉.供给侧结构性改革与政府职能转变问题研究 [M].上海：上海社会科学院出版社，2018：100.

⑤ 王忠，王晓华.城市治理之大数据应用 [M].北京：海洋出版社，2017：146.

⑥ 孙奎贞.追求卓越　领导创新论 [M].长沙：湖南大学出版社，1999：183.

⑦ 薛泽林.城市精细化治理 [M].上海：上海社会科学院出版社，2020：187.

⑧ 本书编写组.人民至上 [M].北京：中国言实出版社，2020：76.

⑨ 本书编写组.人民至上 [M].北京：中国言实出版社，2020：76.

第八章

城市管理、治理的理论基础

20 世纪 80 年代，在公共行政领域，治理理念首次出现。治理理念诞生后，学界认为：管理、服务不再仅仅是行政机关的职责，而是特定行政区域内所有成员共同肩负的责任。单纯的行政管理有必要向共同治理转型，由政府和民众共同治理城市，建设城市社会共同体成为社会成员的共同责任。城市管理应该是城管部门、城市其他部门、社会组织、人民群众共同承担的事务。在行政法领域，有"参与行政、合作行政"[①] 概念，其本质要求即达成共同治理，这不仅体现了行政民主化，而且属于世界发展潮流。

第一节 城市管理的概念界定

就城市管理而言，其不仅是一个大概念，而且是一个系统工程。只有在理解城市管理的多重含义基础上，才能科学界定城市管理概念。

---

① 孙健. 公共管理学 [M]. 武汉：华中科技大学出版社，2017：226.

一、城市管理的多重含义

"城市管理"属于高度抽象的概念，其内涵具有不确定性。换言之，在不同语境中，"城市管理"呈现出不同含义，而基于中国的情况，城市管理一般具有三重含义。

（一）**政府公共管理**

这是一种对城市管理最宽泛的认知，"涉及与城市发展相关的政治、经济、社会、文化、环境以及市政管理等领域"[①]。此种理解常见于中西方的城市管理教科书，实质上，就是将城市管理等同于政府公共管理此类的概念。

（二）**城管执法**

在中国国内，城市管理往往首先被理解为一般意义上的"城管执法"概念（简称"城管"），"即政府城市管理行政执法局，针对城市生活中影响市容市貌的'脏、乱、差'问题，对占道和无证经营等行使街头执法权的行为"[②]。这是城市管理最为狭义的用法，具有鲜明的中国特色。

（三）**市政管理**

这种观点将城市管理理解为"城市物业"管理，"主要指由政府特定机构（如公用事业局、市政管理局、市容环卫局、公房管理局、园林绿化局等），可能还包括一些公私企事业单位（如高速公路集团，天然气公司，甚至是参与市政建设和运营的私营企业），对于城市公共基础设施、公用设施（如道路、桥梁、隧道、地下管网、路灯、自来水、电力、燃气、廉租房等）等特定公共产品进行规划、建设、管理和经营的活动"[③]。

就市政管理的责任而言，有学者将其做了这样的表述："城市管理的主要职责是市政管理、环境管理、交通管理、应急管理和城市规划实施管理等。具体涵盖：市政公用设施运行管理、市容环境卫生管理、园林绿化管理等；市、县政府依法确定的，与城市管理密切相关、需要纳入统一管理的公共空间秩

[①] 毕然.生态伦理的现代管理价值研究 [D].哈尔滨：黑龙江大学，2021.

[②] 林华东.整体性治理视域下城市管理综合行政执法体制优化研究 [D].北京：中国矿业大学，2021.

[③] 刘洋.市政经济发展研究 [D].大连：东北财经大学，2013.

序管理、违法建设治理、环境保护管理、交通管理、应急管理等。所谓城市管理执法，指在上述领域根据国家法律法规规定履行行政执法权力的行为。"①

二、城市管理概念的界定

就"城市管理"的三重含义而言，现实中，"城管执法"概念被人们普遍使用，这一概念的特点是主体最小（主体仅为城管执法局）、职能最少（管理事项集中于有关市容市貌的街头执法权）。而广义的"公共治理"的含义非常丰富，几乎囊括了维持城市运转、促进城市发展的一切主体和事项。这两重含义处于"城市管理"语义的两极。但从当前中国城市管理的实践考虑，"城管执法"不能完整反映"城市管理"的内涵，把"城管执法"行政"集中处罚"称为"城市管理"是非常片面的理解。因此，在界定"城市管理"的含义时，较为符合中国现实状况及未来发展趋势的应当是"城市物业管理"②的概念。"其主体不仅局限于城管局或市政管理局这样具体的政府机构，且不应排除社会力量的参与；其对象只是一个功能特定的范围以维护城市日常有效、良好运作为目标。"③基于此，应该将城市管理定义为："以城市政府为主要力量，为发挥城市基本功能，维护城市日常有效、良好运作，对与之直接或间接相关的公共事项和公共物品进行管制和维护的行为。"④

第二节　城市治理的产生基础及概念

从全世界的发展趋势考虑，"治理的兴起正逐渐改变传统的管理模式，

①　浙江省长三角城镇化研究院.2017浙江省新型城市化实践报告（上）[M].杭州：浙江工商大学出版社，2017：7.

②　田宜平，翁正平，张志庭.三维可视地理信息系统平台与实践[M].武汉：中国地质大学出版社，2017：99.

③　陈军.城管执法行政裁量基准研究[D].湘潭：湘潭大学，2019.

④　赵莹莹.城市多民族社区依法治理研究[D].北京：中央民族大学，2021.

在城市管理中引入治理理念与制度是中国城市管理改革的合法化、合理化、有效化路径"①。20 世纪 80 年代，治理开始兴起，这有其深刻的理论意义和现实需要。欲深刻探讨城市治理理念与制度的革新，必须厘清其基本内涵。

一、治理的兴起及治理概念的内涵

就语义发展过程而言，"governance"的初始含义为控制、引导、操纵。之后，在很长的历史时段内，"governance"与"government"两词被人们交叉混用，且泛指"与国家公共事务相关的管理和政治活动"②。20 世纪 90 年代后，"governance"被赋予了新的含义。在经济全球化推动下，世界各国各种不同规模与功能的城市都竞相把自己的城市发展作为不同范围内的生产要素，尤其是资金的集聚与物流中心。"一种城市与地区的政治经济体现将替代'民族国家'相对独立的政治经济体系与秩序。"③在这种形势下，国家和城市的管理又进入了一个新时期，显而易见，单纯的管理与服务已经与新时期的管理需求相背离，必须要改变传统的政府管理方式，由管理模式向治理模式转型。詹姆斯·N. 罗西瑙指出："治理不等同于政府统治，二者间有显著差异。治理是基于共同目标进行的活动，活动主体不仅限于政府等公共机构，也不单纯依靠国家强制力达成目标，且该目标也不勉强他人屈从。治理含义十分丰沛，可能涉及政府机制、非政府机制。"④除此之外，西方的政治学家和社会学家对治理的界定呈现多元化趋势，并以新制度经济学、公共选择理论、博弈理论、城市可持续发展理论、城市政治理论等为渊薮，掀起了治理理论的研究热潮。究其本质，治理与传统的"管理"或"管制"的实质差异在于权力主体不同。"现代政治生活面临着权力的多元化、多样化，公民社会分享着一部分的公共权威，公民以各种形式进行自治管理。"⑤可

---

① 林华东. 整体性治理视域下城市管理综合行政执法体制优化研究 [D]. 北京：中国矿业大学，2021.

② 邱曼丽. 政治责任法治化研究 [D]. 北京：中共中央党校，2020.

③ 晏晓娟. 全球城市中的外来人口权利平衡研究 [D]. 上海：华东政法大学，2020.

④ 汤蕴懿. 政府职能转型：从政府管理到公共服务 [M]. 上海：上海人民出版社，2013：164.

⑤ 李珊珊. 参政党视角下中国新型政党制度研究 [D]. 济南：山东大学，2021.

见，"治理"的权威并不必然来自政府强制，事实上，治理已经摒弃了传统公共管理的垄断性与强制性。"治理"的侧重点在于，政府与其他社会主体的协作、互动，"治理主体包括公民、第三部门、社会中介组织等"①。政府的管理不再是"单向度"的，而是上下互动"双向度"的。治理"从单一转变为多元主体，权力得到共享，公共领域利益相关方乐于共同参与，各方利益皆得到相应保障，使公共管理结构趋于稳定、有序"②。

针对治理概念，全球治理委员会给出了最具权威性、代表性的定义："治理是各种公共或私人机构管理共同事务的诸种方法之总和。治理令原本相互冲突的利益得到调和，并达成合作实现可持续发展。它涵盖强制性的正式的制度、政体，以及人们达成共识的非正式制度。"③该委员会认为，治理有4个基本特征："（1）过程性。治理不是一种规则或活动，而是一个过程。（2）协调性。在治理过程中，注重的不是控制，而是协调。（3）广泛性。治理涉及的部门非常广泛，有公共部门、私人部门等。（4）互动性。治理并非正式制度，强调的是持续互动。"④由此推知，治理的特征应该为"治理主体多元化、权力关系网络化、治理方式多样化、治理领域公共化"⑤等。

二、城市管理转型及城市治理概念

在学者们将治理理论应用到城市管理领域时，"city governance"以及"urban governance"随之问世，城市治理正式进入人们视野。20世纪80年代后，"在发达国家，公共部门管理悄然转型，曾在20世纪居于支配地位的传统公共行政管理陷入僵化，层级官僚体制形式逐步转变，形成灵活的、以市场为基础的新公共管理形式。这是政府作用、政府与公民关系的深刻

---

① 李晶淼. 法治政府建设中的第三方组织研究 [D]. 长沙：湖南师范大学，2020.
② 宋晓娟. 共生理论视角下的中国城市社区治理研究 [D]. 长春：吉林大学，2021.
③ 刘菁元. 全球治理中私人规制的行为逻辑研究 [D]. 北京：外交学院，2021.
④ 杨玉飞. 中国共产党对中华优秀政治理念的传承发展研究 [D]. 长春：吉林大学，2021.
⑤ 汪碧刚，于德湖，孙宝娣. 我国城市治理研究：回顾与展望 [J]. 青岛理工大学学报，2020，41（02）：87–95.

变革"①。考察西方发达国家城市管理发展的历程，"从政治与行政的关系看西方城市管理经历了从政治权力占主导向行政权力占主导转变的过程，从城市管理的目的看，西方城市管理经历了从无控制的增长到可持续发展的转变，从城市管理的主体看，西方城市经历了从政府为管理主体到和市民共同治理城市的转变，以及由简单的市政管理模式到专家治市的'企业管理'模式转变，从管理手段看，从主要依靠政府提供公共产品转向以市场为基础提供公共产品的转变；从管理对象看，西方城市从对事的管理转向既管事又管人"②。西方发达国家的城市管理伴随着城市化、信息化、市民化、全球化的迅速发展，城市管理的实践和理论也不断变化和进步。就城市本身的管理而言，西方发达国家的有关理论基本上是建立在市民社会基础上，并指出：城市治理是在相对复杂的环境中，政府、其他组织、市民社会共同参与管理城市的方式。在西方较发达的城市中，与城市治理相关的多元主体、协商、合作等理念已逐步成真。

针对"城市治理"，1990 年，皮埃尔指出：城市治理是"城市政府、非政府部门相互合作，共同促进城市发展的过程"③。格里·斯托克提出："1. 治理不仅涉及政府，而且涉及社会公共机构和行为者；2. 治理的目的是为社会、经济问题寻求解决方案，同时，治理在界限和责任方面相对模糊；3. 治理涉及集体行为，各社会公共机构间存在依赖关系；4. 治理的所有参与者会形成一个自主网络，在特定领域中，与政府达成合作并分担政府行政管理责任；5. 治理能力并非仅仅依赖政府权力或权威。在公共事务管理中，多元化管理方法和技术有待探究。"④ 俞可平则提出，治理应该拥有六要素，即"合法性、透明性、责任性、法治化、回应性、有效性"⑤。

2000 年，联合国人类居住中心指出："城市治理是个人和公私机构用以规划和管理城市公共事务的总和，目的是调和冲突或利益纷争并推进相互

---

① 李文军. 社区居家养老服务绩效评估研究 [M]. 北京：中国政法大学出版社，2017：84.
② 赵莹莹. 城市多民族社区依法治理研究 [D]. 北京：中央民族大学，2021.
③ 付晓东. 经营城市与城市发展 [M]. 长春：吉林出版集团有限责任公司，2016：33.
④ 康雯嘉. 城市基层社会"嵌合式治理"研究 [D]. 长春：吉林大学，2021.
⑤ 俞可平. 增量政治改革与社会主义政治文明建设 [J]. 公共管理学报，2004（01）：8-14+93.

合作。"① 王国平认为："无论用何种理论或流派诠释城市治理的概念，无论其实践模式多么形形色色，也都万变不离其宗地蕴含着治理的精神内核，即公私合作、多元协调、效能公平、止于至善。"②

第三节 国内外先进城市管理的经验

在发达城市，经济社会发展要相对先进，其较为先进的城市管理理念、做法对中国城市管理转型极具借鉴意义。

一、人性化的管理理念

在国内外先进城市管理中，人性化的管理理念始终占据重要地位。具体而言，包括树立人性化管理理念、探索人性化管理方法。

（一）树立人性化管理理念

所谓人性化管理，即要求不能见物不见人，换言之，在现代城市中，管理者、被管理者拥有平等地位，每位城市民众皆为独立个体，其尊严、人格理应得到尊重，城市管理的规则应对所有民众体现公平、公正，由此可以推知，城市管理中必须首要做到："尊重对方人格和尊严，采取亲切友善的态度和方式，寓管于帮，寓管于教。"③

在加强城市管理方面，国际先进城市以人性化的管理理念，为中国城市提供先进经验。如：东京在城市事务管理领域凸显人性化理念，最大程度上为城市民众节约社会成本。以交通管理为例，在东京，人口十分稠密，但即使在上下班高峰期，堵车现象也非常罕见。这是由于东京在规划设计公交线路时非常人性化，设计严密、布局合理、准时便捷的立体化交通网络成熟

① 赵可金.全球治理知识体系的危机与重建[J].社会科学战线，2021（12）：176-191.
② 孙荣，徐红，邹珊珊.城市治理：中国的理解与实践[M].上海：复旦大学出版社，2007：7.
③ 张曙光.城市管理：数字化和人性化[J].开放导报，2008（01）：51-54.

发达，能满足不同城市民众的差异化需求，同时，维护了所有城市民众的尊严。又如加拿大，将"以人为本"作为其城市管理的一个首要理念，他们强调，"人的权利高于一切，城市管理领域涉及的规划、运行、管理、监控、抢险、疏导等工作皆时时处处凸显'以人为本'理念"①。城市管理的"规划之初—规划实施中—规划验收"全程，都需要市民和规划范围内的社区居民参与提方案、提意见，通过听证会、志愿服务等形式让居民充分享有知情权、参与权、选择权和监督权。

（二）探索人性化管理方法

在国内外先进城市的管理实践中，采用了许多人性化的管理方法，取得了令人惊叹的成效。例如，20 世纪 70 年代，"新加坡政府将街头的无证摊贩迁移到政府统一建造的小贩中心进行集中经营与管理，未入中心的流动摊贩，分别持有工匠、报纸、冰冻甜点、流动车以及其他类别共 5 种牌照，新加坡政府对这 5 种牌照采取严管控制和规范等管理策略，根据路段管理标准来控制流动摊贩。小贩中心物美价廉，就近方便，深受市民赞扬"②，堪称新加坡人生活起居不可或缺的"大食堂"和"公共客厅"。市民之所以如此青睐小贩中心，除了设点多、消费方便外，更因为无须担忧食品卫生安全问题。

二、社会化的管理主体

在国内外先进城市管理中，社会化的管理主体同样为人们津津乐道。具体而言，涵盖培养公民精神、健全公众参与制度、拓宽公众参与途径等。

（一）培养公民精神

就公众参与而言，具体指的是：在社会分层、公众需求多样化、利益集团介入等前提和背景共同作用下，选取的一种协调策略。公众参与"侧重于公众对城市管理过程的参与、选择决策、监督"③。当公众力量参与城市管理

---

① 城市管理与科技杂志社.发达国家城市管理经验研究 [M].北京：北京出版社，2012：59.

② 崔晚词.流动摊贩食品安全的监管制度研究 [D].上海：上海师范大学，2015.

③ 张小娟，贾海薇，张振刚.智慧城市背景下城市治理的创新发展模式研究 [J].中国科技论坛，2017（10）：105–111.

时，"公众不再仅仅是城市管理对象，而是城市管理的积极行动者。公众不再仅仅被动地接受城市管理者的教育，而是获得多样化的参与城市管理的机会。公众不仅了解城市管理者决策的结果，而且有权利全程参与城市管理决策、实施、监督"①。

公众参与城市管理意识并不是生而有之的，需要不断加以培养。毋庸置疑，城市管理不仅是政府的事务，更是与全社会息息相关的公共事务。但是目前，普通城市民众对城市管理的认知、理解、参与都相对欠缺，应该通过广泛宣传让城市管理深入人心。事实上，公众参与应该贯穿城市管理全过程，基于此，城市管理部门应该做到政务公开、透明、公正公平，令普通城市民众获得参与感与信任感。更重要的是，要注重社会非政府组织的培育和壮大。这方面，国内外先进城市提供了许多成功经验。如在新加坡，全国性公民运动已经非常普遍，当然，此处的公民运动并非政治领域的运动，而是城市管理、社会管理领域开展的全民性活动。迄今为止，新加坡共进行过百余次全国性公民运动。如"反吐痰运动""大扫除运动""消灭害虫运动""保持新加坡清洁运动"②"防止污化运动"③等。这些运动对提升公众参与城市管理意识起到了极大的促进作用。

（二）健全公众参与制度

首先，在构建城市管理立法体系时，明文规定允许公众力量参与，同时，规制公众参与城市管理的法定程序。"公众参与城市管理必须以法律形式固定下来，以法律条文明确规定公众参与城市管理的目标、性质、内容、职能、机构、组织、权限、程序、处罚等，这将是城市管理立法体系不可或缺的重要一环。基于法律的有力保障，公众参与城市管理的权力才能真正落到实处。"④其次，鼓励公众参与城市管理决策，同时，构建合理制度为公众参与城市管理提供支持。"所谓公众参与，并非指城市民众被动地接受城市管理方案或问题处理结果，而是强调城市民众能够成为城市管理决策智囊团

---

① 周善东.城市治理的社会路径：价值、内涵与构建[J].山东大学学报（哲学社会科学版），2015（06）：85-92.

② 安树伟.中国大都市区管治研究[M].北京：中国经济出版社，2007：160.

③ 安树伟.中国大都市区管治研究[M].北京：中国经济出版社，2007：160.

④ 王海荣.空间理论视阈下当代中国城市治理研究[D].长春：吉林大学，2019.

成员，提升公众参与的城市管理效能。"① 一般情况下，城市管理决策层中不可能天然地存在合理"公众成分"，因此，应从制度层面规范、支持、保障公众参与城市管理事宜。

（三）拓宽公众参与途径

关于如何拓宽公众参与城市管理的途径问题，国内外先进城市皆非常重视并付诸行动。例如，在美国，大部分城市政府对于如何调动城市民众参与城市管理颇具心得，同时，参与路径已经固定化、制度化。譬如："议员、政府官员等走访市民倾听市民意见、从公共舆论中提取有效信息、召开市民听证会"② 等。其中，听证会在城市管理中得到大范围应用，已经成为颇具成效的民众参与形式。"在城市政府作出管理决策前，召集城市民众代表以及相关专家共商大计，让双方皆有机会表明各自立场及因由，最后，通过集体表决作出城市管理决策。通过听证会，有助于吸收利益相关方面的不同意见，兼顾各方利益，作出科学决策。"③ "城市民众广泛参与城市管理决策，能够增强城市民众对决策的理解和支持程度，能够令全体社会成员明确自己在城市管理中的权利与义务，能够推进城市管理决策顺畅地执行到位。"④ 此外，城市民众广泛参与城市管理决策，令决策的出台趋于公开、透明，为城市民众提供了难能可贵的社会监督机遇。

新加坡政府注重发挥基层组织的作用。在新加坡国家政权结构中，基层组织属于基础构造，是有效连接政府和民众的纽带。新加坡基层组织涵盖：公民咨询委员会、人民协会、社区发展理事会、居民委员会等。其中，公民咨询委员会最具权威性和典型性。设置该委员会的目的有二："一是'上情下达''下情上达'，即一方面向城市民众传达、解释国家、城市政策，另一方面，搜集城市民众意见、要求等并向政府反馈；二是培育城市民众公民意识。2000 年，新加坡政府曾推出'锦族社区'计划。通过园艺知识科普、植物花卉培育、'锦族社区'评比等形式，吸引城市民众积极参与该计划，

---

① 韩志钧，曹阳. 城市管理研究与探索 [M]. 沈阳：辽宁大学出版社，2010：255.

② 余明阳，姜炜. 城市品牌 [M]. 广州：广东经济出版社，2004：81.

③ 中国美国经济学会·浦东美国经济研究中心. 全球经济失衡与中美经贸关系 [M]. 上海：上海社会科学院出版社，2007：496.

④ 张锐，张燚. 城市品牌：理论、方法与实践 [M]. 北京：中国经济出版社，2007：101.

并借此机会培育城市民众公民意识。"[①] 还如，美国西雅图市政府与城市民众的联络也在持续加强，市政府发动市民、工商业者、企业共同参与"认养一条街或公园项目"[②]，市政府免费提供手套、垃圾袋等鼓励城市民众义务清洁环境卫生。"对于义务清扫城市环境成果卓著者，可以跻身政府'荣誉榜'；在正向、积极的舆论导向作用下，越来越多的城市民众主动参与城市环境清扫活动中。"[③]

三、法制化的管理手段

在国内外先进城市管理中，法制化的管理手段亦是不可或缺的。具体而言，包括完善法律法规、轻罪重罚、集中处罚等。

（一）完善法律法规

国内外先进城市高度重视城市管理立法工作，不但法律规定很细很全，而且处罚很重，法律的威慑力非常强。在东京，法律规定严格、刚性，在城市管理领域的大量违法行为皆得到法律规制，譬如，城市市民倘若故意破坏市容，会被视为违反《轻犯罪法》[④]，并得到相应法条制裁。在新加坡，城市管理体系中的法律体系已经十分完备，严格、周密、操作性强，科学合理的法规体系保障了新加坡法制化城市管理的顺利推进。新加坡城市管理法律法规体系特征有二："首先，是完整性。新加坡政府针对城市管理立法可谓面面俱到、'无事不立法'，基于此，城市管理各项事宜皆有法可依。其次，是可操作性。在新加坡城市管理法规中，对规定内容、制定办法、惩罚方式等皆阐释详备，令城市管理领域的执法可操作性大大提升"[⑤]。在中国香港，法规制度领域也设计得十分严密，并在细节方面颇具优势。香港城市管理中可

①　孙景峰，李社亮. 基层组织与新加坡人民行动党执政地位的延续 [J]. 河南师范大学学报（哲学社会科学版），2011，38（01）：76–82.

②　李吉跃，刘德良. 中外城市林业对比研究 [M]. 北京：中国环境科学出版社，2007：190.

③　陈永胜，李森洙. 甘肃社会管理创新理论与实践 [M]. 兰州：甘肃人民出版社，2012：149.

④　陈文. 城市治理转型研究：后单位时代中国城市治理的困境与出路 [M]. 北京：中国社会出版社，2018：171.

⑤　张红樱，张诗雨. 国外城市治理变革与经验 [M]. 北京：中国言实出版社，2012：37.

能发生一系列问题，均可找到对应的法律条文进行破解，且颇具强制力与执行力。例如，针对城市街道清扫、垃圾处理等具体工作，中国香港法律均有极为细化的规定。"全港有 3000 余名清洁工，所有街道每天至少清扫 1 次，商业及旅游地区每天清扫 4 次，行人集中地区每天要清扫 8 次。机动扫街车不分昼夜每天清洗街道……全港街道设有近 2 万个废物箱，近百个狗粪收集箱，200 余辆现代化的垃圾车每天清理垃圾。"[①]中国香港食环署规定，垃圾站清洁必须严格遵照既定标准："首先，'五无'。即必须做到无蝇、无蚊蝇滋生地、无积存垃圾、无堆放杂物、无积水。其次，'五净'。即必须做到地面洗净、工具洗净、周围环境净、墙壁门窗设备净、垃圾清净"[②]。加拿大的法规涉及城市管理的方方面面，也非常细微且无所不容，对有序规范的城市管理起着至关重要的作用。如城市建设上，"对城市建筑高度，规划红线尺度。无障碍设施建设、停车场设置、环保设施、绿化美化等都有明确规定。一方面为建设者提供了标准，另一方面为执法者提供了尺度，再者为公众监督提供了依据"[③]。

（二）轻罪重罚

城市管理相关法律必须要建立在"轻罪重罚"理念基础之上，才能降低执法处罚成本，保障法律的严格执行。这方面，国际化先进城市给中国提供了许多成功经验。例如，为保持中国香港街市整洁，"香港食环署每天皆严格执法，检控乱抛垃圾、随地吐痰、随意张贴海报、随意丢弃粪便的市民。一旦发现违法行为，食环署即对其收取高额罚款"[④]。在公众街市、熟食市场等区域，香港推行"每月街市清洁日"[⑤]，"所有营业商户须在当天彻底清洁其摊档，违规者即被视为违反租约，在 6 个月内，3 次违反租约者，则终止

① 香港环境卫生管理方面的经验 [J]. 传承，2013（07）：15.
② 罗归国. 学习香港城市管理经验 努力建设深圳国际化城市 [J]. 特区实践与理论，2007（04）：23-25.
③ 胡世钦. 加拿大城市管理面面观 [J]. 城市管理与科技，2008（02）：72-75.
④ 刘春燕. 香港城市管理的经验、启示及借鉴 [J]. 中共桂林市委党校学报，2013，13（03）：44-48.
⑤ 张楠. 城市生活垃圾分类处理的政府监管问题及对策研究 [D]. 长春：长春工业大学，2021.

租约，严惩不贷，轻罪重罚的威慑作用发挥得淋漓尽致"[①]。又如，全球公认新加坡城市环境优美，重要原因之一就是新加坡制定了与城市管理相关的覆盖面积广的罚款制度。新加坡城市管理的经济色彩得以凸显出来，并有效地破解了城市管理经费筹集难题。新加坡城市管理领域的罚款制度特点主要有："罚款名目繁多、数额大、执行严格。"[②] 在加拿大，对城市管理领域的执法力度与可操作强度也值得关注。譬如，安大略省特意制定出水资源法，其中明文规定，"个人违法，处罚款 25 万加元或监禁；公司违法，处 10 万加元罚款"[③]。而在加拿大国家环境保护法中，则明确规定，"如个人违法，第一次罚款 1000 加元，第二次罚款 2.5 万加元或监禁；如公司违法，第一次罚款 2000～20 万加元，第二次罚款 4000～40 万加元"[④]。无论城市或国家层面，加拿大环保法规都十分完善且具有可执行性，这显然十分有利于政府环保政策的贯彻落实。

（三）集中处罚

国内外先进城市结合各自情况，积极探索提高城管执法的具体举措，大多数都是推行集中处罚。如在德国，主要的行政执法部门名为秩序局，该局可以集中行使诸多部门的行政处罚权。譬如，"在汉堡市，市辖区下设秩序局，由秩序局集中行使规划、卫生、建设、交通、工商等领域的行政处罚权力。相关行政执法部门一旦发现违法行为，可以自行进行调查、取证；但不能够单独行使处罚权，最终，所有违法者由秩序局统一进行行政处罚"[⑤]。

四、市场化的管理方式

就城市管理市场化而言，具体指城市管理作业经营权应该逐步实行市场

---

①　刘春燕 . 香港城市管理的经验、启示及借鉴 [J]. 中共桂林市委党校学报，2013，13（03）：44-48.

②　张诗雨 . 发达国家的城市治理范式——国外城市治理经验研究之三 [J]. 中国发展观察，2015（04）：74-80.

③　胡世钦 . 加拿大城市管理面面观 [J]. 城市管理与科技，2008（02）：72-75.

④　胡世钦 . 加拿大城市管理面面观 [J]. 城市管理与科技，2008（02）：72-75.

⑤　周瑾 . 上海市浦东新区城市管理行政执法体制研究 [D]. 上海：华东理工大学，2011.

化运作，即"通过竞争性的招标、拍卖，将城市管理职能中的道路保洁、物业管理、市政设施养护、绿化等养护作业等的经营权授予自主经营的企业"[1]。

（一）推进城市管理的市场化进程

推进城市管理市场化应根据城市自身特点及各方面条件积极稳妥进行。一是尽可能地推行市场化。当然，"并非所有城市管理工作都适用于市场化运作机制。一些西方学者认为，第三方机构可代表政府部门进行法律事务沟通，但需要采用强制措施时，仍需要依靠法律执行机构强制执行"[2]。二是需要明确市场化的条件。"大部分涉及城市物业维护类的服务都可以市场化，但何时推进、如何推进则十分重要。"[3]中国国内城市需要考虑一系列十分现实的问题，如已有大量的道路保洁、市政设施养护人员的安排问题如何圆满解决，或从传统政企合一的城市养护管理体制向市场化体制的过渡如何理顺，就目前情况而言，应该设法做到："（1）进行城市管理体制改革，具体而言，即明确政企分开道路，将城市管理行为从政府职能中有效剥离，令城市管理步入企业化、市场化轨道。（2）在养护事业单位实施改制，遵循现代企业制度要求，进行资产、人员重组，建成自主经营的养护企业并平等参与同类企业竞争，最终达到优胜劣汰态势。（3）破除垄断，开放城市养护市场。通过常规招标、拍卖手段，将城市环境养护权授予中标企业，真正做到质优者得。（4）营造优质、诚信的市场环境。既要保证企业有合理的利润空间，为城市提供优质服务，又要严格市场管理，建立诚信制度，约束企业向诚信方向发展。"[4]

（二）探索市场化的有效方式

以往，城市政府常常陷入财政资金短缺、提供公共物品和服务效率低下的困境中。在此情况下，政府开始寻求私人部门供给的技术、资金支持，换言之，即政府更加倾向于依靠私人企业，为城市民众提供公共物品和服务。20世纪90年代，城市基础设施的市场化改革在许多城市悄然发生。总体而

---

① 康雯嘉. 城市基层社会"嵌合式治理"研究 [D]. 长春：吉林大学，2021.

② 宋晓娟. 共生理论视角下的中国城市社区治理研究 [D]. 长春：吉林大学，2021.

③ 原珂. 风险社会中封闭社区的现实价值思索 [J]. 理论探索，2020（05）：99–106.

④ 刘彦. 70年中国基层社会治理的演进路径及经验研究 [D]. 长春：东北师范大学，2020.

言，引入私营部门参与城市基础设施服务方式丰富多样，譬如："一是所有权或股权参与。即将现有企业股份化，将部分或全部资产所有权转移给私营部门，抑或私营部门通过特许经营、投资等方式参与城市新建项目。二是管理权参与。借助签订承包合同的方式，令公共、私营部门共同担负城市公共服务职责，如经营业绩协议、管理合同、服务合同等皆在此列。"[①]

第四节 国内城市管理的探索实践

在当今的中国，各地现行的城市管理仍体现出传统行政管理的以政府集权、集中、管制为特征，城市管理的主体是政府机关。例如，2010 年，《长沙市城市管理条例》规定："本条例所称城市管理，是指为满足广大市民生活和工作需要，人民政府及其相关行政管理部门依法对城市公共设施和道路交通、市容环卫、环境保护、园林绿化等公共事务、秩序进行管理的活动。"[②] 这种城市管理模式的缺陷已日益显现，城市管理改革之所以举步维艰、久陷泥淖，就是因为此类观念作祟。现代城市发展使得"保姆式"的传统城市管理模式已无法满足多元多样化的公众利益需要。来自城市内部的政府、市民与市场之间的张力，以及来自城市外部的宏观环境的压力，都促使国内各地探索城市管理改革。2008 年以来，从国务院明确把城市管理的职责下放到各个城市政府时起，中国国内各城市党委、政府对城市管理工作也进行了大力改革。

一、探索城市管理体制改革

近年来，中国许多城市开展了城市管理体制的探索，杭州也做了这方面努力，并取得了一定的成效。所谓改革城市管理体制，"是对城市管理主

① 马白玉.中国市政基础设施市场化改革研究 [M].天津：南开大学出版社，2008：25.
② 宋晓娟.共生理论视角下的中国城市社区治理研究 [D].长春：吉林大学，2021.

体和范围的重新界定,是对原有的城市管理体制的重大变革"[1]。为了便于比较,可以将城管执法体制称为小城管体制。1949 年,中华人民共和国成立后,中国的城市管理基本都是建委系统的环卫、市政、公用、市容等几个部门负责,实行的是"管养一体"[2] 和"管罚一体"[3] 的模式。改革开放后,随着城市发展过程中出现的新问题新情况,城市管理体制逐步开始变革,这种变革首先从"管罚分离"[4] 起步。1996 年,《中华人民共和国行政处罚法》[5] 出台,针对如何行使相对集中行政处罚权做出明确规定,并在多个城市进行试点。2002 年,《关于进一步推进相对集中行政处罚权工作的决定》[6] 出台,明确"城管"行使相对集中行政处罚权的范围主要集中在"市容环境卫生、城市规划、城市绿化、市政公用、环境保护、工商行政、公安交通管理"[7] 7 个方面的街头行政处罚权上。2002 年 12 月,建设部颁布《关于加快市政公用行业市场化进程的意见》[8],国内一些城市如杭州等,开始探索"管养分离"[9] 的城市管理新体制。

(一)从"管罚分离"到"部分管罚分离"

首先,为了加强对城市的管理,中国部分城市在原有"管罚分离"体制形成的"7+X"集中处罚权基础上,将"X"进一步扩大,即扩大相对集中行政处罚权范围。在相对集中的 7 项行政处罚权规定的基础上,沈阳等城市在实践中进一步探索,将城管系统的行政处罚权扩大,使其得以集中行

① 徐大鹏,王伟,高璐,等.城市大脑:一项社会治理的颠覆性创新技术 [J].未来城市设计与运营,2022(01):79–85.

② 王伟业,俞先富,余建民,等.城市道路建设质量标准化管理 [M].杭州:浙江工商大学出版社,2019:282.

③ 张良.从管控到服务:城市治理中的"城管"转型 [M].上海:华东理工大学出版社,2016:232.

④ 李强.城市发展定位研究 [M].北京:华龄出版社,2017:36.

⑤ 中华人民共和国现行审计法规与审计准则及政策解读编委会.中华人民共和国现行审计法规与审计准则及政策解读 2021 版 [M].上海:立信会计出版社,2021:109–118.

⑥ 黄薇.最新《中华人民共和国行政诉讼法》条文释义及配套法律法规与司法解释实用全书(上)[M].北京:中国民主法制出版社,2014:212–216.

⑦ 本书编写组.党的十八届四中全会《决定》学习辅导百问 [M].北京:党建读物出版社,2014:62.

⑧ 王学庆.市政公用事业改革与监管 [M].北京:光明日报出版社,2012:213–217.

⑨ 周旭霞,沈芬,洪洁.杭州社会稳定风险评估案例 [M].杭州:浙江工商大学出版社,2018:145.

使"城市规划、市容和环境卫生、市政、房产、城市园林绿化、建筑市场和房地产市场、公用事业（自来水、燃气）、人防工程"[①]等 10 余个方面的行政处罚权。但是，在城市管理主体上缺乏突破，在城市管理范围上突破力度仍偏小。由此，形成的格局只能称作是"大执法"，距离"城市管理"还有很大差距。此外，为了加强并规范集中行政处罚权，国内部分城市探索设立城市管理审判庭。2013 年 7 月以来，"在珠海市，金湾区、香洲区和斗门区法院皆成立城市管理审判庭，并设置专人负责审理因城市管理引发的行政案件，涉及土地、卫生、环境、环保等城市管理部门。此外，城市管理审判庭还负责审查行政机关依法向法院申请执行具体行政行为的非诉案件"[②]。西安市设立城管执法巡回法庭，推进标准化执法，执法核心为：用程序规范执法行为、用细化标准压缩自由裁量权空间、用司法强制力和违法成本实现长效管理。整个标准化执法过程非常规范、严格，"立案关、取证关、处罚标准确定关、陈诉申辩关、强制执行关五道工作流程循序渐进，最终，实现检查权、调查权、处罚权、强制权的彻底分离"[③]。就"标准化执法"而言，其通过执法流程再造、部门职能重构，实现权力的分立与制衡，有效地避免了不作为、乱作为、选择性作为等问题，同时，促使执法相对人真正意识到高昂的违法成本，使其自觉不敢再犯。

其次，部分城市在"管罚分离"后，发现管理部门和处罚部门之间存在扯皮现象，于是继续探索"部分管罚合一"模式。2003 年，《关于推进相对集中行政处罚权和城市管理综合执法试点工作有关问题的通知》发布，"在集中部分行政处罚权的基础上，根据事权一致原则，进一步将部分行政管理权划归城管系统，形成了行政处罚权和部分管理权统一的'城市管理'格局"[④]。但值得注意的是，这些被配置给城管系统的管理权主要集中于与城

[①]　王贞霖. 我国城市综合管理体制研究 [D]. 成都：西南交通大学，2020.

[②]　韩明清，张越. 从城市管理到城市治理的转型研究——以杭州市为例 [M]. 北京：中国建筑工业出版社，2017：11.

[③]　韩明清，张越. 从城市管理到城市治理的转型研究——以杭州市为例 [M]. 北京：中国建筑工业出版社，2017：11.

[④]　余池明. 基层综合行政执法改革的问题分析与对策建议 [J]. 上海城市管理，2022，31（01）：55–60.

管系统原有处罚权相关的"街头执法"和"市容市貌"领域。各地根据此通知的精神,"深化体制机制改革,进行相关制度探索,将不同的行政管理权并入城管系统,进行多种组合"①。在此基础上,2009年,杭州市通过干部调整,"由原是城管办主任兼任市城管执法局局长,从机制上建立让城管与执法无缝对接的'人'字形结构"。2012年,杭州市又把"原市城市管理行政执法局和市城市管理办公室两个正局级单位合并成立杭州市城市管理委员会,保留杭州市城市管理行政执法局"②的设置。市城管委在行使相对集中行政处罚权的基础上,同时也拥有市容、环卫、市政等相关设施的审批和维护管理权,从而形成了新的城市管理体制。

(二)探索"管养分离、集中管理"体制

2003年,杭州对城市管理体制进行重大改革,"把市政、市容、环卫、公用等部门的管理职能合并为杭州市城市管理办公室,把原来直属的路桥公司、环卫所、自来水公司等企业划入杭州市城投集团,建立了'管养分离、集中管理'的新体制"③。另外,由于城市管理工作涉及面广,需要各部门相互配合、协同作战,不少城市又探索了部门之间的横向协调机制。如广州、南京等地相继"在城市管理局(城市管理综合执法局)之外,成立城市管理委员会作为协调议事机构,由市级主要领导任城市管理委员会的主要领导,在城市管理局与其他相关的委办局之间建立协调机制,共同解决城市管理中遇到的各种问题"④。这种探索旨在通过设立高位议事协调机构来理顺城市管理体制,解决城市管理难题,提升城市管理水平。

(三)探索"重心下移,属地管理"模式

有些城市在面对具体城市管理难题时,"为有效化解基层矛盾,解决职能交叉、相互推诿的问题,下沉管理的责任主体,将基层事权按照相关大项分类整合,将事权交由街道和社区"⑤。这种尝试将以前纵向条状划分城管职

① 秦青涛.城市综合执法改革中城管规划执法的问题与对策研究[D].开封:河南大学,2021.
② 王明珠.新时代"城管进社区"实践模式研究[J].中国名城,2021,35(09):1-7.
③ 韩明清,张越.从城市管理到城市治理的转型研究——以杭州市为例[M].北京:中国建筑工业出版社,2017:11.
④ 余池明.大城管体系的内涵、结构与运行机制[J].中国建设信息化,2021(24):76-78.
⑤ 刘畅.昆明市W区政府网格化管理问题研究[D].昆明:云南师范大学,2021.

能的结构，改为横向块状进行职能下沉。例如，杭州市江干区率先在全市推行的城市管理"重心下移"，将城市管理日常管理权、执法队伍的指挥权都从区城管局下放到街道，大大提高了城市管理服务效率。又如，江苏省南京市的"六位一体"基层管理格局，将基层的城市管理权限划分为 6 大类进行统一管理。

二、探索城市管理手段创新

在中国国内，非常注重探索城市管理手段创新，具体涵盖积极探索"堵疏结合"的人性化管理；积极推进法制化管理；大力推进信息化管理；积极开展标准化管理等。

（一）积极探索"堵疏结合"的人性化管理

2009 年 5 月 20 日，杭州市颁布了新的《市容管理条例》，"以法规的形式首次提出对占道经营有限开禁，以满足弱势群体生活需求"[1]。同时，有限制地允许"破墙开店"[2]存在，前提是没有影响建筑物安全使用，不影响居民生活，并办理了相关审批手续。2010 年 5 月，济南诞生了享誉全国的"西瓜地图"[3]。西瓜上市后，"西瓜地图"随即诞生，"图上清晰地标注了遍布全市的临时卖瓜点，瓜农可免费申请加入。民众依靠此地图指引，可以便捷地购买西瓜，乱扔瓜皮的现象也得到了遏制"[4]。随后，济南市还出现了民众喜闻乐见的"便民自行车地图、便民报摊地图、公厕地图、蔬菜直销点地图"[5]等。此类实例事实上传达出一种理念："城市管理体制不是'大权力'，而是'大服务'。城市管理是管理城市，不是管理城市的市民，市民群

①　刘羿伯. 跨文化视角下城市街区形态比较研究 [D]. 哈尔滨：哈尔滨工业大学，2021.

②　张良. 从管控到服务：城市治理中的"城管"转型 [M]. 上海：华东理工大学出版社，2016：67.

③　周昕. 社区小商贩社会治理创新研究 [M]. 广州：中山大学出版社，2016：105.

④　徐锦庚，刘成友. 化堵为疏　民生为先——城市管理的"济南模式" [J]. 决策探索（上半月），2012（10）：64-65.

⑤　韩志明，张朝霞. 合作是如何建构起来的？——以城管执法为中心的技术分析 [J]. 公共管理与政策评论，2020，9（05）：19-31.

众是我们服务的对象。"①

（二）积极推进法制化管理

2010 年以来，国内包括上海、深圳、广州等许多城市还为城市管理综合执法进行专项立法。"确立了城管执法部门的法律地位，明确了城管执法权限的范围，规范了城管执法部门和人员的执法行为，加强了城管执法部门和政府相关部门的协作配合，强化了对城管执法工作的各方面监督。"② 值得一提的是，2013 年 3 月，南京市正式出台《南京市城市治理条例》③（以下简称《条例》）。该条例为中国第一部综合性的城市治理条例。《条例》规定："成立'南京城市治理委员会'（简称'城治委'）。'城治委'作为全市城市管理领域的议事协调机构，还可'依据授权'对重大事项作出决议；'城治委'决议经市长签字后生效。"④ 上述《条例》规定，"城治委"的公众委员不低于50%。2013 年 3 月，武汉正式实施《武汉市城市综合管理条例》，"大城管"成为这部法规最为显著的特色和亮点。该《条例》"涵盖了基础设施交通、市容、环保、园林绿化、湖泊保护等方面的内容，并明确由政府成立统一的城管综合管理指挥中心，统一指挥权、督察权、奖罚权"⑤。

（三）大力推进信息化管理

2004 年以来，住建部就开始推动"数字城管"工作，发挥信息化的优势，提高城市管理效率。例如，北京市东城区在原有电子政务系统基础上，实现了城市管理信息化，不但整合了城市管理系统与应急指挥、便民电话、总值班室功能，而且实现了与公安监控系统、交警指挥系统的连接和资源共享，同时，凸显出系统"四位一体"特色功能，形成了作业管理、监督双向联动，提升城市精细化管理、综合处置能力。信息化提升了城市管理系统整体效能。如"在领导人员配备方面，北京东城区城市管理监督指挥中心主任、应急中心主任由区政府办公室副主任兼任，分管政府办值班室工作。中

---

① 吴梦溪. 成都市锦江区基层城管执法存在的问题与对策研究 [D]. 成都：电子科技大学，2021.

② 孙海涛，王红利. 城市管理综合行政执法制度运行的掣肘与出路 [J]. 江苏警官学院学报，2021，36（05）：26–32.

③ 张良. 从管控到服务：城市治理中的"城管"转型 [M]. 上海：华东理工大学出版社，2016：225.

④ 王成. 成都市郫都区网格化服务管理困境与对策研究 [D]. 成都：电子科技大学，2020.

⑤ 唐瑞栋. 新公共服务视角下的城市管理行政执法研究 [D]. 苏州：苏州大学，2015.

心主任作为区政府办党组成员，列席区长办公会，保证监督指挥中心协调能力，同时，为城市管理任务融为一体提供组织人事保障"①。"在机构设置方面，为实现监督、指挥职能有机统一，东城区将城市管理监督中心与指挥中心高度整合，使监督和指挥中心分别以内部科室形式存在，避免不同部门各自运作产生不必要的矛盾，并通过内部制度化、规范化管理实现城市管理流程舒畅，令监督的独立性得以完美体现，这意味着，监督与指挥中心已经达到浑然一体的状态。"②

（四）积极开展标准化管理

国内先进城市高度重视城市管理标准制定。2014年1月，青岛出台《青岛市城市管理工作标准》（以下简称《标准》）③，其中，明确阐释了城市管理的23个领域以及百余项具体工作，如"市容市貌、环境卫生、园林绿化、市政设施、建筑工地、广告亮化、市容秩序、公共事业、城市管理执法等，竭尽所能使得青岛市城区的角角落落都能够明确管理责任、标准流程、质量要求"④。针对青岛市城市管理中固有的职责不清、权属不明、管理交叉、管理盲区等问题，《标准》针对相关部门职责，明确各自工作标准、流程、管理规范。如针对清扫保洁部门，要求其在主次干道清扫方面做到"六净六不"⑤。"六净"即："路面净，路牙石净，人行道、墙基净，绿化带净，雨水斗净，果皮箱净"⑥；"六不"即："不见积水，不见杂物，不见人畜粪便，不漏收堆，不往雨水斗、明沟、绿化带、花坛扫倒垃圾污物，不焚烧树叶、杂草和废纸"⑦。2010年3月，宁波市颁布《宁波市城市管理标准（试行）》，

---

① 张超. 泰安市泰山区社区网格化治理研究 [D]. 济南：山东科技大学，2020.

② 康雯嘉. 城市基层社会"嵌合式治理"研究 [D]. 长春：吉林大学，2021.

③ 张同林. 城市综合管理标准体系研究：以上海市黄浦区城市管理情况为例 [M]. 上海：上海社会科学院出版社，2017：195.

④ 张舰. 青岛市数字化城市管理体系优化与保障措施研究 [D]. 哈尔滨：哈尔滨工程大学，2020.

⑤ 张同林. 城市综合管理标准体系研究：以上海市黄浦区城市管理情况为例 [M]. 上海：上海社会科学院出版社，2017：195.

⑥ 张同林. 城市综合管理标准体系研究：以上海市黄浦区城市管理情况为例 [M]. 上海：上海社会科学院出版社，2017：195.

⑦ 张同林. 城市综合管理标准体系研究：以上海市黄浦区城市管理情况为例 [M]. 上海：上海社会科学院出版社，2017：195.

共涵盖 7 大类 121 条具体内容，细化、量化了各项管理指标，为规范城市管理提供了样本。2012 年 4 月，济南城市管理标准征求意见稿提出城管 10 项工作标准。

另外，在城管执法方面，国家也越来越注重在城管作业、执法领域实现标准化。在西安市莲湖区，城管执法局试点进行了"标准化执法"。该局认为，"标准化执法即利用程序法规范执法行为，用细化标准压缩自由裁量空间，用司法强制力和违法成本压力实现长效管理，推进传统行政管理模式向法治化模式转型"[①]。在传统城管执法模式中，最大问题在于不够公平、公正，即"在执法过程中，不同的城管队员对法律理解有差异，对案件的认知有差异，加之其他因素影响，同一案件的处理结果很可能会截然不同"[②]。实行城管标准化执法模式后，城管执法综合信息管理系统得到推行和应用，案件质量监控得以真正实现，一旦违反执法标准的案件出现，系统会自动向城管执法部门发布提醒，促使执法人员做到"类似案件相同处理"，令公平公正理念落到实处。在传统执法模式下，还存在虽然执法行为符合法律规定，却不符合常理的问题。此类问题存在的原因是：缺失判断合理与否的标准。"如规定公厕倘若不按规定收费，最高可处以 500 元罚款，在传统执法模式下，当事人即使是初次违法，也可能直接被处以 500 元罚款，但事实上，当事人违法收益极低，仅有几元钱，这即典型的处罚过重问题。"[③] 在标准化执法体系中，处罚的自由裁量权被大大压缩了，严格制定了裁量基准，此时，如公厕倘若不按规定收费，则"第一次违法收费，处罚 50～300 元；第二次违法收费，处罚 300～400 元，第三次以上违法收费，处罚 400～500 元"[④]，此种标准化做法成功地破解了处罚"合法不合理"困境。处罚裁量标准得到统一后，执法队员个人随意性必然随之大大减弱。

除了执法作业与执法标准化外，还加强城管工作保障的标准化。在城市管理最前线，管理人员面临风险较大，而可获取的福利待遇则非常一般，因

---

① 程海鹏. 莲湖区城市管理标准化研究 [D]. 西安：长安大学，2016.

② 侯华. 公共管理视角下 D 市城管支队执法自由裁量权问题研究 [D]. 石家庄：河北科技大学，2020.

③ 杨小军，彭涛. 以"标准化"破解城管执法困局 [J]. 团结，2011（03）：36-38.

④ 杨小军，彭涛. 以"标准化"破解城管执法困局 [J]. 团结，2011（03）：36-38.

此，在部分城市，在城市管理人员福利和救济领域实现了标准化管理，如
"建设保洁员公寓、道路保洁道班房、城管执法站，开展早餐工程，办理人
身意外伤害保险，设立岗位风险救济规范"[①] 等，此类举措可以有效地调动
城市管理人员积极性，令其对自己从事的工作充满归属感、自豪感。当岗位
分工明确、发展方向明晰时，城市管理人员的创新动力也争相涌流出来。譬
如，他们敢于自主研发、创造适合本人工作环境的机械设备。在西安市莲湖
区，环卫工人自主研发了电动垃圾车、灰带清扫车等。就城市标准化管理而
言，其应该成为行业职工的集体追求、选择与创造，唯如此，行业职工能力
建设水平才能随之急速攀升。

第五节　中国城市管理向城市治理转型的基础

中国共产党第十八届中央委员会第三次全体会议提出："全面深化改革
的总目标是完善和发展中国特色社会主义制度，推进国家治理体系和治理能
力现代化。"[②] "国家治理体系和治理能力是一个国家的制度和制度执行能力
的集中体现，两者相辅相成。制度优势最终要转化为治理效能，体现为发展
优势。"[③] 当前，中国治理体系和治理能力还有许多亟待改进的地方，在提高
国家治理能力上需要下更大气力。

一、人民民主是转型的政治基础和政治动力

20 世纪 80 年代以来，各国由西方国家主导的重塑政府运动引发的政府
治理模式的变革，业已成为世人瞩目的国际性浪潮和趋势，许多国家地区被

---

① 翟宝辉 . 通过标准化管理提高城市管理科学化水平 [J]. 城乡建设，2013（04）：50-51.
② 本书编写组 . 推进深化改革学习读本：十八届三中全会辅导读本 [M]. 北京：中国方正出版社，2013：23.
③ 任理轩 . 制度自信何以更加坚定 [N]. 人民日报，2022-09-28（09）.

卷入这场"再造政府"①的改革浪潮。在这场改革中，城市政府的治道变革、制度创新问题最引人瞩目："一方面城市的地位和重要性进一步提升，对城市运行秩序的维护和保障已成为城市政府重要的基础职能之一；另一方面，随着城市政府管理体制的改革与推进，城市治理理念兴起，突出强调治理主体的多元化，尤其是多元主体间的协助、互动以及治理方式的多样性，旨在培育政府与市民之间的融洽关系，实现政府从传统'管理型政府'向现代'服务型政府'的转型"②。事实上，西方国家倡导的城市治理中那些管理主体多元化、协商互动、参与决策等理念，实质就是给广大人民群众更多管理国家事务的权利，对中国共产党而言，并不陌生。共产党就是为了追求人民民主而生的，"中国共产党始终高举人民民主的旗帜"③。中国共产党之所以能革命成功，靠的正是人民当家做主的伟大理想、与广大人民群众水乳交融的群众路线。人民政权就是社会主义政权的基本定位，"人民民主是社会主义的生命"④。在成为执政党后，中国共产党并未忘记自身是无产阶级政党的根本属性，要继续践行"群众路线"，中华人民共和国对各级城市政府的称呼前都冠以"人民"二字，就是要求"人民城市人民管，管好城市为人民"⑤。尤其是中国人权入宪，都为做实群众路线奠定了良好基础。因此，对中国共产党领导下的中国而言，"管理"向"治理"的转型，在相当程度上，实际是一种"回归"。"国家的名称，各级国家机关的名称，都冠以'人民'称号，这是对中国社会主义政权的基本定位。"⑥长期以来，"不少行政机关和公务人员并没有清楚地认识到城市主人和公仆的关系，将市民视为管理对象，无心倾听市民心声，不关注市民基本权益，把市民作为城市管理的对立面对待，在城市管理中笼统地一概奉行'管理—压制型'模式，致使城市管理问题层出不穷"⑦。曾经，西方国家"具有资本主义剥削社会性质的

① 卢坤建，苗月霞.回应型政府建设的理论与实践[M].广州：中山大学出版社，2011：185.

② 宋晓娟.共生理论视角下的中国城市社区治理研究[D].长春：吉林大学，2021.

③ 习近平.在中央人大工作会议上的讲话（2021年10月13日）[J].求是，2022（5）：4-13.

④ 习近平.在中央人大工作会议上的讲话（2021年10月13日）[J].求是，2022（5）：4-13.

⑤ 黄传英.城市公共安全治理与地方实证研究[M].南宁：广西人民出版社，2019：202.

⑥ 《"三新"专题解读》编写组."三新"专题解读[M].北京：台海出版社，2016：87.

⑦ 王蕊.新时代青年公职人员道德建设研究[D].长春：吉林大学，2021.

城市发展至今，民主政治、现代法治越来越趋于健全、完善，约束着城市政府不能简单粗暴地以管理者的身份自居"①。在中国共产党执政的人民共和国内，城市政府的各级管理者都应具备反思思维，致力于扮演好"公仆""服务者"角色，构筑起"服务—回应型"现代治理模式，做到一切以人民为中心，基于人性化角度，深度思考城市综合治理的措施、步骤、细节、成效等不同层面问题。改革开放以来，中国公民的个人利益逐渐受到重视，2004年，人权入宪使得公民合法权益保障提高到宪法原则层面。"人民大众的权利意识迅速觉醒，利益诉求日渐增长，维护自身利益的主动性和参与社会公共事务的积极性越来越高。"②人民群众、老百姓等一度被概念化的称呼，变得越来越"实体化"。这也为实现"人民城市人民管"的理想，不论是管理的主体——"人民"还是管理的客体——"人民"，都在法律上有了保障。城市是人民的城市，管理城市的主体理所当然是广大人民。

二、城市治理所具备的行政法治基础

在中国共产党第十八次全国代表大会报告中明确："任何组织或者个人都不得有超越宪法和法律的特权。"③将行政法治领域的科学理念与现实情况紧密结合，同时，一以贯之地奉行以人为本和法治行政原则，为有朝一日真正实现现代城市治理现代化夯实基础。以建设法治政府的基本要求为指引，将人本、人文、民主、法治、高效、和谐的现代城市治理理念落到实处，在行政实践中时时处处着力做到问政于民、问需于民、问计于民，注重以人为本、公众参与、权益保障，令现代城市治理的视野、境界、气魄等全方位得到前所未有的提升，其中包蕴的政治与法治层面意义不言而喻。在法律的规制与指导下，吸引和激励越来越多的城市民众和社会组织参与城市治理工作，探索政民合作、协同治理的城市治理创新模式，才能真正将人民的城市人民管从理念变为现实。

---

①　张文杰. 邓小平德育思想及其当代价值研究 [D]. 西安：西北大学，2021.
②　李春憬. 我国协商民主中的公民公平参与研究 [D]. 济南：山东大学，2020.
③　韩宇. "四个全面"学习问答 [M]. 北京：北京联合出版公司，2015：139.

其一，城市治理以人民主权为理论基石。"主权是指一个国家的最高权力，人民主权意味着国家权力来自人民、属于人民、服务于人民。"①《中华人民共和国宪法》指出，"中华人民共和国的一切权力属于人民"，"人民行使国家权力的机关是全国人民代表大会和地方各级人民代表大会"，"人民依照法律规定，通过各种途径和形式，管理国家事务，管理经济和文化事业，管理社会事务"。②可见，人民主权是中国的立宪之本。"城市治理以多元主体共同参与治理为核心，从理论根基的角度来看，符合人民主权要求，凸显人民主权原则。"③

其二，城市治理以社会公众制约政府权力。"允许公民及社会组织共同参与城市治理，保证其最大限度的参与，从而实现了政府与公民或公民之间的充分沟通和交流，使行政机关的决策是建立在权衡各种利益诉求并达成共识的基础上，在很大程度上，此种做法可有效避免行政机关因单方面接触而产生偏向行为，进而遏制权力滥用问题。"④此外，城市治理必然要求行政活动实现透明化、公开化，基于此，社会公众制约、监督政府权力成为可能，城市政府自利性问题得以有效破解，行政权力滥用得以有效遏制。

其三，城市治理通过利益表达保障权利。"个体对于自身利益的认识、判断最为准确。城市政府行政决策后，必然会对个体利益产生重大影响，因此，理应赋予民众个体参与城市治理决策并维护自身利益的基本权利。"⑤在城市治理模式下，多元治理主体地位平等，皆拥有表达自身诉求的规范化渠道，这也使得不同治理主体皆能更好地保障自身合法权益。

城市治理除了在价值观角度符合宪政与行政法治的基本价值追求之外，同时，在规范意义上，也不乏宪法和行政法律规范依据。例如，《中华人民

---

① 王英津. 比较视域中的"民主分离论"：剖析与澄清 [J]. 兰州大学学报（社会科学版），2019，47（01）：16-25.

② 中华人民共和国宪法 [EB/OL].（2018-03-22）[2023-06-30]. https://www.gov.cn/guoqing/2018-03/22/content_5276318.htm.

③ 韩明清，张越. 从城市管理到城市治理的转型研究——以杭州市为例 [M]. 北京：中国建筑工业出版社，2017：17.

④ 李珊珊. 参政党视角下中国新型政党制度研究 [D]. 济南：山东大学，2021.

⑤ 康枫翔. 行政程序的正当性要求及证成——以行政民主为核心的扩展模式 [J]. 法制博览，2017（34）：65-66+49.

共和国宪法》规定："人民依照法律规定，通过各种途径和形式，管理国家事务，管理经济和文化事业，管理社会事务。"城市中的公共事务显然属于此条规定的人民有权参与管理的范围，此条可视为城市治理最直接的宪法依据。此外，《中华人民共和国宪法》还规定："全国人民代表大会和地方各级人民代表大会都由民主选举产生，对人民负责，受人民监督。国家行政机关、审判机关、检察机关都由人民代表大会产生，对它负责，受它监督。""一切国家机关和国家工作人员必须依靠人民的支持，经常保持同人民的密切联系，倾听人民的意见和建议，接受人民的监督，努力为人民服务。""中华人民共和国公民对于任何国家机关和国家工作人员，有提出批评和建议的权利。"《中华人民共和国行政强制法》规定："公民、法人或者其他组织可以向行政强制的设定机关和实施机关就行政强制的设定和实施提出意见和建议。有关机关应当认真研究论证，并以适当方式予以反馈。"①除此之外，《中华人民共和国行政处罚法》以及《中华人民共和国行政许可法》的相关法条中，也对体现利益表达和权力制约的"听证程序"②做出专门规定。

三、市场经济为"齐抓共管"城市管理格局奠定了坚实基础

市场经济的发展，促成了社会利益主体的多元化，而且中国共产党第十八届中央委员会第三次全体会议上把旧有的"市场在资源配置中起基础性作用"③表述改为"市场在资源配置中起决定性作用"④，这不但厘清了政府和市场的关系，而且大大提升了市场的地位。市场地位的提升，归根到底是企业个体是否具备国家或城市公共事务管理的"知情权、参与权、选择权、

---

① 中华人民共和国行政强制法（2011 年 6 月 30 日第十一届全国人民代表大会常务委员会第二十一次会议通过）[EB/OL].（2011-07-01）[2023-06-30]. http://www.npc.gov.cn/npc/c12488/201107/98c7544254d144faab29be0dd5c0a915.shtml.

② 章昌志. 治安行政法学 [M]. 武汉：武汉大学出版社，2018：216-218.

③ 邵有为，卫功琦. 中国金融组织体系改革论 [M]. 北京：中国金融出版社，1996：85.

④ 赵林如. 中国市场经济学大辞典 [M]. 北京：中国经济出版社，2019：31.

监督权"①。因此，"在现代城市管理中，有必要破除公权力垄断性，城市公共服务提供者不应过于单一，城市民众、经济组织、社会组织等皆为城市政府的协作伙伴，其合法权益、意见建议应该得到城市政府充分重视，城市政府必须竭尽所能保障社会力量有机参与城市管理"②。将多元主体参与视为核心理念，形成"政府牵头、政民合作、大家联手、齐抓共管、利益共享"③的新型城市管理局面——城市治理。

四、从城市管理向城市治理转型的发力点在城市党委和政府

城市发展和治理水平与民生问题直接相关，集中体现执政党的行政能力。"在市场经济、民主政治、社会文化持续进步的背景下，世界范围内，民主潮流、国家福利性盛行，传统意义上的政府职能亟须扩大、丰富、完善，旧有的管理行政、秩序行政已然不合时宜，构建服务行政为主的现代行政体系才是大势所趋。未来，城市民众参与城市管理的积极性必然会与日俱增，在城市治理体制、方法等领域实现创新与突破是万众瞩目的问题。"④国家层面已十分明确，在全面深化改革领域，总目标为："推进国家治理体系和治理能力的现代化"⑤。以上述顶层设计为引领，中共中央层面必然会陆续出台一系列配套制度。但是，对于城市管理而言，从管理向治理转型的发力点乃至突破点只能在地方城市党委和政府。1996 年，中国颁行《中华人民共和国行政处罚法》，规定了相对集中行使行政处罚权以来，相对集中行使行政处罚权的制度探索就迅速发展成为各地城市政府推进城市管理体制、机制和方法改革创新的重要路径。在中国共产党第十六届中央委员会第四次全

---

① 本书编写组. 怎样做好思想政治工作 [M]. 北京：党建读物出版社，2018：199.

② 周定财. 结构功能主义视角下地方服务型政府的结构分析 [J]. 上海行政学院学报，2016，17（03）：43-52.

③ 郭辰. 城市管理综合执法问题与对策研究 [D]. 南昌：南昌大学，2018.

④ 朱鸿亮. 习近平新时代中国特色社会主义文化建设重要论述的理论体系研究 [D]. 西安：西安理工大学，2021.

⑤ 戴木才. 中国特色政治伦理 中国共产党对执政正当性的探索 [M]. 北京：商务印书馆，2019：156.

体会议上强调："加强社会建设和管理，推进社会管理体制创新。"[①]这一理念意味着，国家认可、鼓励地方政府在社会管理领域所做的体制机制改革与探索。中国共产党第十七次全国代表大会报告又提出："加快推进以改善民生为重点的社会建设"[②]，"建立健全党委领导、政府负责、社会协同、公众参与的社会管理格局"[③]。随后，全国 40 多个地方开展了社会管理创新试点工作，地方政府主导的城市管理体制改革也竞相推出。2012 年，中国共产党第十八次全国代表大会报告中，把社会体制改革上升到了构建有中国特色社会主义社会管理系统的高度，要求"加快形成党委领导，政府负责，社会协同，公众参与，法治保障的社会管理体制，加快形成政府主导、覆盖城乡、可持续的基本公共服务体系，加快形成政社分开、责权明确、依法自治的现代社会组织体制，加快形成源头治理、动态管理、应急处置相结合的社会管理机制"[④]。这种在中央顶层设计引导下的地方政府的自发自觉探索体现出中国城市治理将遵循"地方政府先行"发展模式。

中国共产党第十九次全国代表大会报告强调社会治理问题，城市管理向城市治理转型的趋势已经非常明显，该报告提出："打造共建共治共享的社会治理格局。加强社会治理制度建设，完善党委领导、政府负责、社会协同、公众参与、法治保障的社会治理体制，提高社会治理社会化、法治化、智能化、专业化水平。"[⑤]中国共产党第二十次全国代表大会上的报告进一步细化了基层党组织在城市治理中的重要作用，该报告强调："加强城市社区党建工作，推进以党建引领基层治理。"[⑥]"健全基层党组织领导的基层群众

---

① 中共中央关于加强党的执政能力建设的决定 [EB/OL].（2008-08-20）[2023-06-30]. https://www.gov.cn/test/2008-08/20/content_1075279.htm.

② 胡锦涛.高举中国特色社会主义伟大旗帜　为夺取全面建设小康社会新胜利而奋斗 [N]. 人民日报，2007-10-25（01）.

③ 胡锦涛.高举中国特色社会主义伟大旗帜　为夺取全面建设小康社会新胜利而奋斗 [N]. 人民日报，2007-10-25（01）.

④ 胡锦涛.坚定不移沿着中国特色社会主义道路前进　为全面建成小康社会而奋斗 [N]. 人民日报，2012-11-18（01）.

⑤ 习近平.决胜全面建成小康社会　夺取新时代中国特色社会主义伟大胜利 [N]. 人民日报，2017-10-28（01）.

⑥ 习近平.高举中国特色社会主义伟大旗帜　为全面建设社会主义现代化国家而团结奋斗 [N]. 人民日报，2022-10-26（01）.

自治机制，加强基层组织建设，完善基层直接民主制度体系和工作体系，增强城乡社区群众自我管理、自我服务、自我教育、自我监督的实效。完善办事公开制度，拓宽基层各类群体有序参与基层治理渠道，保障人民依法管理基层公共事务和公益事业。"①中国共产党第二十次全国代表大会胜利召开后，城市治理中依托政府、党委发力，同时，与社会基层力量形成合力已经成为常态。

---

① 习近平. 高举中国特色社会主义伟大旗帜　为全面建设社会主义现代化国家而团结奋斗 [N]. 人民日报，2022-10-26（01）.

第九章

城市治理理论演化与脉络

当前，城市化进程持续提速，新型城镇化战略深度推进，城市治理在推进国家治理体系和治理能力现代化进程中的核心作用已然不言而喻。与此同时，与城市治理息息相关的新理念、新技术、新模式层出不穷，城市治理不论内涵抑或范畴都显示出迅速扩大趋势，在治理要素变革的有力驱动之下，城市治理形态不断向前演进，即从 1.0 条线结构向 3.0 纺锤体结构演进。可以预见的是，在城市治理领域，政府、企业、公众三方将成为紧密协作的"共同体"，齐心协力、共同协作推进城市治理体系和治理能力现代化。基于此，深入厘清城市治理理论演化与脉络问题具有一定必要性。

第一节　现代城市治理的方法论和新理念

现代城市已经演变成为一个极为复杂的"综合体"，城市治理工作的复杂性自是不言而喻。但实际上，城市治理工作表面上纷繁复杂，却并非完全无规律可循。只有掌握科学的方法论以及新理念，才能更科学地指导城市治理实践。

一、城市治理的方法论

在进行科学研究时，科学的方法论指导始终是不可或缺的。现代城市治理中，只有科学合理地构建起包含系统观、过程观、辩证观的方法体系，才能掌握高度复杂的城市治理工作的规律性。

（一）系统论

"系统是由不同要素互相联系、互相影响、互相依赖而构成的有机整体。"[①] 遍览古今中外学术史，系统思想可谓源远流长、众说纷纭，但综观其思想内核，学者们瞩目的始终都是系统的整体性、全面性以及系统要素间的相互联系。

"现代城市属于一种极具复杂性的多要素系统，其中，经济、生态、人文、社会、环境等要素相互交织，人流、资金流、物流、信息流相互交汇，形成了纵横交织、错综复杂的多维度巨型系统。"[②] 城市治理以城市为对象，科学研究成果表明，与现代城市治理相关的各类因素至少有 10 余种。"推进城市系统的发展，不仅要关注各个城市子系统的良性发展，而且要关注各个城市子系统与城市系统总体发展管理目标是否呈现协同态势。"[③] 在现代城市管理体系中，往往以专业职能分工为基础展开，要素之间的差异性被过分凸显出来，从而人为地将系统与要素、此要素与彼要素刚性、机械地做出切割，进而导致现代城市管理的痼疾积重难返，具体而言，即"条块分割、各自为政、职责交叉、管理粗放、缺乏协调"[④]。因此，现代城市治理理应遵循系统论指引，只有在理清城市中各"要素—要素"以及"要素—系统"之间关系的基础上，才能对城市进行科学有效、协调有序的治理。

（二）过程论

在古代，已有部分学者提出过程论思想。譬如，赫拉克利特认为，"人

---

① 康雯嘉. 城市基层社会"嵌合式治理"研究 [D]. 长春：吉林大学，2021.

② 范晓鹏. 西安都市圈一体化与高质量耦合发展规划策略研究 [D]. 西安：西安建筑科技大学，2021.

③ 韩明清，张越. 从城市管理到城市治理的转型研究——以杭州市为例 [M]. 北京：中国建筑工业出版社，2017：20.

④ 王得新. 中国经济热点问题研究 [M]. 天津：天津人民出版社，2016：173.

不能两次踏进同一条河流"①。很多学者都认为，事物是在不断发展和变化的，且其并不存在固定的形态。在《费尔巴哈论》中，恩格斯指出，"世界不是一成不变的事物的集合体，而是过程的集合体"②。过程论思想凸显出共同的核心要义，即"运动、变化、发展，事物总是处于不断发展变化的过程之中"③。在现代，城市进入飞速发展时期，因此，城市治理也在不断演化和发展，该领域的新事物、新问题层出不穷，时时刻刻都在考验城市治理主体的治理方法和治理能力。换言之，"城市治理应当摒弃静止的、固化的眼光，而应当关注治理在时间和空间上的延续性，才能将城市治理作为不断发展的动态过程，以更为长远的眼光进行城市治理，防止只关注眼前利益而忽略长远发展的短视弊端"④。

（三）辩证观

在经典的辩证法研究领域，人们已经取得共识，即"事物是相互联系、发展变化的，发展根源则是事物内部矛盾的对立统一"⑤。其中，最值得注意的是对立统一规律，这一规律无疑是辩证法的实质与核心。"矛盾是普遍客观存在的，矛盾分析法作为最根本的认识方法，需要善于观察和分析种种事物的矛盾运动而指出解决矛盾的方法。"⑥现代城市治理的对象是错综复杂的城市各因素，因而导致城市治理必然会面临五花八门、错综复杂的矛盾，例如"行政机关之间的矛盾、行政机关与行政相对人的矛盾、行政相对人之间的矛盾"⑦。所以，人们首先必须学会正视城市治理中的重重矛盾与冲突，然后积极地分析矛盾，最后找出适宜的矛盾解决方法，换言之，仅仅简单、粗

① 赫拉克利特.赫拉克利特著作残篇[M].楚荷中，译.桂林：广西师范大学出版社，2007：9.

② 马克思恩格斯选集（第四卷）[M].北京：人民出版社，1972：240.

③ 王永昌，李梦云.世界大变局视野下的确定性与不确定性[J].人民论坛·学术前沿，2021（10）：108-119.

④ 韩明清，张越.从城市管理到城市治理的转型研究——以杭州市为例[M].北京：中国建筑工业出版社，2017：20-21.

⑤ 田心铭.对立统一规律的系统阐述——《矛盾论》研读[J].贵州师范大学学报（社会科学版），2011（03）：20-28.

⑥ 郑钧蔚，雷凡毫.践行党的宗旨：在着力解决社会主要矛盾中谋好人民幸福[J].四川省干部函授学院学报，2021（02）：31-36+42.

⑦ 康健.行政时效制度研究[D].长春：吉林大学，2020.

暴地压制或隐瞒矛盾是非常不明智的做法。唯有积极地寻求矛盾双方利益的统一点，正确应对和处理矛盾，令矛盾双方达成共识，才能使城市治理步入健康、稳步发展的轨道。

二、城市治理的新理念

在城市管理领域，人们更加倾向于强调管理的单向性、威权性以及强制性。反观城市治理领域，则引入了许多全新的先进理念，这些重要理念相互联系、相互影响、相互作用，即构成现代城市治理的核心价值体系。

（一）人本

归根究底，城市的形成始于大量的人的聚集，因此，城市的主体一如既往地应该是城市里的人。现代城市治理的出发点和归宿皆为人，以人为本就成为一种必然。现代城市治理的目的是满足人的物质文化需求，城市治理的依靠力量必然为城市民众，城市治理的最优效果是提升全体城市民众的物质文化生活水平。现代城市治理尊重多元治理主体，实质上即为对人的尊重以及对人本精神的传承。

城市始终以人为核心，城市治理应该遵循公众对美好生活的向往而发力，换言之，中国城市治理的价值遵循一如既往地就是以人民为中心。中国共产党诞生后，其贯穿始终、矢志不渝的最高使命就是带领人民为创造美好生活而不懈奋斗，在革命、建设、改革等不同历史时期，中国共产党以人民为中心的思想从未动摇。毛泽东借由《为人民服务》一文，鼓舞中国共产党党员学习张思德精神，始终坚持将全心全意为人民服务放在首要位置。邓小平认为"凡是于人民有利的事情，无不尽力提倡与实行"[①]。习近平总书记强调："城市的核心是人，城市工作做得好不好，老百姓满意不满意，生活方便不方便，城市管理和服务状况是重要评判标准。城市治理必须把让人民宜居安居放在首位。"[②] 这实质上是一种深刻的"人本治理"的城市观。在人本主义

---

① 本书编写组.《邓小平文选》第一、二卷学习辅导 [M]. 北京：法律出版社，1994：211.

② 中共中央党史和文献研究院.十八大以来重要文献选编（下）[M].北京：中央文献出版社，2018：83.

理念观照下，城市治理"一方面应下大力破解与人民群众息息相关的现实问题，持续提升公共服务水平；另一方面应着力构建和谐、优美的城市生态环境，将城市建设成为人与自然和谐共处的良性生态系统，同时，健全公共卫生应急管理体系，有效保障人民生命健康"①。

（二）人文

《辞海》载："人文指人类社会的各种文化现象。""文化是人类、民族或人群共同具有的符号、价值观及其规范。符号是文化的基础，价值观是文化的核心，规范是文化的主要内容。"②在现代城市发展进程中，人文精神得到赓续和传承。因此，在城市治理中，将人文精神发扬光大已然成为一种必然要求。在现代城市治理中，应依托于厚重的城市人文传统，为城市打造独特的城市风貌，进而构建人与人之间健康和谐的关系，最终，为城市公众营造出共同的精神家园，令他们在城市中工作和生活时心中充满归属感。

（三）民主

所谓城市治理的民主理念，倡导的是人民参加城市治理。"城市治理更注重社会与公民的参与和互动，在某种程度上促进了城市生活民主。"③就民主的本质要求而言，为了进一步提升政府决策的合理性与合法性，落实公民参与已然势在必行。"人民的城市人民管"是已经获得绝大部分学者共识的观点，在很大程度上，该观点倡导城市公众应尽可能地参与城市治理，这个参与过程也就是对话和沟通的过程，基于此，实现政府—市民、市民—市民之间的充分沟通和交流成为可能。除此之外，公众应参与城市治理，会倒逼政府等行政机构将其行为与活动公开化透明化，公众获得了全新的制约和监督政府权力运行的高效路径。可以推知，在城市治理中，民主就是其至关重要的行为方式，这不仅要求最大限度地尊重民主利益表达，而且要求实施一定程度的权力制约。

在城市治理进程中，普遍采取的根本方式即为共同治理。"城市治理体

① 汤文仙.从接管城市到治理城市：我国城市管理的探索与思想演进[J].城市管理与科技，2021，22（04）：18-21.

② 都永浩，王禹浪.中华文化认同的逻辑前提——概念、来源和内部关系[J].青海民族研究，2021，32（04）：13-26.

③ 徐建宇.城市社区新兴社交驱动技术治理：力量、支撑与限度[J].探索，2021（06）：147-161.

系必须满足共治要求，而这一切是基于城市政府、社会组织、城市民众等多元主体合作共治的。"① 已有的城市治理实践向人们证明，城市发展进程中面临的形形色色的复杂问题，仅仅凭借传统的、自上而下的、单向的城市管理思维已经难以破解，而突击式、运动式、强制式管理方式可能导致问题进一步恶化。因此，必须采用共治理念推进问题的破解进程，激励城市民众自觉、积极地参与城市事务，形成合力，共同推进城市治理进程。习近平总书记指出："只有让全体市民共同参与，从房前屋后实事做起，从身边的小事做起，把市民和政府的关系从'你和我'变成'我们'，从'要我做'变为'一起做'，才能真正实现城市共治共管、共建共享。"② 他还强调，"市民是城市建设、城市发展的主体，要尊重市民对城市发展决策的知情权、参与权、监督权，鼓励企业和市民通过各种方式参与城市建设、管理"③。为了实现城市治理领域的共建、共治、共享，城市民众治理主体地位必须得到明确彰显，但同时，不同城市治理主体的权责边界也必须得到严格区分。"为了保障城市治理能力的不断提升，强有力的城市政府必须发挥其应有作用，在交通治理、公共安全、环境治理、公共服务等……公共事务领域，城市政府必须积极发挥好其主导作用。"④ 为了在城市中实现合作共治，城市政府必须关注城市基层社会治理体系建设问题，想方设法吸引城市民众、社会组织主动参与城市治理工作，摒弃传统城市政府自上而下进行的"单边管控"模式，推进城市步入现代化的多元共治模式。中国共产党强调实现有城市基层社会有机参与的城市合作共治，是中国共产党推进现代城市治理转型的科学思维导向之一。

（四）法治

以往，受到中国传统的城市管理模式制约，在行政管理过程中，"侧重于服从政策、行政首长意志，人治特征十分显著，这可能令行政管理行为不

---

① 宋晓娟.共生理论视角下的中国城市社区治理研究 [D]. 长春：吉林大学，2021.

② 习近平：城市政府应该从"划桨人"转变为"掌舵人"[EB/OL].（2018-02-09）[2023-03-30]. http://cpc.people.com.cn/xuexi/n1/2018/0209/c385476-29814517.html.

③ 习近平：城市政府应该从"划桨人"转变为"掌舵人"[EB/OL].（2018-02-09）[2023-03-30]. http://cpc.people.com.cn/xuexi/n1/2018/0209/c385476-29814517.html.

④ 王敏.嵌入性视角下城市老旧社区治理创新研究 [D]. 广州：中共广东省委党校，2021.

确定性增加，对城市秩序稳定不利"①。在现代城市治理中，法治规则的确定性得到更多彰显与尊重，从客观维度，法治可以将规则、秩序等固定下来；从主观维度，法治可以框定行政行为的可预期性。由此可知，在城市治理时代，政府行为方式应该相应作出变革，"以政策和行政首长意志为中心的行为方式显然已经不合时宜，更应强调的是法律规范和法治机制在政府行政过程中的作用"②，应该下大力加强"依法行政"的法治规则对政府行为的控制与约束力。

国家治理现代化的重要标志之一就是法治。中华人民共和国成立后，毛泽东指出，在国家法制工作中，首要方法论原则为：民主立法。邓小平强调，"为了保障人民民主，必须加强法制，使民主制度化、法律化"③。习近平总书记认为，"要强化依法治理，善于运用法治思维和法治方式解决城市治理顽症难题"④。一旦失去了法治这一基础前提，城市治理现代化就会成为不切实际的空中楼阁。究其本质，城市治理权力的直接来源理应为法律，城市治理进程中的权力运用必须以遵循法律规范为前提。由此可以推知，在现代城市治理进程中，法治化无疑是一种必然趋势。在法治化框架下，城市发展的各项决策及其执行都可以被限制在合理范围、边界内，可以讲，现代城市治理涉及的制度、体制、机制、技术皆不应与法律相违背。首先，城市欲实现依法治理，必须以坚持中国共产党领导为前提。为了稳步推进城市治理体系和治理能力现代化，必须始终坚定不移地坚持党建统领，最大限度地发挥基层党组织在城市治理中的动员、组织以及引领作用。其次，城市管理和城管执法皆不可或缺，两者紧密联系，相互作用，相辅相成。前者为后者提供管理资源，而后者为前者提供执法保障。最后，为推进治理城市进程，执法水平提升问题必须提上日程。一方面，应该着力构建和完善城市法制体系；另一方面，应该注重城市综合执法者综合素养培育工作。

---

①　孙超然.中美行政解释模式之比较研究[D].长春：吉林大学，2020.

②　邱曼丽.政治责任法治化研究[D].北京：中共中央党校，2020.

③　邓小平.解放思想，实事求是，团结一致向前看[N].人民日报，1983-07-01（01）.

④　中共中央党史和文献研究院.十八大以来重要文献选编（中）[M].北京：中央文献出版社，2021：756.

（五）高效

所谓现代城市治理，应该是一种高效治理，任何城市治理皆必须讲求科学与效能。现代城市可以被视为一种巨大系统，具有复杂性与综合性，欲实现其有序发展，必须更加注重城市治理成效问题，建立极具工作效率的政府、治理机构、治理队伍。总而言之，高效已然成为城市治理的一大核心要义。政府的高效运转，离不开行政体制与机制的创新、深化改革，应该持续优化组织结构，精简行政层次和办事流程，理顺职责分工，提高行政效率，降低行政成本，推进政府职责、机构和编制的科学化、规范化、法治化进程。不仅要加强城市管理相关部门之间的协调、协作、互动等机制，而且应该向简政放权、重心下移、政事分离、政社分开方面作出更多有益探索。

（六）和谐

在现代城市治理中，非常注重彰显人的价值，同时，着力营造人与人、人与自然之间的共生共荣氛围。通常情况下，应积极采取相关举措，更好地维护城市共同体以及城市生态圈，不仅实现人与人之间的和谐，而且实现人与自然之间的和谐，这无疑是更加先进的城市治理理念的体现。

（七）精细

改革开放后，中国城市化进程急速加快。1978 年，中国城市化率为17.9%。2020 年，中国城市化率已经达到 60%。"在城市化进程中，粗放型发展居多，环境污染、交通拥堵、房价虚高、应急迟缓等城市病愈演愈烈，城市风险性、安全性、脆弱性问题不断暴露出来"[1]。"大城市病"的泛滥引人深思，究其原因，是城市管理水平与城市发展速度不相适应所致。中国共产党已经敏锐地意识到，城市在中国经济社会发展、民生改善中举足轻重的地位，并积极采取措施，步步深入，持续改进城市规划、建设、管理等领域工作，保障所有城市发展的质量、水平不掉队。习近平总书记强调，"城市管理应该像绣花一样精细，要注重在科学化、精细化、智能化管理上下功夫"[2]。当今，

---

[1] 汤文仙. 从接管城市到治理城市：我国城市管理的探索与思想演进 [J]. 城市管理与科技，2021，22（04）：18-21.

[2] 王彦田，刘志强，丁怡婷."城市管理应该像绣花针一样精细"[N]. 人民日报，2023-06-21（01）.

随着地域的扩张，城市规模越来越大，这导致城市治理工作变得愈发复杂、系统。同时，城市民众素质大大提升，对生活质量的要求越来越高，要求城市做到高效运行、交通快捷、绿色环保等，传统管理方式已经无法适应现代城市需求。城市需要精细化治理，这已成为一种发展趋势。以往，粗放式城市管理的落后性已经逐步显现，这与现代城市复杂、多元的管理需求相互背离，此时，城市的精细化治理理念应运而生并逐渐深入人心。精细化治理下，城市管理者应"细微处着眼""点滴处入手"，在城市治理全过程中时时处处贯彻落实精细化理念，持续完善标准规范等制度体系，使得标准化要求贯穿城市治理的方方面面，做到每项管理皆有据可循，令精细化管理水平持续提升。

（八）科技

在中国共产党第十九届中央委员会第四次全体会议上，曾经强调："要完善党委领导、政府负责、民主协商、社会协同、公众参与、法治保障、科技支撑的社会治理体系。"[1] 毋庸置疑，在推进城市治理现代化进程中，技术治理应该被视为社会治理体系的有机构成要素，技术在城市治理中发挥的作用引人瞩目。在互联网、大数据、人工智能、云计算等新技术影响下，城市的生活方式和治理模式都在发生翻天覆地的变化，城市大脑、数字城市、智能城市等新理念呈现井喷状态，城市治理的创新方向不断向外发散，呈现多元化特征。习近平总书记指出，"运用大数据、云计算、区块链、人工智能等前沿技术推动城市管理手段、管理模式、管理理念创新，从数字化到智能化再到智慧化，让城市更聪明一些、更智慧一些，是推动城市治理体系和治理能力现代化的必由之路，前景广阔"[2]。就技术治理而言，一方面，强调的是新兴信息技术的技术属性；另一方面，强调的是新兴信息技术的治理属性。在现代城市治理中，人们倾向于借助先进技术的傲人力量，实现规则重构、流程再造，并以此为基础打造全新的"无缝隙政府"[3]。就纵向层级而

---

[1]　中共中央关于坚持和完善中国特色社会主义制度　推进国家治理体系和治理能力现代化若干重大问题的决定 [N]. 人民日报，2019-11-06（01）.

[2]　窦瀚祥. 让城市更聪明一些、更智慧一些 [N]. 人民日报，2022-09-05（05）.

[3]　张晨. 电子政务概论 [M]. 广州：广东人民出版社，2016：298.

言，引入新技术后，信息流通越来越便捷迅速，中间层级冗余逐步得到有效缓解，扁平化组织结构成为主流趋势；就横向层级而言，新技术不断普及，信息化手段得以遍地开花，办事流程、执法响应、反馈效率皆同步升级，为城市民众提供"一站式服务"不再是空谈，不久的将来，城市政府将不再是单纯的"管理者"，而是城市民众的综合"服务者"。在新技术加持下，城市政府能够得心应手地打造与民生服务相辅相成的应用场景与平台，涵盖政务、养老、医疗、社保、教育、文化等多个领域，为城市民众提供优质城市公共服务，有力促进城市治理水平跨越式升级。

第二节　治理理念下城市管理主体和范围

根据前文对城市管理的概念界定，已经初步明确现代城市管理的主体和范围等重要问题。要建立治理理念下的新型城市管理体制，亟须继续深入探究这两个问题。基于此，本书从实践角度回顾各地对城市管理体制的探索历程，并在理论层面进行归纳和总结。

一、城市管理的主体

现代城市管理的主体是多元的。以往，大部分人认为，城市管理主体仅限于城市政府，这显然是狭隘和错误的，只有实现"政民共治"，才能增强城市管理可接受性、提升城市管理效率以及节约城市管理成本。城市管理终将向更具有正当性的城市治理转型，城市管理主体的多元化是城市管理未来的发展方向。因此，城市政府必须前所未有地充分注重社会组织、城市民众在城市管理中的主体地位。

（一）**根本主体：城市民众**

城市是人民的城市。城市民众指的是居住生活在城市内的户籍人口以及流动人口。就其本质而言，城市的一切公共活动都应该围绕城市民众的需要展开，为所有城市民众服务。由此可知，城市民众在城市管理中有着举足轻重的地位。吸引和鼓励城市民众参与城市管理，可使管理者在作出决策时更加符合民意，可强化城市民众对决策的可接受度，进而令公共服务质量与效率得到显著提升。就城市民众自身而言，他们参与城市管理的目的在于，保证公共服务更符合其自身需求，并倒逼公开、透明的政府体系得以构建。

（二）核心主体：城市政府

就其本质而言，城市政府权力来源于城市民众的授权，但是，为形成城市管理运作常态化态势，城市民众参与的管理被视为间接管理形态，换言之，城市管理的核心还是城市政府，城市政府在城市管理中的地位不言而喻。当然，无可否认，政府的职能也在经历长期的演变，如自由主义推崇的"守夜人"政府、凯恩斯主义倡导的"干预型政府"[①]、曾经盛行一时的"城市经营型政府"等，他们已经取得的共识是，城市政府的核心职能之一为其对城市公共事业的管理。社会在不断进步与发展，城市中必然有大量公共事务有待处置，处理这些公共事务是城市政府的重要职责之一。社会组织、城市民众时常不能够自行有效地管理城市公共事务，只能仰赖于城市政府来担此重责。不容忽视的是，在城市管理中，除了城市行政部门外，城市立法部门、城市司法部门也作用卓然。其中，立法部门负责有效地创制城市运行规则，规制一系列城市相关的管理体制、权限、程序、责任、救济等问题，对城市发展具有基础性的规制、指引作用。而司法部门则负责对城市管理中产生的纠纷作出裁决，其司法部门的裁判通常被视为城市管理中作出强制执行的最有力依据。

（三）扩展主体：社会组织

在现代城市治理中，离不开社会组织的积极参与。所谓社会组织，广义上涵盖所有的非官方权力系统机构，在城市管理领域，常见的社会组织有社会自治团体、非营利性组织（NPO）、非政府性组织（NGO）等，他们都具有非权力性、非官方性、自治性、志愿性等特征。在城市管理中的自治领域中，社会组织往往发挥着举足轻重的作用，并能够监督与督促城市政府切实

履行其担负的城市管理职能。社会在不断发展与进步，城市管理的事务必然会愈发繁杂，城市政府无法事无巨细地完成所有的城市管理事务。为避免行政资源浪费，城市管理职能亟须合理分配，城市政府、社会组织都应该各司其职。通常情况下，具体而言，城市政府主要的职责是宏观管理以及对社会法则的总体协调，而社会组织更加关注相对微观的城市公共事务。城市政府管理属于一种刚性，遵循一系列固定的规则。社会组织管理则相对松散，多依赖自我管理与自我约束。社会组织参与城市管理分工，有力地促进了政府职能转变，行政负担大大减轻，行政效率有效提升，官僚主义、权力寻租等痼疾问题得到缓解。

二、城市管理的范围

所谓城市管理的范围，指的是城市管理囊括的具体领域，或是城市管理囊括的具体事务，这些具体的领域和事务正是城市在发展和运行过程中需要得到管理的。为了准确划定城市管理的职能界限，首先必须科学界定城市管理的范围。

在通常情况下，城市管理事务主要有两种，即"公共的"以及"私人的"事务。其中，公共事务属于公共管理范畴，私人事务涵盖社会组织、企事业单位的内部事务等，属于私人自治范畴。就现代城市而言，公共事务愈发趋于纷繁复杂，可以基于不同的管理对象，对公共管理进行进一步细分，譬如，政治管理、经济管理、文化管理、社会管理、环境管理、市政管理等方面。其中，就政治管理而言，应该包括城市政府内部管理、意识形态管理、选举管理等。就经济管理而言，应该包括宏观经济调控、招商引资、国有企业管理、政府财政管理、政府审计、税务等。就文化管理而言，应该包括教育、宣传、新闻出版等。值得注意的是，在城市中，管理应该以维护城市日常有效、良好运作为最高目标，其中，最关键的事项为"维护"。社会管理、环境管理、市政管理都与"维护"问题息息相关。所谓社会管理，包括公共秩序管理、公共安全管理、公共交通管理、公共卫生管理、产品质量监督管理、医疗管理、人口管理、社会保障管理等。所谓环境管理，包括生态管理、自然资源管理、园林管理、市容市貌管理、城市绿化管理、污染防治管理等。所谓市政管理，包括城市基础设施管理、公益事业设施管理、公共房屋和商业集市管理等。根据以上划分，可以基于两个层次逐步划定城市管理范围。

首先，如果以维护城市日常有效、良好运作为界定城市管理范围标准，则城市管理范围理应涵盖城市的市容市貌、市政基础设施、城市环境管理，简言之，即"城市物业"。在世界级发达城市中，早已出现"城市物业"概念，"城市物业"的实质就是将城市管理与物业管理相类比。具体而言，"物业"是相对于"事业""地业"而言的。相对于"事业"而言，"物业"指的是对于公共物品、基础设施的维护、清洁和运营；相对于"地业"而言，"物业"指的是指城市中除了土地之外的城市物资管理，主要涵盖地上物、地下管网、城市外观等方面管理。辨明"物业""事业""地业"关系后，城市管理的范围已经逐步趋于明确与清晰。

其次，在理解"城市物业"内涵的基础上，更应该着重明确"物"与"事"之间所具有的不可分性。围绕着城市"物业"，可以构建起各种不同主体之间的社会关系，这些林林总总的社会关系即可归结为"事"，"事"本质是人们的相互行为，"事"积极地影响着"物"的维护效果。换言之，"物"是静止形态的，而"事"是"物"的运动形态。因此，城市管理中，还涵盖了社会管理中与"城市物业"紧密联系的"物业事务"，譬如，公共安全管理、公共秩序管理、公共交通管理、公共住宅管理、公共自然资源管理等，所以，城市管理理所当然地涉及对居民使用城市物业行为的管理。事实可以充分证明，这种对居民行为的管理，单靠行政管理是远远不够的，因此亟须从创新城市管理方法、强化社会建设等方面作出变革与探索。在对"物"进行管理时，目的是使其物尽其用、合理运营；在对"事"进行管理时，目的是借助对人的行为的管理，间接维护城市的有效运转。有鉴于此，城市管理的范围应该包括城市的物质形态和城市物业的运动形态两大部分，即城市物业和物业事务。城市物业、物业事务构成了城市管理的基本范畴，两者动静结合，构筑起最基本的城市秩序。究其实质，城市管理即是对城市秩序的维护，所以，城市管理既涵盖实物维护，也涵盖事务维护，具体而言，实物维护是事务维护的物质基础，事务维护则是实物维护的运动形态。通过进一步分析可知，城市管理的范围不仅局限于此，还应包括部分与城市日常秩序密切相关的领域，譬如，城市规划、城市建设等。从表面上看，这些领域与城市秩序并不存在直接关联，但其带来的正反馈、负反馈效应会直接影响城市秩序，所以，应该将其归入城市管理范围内。基于此，也更有利于理清城市规划、建设与管理三者关系，并明确城市管理在其中发挥的基础性作用。

第三节　治理理念下城市管理的基本原则

在城市治理理念指引下，城市管理体系建构与运行呈现出全新状态，一系列贯彻始终、具有指导性的基本原理和准则应该重新得以确立与秉持，此即为治理理念下城市管理的基本原则。从逻辑层面分析，治理理念下城市管理的基本原则有两类，即"建制原则"以及"运行原则"。建制原则指的是建构城市管理体制时的基本原则，而运行原则指的是完成城市建制步骤后，城市管理体制动态运行过程中应该遵循的基本原则。

一、城市管理建制原则

在治理理念下，城市管理建制原则主要包括五个方面，即自主创新原则；系统性原则；相互配合与制约原则；事权职责边界明确原则；规划、建设、管理分立原则等。

（一）自主创新原则

在中国，通过制定宪法和法律，向各级地方政府赋予一定程度的自主权，宪法和法律框架下的自主创新管理原则，鼓励地方城市政府发挥其主观能动性，结合本地实际情况，因地制宜，大刀阔斧地对城市管理作出探索。基于此，在建构和创新城市管理体制的过程中，地方城市政府可以在遵循法律法规框架的基础上，放心大胆地探索现代城市管理领域的体制以及机制创新。

（二）系统性原则

如前文所述，现代城市本身就是一个庞大、复杂的系统。因此，相应地，现代城市离不开系统性的管理。在构筑城市管理制度的进程中，必须着力做到全盘规划、通盘考虑、合理划分条块事项、权项分割与整合等，不应该出现职能交叉、权责不明、多头管理等问题，最终，打造出"事权责""人财物"相统一的系统的城市管理体制。

（三）相互配合与制约原则

一方面，在建构现代城市管理体制时，为了提高现代城市的行政效率、避免职能重叠，必须构建不同城市管理主体之间相互配合的机制。另一方面，在建构现代城市管理体制时，为了避免权力过分集中、缺乏监督、权力滥用等问题，还应根据事项类别和事权流程（包括决策、执行、监督等）的不同，分别从横向、纵向两个方面进行权力分割，基于不影响治理效果和行政效率的原则，构建现代城市管理中合理的制约机制。

（四）事权职责边界明确原则

在设计现代城市管理体制架构时，理论上应该遵循一事一权、一物一权原则，将城市管理事务的权力和职责边界明确划定，以此来有效避免权力错位、缺位、越位和不到位，令城市管理效率大幅提升，并同步降低城市管理中的行政成本。

（五）规划、建设、管理分立原则

按照现代城市管理领域精细分工要求，在城市发展进程中，规划、建设、管理职能不应混为一谈，而应划归城市不同行政部门进行管理。当然，在某些专业性较强的现代城市管理领域，也可能呈现出"规划—建设—管理"适当有机结合的情况。此外，外部监督机制在规划、建设、管理分治的过程中也是不可或缺的。

二、城市管理运行原则

在治理理念观照下，城市管理运行原则主要包括五个方面，即尊重城市民众主体地位原则、福利原则、宜居原则、可持续发展原则、因地制宜原则等。

（一）尊重城市民众主体地位原则

在现代城市管理中，城市民众的主体地位得到政府的极大尊重，城市政府应该始终坚守权为民所赋、权为民所用观念。首先，要尊重城市民众意志，考虑城市民众感受，拓宽渠道吸引城市民众参与政府决策，始终将城市民众视为城市真正的主人，城市民众对城市管理应该享有充分的话语权、决定权。其次，要转变管理态度和方式，城市政府应该时时刻刻坚守为纳税人服务意识，城市管理者在一定程度上更应该是一种服务者，坚持为所有城市民众提供其需要的服务。再次，要把城市民众利益作为政策制定的出发点、根本点与落脚点，对于公共服务事业、社会保障事业、民生工程等与民众利益息息相关的领域加强关注。最后，要将尊重城市民众的主体地位置于首位，城市政府要做到"有所为有所不为"，对于那些城市民众可以自己、自发、自治解决的问题，城市政府就无须妄加干涉，城市政府的工作重心应向公共服务、消除外部性、宏观调控领域倾斜。

（二）福利原则

福利是城市民众向政府纳税后应被满足的一项基本要求，是城市政府应该给予城市民众的重要公共供给内容。现代城市应该具备一个重要和基本的功能，即为城市民众谋取福利。城市民众享有的福利多种多样，大致可以分为物质福利以及精神福利两种，其中，物质福利包括教育福利、医疗福利、就业福利、安全福利、食品卫生福利、住房福利等，精神福利包括获得人格尊重和体面、基本的人际交往和融洽、对不公和侵权的有效救济等。

（三）宜居原则

所谓宜居城市，指的是适宜人类居住和生活的现代化城市，宜居城市不仅具备适宜人类居住的自然环境以及生态环境，而且具备适合人类发展的社会人文环境，具体而言，即经济发达程度高、文化发展水平好、政治文明公正、公共秩序井然、基础设施完备以及社会健康和谐等。

（四）可持续发展原则

现代城市应该是可持续发展的城市。具体而言，城市的发展既应该满足当代人需求，又不应损害后代人满足自身需求的能力，进而更好地促进全人类未来的发展与进步。在此原则观照下，现代城市的发展不应仅仅追求眼前短浅利益，更应注重长远的发展前景，以此为城市未来发展最大限度地拓展空间。基于此，可持续发展原则不仅适用于城市环境、城市生态领域，而且适用于城市经济文化、城市社会领域，这是一种先进的科学发展观念。

（五）因地制宜原则

所谓因地制宜原则，意指在现代城市发展中，不能仅仅满足于"千篇一律""千市一面"的雷同型发展模式，每个城市应该都是独具个性与特色的，应根据其自身独具的自然、历史、文化、区位等特征，开拓因地制宜的特色发展之路。城市管理既要体现共性，更要凸显个性。

三、城市管理运作方式

在治理理念观照下，城市管理运作方式主要包括四个方面，即服务式运作、法治化运作、参与式运作、信息化运作等。

（一）服务式运作

现代城市始终高度尊重城市民众的主体地位，因此，在进行城市管理的过程中，城市政府管理的运作方式应该是"服务式"而非"管制式"。在现代城市管理中，城市政府的服务性愈加凸显，其在城市管理中承担的职责主要是为城市民众提供公共服务，其行为方式和观念已经发生翻天覆地的根本性转变，为城市民众服务是其最终旨归。

（二）法治化运作

在现代城市管理中，要求政府在进行城市管理时遵循既定的法律与规则进行运作，必须充分保障"法律面前人人平等"的落实，特别是要大力敦促政府及其公务人员做到依法办事，政府在处理纠纷时应该始终依照法律规则相关程序作出及时应对。

（三）参与式运作

在现代城市管理中，首先应做到尊重城市民众主体地位，由此继续延伸可知，城市政府在进行城市管理时，应激励和倡导城市民众、社会组织参与其中。在城市政府即将作出重大决策前夕，应该先主动征询城市民众、社会团体的意见与建议。此外，还应大力推行社区自治模式，并将其作为城市基层治理、化解纠纷、促进融合的重要机制之一。

（四）信息化运作

随着时代进步，信息科技发展水平也在持续提升，现代城市管理工作变得愈加复杂，时时处处存在多重机遇与挑战。互联网、社交网站等技术不断革新，信息发布主体变得多元和复杂，不局限于城市政府等权威机构，普通民众也可以随时随地以自媒体形式发布信息，信息的发布权、解释权不再为政府所垄断。信息技术的发达，导致人们迅速进入信息爆炸时代，因此，城市管理观念、方式也应该随之发生转变。与此同时，信息化管理、计算机、网络、多媒体技术的介入，令城市管理效率急速飙升，令城市管理者无法随意自由裁量城市管理事务，令政府权力走上规范运行的轨道。现代城市管理中，信息化管理趋势已经愈加凸显出来，譬如，新加坡、杭州市已经出现"智能城市"与"智慧杭州"等典型成功案例。

第四节　治理理念下城市管理的基本模式

基于不同的划分标准，可以对现代城市管理模式进行不同视角的多元考察。

一、城市管理目标模式

现代城市管理的目标模式，是指以城市管理理念和价值目标定位为依据，对城市管理的模式进行划分。就此角度而言，现代城市管理大体上可划分为四种模式：

（一）支持增长模式

在支持增长模式下，核心要义被定义为"增长"。城市政府的管理职能主要在于：促进和支持城市经济持续增长。为了达到此目的，城市政府积极调度各种资源、体制和手段以激励和推进经济走上快速发展之路，并极为注重政府与企业间良性伙伴关系的持久维护。

（二）城市经营模式

在城市经营模式下，城市政府不仅仅限于为城市民众提供公共服务，而且愈加注重深入挖掘城市自身拥有的各级各类有形、无形资源，并对资源进行高效整合与利用，将城市视为一个需要得到管理与经营的大型企业，对城市进行适度营销和资本化经营，最终目的是推进城市经济发展，扩大政府财政来源，显著提升城市综合实力。事实上，在已有的中国城市管理实践中，城市主要的目标定位模式为支持增长模式与城市经营模式相结合。

（三）福利模式

在福利模式下，城市管理的核心要义是为城市民众谋福利。换言之，城市政府会想方设法最大限度地为城市民众谋求各种社会福利，因而，城市管理制度和管理架构皆以此为宗旨来创设。这种模式被普遍运用于欧洲许多著名的福利国家，譬如德国、瑞典、芬兰等国。

（四）顾客导向型模式

在顾客导向型模式下，城市民众被视为城市政府的"顾客"，换言之，城市政府有义务向城市民众提供优质的公共产品、公共服务，并竭尽全力地令其顾客——城市民众感到满意，在此种模式下，城市的管理水平、满意度、凝聚力、竞争力都趋于大幅提升。

二、城市管理主体模式

所谓城市管理主体模式，是以城市管理主体的不同侧重为划分标准，对城市管理模式进行区分。在此视角下，城市管理模式涵盖四类：

（一）政府管制模式

在政府管制模式下，城市政府在城市管理中发挥最为重大的作用，城市管理的核心始终是城市政府，且城市政府常运用强制性手段和自上而下的管理方式对城市进行管理。政府管制模式是城市管理中极具代表性的传统模式之一，在中国当代城市管理实践中非常常见。

（二）专家治理模式

在专家治理模式下，人们普遍认为，专家、专业性人才、技术官员在城市管理中应该处于最为核心的重要位置，这些专家有能力对城市各职能、各领域进行高效专业管理，进而使得城市公共服务的生产和分配效率得到显著提升。随着国民素质提升和知识普及的深入，中国国内部分大中城市已经在探索该模式在城市管理领域的运用可能性。

（三）公众参与模式

在公众参与模式下，多元主体都有权利和义务参与城市管理，城市民众被视为城市真正的主人，并被置于城市管理的核心位置。政府不再是城市唯一的管理者，多主体不仅在职责领域内各司其职，而且在公共领域内通力合作，最终达到现代城市的善治境界。在现代社会，此模式是国际上城市管理的主要模式，已经逐步被世界各国广泛认可和应用。

（四）社团模式

在一些西方议会制城市中，社团模式被普遍应用，该模式强调各利益集团、大型社会组织等在城市建设、利益分配中应该起到决定性作用，换言之，社团模式实质上属于一种"精英式"的现代城市管理模式。

三、管理组织架构模式

以城市管理的组织体制为标准，可以对城市管理模式进行如下划分：

（一）规划—建设—管理分立模式

规划—建设—管理分立模式为现代管理主要模式，其凸显的是行政分权原则。该模式依据管理顺序，将公共事务管理权划分为 3 个主要阶段，这种模式不仅有利于权力的规范行使，而且有利于提高相关职能的工作效率，实现部门之间相互监督。但是，值得注意的是，针对不同事务，管理权限内部又不能过度分散，应该尽量避免部门之间职能交叉、多头管理弊端，做到一事一权以及一物一权。

（二）规划—建设—管理合一模式

在规划—建设—管理合一模式下，针对城市管理中的某一事项，该事项的规划、建设、管理等职能会被统一合并于某一个部门，所有的相关行政权力由该部门统一行使，实现一条龙管理模式，进而提高管理效率以及专业化水平，同时，杜绝职能交叉、扯皮推诿弊端。但应该引起注意的是，规划—建设—管理合一模式更易于导致管理过度集中的问题，当外界监督缺位，重规划建设、轻后续管理的问题也会随之而来。因此，规划—建设—管理合一模式只能作为规划建设管理分立原则的一个补充形式而存在，且主要运用于极富专业性、技术性的领域，并极为注重决策、执行、监管的协调与统一。

（三）综合协调模式

在综合协调模式下，在做顶层设计时，城市政府就会提前设置身处高位的综合协调办公室或综合协调委员会，在处理城市管理事务过程中，如若城市中的某项管理职能由多个部门分别负责，或某项行政任务需多个部门达成协作时，则首先由综合协调办公室或综合协调委员会出面，协助所有相关部门进行彼此有效沟通协调，防止不同部门之间出现扯皮推诿、各自为政等管理桎梏。

上述几种模式可谓城市管理方式的多元理想类型，是基于现实中的城市管理经验而提炼出的抽象理论。显而易见，在现实中，任何一种管理模式都不可能单独、孤立、纯粹地存在于世，一般情况下，在现代城市管理中经常出现几种模式既混合交叉，又各有偏重的现象。有鉴于此，在对城市进行管理模式选择时，还需针对不同城市的特征详细分析，最终，选出最为适宜的优质管理模式。

第五节　城市治理的基本特征

在城市治理框架下，城市治理的核心问题为如何实现多元主体共同参与治理，基于此，城市治理在理念、主体、权力、方式、规范效果等方面与城市管理大相径庭。

一、治理理念的人民性

在传统的城市管理理念指导下，城市管理主要凸显的是秩序、权威、平安、稳定等特征，追求的是以秩序为本以及管理领域达到整齐划一，在此种管理模式制约下，人们对以人为本、自主发展等理念并不重视。传统城市管理中，主要凸显的是单向性、威权性、强制性等特征，而城市治理与城市管理大相径庭，城市治理理念注重创新性与引领性，涵盖了人本、人文、民主、法治、高效、和谐等理念，这些新理念交互作用、相辅相成，进而助力城市治理理念体系逐步成型。这些新的城市治理理念体现了中国是人民当家做主政权的根本特征，符合中国社会主义经济、政治、社会和法制建设的时代要求，凸显的是以人为本、关注民生的现代城市管理趋向。

二、治理主体的多元性

究其本质，城市治理应该是一个全社会各种力量相互促进、相互合作、共生共荣的良性过程。一方面，社会力量需要得到政府引导和调控，才能形成城市治理的有机合力；另一方面，城市政府工作的效率、公开性和回应性反过来都需要社会力量的有力助推。在城市治理进程中，毫无疑问，城市政府承担城市治理基本职能、责任，但与此同时，城市政府绝非唯一的城市公共事务管理主体，在政府之外，企业、城市民众、第三部门等皆为城市公共治理主体。在城市治理不同领域中，企业、城市民众、第三部门等各司其职且皆不可或缺，他们与城市政府共同分担城市治理的重责大任，与城市政府协同发力，共同实现对城市公共事务的协同共治，有力地保障了城市公共管理品质与效率，并助力全新的多元化城市治理模式早日落地生根。

三、治理规范的多样性

"在传统的城市管理中，政府实施的一般是单方面的权力管制。而在城市治理中，政府更加注重与其他治理主体间的协同共治、互相监督，这种良性互动机制具有极大优越性和先进性，因此，更倾向于采取平等对话、协商民主的方式，将新型柔性管理方法融入旧式刚性管理方法"①，以此打造出一种刚柔相济的管理机制和方法。当城市政府能够尽可能地激励和吸引公民、第三部门等社会力量自觉行动起来，想方设法融入城市公共政策的制定、实施、评估过程中，则这部分社会力量就获取了监督、检验政府行为的良好契机，彼此之间地位平等、友好协商，相互给予对方信任，在此基础上，城市各领域的单向管理模式已经不合时宜，城市双向互动治理模式才是新的发展风向标。

四、治理权力的民主性

在城市治理中，治理权力呈现出民主性特征，换言之，治理权力不再具有垄断性特征。由上文所倡导的城市治理主体的多元性可进一步推知，城市政府已经不再停留于对城市公共权力进行绝对垄断，而是吸引多元治理主体共享城市治理权力，每个治理主体之间的关系都是平等的，在法律法规规定的合理范围内，多元治理主体同样拥有平等的决策权力，他们完全可以自主作出符合自身利益的抉择和判断。必须打破政府在城市管理中的绝对垄断地位，基于此，才能真正把社会组织的正面功能激发、引导出来，令多元社会组织各具特色的功能达成耦合，进而令城市治理的有效性急速提升，使得更多城市民众获取优质公共服务，不同的社会利益主体的利益得以平衡和协调，对于满足社会多元诉求、化解社会复合矛盾、维护社会秩序和谐皆大有裨益。

五、治理方式的丰富性

当应对和处理某些城市公共事务时，运用法律规范并非唯一选择，法律之外的其他社会规范同样可以运用于城市公共事务处置。在进行城市治理

---

① 韩明清，张越.从城市管理到城市治理的转型研究——以杭州市为例 [M].北京：中国建筑工业出版社，2017：29.

时，法律手段不容忽视，同时，社会规范的作用也应得到重视，譬如，社区公约、村规民约、道德规范、风俗习惯等皆属此列。这些社会规范通常被称为"软法"，在现实生活中，"软法"不仅灵活性强，而且实施效果超乎想象。如上文所述，由于社会主体趋于多元化，因此，势必要求社会规范同步实现多元化，换言之，即城市政府必须学会利用多样性的规范来治理社会整个城市的社会公共事务。而多样性的规范，一般都与广泛的社会参与息息相关。众所周知，中国的民间规范内生性极强，那些在现实生活中经历磨炼并逐渐形成的民间规范，应当得到国家与政府层面的认可，甚至在必要的时候，其可以被上升为正式的法律规范。这既表明政府对社会规范的支持态度，也有利于社会和国家实现持续长期的良性互动。

六、治理效果的长效性

在传统的城市管理中，通常权力自上而下进行运作，法律、法规、政策的执行皆是通过自上而下的权力式强制手段，这种模式也具有许多弊端。例如，单向的管理中，管理者多数时候并不重视被管理者的意见，被管理者可能会因此生发出不满乃至于逆反心理，进而对城市管理秩序进行冲击与毁坏。而城市治理中，城市政府更加注重为城市民众提供多元利益、诉求表达路径，城市政府作出决策之前，也会事先广泛听取城市民众的意见与建议，从而令城市决策顺畅地得以执行，这种治理基于城市民众的自愿、自觉，因此，治理效果的持久性和稳定性大大增强。

第六节　城市治理体系的构成

在实际运作过程中，城市治理以多元管理主体参与为要素，以制度建设为保障，以机制建构为主体，这些要素共同构成了城市治理的基本结构与实现路径。

一、以多元主体为要素

城市治理不再是单纯由城市政府供给的公共服务，而是由城市多元治理主体供给的公共服务。根据服务性质的不同，供给主体、供给方式必然不同，应该做到以政府职能履行为主导，发挥各个主体的优势，将社会多元力量和政府职能有机结合，形成一个相互联系、相互监督、相互合作的公共服务供给系统，该系统涵盖：

（一）行政机关

在现代城市治理中，并不意味着完全排斥政府传统管理职能，为了保障多功能、综合性、高能量的城市始终可以高效运转，必须为其构架一个复杂、强大的行政系统作为支撑，换言之，城市政府在城市治理中的主导作用仍不可磨灭。但与此同时，理应遵循有限政府的原则，令城市政府主要承担那些非行政手段无法处置的公共事务，或者说，是社会、公民无法自我管理的公共事务和新出现的公共事务以及公共管理需求。

（二）社区和社会组织

在中国共产党第十六次全国代表大会报告中特别强调："完善城市居民自治，建设管理有序、文明祥和的新型社区。"[①] 中国共产党第十八次全国代表大会报告指出："在城乡社区治理基层公共事务和公益事业中，实行群众自我管理、自我服务、自我教育、自我监督，是人民依法行使民主权利的重要形式。"[②] 社区作为基层组织，具有组织、发动社区成员，整合社区资源的功能。社区实现自治，有助于实施城市民众的自我管理、自我教育、自我服务，从而破解许多社区疑难问题，最终，将城市社区建设成为兼具稳定有序、服务完善、环境优美、治安良好、生活便利、人际关系和谐等优点的"社会生活共同体"。

所谓社会组织，在广义上讲，指的是一切非官方权力机构，如社会自治

[①] 全面建设小康社会　开创中国特色社会主义事业新局面 [N]. 人民日报，2002-11-09.

[②] 胡锦涛. 坚定不移沿着中国特色社会主义道路前进　为全面建成小康社会而奋斗 [N]. 人民日报，2012-11-18（001）.

团体、非政府性组织（NGO）、非营利性组织（NPO）等，社会组织往往呈现出非权力性、非官方性、自治性、志愿性等特征。在现代城市治理领域，城市政府与社会组织应该做到各司其职，即科学、合理地分工。城市政府的职能主要集中在宏观经济管理、社会法则总体协调领域，而社会组织的职能主要集中在相对微观的公共事务方面。在良性的现代城市治理进程中，社会组织必然是最为重要的参与者之一，社会组织参与城市治理可以促进城市政府职能转变，减轻政府行政负担，提高行政效率，有效地规避官僚主义、权力寻租等陋习。

（三）企业单位

所谓企业，主要指的是独立运营的营利性组织。通过城市治理的市场化机制，企业可以有效地参与到城市治理、公共服务中来，换言之，城市政府会将一定的职能交由相关企业运作，企业利用其掌握的技术、管理、资本等优势，参与公共事务、进行基础设施建设以及提供公共服务等。其中，常见的企业包括交通运输公司、给排水公司、园林绿化公司、燃气公司、通信公司、电力公司等。在诸如此类领域中，城市政府会主动引入市场竞争机制，着力构建统一、开放的公共服务市场，秉持公平、公开、公正原则，以正规招标方式择优选取责任单位、责任人，以行政合同的形式确立企业各项标准、权利、义务以及违约责任。

（四）事业单位

所谓事业单位，是基于社会公益目的，由国家机关或其他组织利用国有资产举办的，从事教育、科技、文化、卫生等活动的社会服务组织。在城市治理中，社会公益类的事业单位成为社会化、市场化的独立法人趋势明显，这必然会激发出事业单位在城市治理领域发光发热的巨大可能性。

（五）城市民众

城市民众积极有效地参与城市管理，可使管理者在作出决策时更加符合民意，并能够增进城市民众对于政府决策的可接受程度，基于此，城市公共服务的质量以及效率必然大大提升。对于城市民众而言，他们参与城市管理后，可以确保公共服务与其自身需求保持同步，并使得政府管理体系更加公开、透明。除了上文提到的各类社会组织外，分散的城市民众个体同样在城市治理中享有平等话语权。城市民众以个人形式参与城市治理也具有一定可行性，譬如，可以自发地通过听证会、热线、志愿者、信息员等形式参与城市治理。

二、以制度建设为保障

为了保障城市治理的正常运行，必须构建起一系列规则制度，只有倚靠系统的规章制度，才能保障城市治理的长期顺利推进。有助于实现城市治理的制度包括治理组织、信息公开、政府决策、公众参与、社会监督、市场化以及执法制度等。在进行城市制度建设时，应该时时处处注重治理因素的有机融入，多方吸引城市民众积极有效地参与政府各级各类决策。

三、以机制建构为结构

所谓城市治理的制度建立，指的是在框架体系构建完毕后，各个治理主体之间进行合理的信息交换，并需要按照既定的方式来实现。城市治理机制包括综合协调机制、激励机制、约束机制、设施管养作业机制、公共危机处置机制、政府决策机制等。

四、以方式创新为抓手

城市治理离不开机制、方式领域的创新，这可谓促进城市治理提供的新抓手。城市行政权力的运行不应仅仅局限于单一方式的强制性管制，而应更加注重行政管理方式的柔和、弹性、协调原则，唯有如此，才能实现政府治理的稳定以及高效。应该不断完善居民自治和政民沟通领域的相关机制，更多地使用柔性化、民主化、公开化的柔性行政手段进行城市管理，进而达到政府与社会的协作与互动，最终实现创新型城市治理。

第十章

国家治理体系现代化中的城市治理

中国共产党第十九届中央委员会第四次全体会议全面开启了国家治理体系和治理能力现代化新征程。此次会议上，通过了《中共中央关于坚持和完善中国特色社会主义制度、推进国家治理体系和治理能力现代化若干重大问题的决定》，明确强调要加快推进市域社会治理现代化。2019 年 12 月，全国市域社会治理现代化试点正式启动，各地城市治理工作驶入"快车道"。城市的发展对国家或地区的经济社会发展起着引领作用，随着中国城市化进程的不断加快和新型城镇化战略的持续推进，城市作为一定区域内政治、经济、社会、文化、生态的综合承载体，重要性愈发凸显。2019 年 11 月，习近平总书记在上海考察时指出，"城市治理是推进国家治理体系和治理能力现代化的重要内容"[①]。2020 年，习近平总书记在浙江考察时强调，"推进国家治理体系和治理能力现代化，必须抓好城市治理体系和治理能力现代化"[②]。在中国共产党第二十次全国代表大会报告中，把"国家治理体系和治理能力现代化深入推进"[③]定位为未来五年中国发展新征程上的主要目标任务之一。同时，该报告有针对性地强调了城市治理问题，认为其着

---

① 习近平：城市是人民的城市，人民城市为人民 [N]. 人民日报（海外版），2019-11-04（02）.

② 努力提高城市治理水平 [N]. 人民日报，2020-12-04（09）.

③ 习近平 . 高举中国特色社会主义伟大旗帜　为全面建设社会主义现代化国家而团结奋斗 [N]. 人民日报，2022-10-26（01）.

力点应该是"提高城市规划、建设、治理水平，加快转变超大特大城市发展方式，实施城市更新行动，加强城市基础设施建设，打造宜居、韧性、智慧城市"[①]。可见，城市治理在国家治理体系现代化中的地位作用、发展方向随着时间的推移愈发凸显和明晰起来。毋庸置疑，在国家治理现代化中，城市治理的核心地位无可取代。具体而言，城市治理可谓国家治理现代化的关键枢纽、先导区和试验田。

第一节　城市治理创新的逻辑

现代经济社会发展已经取得了长足进步，其中，城市的重要地位与作用不言而喻。毫不夸张地讲，城市治理是现代国家治理中当之无愧的重中之重。而城市治理水平的高下，已经成为衡量国家治理水平的重要标准。在中国，沿海发达地区的城市化已经处于城市化中后期，城市化进程过速、城市规模扩张过大、城市病不断蔓延，这意味着，中国城市化的主要任务已经不再是量的扩张，而是质的提升，城市的有效治理问题应该及时提上日程，这不失为城市化进程中最引人瞩目的问题。倘若不能顺应现代城市发展潮流，构建起现代城市治理体系，成功应对城市化进程中的多样化城市问题，迅速扩张的城市化不仅不利于整个国家的可持续发展，而且有可能极大地制约中国发展方式的转型，甚至会带来无穷无尽的、复杂的社会矛盾。基于此，城市的有效治理与城市的可持续发展息息相关，甚至可能会影响到中国现代化进程。因而，必须以前所未有的慎重态度，深刻认知城市治理创新相关问题。

一、国家治理体系现代化的意义

中国共产党第十八届中央委员会第三次全体会议上，从国家治理的战略

[①] 习近平. 高举中国特色社会主义伟大旗帜　为全面建设社会主义现代化国家而团结奋斗 [N]. 人民日报，2022-10-26（01）.

高度审视中国改革发展大业谋划体制改革的总体规划和顶层设计，"国家治理体系和治理能力现代化"成为全面深化体制改革总目标，显而易见，这意味着：中国的改革已然步入全新历史时段，健全和完善国家治理制度体系势在必行。就区域构成而言，国家治理体系应该是城市治理与乡村治理的统一体，两者缺一不可。改革开放后，伴随着中国经济的高速发展，中国城市化跑步进入快车道。1980年，中国城镇人口占总人口的比例是19.39%。2011年，中国城镇人口占总人口的比例已经是51.27%。以2011年为节点，中国城市人口首次超过农村人口，这意味着长期以农村色彩为基调的中国正在发生转变，未来的中国将以城市色彩为基调。究其本质，中华民族生存方式业已迎来翻天覆地的深刻的里程碑式变革，基于此，整个国家治理方式必然随之发生前所未有的深刻变化。

在现代经济社会生活中，城市占据的地位可谓举足轻重，这意味着，城市治理属于现代国家治理的至关重要的组成部分之一。首先，城市能够集聚大部分中高端资源，与农村相较可谓优势明显，因此，应该把城市发展活力从根本上激发、引导出来，使城市真正成为民众的造梦沃土，为国家吸收、凝聚发展活力，成为促发经济社会发展的最主要引擎。其次，城市的有效治理，要求城市应该孜孜以求地创新其治理形式，持续升级公共服务水平，回馈城市民众以高品质生活环境，充分满足城市民众参与公共治理的诉求，使城市成为文明塑造者、传播者。最后，究其本质，城市生活属于人造生活方式，生活环境带来的内生风险不可避免，必须有对风险的超前预见能力与有效应对能力，避免城市规模过度膨胀后成为社会矛盾、社会冲突的引爆点。

由上可知，在中国，随着城市化深入展开，城市的有效治理被提上日程，城市治理可谓城市化进程中至关重要的战略重点。倘若无法适应城市发展要求，成功构建起现代城市治理体系，城市化进程中积累的治理问题可能会积重难返，国家治理的风险和挑战将突出地集中到迅速成长中的城市来，导致城市成为形形色色的社会矛盾、社会冲突的爆发点。事实上，城市治理的首要任务，即维护城市社会秩序的动态稳定。基于"自反性现代化"研究成果，乌尔里希·贝克指出，现代社会就是一种"风险社会"。"风险社会"属于现代社会中的一个发展阶段,在风险社会阶段里,由于脱离了工业社会中的监督制度和保护制度,社会、政治、经济以及个人面临的风险愈发加剧。吉登斯提出,"风险社会"面临的风险挑战是"现代制度高度成熟的必然结果",诚然,基于某些特定领域和生活方式,现代性在整体维度上降低了社会风险性,同时,也为现代社会带来了许多前所未有的、无法预见的新的风险参量。作为现代性的集大成者,城市社会同样属于"风险社会"的一种,而城市面临的治理风险问题不可避免,上升到国家治理层面亦是如此。

城市社会潜在的种种风险,不仅是城市大规模人口集聚造成的,而且与城市人口的高度流动性以及"陌生人社会"的社会交往方式密切相关。城市人口的大规模集聚和高频率流动态势,不仅为城市带来无穷的发展活力,也为城市治理带来了极其巨大的压力。对于发展中国家而言,城市化步伐极快、耗时极短,导致其城市治理面临传统社会组织网络解体、现代公民社会成长滞后等多重问题,在此情况下,倘若城市政府无法令城市社会秩序维持稳定状态,那么,城市中的原子式个体则会倍感孤立,城市治理无效问题由此不断蔓延开来。与乡村社会相较,城市社会阶层分化问题可谓异常严峻,加之多元生活方式并存,更易导致城市民众产生一种社会剥夺感,乃至令其作出形形色色的反社会的错误行为。城市的交通、通信渠道便捷且多元化,借助此类渠道,即使只是一个偶发的个体性事件,亦有可能产生广泛的社会动员效果,进而演变为大规模的"集群行为",最终,扰乱和破坏城市社会秩序。这就是所谓"蝴蝶效应"。

毫无疑问,中国的城市化进程中,已经创造出不胜枚举、令人瞩目的奇迹,但这也意味着,中国城市治理领域的挑战与风险必然会层出不穷,应对风险经验不足问题随之凸显出来。就中国城市化进程积聚的城市治理风险而言:

首先,城市治理风险源于城市化进程的速度快、人口规模大。1979年,中国城镇人口共计18495万,占总人口比重为18.96%。2011年,中国城镇人口共计69079万,占总人口比重为51.27%。在此时段内,中国城镇人口年均增长1580万,年均增长率达到8.5%。在城市化进程中,为了达到城镇人口超过总人口的 1/2 的目标，英国约花费 200 年，美国约花费 100 年，日本约花费 50 年，中国约花费 30 多年，可以说，中国城市化速度远远超越西方发达国家水平。就规模而言，在 2011 年，中国城镇人口共计 69079 万，甚至远远超过美、日、英、法、德五国的人口总和。城市人口急速膨胀后，就业、交通、能源、住房、农产品供应等领域问题愈加严峻，基于此，城市治理的复杂性、艰巨性不言而喻。乌尔里希·贝克指出，"当代中国社会……可能进入高风险社会"[①]。按照西方学者的研究成果推断，当今，中国正处于"泛城市化"阶段，"城市容纳问题、不均衡发展问题、社会阶层分裂问题、城乡对比度增高问题等，均导致城市安全风险升级"[②]。归根结底，安全风险来源多样："第一，城市人口过于密集，导致风险分摊难度快速攀升；第二，城市化进程中，人为地肆意破坏环境，成为风险发生的导火索；第三，社会发展失衡，导致城市可持续发展受阻。"[③]

其次，城市治理风险源于城市化进程的特殊性。基于传统的城乡二元体制，中国城市化拉开了序幕，并呈现出鲜见的利益失衡格局，典型例证为：本地户籍居民与城市新移民的权利失衡。2010 年第六次全国人口普查数据显示，居住地与户口登记地不一致，且离开户口登记地半年以上的人口已超 2.61 亿，换言之，每 6 个中国人中就有 1 个是流动人口。2020 年第七次全国人口普查数据显示，人户分离人口为 49276 万人，其中，市辖区内人户分离人口为 11694 万人，流动人口为 37582 万人；跨省流动人口为 12484 万人。与 2010 年相比，人户分离人口增长 88.52%，市辖区内人户分离人口增长 192.66%，流动人口增长 69.73%。这其中，流动人口绝大多数是不能享受同等市民待遇的外来务工人员。他们在城市中的特殊境遇无疑隐含着极大的治理风险。基于英国的实际情况，英国社会学家马歇尔将公民权利的扩展历程描绘为民事权利、政治权利、社会权利在 18 至 20 世纪依次实现的过程。现今，在中国，城市新移民对城市经济发展和城市正常生活秩序维系发挥举足轻重的作用，但遗憾的是，他们多数人无法享有与本地户籍居民同等

① 崔翔 . 中国党在社会治理体制创新中的功能研究 [M]. 北京：中国经济出版社，2018：118.

② 崔翔 . 中国党在社会治理体制创新中的功能研究 [M]. 北京：中国经济出版社，2018：118.

③ 郭秀云 . 城市人口发展与风险控制问题研究 [M]. 上海：上海人民出版社，2010：155.

的政治权利、社会权利、民事权利。此外，常见于户籍、就业、社会保障等领域的社会权利不平等急速蔓延，导致社会流动无法正常进行，底层民众产生无穷无尽的生存焦虑。

贝克提出：一旦城市容纳力出现问题，随之而来的风险极难预料，对城市安全造成重大威胁，这类风险的复杂性、不可预见性也相对显著。城市容纳能力不足，导致焦虑成为城市民众中普遍存在的一种现象，究其根源可知，焦虑实际上来自个体超前的思考或预期与当下面临的事实相反。焦虑是人们真实信念的一种深刻反映，这种信念可能存在每一个独立个体思维中。进一步深刻思考可知，人们对于生存的极度焦虑感，与无法改变现状的无力感相互叠加，进而可能迸发出激烈的社会对抗情绪。在现代城市中，许多个体身处体制之外，他们时常缺乏组织归属以及组织关怀，这样的原子式个体的权益缺乏有力的保障，面对强大的资本力量抑或行政权力时，他们很可能沦为"沉默的羔羊"。有学者认为，当个体利益无法得到有效组织化时，很可能导致个体丧失自己有效参与的能力、信息、支持等资源，其切身利益将摇摇欲坠、朝不保夕。分散的、数量众多的个体往往无法有力地保护其权利。大多数情况下，在制度框架约束下，分散的大多数个体注定无法成功维权。这导致的结果必然是：大量"原子式"个体为了生存而苦苦挣扎，他们根本无能力预知其个人利益可能遭受怎样的侵害，且即使遭到侵害他们也只能受困于求助无门。在这种情境下，他们往往陷入极为消极的绝望情绪中，在困境的重压之下采取极端手段作出应对，用极端方式表达其利益诉求，同时，借此发泄对社会的不满情绪。如以跳楼讨薪、抗议强拆、伤害幼儿等。更加糟糕的是，个体的绝望、悲怆也可能在社会情境下引发蝴蝶效应，刺激弱势群体对社会秩序的不满，使其爆发巨大的对立意识抑或消极情绪。泄愤式群体性事件的大量发生，恰好说明原子式个体极容易陷入"集体行动困境"，以某一偶发事件为导火索，集体失控的"乌合之众"可能作出无法预料的过激行为，导致社会正常秩序不复存在。

最后，中国城市治理之所以存在风险，还可能源于城市治理的制度安排问题。贝克针对"风险社会"的体制根源作出具体分析，提出这是由"有组织地不负责任"所致。贝克认为，"尽管现代社会的制度高度发达，几乎覆盖了人类活动的各个领域，但是它们在风险社会来临时却应对乏力，在事前预防、事后解决环节的表现皆差强人意，各种治理主体总是能够找到诸多借口来推卸自己在风险预防和应对中的责任"①。现今，事实上，中国至今尚未探索和设计出适应城市治理现实需要的城市治理体制，但毋庸置疑，此事必须被提到国家体制改革日程中。一方面，传统的城乡同构的职责定位和机构设置已经愈发不合时宜，这导致城市治理体制僵化，无法明确凸显城市区别于乡村治理的特殊性，无法使城市政府将治理重心进行合理转向，城市发展规划和城市的精细化管理随之落伍；另一方面，长久存在的职能交叉、政出多门、资源分散、多头管理等体制性痼疾无法短期内根除，导致城市治理的效率低迷。换言之，与发达国家相较，在部门林立的中国城市政府中，"有组织地不负责任"问题可能更为普遍地存在着。

二、城市治理创新的目标与路径

不论是治理理论还是善治理论，最初，皆源于西方社会生活秩序的构建，在历史长河中历经无数次变化与演进，逐步定型为"政府—市场—社会"各司其职、相辅相成的治理结构。与西方国家相较，中国并未经历上述社会分化过程，同时，中国也不具备发达的社会自治根系。在中国的城市中，政府—市场、政府—社会、公共领域—私人领域等相互之间关系分离，导致多中心治理的前提条件不充足。一方面，长期以来，国家制度都在调适中发展，城市政府无论是角色定位还是运行机制已经迎来翻天覆地的变革，但全能主义国家的历史遗产、党政二元行政主体的体制格局之下，令城市治理中政府始终起到决定性作用。此外，不容忽视的是，在城市治理中，政府的角色定位、组织架构、运行机制等势必会经历长期、动态调整。换言之，在较短的历史时段内，不可能重构清晰的政府权力边界，因此，社会组织发展及功能发挥的自主性空间难以得到清晰、明确的定义。另一方面，在现阶段的中国，城市社会组织发育不足，仅仅位于起步阶段。具体表现在：社会

---

① 何显明．城市治理创新的逻辑与路径：基于杭州上城区城市复合联动治理模式的个案研究 [M]．北京：中国社会科学出版社，2015：5.

组织自主治理能力差、城市民众公民意识薄弱等领域。若此时城市政府大规模地退出社会治理领域，城市社会组织根本不能担负起其社会治理领域的职责。基于此，对于中国的城市治理创新而言，"城市善治"属于一种着眼于未来的城市发展目标，现阶段并未真正达成。当前，中国的城市治理创新的目标为政府主导下的合作治理。先行促成城市的有效治理是首要问题。

世界上并不存在完全普适的政府定位。在全球范围内，目前也并不存在完全普适性的城市治理模式，经济社会发展阶段、文化历史背景、政府—市场—社会互动格局的千差万别，导致城市治理框架截然不同。一种成功的城市治理运行模式，必然是有利于经济良性发展、城市和谐稳定、民众生活品质提升的。不可否认，在中国的城市管理创新领域，有必要借鉴西方城市治理模式的发展经验、创新型前沿理念，但是，更加重要的是，与中国实际情况有机结合，探索、构建具有中国特色的城市治理理念与方式。为了城市有效实现可持续发展的长远目标，必须高度重视城市治理引发的挑战与问题，现阶段，"城市有效治理"具体目标定位是：整合治理资源、协同治理主体、维护和谐秩序、激发创新活力、满足多元需求、创造品质生活、追求城市善治。当今，社会资源呈现出日益分散的格局，政府公共治理资源匮乏、疲于应对纷繁复杂的城市治理等问题亟待解决，因此，应该不断创新城市治理结构，高效整合体制内外资源，融会贯通传统和现代理念，构筑复合型城市治理体制、机制，源源不断地将社会治理资源引入城市治理事业中。为构建政府主导的、多中心治理格局，城市政府必须致力于培育多元治理主体，并构建科学合理的协同治理参与、协商以及合作机制，竭尽所能激发多元主体参与诉求和治理潜力，使他们成为城市治理框架的有机组成部分，进而从整体上提升城市治理效能。

就城市的有效治理而言，无论何时，城市治理都不应该压制、牺牲城市民众的自由与权利。因此，应该对城市民众的"城市主人"和"城市治理主体"地位给予最大尊重，想方设法赋予城市无限创造力、生命力，构建寓意深远的创新型城市，推进城市实现高质量转型发展，为城市治理的贯彻落实夯实基础。在中国共产党第十八届中央委员会第三次全体会议上，提出"让一切劳动、知识、技术、管理、资本的活力竞相迸发，让一切创造社会财富的源泉充分涌流，让发展成果更多更公平惠及全体人民"①，这个论断明确阐释了有效城市治理预期达成的基本目标。保障城市生活秩序的和谐、稳定，是实现城市有效治理最关键的一个基础性环节。在现代城市中，其和谐稳定并非静态而是动态的，同时，这种和谐稳定是遵循良性循环机制的。在此种情况下，以政府为代表的城市治理主体一方面要及时、有效地应对和破解现有社会问题和矛盾，另一方面要致力于大刀阔斧地创新治理体制，增强现代城市治理框架韧性。基于此，城市政府应该充分保障城市居民的政治权利、社会权利、文化权利等，并将其权力保障范围不断扩大，将城市的"包容性"淋漓尽致地发挥出来，使城市真正成为所有城市民众实现其梦想的开放式广阔天地。

城市始终是人的城市，城市理应满足城市民众的基本生活需求，并始终致力于提升城市民众的幸福感与获得感，这应该被定位为城市治理的基本要务。城市化进入中后期时，城市民众不仅要求高质量的公共服务，而且要求满足自身社会权利诉求。城市民众需要多样化、个性化的公共服务，这就对城市治理提出了更高要求，必须不断探索全新服务路径，创新公共服务供给方式，恰到好处地满足城市民众需求，使得城市民众对城市充满认同感、归属感。

城市治理的目标是在不断演变的，经济社会的进步发展程度越来越高，其也必然会逐步进行升级。在相对较为发达的城市中，城市民众所追求的不仅仅是小康生活，而是更加高阶的高品质生活，未来，城市生活变迁的历史车轮必然是滚滚向前的。所谓品质化生活，要求公共服务、生活方式等皆实现品质化。在未来，城市民众对城市公共生活空间、公共生活传统的塑造问题将更加重视，这些内容将令城市治理创新的框架持续扩容，其能够吸引广大城市民众积极参与其中，并令城市民众的城市认同感与归属感骤然上升。

为了实现城市的有效治理，城市政府角色必须进行转型，这已然是迫在眉睫的问题。在合作治理中，城市政府发挥好的主导作用非常不易，第一步要做到的就是转变政府职能、规范政府行为、优化政府运行机制，基于此，才能切实推进政府治理体系和治理能力现代化。就某种意义而言，治理理论

---

① 中共中央关于全面深化改革若干重大问题的决定 [N]. 人民日报，2013–11–16（01）.

属于一种"后现代话语"①，其并不盲目信奉传统的以官僚制为组织形式的单中心治理模式，且对其合法性和有效性给予强烈质疑。但人们必须清醒地认识到，现代治理理论虽然就传统官僚制提出了一定深度的批评与质疑，但目前为止，该理论并没对官僚制组织结构和运作逻辑构成本质上的挑战，也尚不能够确立一种具有足够的经验支持的替代理性官僚制的新的行政范式。更重要的是，治理理论的立场是后现代的，为了质疑官僚制为代表的单中心治理体制弊端而生，"而中国现行政府管理体制所存在的问题与其说是官僚制本身的问题，毋宁说是现代理性官僚制的不成熟造成的"②。在行政领域的作为抑或不作为，甚至如何作为，皆有较为宽泛的自由伸缩空间，如果不能构建严格的责任机制以及监督制约机制，必然会导致行政行为可预期性降低，因此，中国城市政府首要的任务就是明晰政府的职责定位，同时，注重规范政府的行为过程。盖伊·彼得斯指出："在体制发生变化的国家或发展中国家里……必须重视建立一个……属于全民的、正直的韦伯式官僚政府。"③基于此，城市治理在现阶段的确面临着方方面面的现实挑战，与广域型政府相较，城市政府的职能定位是具有独特性的，应该着力加快城市层面的大部门体制改革，在城市中建立与城市治理更为合拍的政府组织架构，譬如，利用先进的互联网技术，构建城市的跨部门协同治理机制与跨界合作机制。

城市治理体系的创新必须做到与时俱进，城市政府层面应该力求彻底摒弃传统的全能主义政府惯性思维，竭尽所能地倡导和促进社会组织的培育，换言之，应积极为体制外的城市治理主体的成长提供土壤。在市场秩序经过拓展后，利益驱动机制、交易规则被越来越多的人所认可，人们自发地从传统社会关系、思想观念的束缚中解脱出来，个人生存空间更加广阔、自由。当社会个体的依赖性在逐步降低时，其可能成为"孤立化"的"原子式"个体。社会个体原子化后，会带来一系列问题，譬如，社会治理组织载体缺

---

① 郁建兴，刘大志.治理理论的现代性与后现代性[J].浙江大学学报（人文社会科学版），2003（02）：6-14.

② 何显明.城市治理创新的逻辑与路径：基于杭州上城区城市复合联动治理模式的个案研究[M].北京：中国社会科学出版社，2015：13.

③ 贺东航.新公共管理的回顾与检视——基于中国国家建设的视角[J].政治学研究，2008（02）：108-115.

失、社会治理管控手段难以落实、社会个体深陷生存焦虑等。德鲁克指出："社会的使命在于，赋予社会个体社会身份与功能……倘若个人都被剥夺了社会身份与功能，则意味着社会不复存在，残留的仅仅是胡乱游荡的一个个社会原子。"[①] 要改变国家与个体共同面临的这一困境，根本出路只能是加大对社会组织的扶持与培育力度，令原子式个体实现再组织化，利用社会组织凝聚利益诉求并保障个体权益，进而促使治理结构实现开放化，并通过健全民主参与机制，建立社会各群体组织化、制度化的利益表达机制、协商谈判机制，最终构筑起社会协同治理的格局，此时，社会各阶层之间的基本共识以及相互认同更加易于被获取，也为整体的社会和谐夯实了现实基础。

在城市合作治理体系中，城市政府发挥着至关重要的作用，有必要深入探究城市政府与其他治理主体间实现合作治理的课题，包括合作渠道、合作载体、合作规则等。现代城市的社会资源趋于分散化分布，以及社会成员、社会组织自主行为能力得到空前提升，传统的过度依赖资源垄断和强制性权力的治理方式已然落后于时代进步的步伐。在市场化进程中，社会个体权利意识逐步获得真正的觉醒，虽然国家是一个超级"共同体"，但不应在其制度构建中泯灭个体的独立价值。出于社会利益结构的细化与分化，在进行公共决策和利益整合时，各级政府可能会对全民利益或公共利益有所疏忽。在现代城市中，公共事务呈现出复杂化趋势，转型发展时期社会矛盾也逐渐趋于尖锐化。因此，只有基于政府与社会成员之间的合作互信关系，才能真正实现公共事务的有效治理。

在公共事务治理领域，为了实现和维护各自的利益，城市多元治理主体产生协同合作愿景，城市政府以往的垄断地位随之进一步松动，多中心、网络式治理秩序已经初见雏形。迈克尔·麦金尼斯指出：在公共治理中，所谓"多中心"概念，其核心在于民主合作管理。多中心治理模式一旦确立，单中心权威秩序即告崩溃。为了有效实施城市公共事务管理、提供公共服务，社会多元行为主体（个人、商业组织、公民组织、政党组织、利益团体、政府组织等）通过博弈、调适、合作等方式，构建全新、丰富的城市公共事务

---

① 何显明，吴兴智.大转型：开放社会秩序的生成逻辑 [M].上海：学林出版社，2012：10.

管理制度或组织模式。"治理""善治"概念问世后，并不意味着政府作用和责任骤然消解，而是要求对政府角色功能进行重塑。杰索普强调，在多元主体治理网络中，政府为"元治理者"。换言之，即政府不再高高在上，而是将自身置于平等地位，积极地与其他治理主体共同探索协作治理路径，并在特定关键领域精准发挥其无可替代的统筹作用。基于此，登哈特做出更为深入的阐释："首先，在多元主体合作治理网络中，政府立足于法律、政治规则，承担综合性角色。其次，政府能够协助破解多元主体合作治理网络内部的资源分配等问题。最后，政府对多元主体合作治理网络中不同治理主体之间的交互进行监控，以确保民主和公正。"[①] 在不同国家的不同城市中，政府的"元治理者"角色形态各异。就中国的具体情况而言，在中国城市治理中，政府的"元治理者"角色可以被视为主导者角色，同时，政府也在想方设法做到培育多元治理主体、构建合作治理规则、铸就合作治理载体，防范合作治理失灵。

第二节　城市治理在国家治理体系中的战略定位

在中国共产党第十八次全国代表大会上，明确提出了"党领导人民有效治理国家"[②]的重大命题。在中国共产党第十八届中央委员会第三次全体会议上，进一步从国家治理的战略高度审视中国改革发展大业、谋划体制改革的总体规划和顶层设计，将"国家治理体系和治理能力现代化"[③]确立为全面深化体制改革总目标，这标志着"中国改革进入了健全和完善国家治理制度体系的新阶段，这对于中国现代化进程，包括城市治理模式的创新都意义深远"[④]。

①　王慧. 新制度主义政治学的观念研究 [D]. 长春：吉林大学，2021.

②　胡锦涛. 坚定不移沿着中国特色社会主义道路前进　为全面建成小康社会而奋斗 [N]. 人民日报，2012-11-18（01）.

③　中国共产党第十八届中央委员会第三次全体会议公报 [J]. 新长征，2013（12）：4-6.

④　李珊珊. 参政党视角下中国新型政党制度研究 [D]. 济南：山东大学，2021.

一、国家治理体系的现代转型

国家治理体系是"规范社会权力运行和维护公共秩序的制度体系"。现代国家治理体系是现代化进程的产物。在"工业化、城市化、市场化"等现代性因素影响不断蔓延的时代背景下，实现社会"大转型"成为大势所趋，"社会生活秩序的整体性变迁"①从本质上"改变了经济、社会和政治生活逻辑"②。市场体系扩张、政府角色调适、社会自卫运动的长期互动博弈，令现代国家的"政治—经济—社会"相互关系得到重塑，之后，"法治政府—市场经济—公民社会"形成三足鼎立态势，现代国家治理框架逐步显现出来。换言之，政府治理、市场治理、社会治理已经成为现代国家治理体系中最重要的三个次级体系。在西方国家，由于政府不断致力于建立全民性的社会保障体系、不断完善公共服务体系，其政府职能范围持续扩大，政府权力触角逐步遍布社会生活方方面面，最终，形成了政府对社会生活的全面控制态势。随着政府失灵现象的广泛出现，西方国家开始反思行政权力扩张对于市场经济和公民社会健康发展的侵蚀作用，寻求政府、市场、社会新的平衡之道。20世纪80年代后，西方国家政府开始探索调整国家治理结构的科学路径。一方面，在"民主赤字"③的消极影响下，政府财政负担、政府失灵问题愈演愈烈，于是，西方国家开始致力于探索"以私有化、市场化为主旨的新公共管理实践"；另一方面，公民社会思潮再度卷土重来，倡导以社会力量制约国家权力的"社团革命"④在西方国家兴起。之后，"第三条道路"过渡到了参与式、多中心治理，"少一些统治，多一些治理"⑤，由此成为公共事务治理模式变革的重要趋势。

与西方国家相较，中国国家治理模式的转型是在截然不同的历史背景下进行的。作为文明古国，基于相对封闭的地理环境，中国在较长的历史时段

---

① 赵宇峰.公共管理学 [M].西安：西安电子科技大学出版社，2018：19.
② 赵宇峰.公共管理学 [M].西安：西安电子科技大学出版社，2018：19.
③ ［美］巴苏.经济学的真相：超越看不见的手 [M].北京：东方出版社，2011：169.
④ 黄德发.政府治理范式的制度选择 [M].广州：广东人民出版社，2005：248.
⑤ 连玉明.城市管理的理论与实践 [M].北京：中国时代经济出版社，2009：40.

内形成了较为稳定的传统国家治理模式。概言之，以古代中国为代表的传统"大一统"国家治理模式呈现出三个特征：首先，专制独裁式的一元统治。自秦汉以来，封建专制帝国兴盛，构建起家天下的统治秩序，形成了封建专制主义中央集权模式下的绝对一元权力格局。这不同于欧洲中世纪封臣对封君权力的分割，也无法建立起独立于王权的教会组织。在整个国家范围内，专制君主把持着唯我独尊的权力，普天之下，莫非王土；率土之滨，莫非王臣。其次，自上而下的行政官僚治理体系。在传统的封建专制统治秩序下，统治者借助科举制度选拔人才，以维护和修复其政权，并基于此形成了以官僚集团为主体的、自上而下运作的社会秩序格局。最后，有限的乡村自治体系。由于古代治理能力所限，在疆域广阔、人口众多的国家中，专制王朝的权力难于彻底渗透到社会生活的各个领域，且国家财政能力有限，也无余力供养一支极为庞大的、足以直接控制整个社会的官僚队伍。因此，这就导致县以下的基层治理相对薄弱，只能更倾向于依赖乡绅阶层的自治。无可否认，在学术界，许多学者质疑中国的传统社会是否存在真正意义上的乡村或宗族自治，但在中国古代，国家权力确实并无能力对广大乡村直接进行行政统治。

如果说历史上"大一统"的国家秩序能够通过改朝换代得以不断重建和复制的话，那么，一旦这种体制格局在近代遭遇西方强势文明的全方位冲击，国家治理就陷入了难以修复的总体性危机。第一，封建专制制度从根本上是落后的、脆弱的，其对西方列强的侵略完全无力抵御。国家主权被列强无情地分割、践踏，专制王朝的绝对权威瞬时土崩瓦解，中央政府对整个行政体系的政治整合功能逐步衰落消弭。第二，被动地卷入极不合理的国际经济秩序后，中国经济面临空前的巨大打击，逐步沦为西方列强的原料供给地以及商品销售市场，小农经济随之摇摇欲坠。加之沉重的战争赔款压力，导致国家财政濒临崩溃。第三，封建王朝政治和经济整合功能的全面衰败，必然会导致传统文化秩序的瓦解以及社会秩序的混乱。在激烈的社会动荡环境下，整个社会规则系统趋于解体，民间道德化、习俗化的控制机制名存实亡。在此情况下，乡村中的地主与贫困农民的冲突逐步扩大化和尖锐化，广大乡村演变为酝酿革命的温床。当帝制最终被推翻时，社会整合的象征性符号随之失去踪影，中国传统社会秩序一片混乱，社会秩序的总体性危机日益凸显。

就近现代中国政治革命与国家建设而言，如何克服社会秩序的总体性危机，是一个必须得到解决的问题。在现代，国家呈现出的显著特征为：权力渗透力日益加深，"政治中心可以领导、推动、批准在其领土范围内的所有社会活动，并按照自己制定的规则管理国家"①，"现代国家的建构过程，归根结底，是政治权力自下而上集中和自上而下渗透的双向过程"②。"一方面，现代国家将政治权力从各种经济、社会、文化等单位集中到自身，形成统一的国家'主权'，使国家超越地域、宗族等，成为国民唯一的政治效忠对象；另一方面，现代国家的权力从统一的中心不断向外发散，覆盖到国家疆域范围内的所有人群，渗透到社会生活的各个领域。"③"对于传统社会而言，其是在帝国体系得以整合为整体的，换言之，传统社会自身无法自主整合，因此，社会组织及其运行完全依赖国家权力。帝国体系一旦发生解体，新的国家亟待建构，其中，重中之重即构筑国家权力核心，基于此，基本社会秩序得以确立。"④通过政治动员，将政党的意志传达到社会的最底层，并获取各个阶层广泛的政治认同与支持，形成强大的资源整合能力，是中国共产党领导全国人民夺取政权最重要的历史经验。这种成功经验，加上政党与国家合二为一的党国体制，"使得新中国将现代国家的权力渗透、权力控制能力扩展到了极致，并使这种超常规的政治动员方式转变成一种国家体制建构，一种全能主义的国家治理模式"⑤。

所谓全能主义，即："政治机构权力无限之大，能够随意侵入、控制社会各个阶层、领域的指导思想。全能主义政治，即以全能主义指导思想为基础，进而建构的政治社会。"⑥在全能主义背后，映射着一种特殊"国家—社

① 殷焕举，胡海.基层服务型党组织建设研究[M].成都：西南交通大学出版社，2017：4.

② 徐勇.国家化、农民性与乡村整合[M].南京：江苏人民出版社，2019：63.

③ 何显明，吴兴智.大转型：开放社会秩序的生成逻辑[M].上海：学林出版社，2012：87.

④ 林尚立.建构民主——中国的理论、战略与议程[M].上海：复旦大学出版社，2012：129.

⑤ 何显明.城市治理创新的逻辑与路径：基于杭州上城区城市复合联动治理模式的个案研究[M].北京：中国社会科学出版社，2015：19.

⑥ 王勇，李广斌.中国城市群规划管理体制研究[M].南京：东南大学出版社，2013：45.

会"关系，即"国家意志高于一切，介入、影响着社会生活的方方面面"①。具体到全能主义政治，其呈现特征为："党和国家一体性、政治中心一元性、政治权力无限性、政治执行高效性、政治动员广泛性、政治参与空泛性、意识形态工具性、国家对外封闭性"②。在全能主义视阈下，国家治理的"政府职能、政府行为边界模糊不清"③。政府直接禁止所有市场交易行为，所有社会资源由国家统一分配，后果就是，任何组织或个人对国家皆产生高度依附性。同时，体制外民间组织也被政府取缔，所有社会成员皆属于行政化组织体系中的组成要素，所有人皆服从国家确定的资源分配、层级隶属关系，国家直接控制所有社会成员，并消弭社会自主性因素，使社会成员无法脱离国家控制。从后发国家的现代化境遇来看，这种对经济社会生活实施全面落实全面管控的国家治理体制的产生具有一定的历史合理性，它赋予了新政权实现国家整合和启动现代化建设的强大能力。然而，在此种体制的局限下，经济社会的发展活力无法充分体现与发挥，归根结底，这属于非常态化的特殊治理模式。改革开放后，整个社会生活秩序焕然一新，沉湎于阶级斗争的非常态社会实现了彻底转变，逐步向常态社会回归。从总体上讲，近30多年来国家治理模式渐进性变革的基本趋势，就是国家收缩管制范围，逐步通过放松管制，并培育出相对独立的市场经济体系、社会组织秩序。随着市场经济秩序的确立，人们更加向往自由自在的社会生活，旧有的国家直接驾驭市场、管制社会、包揽公共事务的模式已经不合时宜。因此，国家应朝着这些方向做出努力和探索：有步骤有计划地缩小权力范围、持续提升公共服务供给能力、培育社会力量、弹性化维护公共秩序。

在极其特殊的历史境遇下，中国国家治理体系的现代化进程徐徐展开，它既承载着发达国家百余年的国家治理转型重负，又面临着国家治理模式双重转型的挑战。"一方面，国家治理体系的现代化意味着中国迫切需要在深刻反思政府强势主导的发展模式，特别是政府不断强化对经济和社会生活干预的体制惯性的基础上，全面深化体制改革，通过放权于市场和社会，加快

---

① 桂家友. 国家与社会变革中的城市社会治理研究 [M]. 上海：上海人民出版社，2015：10.
② 桂家友. 国家与社会变革中的城市社会治理研究 [M]. 上海：上海人民出版社，2015：10.
③ 娄底市审计局. 财政审计与现代国家治理 [M]. 北京：中国时代经济出版社，2015：205.

国家治理体系的常态化演进历程，促进政府治理、市场治理、社会治理相互制约、相互支撑的国家治理体系的定型化、成熟化；另一方面，面对公共事务治理日益复杂化和治理资源相对匮乏的挑战，国家治理体系还迫切需要顺应全球公共事务治理方式变革的趋势，积极地寻求治理结构以及方式的创新，最终，助力统治向现代治理成功转型。"①

二、治理体系成长的内在张力

国家治理体系的现代化，背后映射的是国家治理模式的复杂演进过程，涉及国家治理各个子系统功能的合理分工及相互关系的协调，涉及政府横向和纵向治理结构的优化，也涉及治理方式、治理技术的创新。中国是一个国情极为复杂，又在历史上形成了相对稳定甚至固化的统治模式的大国，因此，推进国家治理体系现代化时，应该从根本上创新治理理念，推进国家治理的制度体系建设，令活力与秩序、权利与权力实现相对均衡，摆脱两极摇摆状态，力避国家秩序动荡。

（一）活力与秩序

所谓国家治理体系的现代化，强调在"活力"与"秩序"之间形成必要的张力，不仅要充分激发社会发展活力、形成良好的社会秩序，而且要使得实现活力释放与秩序维系之间形成良性循环。毋庸置疑，维护社会或国家治理的最基本目标是秩序稳定。但是，为了推进现代化进程，必须下大力激发社会发展的创造性活力，其是社会发展与进步的根本动力。在全能主义国家的治理模式下，所有社会资源都被国家一刀切式垄断，同时，任何社会成员都无法从行政化组织体系中超脱，这样的国家虽然具有惊人的社会资源动员能力与社会秩序管控能力，却也在无形之中剥夺了个体和社会组织的自由选择权，导致社会活力丧失殆尽。在这种非常态的治理模式下，根本不能实现经济社会的可持续发展。市场化改革被提上日程后，国家治理模式开始发生翻天覆地的深刻变化，国家对经济社会生活的严格管制不复存在，因而使得

---

① 何显明.城市治理创新的逻辑与路径：基于杭州上城区城市复合联动治理模式的个案研究 [M].北京：中国社会科学出版社，2015：20.

个体和社会组织的自由活动空间得以确立并逐步扩大，个体相对独立于国家的价值和利益得到应有的理解与尊重，长期压抑的创造性活力得以充分迸发与涌流。但是，需要注意的是，市场秩序的扩展，必然带来各种要素资源在越来越大的范围内的自由流动和合理配置，带来社会成员日益频繁的社会流动；而社会资源的稀缺性决定了只要承认了社会个体的自主选择权利，成员对稀缺性资源的竞争就无法避免，社会利益分化和利益冲突就必然地成为社会生活的常态。如何在充分保障市场主体和社会成员的权利，充分发挥市场公平竞争机制作用的前提下，有效地维持社会秩序、政治秩序的动态稳定就成为国家治理方式创新面临的重大现实课题。

　　事实上，当今，中国国家治理体系还在构建进程中，对于如何维系社会活力与社会秩序的张力问题还有待进一步探究，在政府强势主导发展模式的惯性作用下，各级政府对于以扩大政府资源配置功能和强化行政干预来支撑经济的增长已经习以为常，一般会以强势管控手段来维持社会秩序的刚性稳定。在阐述推进国家治理体系现代化的主旨时，中国共产党提出，"让一切劳动、知识、技术、管理、资本的活力竞相迸发，让一切创造社会财富的源泉充分涌流，让发展成果更多更公平惠及全体人民"[①]。基于此，政府就不应该再被传统的管控思维所束缚，要将维护社会秩序稳定的注意力集中到健全公平竞争的市场秩序、培育自主治理的社会治理体制等方面，换言之，维护公民权利才是维稳的根本途径。

（二）权利与权力

　　国家治理体系现代化的另一个症结性问题，是怎样令公民权利与公共权力的关系达到平衡状态，换言之，即怎样避免在国家治理过程中公共权力压制和侵害公民权利。杜赞奇强调，在任何一个成功的现代国家中，其政权建设应该呈现的特征为：政府权力对社会经济生活的干预和控制呈现增强趋势，同时，公民的权利和义务呈现扩大趋势。就微观机制而言，"市场化改革、社会变革的意义在于，社会个体行为逻辑得以被重塑"[②]。当社会个体毫

---

① 本书编写组.不忘初心牢记使命知识竞赛200题[M].北京：东方出版社，2019：139.

② 胡文杰，黄高峰，陈迪，等.转型背景下中小城市的改革与创新——以慈溪市为例[M].南京：东南大学出版社，2015：254.

无自主选择权利时，只能完全依附于国家机器。当社会个体具有独立利益和自主意志时，则意味着其已经蜕变为社会行为主体，国家无法直接任意驱使他们，国家与社会个体的关系发生巨变，两者间平等契约、理性博弈的关系逐步确立。换言之，国家无法凭借自身意志随意驱使和命令社会成员，也无法直接对其发号施令，使得社会组织和社会个体按照国家的意志亦步亦趋。然而，人们应该意识到，"全能主义国家的历史经历决定了各级政府往往依然习惯于运用强制力来维系社会秩序的刚性稳定，通过广泛汲取社会资源和借助现代统治技术来扩大公共权力，从而使公民权利的成长变得更为艰难。"[①] 在公民权利与公共权力相互博弈背景下，极易导致国家治理陷入"两难"境地：一方面，当公共权力过度介入经济社会生活时，公民权利的正当表达随之受到影响与限制，导致公民权利得不到应有尊重；另一方面，当公民权利诉求日益增长时，公民责任意识的制约可能会随之减弱，部分公民可能会采取非理性表达的方式申明诉求，这会令地方政府面临更加复杂的治理困境。

人们必须清醒地认识到，在推进国家治理方式现代化的进程中，所谓国家治理能力的同步提升，并不意味着国家权力的无限扩张。迈克尔·曼认为，权力包含"专制权力"和"基础性权力"[②]。所谓专制权力，意即在不必与市民社会各集团进行商讨，国家精英可自行行动的权力范围。所谓基础性权力，意即国家渗透进市民社会，在其统治领域内有效贯彻其政治决策的能力，换言之，国家有能力渗入市民社会，但国家政策的执行不是依靠专制力量，而是依靠国家与市民社会之间制度化的协商和谈判。政治现代化的基本趋势是，基础性权力会不断增强。只有基础性的权力，才能够更有效地动员公共资源。根据"专制权力"和"基础性权力"的强弱匹配情况，迈克尔·曼对国家进行全新分类，将"中华帝国"划分为"强专制权力弱基础性权力国家"。约翰·豪进一步分析道："封建专制帝国事实上并不强大，其社会软弱性非常明显……因为这些帝国无法做到深入渗透、改变并动员社会

① 何显明.城市治理创新的逻辑与路径：基于杭州上城区城市复合联动治理模式的个案研究[M].北京：中国社会科学出版社，2015：22.

② 颜佳华.公共事务评论[M].湘潭：湘潭大学出版社，2018：22.

秩序。"^① 全能主义国家虽然对社会具有极强的渗透力，但"这种渗透是建立在国家绝对垄断社会资源、高强度控制所有社会成员前提之下的，一旦这两个前提不复存在，或被极大削弱，国家的渗透能力就会直线下降，这正是当前各级政府普遍感觉治理资源严重匮乏，政府权威严重不足的重要根源"^②。因此理应推知，国家治理模式现代转型的一个内容即：在缩小国家权力范围的同时有效地增强国家的治理能力，"在放权于市场、放权于社会，并不断强化公共权力运作的程序规范及其监督制约机制的同时，进一步增强公共服务供给和公民权利保障的能力"^③，以此有效提升国家的"基础性权力"^④。

（三）分权与集权

大国治理的核心制度建构问题是：有效地维系地方分权与中央集权之间的平衡。改革开放后，中国进行了持续性的权力下放，中央高度集权的权力结构已经悄然发生变化，呈现出中央集权、地方分权相结合的体制格局。然而，迄今为止，放权改革仅是政策性放权，法律化的制度建构环节暂缺。在某种程度上讲，现代城市治理领域的问题仍然非常复杂难解，在中央管辖权与地方治理权之间，彼此不兼容问题短期内无法消弭，目前可以做到的仅是：在动态博弈中达到暂时性平衡。所以，在现代国家治理领域，混乱现象层出不穷，譬如：不同层级政府之间的职责分工、权限区别模糊不清，职能区别更缺失明确界定标准。政府间职责分工同构化严重，导致政府职能配置错位；政策性放权导致政府间行政博弈白热化，行政权力无法收放自如；政府只遵循刚性的权力运行逻辑，事权、职责下移，权力、财力上收，交互形成的不匹配问题愈发凸显出来。

综上所述，现今，在中国，府际关系实质上仍停留于行政承包制模式。基于行政承包制，不同层级政府自上而下地将行政目标逐一分解，并逐步逐级地传达到下级政府层面，而指标任务的完成情况，被视为考核下级政府的主要权重。归根结底，行政承包机制的最初目的非常明确，即强化上级政

---

①　李强.传统中国社会政治与现代资本主义——韦伯的制度主义解释[J].社会学研究，1998（03）：3-16.

②　郭光宇.艾瑞克·霍布斯鲍姆历史反思的社会主义思想研究[D].太原：山西大学，2021.

③　刘滨.约束性放权：地方政府剩余权激励与问责调适[D].长春：吉林大学，2021..

④　陈恩.基层社会治理的参与动员[M].北京：中国经济出版社，2020：7.

府对下级政府的职责目标控制能力。但落实到实践工作中，出现了"制度意外"，虽然有上级政府的刚性任务约束，地方政府自主性空间仍得到极大拓展。在这种模式下，地方政府肩负着多种刚性化行政压力，但同时，不可否认的是，在这种类似经济承包制的制度下，下级政府只要保证完成上级政府给出的"规定动作"后，就可以获取较大的自主性去做"自选动作"；此外，所谓行政承包制，应该被视为一种结果导向的控制机制，但在实际操作中，政府间的信息往往呈现出极大的不对称性，导致各级政府都以保证完成上级下达的指标任务的方式换取了极具弹性、自主性的行政过程以及方式。这可能会导致运动式治理的出现，也难于避免欺上瞒下的行政博弈泛滥。由此可以推知，在未来，加强政府治理结构的顶层设计，建立健全政府间合理的、法律化的职责、权限分工体系，使"发挥中央和地方两个积极性"① 的国家治理目标通过制度建构得以真正落实与确立，应是国家治理体系现代化的重中之重。

（四）制度治理与运动治理

现代国家治理方式创新的宗旨与目的，究其实质，即为跨越运动治理阶段，过渡到制度治理阶段。在现代国家公共事务管理的体制建构中，科层（官僚）制的组织运作模式得到广泛应用。科层制的形式合理性准则，以及一切依照制度规范运作的行为逻辑，"有效剔除了公共权力行使过程中的非理性因素，高度保障了行政行为理性化、规范化"②。中华人民共和国成立后，中国照搬了苏联体制，构建起一套较为完整的现代行政管理体系，但存在的问题颇多，如官僚队伍的人格依附较为严重、特殊主义价值取向一度较为盛行、忠诚于制度规范的职业精神相对缺失等，此类问题表明，中国的科层制实质上并未真正彻底地达到理性化、成熟化的程度。特别是在国家治理一直受到"建设一个全新的世界"③ 的理想主义冲动和"只争朝夕"的急躁心理左右的情况下，科层制这样一种适用于常态社会的规范化管理体制更是容易暴露出效率低下的"局限"。与科层制的治理模式相较，革命战争年

---

① 任广浩.当代中国国家权力纵向配置问题研究[M].北京：中国政法大学出版社，2012：18.

② 王丽莉.服务型政府：从概念到制度设计[M].北京：知识产权出版社，2009：89.

③ 何弘.从乡土到多元——网络化背景下的文学[M].开封：河南大学出版社，2018：20.

代创造的运动式治理模式往往借助于政治动员达成目的，但这种做法已然落伍于时代发展，事实上，应该更多地通过激发自愿的首创性和广泛的资源开发，释放权威主义的协调难以发掘的能量。基于此，在中华人民共和国成立后，革命战争年代的政治动员模式演变为一种国家体制建构——"举国体制"①，成为一种常态的国家治理方式。"在运动型治理机制下，以政治动员过程替代科层制常规过程，试图以此克服科层制度的组织层面弊端。"②运动式治理模式下，全体社会成员的关注力和积极性可以被高度地集中到一点，即国家层面确定的中心任务上，运作方式往往是不惜一切代价、不拘泥于一般规程圆满达成任务，无可否认，运动式治理模式的运作优势是十分显著的，治理效果可谓"立竿见影"，在这一点上科层制难以望其项背。但是，不可忽视的是，运动式治理很多时候会忽视乃至破坏常规程序和规范，运动式治理成功的背后很可能意味着牺牲其他事务治理的效率，以此为代价来换取某一特定事项治理领域的功效。中华人民共和国成立以后，国家治理为了步入制度化、规范化的发展轨道举步维艰，甚至在很长一段历史时段内，社会生活无法进入常规状态，事实上，这与运动式治理的负面效应有一定内在相关性。

随着经济和社会的进一步发展，理应告别运动式治理，健全社会生活规范秩序，实现国家治理的法治化、制度化以及规范化，是历史发展的必然趋势。然而，对照改革开放以来的历史进程，人们可以明确得到一个认知，即事实上，运动式治理模式并未彻底消失，甚至更为广泛地存在着，它已经从一种服务于政治斗争的政治动员实践，演变成了破解经济社会发展重大问题的一种治理形式，换言之，其已然成为政府强势主导发展模式的重要构成要素。不可否认，运动式治理的存在依然有一定的客观依据。在此情况下，首当其冲的便是中国至今远未完成现代国家治理的制度体系建设，"以往制约科层制理性化水平提高的诸多因素，非但没有随着科层组织架构的恢复和健

---

① 李哲．从"大胆吸收"到"创新驱动"　中国科技政策的演化 [M].北京：科学技术文献出版社，2017：191.

② 叶敏．从运动式治理方式到合力式治理方式：城市基层行政执法体制变革与机制创新 [J].行政论坛，2017，24（05）：24-29.

全受到抑制，反而因为利益驱动而变本加厉，以致整个国家的行政管理效率持续下降"[①]。由于国家行政管理体制改革一直缺乏顶层设计，机构膨胀缺乏法制化的限制，层级之间和部门之间职能交叉、权责不明现象日益加剧，各种"潜规则"的盛行更是严重侵蚀了现有制度安排应有的效率。20 世纪 70 年代，詹姆斯·汤森归纳出中国制度化运动悖论，"改革意味着中国回归了常规化发展轨道，但它是以动员方式进行的"[②]。此"制度化运动的悖论"[③]，集中体现了中国国家治理转型过程中管理制度化与逆制度化的冲突。在中国共产党第十八次全国代表大会报告中，已经明确提出了制度体系建设任务，要求加快形成系统完备、科学规范、运行有效的制度体系，令制度趋于成熟定型状态，这已经充分表达了实现国家治理制度化的创新主旨。

三、现代城市治理存在的风险

就区域构成而言，国家治理体系应该被视为城市治理与乡村治理的统一。在现代社会，人口主要集聚在城市空间中，城市人口已经成为推动经济社会发展的最重要的引擎，因此，现代化的过程的实质就是实现城市化的过程。18 世纪中期，西方发达国家的城市化起步。1851 年，英国城市人口占总人口的 50.2%。20 世纪 50 年代，法国、德国、美国等西方主要国家基本实现了城市化，其城市人口平均比重达到了 51.8%。伴随着中国经济的高速发展，改革开放后，中国城市化驶入快车道。1980 年，中国城镇人口占总人口的比例为 19.39%。2011 年，中国城镇人口占比为 51.27%。此时，中国城市人口在历史上第一次超过农村人口，这就意味着：长期以农村色彩为基调的中国已经成为过去式，中国正在向以城市色彩为基调的国家进行转变。这是中华民族生存方式一场最深刻的历史变革，必将带动整个国家治理方式的深刻演变。

[①] 何显明. 城市治理创新的逻辑与路径：基于杭州上城区城市复合联动治理模式的个案研究 [M]. 北京：中国社会科学出版社，2015：26.

[②] 郑崇明. 公共行政的中国面向：一个组织学的视角 [M]. 长春：吉林大学出版社，2019：145.

[③] 余敏江. 生态理性的生产与再生产 [M]. 上海：上海交通大学出版社，2018：43.

在现代经济社会生活中，城市地位的重要性不言而喻。因此，在现代国家治理中，城市治理已经成为至关重要的问题。城市要实现有效治理，一方面，要着力将城市打造成中高端资源集聚高地，令城市发展活力充分涌流，真正成为城市民众的造梦空间，进而推进国家整体创新活力升级，使得城市最终成为推进经济社会发展的最强大动力源头。另一方面，欲使城市步入有效治理的轨道，城市治理形式必须得到同步持续创新，城市公共服务水平应该实现跨越式提升，城市民众高品质生活向往得到充分尊重与满足，城市民众参与城市公共治理意愿步步成真，城市不仅可以塑造现代文明，而且可以传播现代文明。此外，值得注意的是，欲使城市实现有效治理，应该有意识地主动控制城市民众的生活方式、生活环境，进而预见和规避城市发展进程中的多元内生风险，令城市成为社会矛盾、社会冲突导火索的概率大大降低。

人们理应认识到，在城市化进程中，其关注重点应该聚焦于城市化进程过速、城市规模过大、城市化伴生的"城市病"等多重问题。倘若无法顺应城市发展潮流，构建起现代城市治理体系，破解城市化进程中"层累式"的治理问题，国家治理的风险和挑战将突出地集中到急速生长的城市中，城市甚至因此有可能演变成社会矛盾、社会冲突的引爆源。城市治理的首要任务是"维护城市社会秩序的动态稳定"。基于前人对"自反性现代化"[①]的研究成果，乌尔里希·贝克提出了"风险社会"[②]理念。"风险社会"是"现代社会中的一个发展阶段，在这一阶段里，社会、政治、经济和个人的风险往往会越来越多地离开工业社会中的监督制度和保护制度"[③]。"在现代化国家中，财富的增长与风险相伴。"[④]吉登斯则认为，"风险社会"面临的风险挑战是"现代制度长期成熟的结果"[⑤]，"虽然在部分特定领域和生活方式中，现代化

① ［德］乌尔里希·贝克. 风险社会：新的现代性之路 [M]. 张文杰，何博闻，译. 南京：译林出版社，2018：187.

② 黄传英. 城市公共安全治理与地方实证研究 [M]. 南宁：广西人民出版社，2019：19.

③ 齐恩平. 天商法律评论 2013 年卷 [M]. 天津：南开大学出版社，2013：84.

④ 唐朗诗，刘建军，郭圣莉. 新中国第一届委会 30 条——组织能力与社区善治 [M]. 上海：格致出版社，2019：55.

⑤ 上海社会科学院中国马克思主义研究所，上海社会科学院国外社会主义研究中心. 世界社会主义研究年鉴 2016 [M]. 上海：上海人民出版社，2017：265.

国家面临的风险性已经大大降低，但是新的未知风险也在增加"①。作为现代化水平较高的城市，城市社会具有"风险社会"成为必然，城市治理风险也因此可以被视为社会风险、国家治理风险的缩影。

城市社会的风险，一方面应该归因于城市愈发膨胀和密集的人口，另一方面则应该归因于城市流动频繁的社会结构。此外，"陌生人社会"的社交方式也为城市发展带来难以预估的风险与危害。人口的大规模集聚和高频率流动，的确为城市带来取之不尽的发展活力，但是与此同时，也导致了城市治理压力持续加剧，良性公共秩序的维系变得愈发困难。特别是对于发展中国家来讲，城市化进程往往呈现出短暂、急速的独特性。一方面，传统社会组织网络解体；另一方面，现代公民社会成长滞后，双重原因导致城市治理极其容易陷入"社会组织化"困境，不仅表现在城市政府无力维系城市社会秩序，而且表现在原子式个体陷入自我困顿窘境，基于此，城市无效治理的倾向不断显现。与农村社会的情况相较可知，城市社会阶层分化更加显著，生活方式趋于多元，这种情境更易导致城市民众产生一种相对较强烈的社会"剥夺感"，这种感受极易导致他们策划和实施种种反社会行为。默顿指出，"当人们认为实际得到的远远少于期望得到的、自己得到的远远少于他人得到的时，随之会萌发出社会剥夺感，他们倾向于认为这是不公平的、令人愤懑的"②。在城市中，一旦某特定群体深陷"剥夺感"时，他们可能会采取集体行动，强制性地反抗这种"剥夺"。城市交通条件、联系渠道多样，即使是偶发性、个体性事件也有可能演化为广泛的社会动员事件，在连锁反应下，反秩序的集群行为频出，打破正常的城市运行秩序。

毋庸置疑，中国已经创造了城市化奇迹。但是，中国城市治理面临的风险与挑战也异常严峻。

大城市拥挤风险。随着中国城市化进程的快速推进，大城市不可避免地面临着日益严重的拥挤问题。庞大的人口涌入城市，给城市基础设施和公共

---

① 童星，张海波.中国转型期的社会风险及识别——理论探讨与经验研究 [M].南京：南京大学出版社，2007：6.

② 王秀娟，于浩.社会转型期群体性事件的预防与治理方略 [M].北京：国家行政学院出版社，2018：21.

服务带来了巨大压力，导致交通拥堵、住房紧张和基础设施短缺等一系列挑战。首先，交通拥堵成为大城市不可忽视的问题。人口数量的快速增长导致道路承载压力剧增，交通拥堵日益严重。长时间的通勤和堵车不仅浪费了人们大量的时间和精力，也给居民的生活质量带来了负面影响。此外，交通拥堵还对环境造成了严重的污染，增加了空气污染和噪声污染的风险。其次，住房紧张是大城市拥挤问题的另一个重要方面。由于大量人口涌入，住房需求急剧增加，导致房价上涨和住房供应不足。中低收入人群往往面临着高昂的住房成本，甚至无法负担得起合适的住房，使得大城市的人口流动和社会流动性受到限制。这不仅加剧了社会阶层的分化，也给年轻人和新婚家庭的发展带来了压力。此外，基础设施短缺也是大城市拥挤问题的一个关键因素。随着人口的增加，城市的水、电、燃气等基础设施供应面临着极大的压力。在高峰时段，供应不足可能导致断水、断电等问题，影响居民的正常生活。同时，公共设施和服务如教育、医疗、文化娱乐等也面临着供需不平衡的问题，无法满足市民的日常需求。这些拥挤问题严重影响了大城市居民的生活质量和幸福感。长时间的通勤、高房价、低品质的公共服务等因素使人们感到压力倍增，甚至引发身心健康问题。此外，拥挤也给城市的社会稳定和治理带来了挑战，容易导致社会矛盾的激化和不公平现象的加剧。

城市污染、气温升高风险。在中国城市化进程中，夏季炎热环境污染成为一个严重的问题。城市热岛效应是其中的主要原因之一。由于城市中大量的高密度建筑、人口集中和缺乏绿地覆盖，城市热岛效应使得城市的温度显著升高，超过周边农村地区。这导致夏季城市气温更高，使人们的生活变得不舒适。高温天气和城市热岛效应增加了能源消耗和空调使用量，进一步加剧了环境污染和能源压力。随着空调的广泛使用，空调排放的废热和制冷剂泄漏对环境造成了负面影响。大量的能源消耗还导致了更多的碳排放，加剧了全球变暖的问题。此外，高温还加重了大气污染物的化学反应，形成更多的臭氧和细颗粒物，对空气质量造成了进一步的恶化。夏季炎热环境污染对居民的健康和生活质量产生了负面影响。高温天气对人体健康造成威胁，容易引发中暑、心脑血管疾病和呼吸系统疾病等健康问题。空气质量的恶化也增加了呼吸道疾病的风险。同时，高温天气和环境污染也影响人们的生活习惯和室外活动，降低了居民的生活质量和幸福感。

人才拥挤失业人数增加风险。中国城市化进程中，人才拥挤和失业问题的确存在着严峻挑战。大城市作为经济和文化中心，吸引了大量的人才涌入，但与此同时，就业机会的相对不足导致了人才拥挤和失业人数的增加。首先，大城市的就业机会相对有限，无法满足庞大的人才需求。人们涌入大城市追求更好的职业发展和生活条件，但就业市场的供需不平衡导致了竞争激烈。高学历人才和技能人才都聚集在少数热门行业和领域，导致其他行业就业机会减少，失业人数增加。这种人才拥挤现象不仅浪费了宝贵的人力资源，也加剧了社会的不平等和贫富差距。其次，人才拥挤和失业问题也与教育体制和职业培训不适应市场需求有关。过去的教育体制偏重于知识传授而忽视了实践技能的培养，导致毕业生的职业适应能力不足。此外，职业培训体系的建设也相对滞后，无法满足不断变化的就业市场需求。这使得大量人才进入就业市场后面临竞争压力和适应困难，增加了失业的风险。人才拥挤和失业问题对个人和社会都带来了严重影响。对个人来说，失业意味着失去了稳定的收入来源和职业发展机会，给个人的生活和心理健康带来了负面影响。对社会来说，人才浪费和失业问题加剧了社会的不公平现象，使贫富差距进一步扩大，社会稳定受到威胁。

大城市人口拥挤推升的房价升高风险。大城市人口拥挤对房价的推升是中国城市化进程中的一个重要问题。随着大量人口涌入大城市，住房供需矛盾日益加剧，房价不断上涨成为常态。这种情况给普通家庭带来了巨大的经济压力，使得他们难以负担高昂的住房成本。人口拥挤推升房价的原因有多个方面。首先，大城市作为经济和文化中心，吸引了大量人才和资源，但土地供应有限。供需失衡导致土地价格上涨，从而进一步推动了房价的上升。其次，房地产投资的热潮也加剧了房价上涨的压力。投资者追求高额回报，将大量资金投入房地产市场，导致房价被炒作和虚高化。高房价对社会造成了多方面的影响。首先，高房价加剧了社会阶层的分化。无法承担高房价的普通家庭往往只能选择次级的住房条件，而富裕阶层则能够购买高价房产，这进一步拉大了社会贫富差距。这种社会阶层分化会导致社会不平等感的增加，对社会稳定构成一定压力。其次，高房价对年轻人的婚姻和家庭形成产生了影响。由于无法负担高昂的房价，很多年轻人推迟结婚或选择不结婚，或者选择外地购房。这对家庭稳定和传统家庭价值观的延续带来了挑战。同时，高房价也加大了家庭经济负担，使得很多家庭难以承担子女的教育和其他生活成本。

食品安全问题和犯罪风险。过度城市化所带来的房价过高和生活成本过高，可能会导致人们面临巨大的经济压力和生存挑战。在这种情况下，一些人可能会为了谋求经济利益而采取不法手段，这会催生一系列问题，其中包括食品安全问题和犯罪问题。首先，房价过高和生活成本过高会导致人们在食品消费方面的追求变得更加理性和功利。一些不法商贩为了牟取暴利，可能会采用低质量的原材料、添加有害物质或者进行欺诈行为，从而危害食品安全。这可能包括使用劣质食材、添加有毒物质、虚假标注等行为，对人们的健康构成潜在威胁。其次，高房价和生活成本过高会导致社会贫富差距的加大，进而加剧社会不平等和社会紧张。在经济困难和生存压力下，一些人可能转向犯罪行为以获取经济收益。这可能涉及各种犯罪行为，如盗窃、抢劫、贩毒等，给社会安全带来威胁。

其他风险。除了大城市拥挤、夏季炎热环境污染、人才拥挤失业人数增加和房价上涨等问题，中国的城市化进程还面临一系列其他问题。首先是环境破坏问题。城市化过程中，大量土地开发和建设给生态环境带来了巨大的压力。自然资源的过度开采、水污染、大气污染等都严重影响了环境的可持续性。为了解决这一问题，需要加强环境保护意识，推行绿色发展理念，推进可持续城市规划和建设，促进资源的有效利用和环境的恢复。其次是社会保障体系的压力。在城市化过程中，农村人口向城市流动，使得城市社会保障体系面临更大的压力。城市社会保障体系需要扩大覆盖范围，提供更全面的医疗、养老、失业等保障，确保每个城市居民都能享受到基本的社会保障。同时，还需要加强农村社会保障体系建设，为农村人口提供相应的保障。此外，城市化也带来了文化传统的丧失问题。城市化过程中，一些传统的建筑、文化遗产和乡村风貌受到破坏和影响，文化传统面临着被忽视和遗失的风险。为了保护和传承优秀的传统文化，需要加强文化保护与传承工作，注重城市规划中的文化元素融入，促进城市的文化多样性和可持续发展。最后，城市化还带来了社会治理和公共服务的挑战。随着城市人口的增加，城市社会治理面临更大的复杂性和多样性。政府需要加强城市管理和服务能力，提高公共服务的质量和效率，确保居民的基本权益得到保障。同时，加强社会组织和居民自治的参与，建立更加民主和公正的城市治理机制，推动社会的和谐发展。

第三节　后城市化时代城市治理面临的现实挑战

根据国家统计数据可知，截至2012年底，中国城镇化率为52%～57.57%，其中，浙江省的城镇化率更加引人瞩目，为63.2%。截至2022年底，中国城镇化率为65.22%，其中上海市的城镇化率最高，为89.3%。换言之，在沿海发达地区，已逐渐从以建设为中心的城市化转向以管理为重心的后城市化阶段。城市化并不是表面上呈现的城市面积、城市人口的简单叠加和增殖，而是意味着深层次的产业结构、就业方式、生活方式、组织结构、人居环境等方面的根本性变迁。伴随着后城市化时代的降临，城市治理体制亟须有效创新，城市治理风险亟须有效管控，城市发展活力亟须有效激发，城市生活品质和精细化管理水平亟须有效升级，在城市化进程中，城市必须适时高效地破解这一类重大问题。

一、城市发展导向：增长中心与城市经营后遗症

改革开放后，基于特定的历史背景和体制背景，中国在追求赶超发展过程中，逐步形成了一套独具特色的政府强势主导的发展模式。借助于各级政府强大的资源整合和配置功能，以及强有力的行政干预，中国创造了举世瞩目的增长奇迹。当政府强势主导的发展模式被定型，甚至固化为一种发展思维定式和体制惯性，特定形式的利益格局就会愈发僵化，政府强势主导型发展模式很可能难以实现可持续发展，导致国家治理体系陷入困境与危机中。

作为要素资源集聚的主平台，无可否认，城市为各级城市政府发挥自身经济建设的组织功能和资源整合功能提供了广阔运作空间，但是，与此同时，城市也必然会成为集中体现政府强势主导型发展模式的优势及弊端的展示台。在区域竞争压力驱动下，城市政府往往会致力于最大限度地集聚、整合资源，以此促发城市经济高速增长，基于城市硬件的现代化来获取区域竞争优势，并致力于两者的互利共赢。这种发展模式使中国城市发展天生具有极为突出的经营导向，中国的城市政府也因此成为全球最企业化的政府。部分学者认为，在早期，通过有偿出让土地、基础设施获取城市发展资金就属于"城市经营"①范畴。近年来，城市节庆活动、城市品牌营销等也属于"营销型"增长策略。事实上，部分城市政府已经习惯于按照此种思路进行城市发展决策。

表面上，中国城市发展和管理的经营化取向，与西方近几十年流行的"城市经营"似乎极为相似，但实质上，两者的背景及效应却大相径庭。20世纪70年代以来，新自由主义思潮盛行，在西方城市，治理方式发生了重大转型，政府逐渐地将传统的福利主义原则弃之不顾，转而更加看重发挥市场机制功能、提高城市竞争力和吸引外来投资等方面的问题，积极推行各种形式的"城市运营"②或"城市经营"③战略。城市经营的核心理念是"把城市当作企业来经营"④。换言之，即强化市场的城市资源配置功能，借助于优化城市土地资源配置置换巨大的经济效益。城市政府依赖市场机制激发城市发展活力的经营导向，由此催化了政治精英和经济精英相互依赖的联盟关系，城市行政体系也由此演变为一架"增长机器"。值得注意的问题是，在西方发达国家，与"城市经营"战略相伴生的，是"城市管治"⑤（即城市治理，Urban Governance）理念的广泛兴起。"城市管治"的核心议题是：在全球化进程中，政府怎样改变其固有的角色定位，令政府间关系更加和谐融洽，令城市内部政府、社会、市场之间实现协同共进，进而整体提升城市治

---

① 金太军 . 城市学概论 [M]. 广州：广东人民出版社，2017：402.

② 余登兵 . 中国智慧城市规划与建设（第二版）[M]. 合肥：安徽科学技术出版社，2017：103.

③ 金太军 . 城市学概论 [M]. 广州：广东人民出版社，2017：402.

④ 付晓东 . 经营城市与城市发展 [M]. 北京：新华出版社，2004：267.

⑤ 郭欣欣 . 中国的城市政治与城市化 [M]. 北京：中国社会出版社，2018：26.

理与发展效能。因此，"城市经营、城市管治等皆为全球化潮流下城市作出的应对之策。城市经营的侧重点在于市场，城市管治的侧重点在于政府，其目标皆是提升城市竞争力"①。

倘若说，在西方发达国家，城市相对稳定的政府角色定位以及城市治理思潮的广泛流行，在一定程度上抑制了西方城市经营的短期功利化取向，并同时延缓了西方城市经营对公平秩序的侵蚀倾向，那么，在特定的体制背景下，与西方国家城市政府相较，中国各级城市政府在规制社会、组织资源方面的能力更加强大，特别是更加善于实施城市经营、城市营销。其中，尤以土地经营、大事件营销等方式为代表的营销型城市增长策略经常被付诸实践，当然，其短期、功利性导向同样愈发明显。中国城市经营模式派生出来的最显著的政府行为逻辑为短期增长绩效的最大化。在区域竞争压力的驱动下，城市政府致力于最大限度地汲取资源，以此来换取城市经济的超常规增长、城市基础设施的超前建设，这种竭泽而渔、杀鸡取卵的城市经营方式必然会导致对城市资源过度的、破坏性的开发，令城市的可持续发展陷入窘境。21世纪，在很大程度上，从前所谓的"城市经营"业已演变为"土地资本化"②运作，借由对土地一级市场的垄断，实行土地公开招标拍卖，进而收取高额土地出让金，成为城市政府获取城市建设资金，拓展城市发展空间，实现经济总量常规增长的常见方式。统计数据显示，"在'八五'期间，全国城市市政投资近2600亿元，是'七五'期间的5.2倍；'九五'期间的投资总和约7000亿元，是'八五'期间的2.7倍；'十五'期间达到2万亿元，接近'九五'期间的3倍，'十一五'预计将达到4.0万亿至4.5万亿元，在'十五'的基础上再翻番"③。庞大的市政投资资金，绝大部分来源于土地出让金。城市的土地出让收入以及相关税费收入，超过地方财政收入的50%早已非常常见。有学者认为，中国的城市经营已经不再属于Managing for City 范畴，而是已经跻身 Marketing of city 范畴，并由此导致了形形色

① 胡浩．大都市旅游房地产：发展与布局研究[M]．北京：中国财政经济出版社，2006：67.

② 沈守愚．土地法学通论[M]．北京：中国大地出版社，2002：856.

③ 何显明．城市治理创新的逻辑与路径：基于杭州上城区城市复合联动治理模式的个案研究[M]．北京：中国社会科学出版社，2015：33—34.

色的城市治理问题。譬如，城市政府为了垄断土地收益，大肆地强制性征用城市土地，导致官民对立冲突事件屡屡发生；为了扩大土地出让收益，土地价格被人为地以各种手段抬高，进而致使商品房价格居高不下；为了推进旧城改造、新城建设速度，相关建设被层层委托给各级开发商，令公益设施的建设水准难以得到有效保障；为了打造所谓国际化大都市，甚至盲目举债构建城市硬件设施等。更不容忽视的问题是，短期化、功利化的城市经营策略，事实上造就了畸形的城市"增长联盟"①，在城市经营中，当城市政府致力于追求城市经营收益最大化时，与追求利益最大化的资本力量极易结成同一阵营，形成利益同盟，令权力寻租和官员腐败现象屡禁不止。

短期化、功利化的城市经营策略，直接削弱了城市公共服务的供给能力。由于城市的经营收入主要投向了基础设施建设、"形象工程"以及抬升土地价格的相关建设，城市的公共服务水平远远滞后于城市经济和政府收入的增长。令人触目惊心的是，某些城市政府仅仅醉心于经营收益最大化，他们更多地采取使用许可、拍卖、转让、授权等方式，将一部分城市公共空间、公共资源交由市场主体经营，进而使得公共物品、公共服务供给呈现出过度商业化特征，对城市民众的利益造成直接伤害。在城市经营策略的运作下，中国许多城市的硬件设施足以同发达国家相媲美，但从公共服务供给来看，则普遍存在着"浅度城市化"②问题。也就是说，在计算城市化率时，大多数城市政府更加倾向于将大量非户籍人口纳入统计范围，但是，与此同时，在提供公共服务时却将倾向于将非户籍人口置之度外，更有甚者，一些城市政府在计算城市人均 GDP 时也将非户籍人口直接排除，这会带来无穷无尽的公平性问题，城市发展的基本战略很可能会因此而陷入偏颇。

以"土地资本化"运作为核心的城市经营策略，一方面，基于特殊的城市"增长联盟"效应、"政经一体化"倾向，以及公共服务供给和普遍居民权利保障的滞后，市场化进程中的利益分化在不断加剧；另一方面，基于特殊的城市开发方式，城市社会的阶层分化更加剧烈和显著，底层产生民众的相对剥夺感只会愈演愈烈。譬如，当一块土地越邻近城市中心时，其配套条

---

① 彭正波. 地方政府公司化中的增长联盟研究 [M]. 武汉：武汉大学出版社，2016：19.
② 杨上广. 长三角经济空间组织的演化 [M]. 上海：上海人民出版社，2011：87.

件越集中，地价、房价越居高不下，按照递进规律，形成单中心、圈层式空间格局。地理位置不同，导致城市总体空间划分不同，进而催发城市社会空间分异。旧城"高贵化"、低收入民众郊区化的城市生活格局逐步成型，这显然是"强势的资本、权力"①与"弱势的民权"②空间博弈的产物。换言之，那些高收入群体置身于城市中心，享受高端公共服务资源，城市的空间布局被烙印上等级化标签，同时，城市低收入群体却被迫迁移，居住在远郊地区，承受交通不便、公共设施不全、公共服务资源低端化的不便，这部分人很可能会产生挫败感乃至相对剥夺感。在特定的利益冲突背景下，这种阶层化的城市空间格局将可能诱发严重的治理风险。

二、城市管理体制：城乡管理同构与管理碎片化

城市自诞生之日起，就在国家经济、社会、政治和文化生活中扮演着与乡村截然不同的角色。由于城市、乡村拥有的功能定位、生活秩序大相径庭，大部分国家在进行地方行政管理时采取城乡分治原则。20 世纪 80 年代，中国大规模推广"市管县"体制，市事实上演变为一种广域型行政建制。城市的管理体制、职能定位及组织架构皆与省、县别无二致。在此种管理体制下，很多时候会导致城市功能定位的普遍紊乱，其"大而全"和"多层级"管理格局，导致城市无法充分发挥其在经济社会发展领域的特有功能，进而导致城市特有的治理风险长期存在，无法根除。在城乡分治体制下，城市属于一种点域型行政建制，城市居民多为非农业人口，从事第二、第三产业；县则属于一种广域型行政建制，市与县的功能定位、职责安排各具特色。譬如，在美国，县和市镇是主要的地方政府，其中，县是"面"，市镇是"面"上的"点"。在市场经济条件下，市与县作为两种行政区域有着各自不同的经济运行机制。城市的市场要素、资源集聚程度高，因而第

---

① 林拓，[日]水内俊雄. 现代城市更新与社会空间变迁：住宅、生态、治理[M].上海：上海古籍出版社，2007：476.

② 林拓，[日]水内俊雄. 现代城市更新与社会空间变迁：住宅、生态、治理[M].上海：上海古籍出版社，2007：476.

二、第三产业相对发达，一般情况下城市会成为区域经济发展中心，可充分调度资本、技术、人才、信息等要素集聚优势，为周边县（市）发展提供优质的生产性服务、生活服务。同时，城市生活作为一种人造的生活方式，实现了规模化的人口集聚，这就导致城市的日常生活中可能产生一系列与农村截然不同的问题。譬如：水、电、煤气、垃圾、污水和道路交通的管理等。在城市中，先行爆发了人口高度密集、行业和职业高度分化等复杂的现代性问题，市政管理亟须专业化探究，市政体制、乡镇体制、一般地方行政体制也逐渐分化开来。因此，在全球范围内，大部分国家都会首选在非农行业人口集聚密度较大的区域设市，并为其构建一个专门服务于城市复杂功能、维持市正常运转的管理体制抑或治理模式。

在中国历史上，市制建设也遵循了此种规律性。早在明代和清代，在传统的村庄之外，业已诞生了工商业活动高度聚集的"市"。当时，朝廷对市镇给予特别的优待，通常，朝廷允许市实行自治，同时，由县政府管理其法律、政治事务。清代末期，实行了一系列新政措施，在"县"的建制下，还设立了"乡""镇""市"。民国时期以及中华人民共和国成立初期，皆应用了"市县分置""城乡分治"的管理模式。1955 年，国务院出台《关于设置市镇建制的决定》。其中规定："聚居人口十万以上的城镇，可以设置市的建制。聚居人口不足十万，但是重要工矿基地、省级地方国家机关所在地、大规模物资集散地、边缘地区重要城镇，并确有必要时方可设市。"[①] 并规定，市"是属于省、自治区、自治州领导的行政单位"[②]，其中，设区市的行政地位相当于"自治州"和"专区"，不设区市，则相当于"县"。

20 世纪 50 年代，在中国农村，普遍推行统购统销以及合作化体制，这无异于直接切断了城乡间市场和商品流通渠道，因此，政府只好借由行政力量来保障城市生产生活用品的供应，在部分地区，市领导县的管理模式应运而生。1959 年 9 月，全国人大常委会颁布《关于直辖市较大的市可以领导县、自治县的决定》，强调这种管理体制有利于"密切城市和农村的结合，

---

① 何显明 . 省管县改革：绩效预期与路径选择——基于浙江的个案研究 [M]. 上海：学林出版社，2009：196.

② 张本效 . 城市管理学 [M]. 北京：中国农业大学出版社，2017：59.

促进工农业的相互支援，便于劳动力的调配"①。1960 年，京沪两个直辖市和 24 个省、自治区的 50 个省辖市实施市领导县的制度，共辖县 237 个。在"大跃进"失败后，此种趋势受到遏止。1963 年 12 月，中共中央、国务院下发《关于调整市镇建制、缩小城市郊区的指示》②，基于此，大部分城市将其郊区范围进行缩减，还有部分城市则失去了其市的建制，市领导县的体制因此有所松动。1983 年，基于以城带乡的发展目标，开始在全国范围内试行市领导县的体制。1983 年 2 月 15 日，《关于地市州党政机关机构改革若干问题的通知》③发布，提出"积极试行地、市合并"④。地市合并后，许多地级市变为领导县的市。换言之，20 世纪 50 年代，地级市建制基本上属于"点域型行政建制"⑤，20 世纪 90 年代，地级市建制已然演变成一种"广域型行政建制"⑥。当"市"演变成一种广域型行政建制后，中国的城市化进程开始步入突飞猛进阶段，个别区域盲目追求城市化速度，市制的泛化成为一种必然结果。各地纷纷通过市制改革来达到提升行政等级的目的，出现了全国上下一片"市"的火热态势。1980—1997 年，新设县级市 459 个，其中，切块设市 43 个，占 94%；整县改市 416 个，占 90.6%。1993 年后，每年新设立几十个县级市，但"切块设市"⑦情况几乎不存在了。整县改市替代了切块设市模式，这也从侧面证明，县级市、地级市皆演变成了广域型行政建制。市制的泛化，导致所谓城市化的畸形发展，很多时候仅仅是将地区或者县的称谓改成市，而其原有政府的职能定位、管理模式仍一切照旧。换言之，市既管理城市经济与生活又管理农村经济与生活；亟须构建既适应城市

① 戴均良 . 行政区划与地名管理 [M]. 北京：中国社会出版社，2009：92.

② 范毅，徐勤贤，张力康 . 城镇化进程行政区划调整与改革成效研究 [M]. 北京：中国发展出版社，2017：216-218.

③ 范毅，徐勤贤，张力康 . 城镇化进程行政区划调整与改革成效研究 [M]. 北京：中国发展出版社，2017：228-231.

④ 徐林，范毅 . 改革开放 40 年中国的城市化：经验、问题和出路 [M]. 北京：中国发展出版社，2018：189.

⑤ 何显明 . 省管县改革：绩效预期与路径选择——基于浙江的个案研究 [M]. 上海：学林出版社，2009：196.

⑥ 刘君德，范今朝 . 中国市制的历史演变与当代改革 [M]. 南京：东南大学出版社，2015：129.

⑦ 吴金群，廖超超 . 尺度重组与地域重构——中国城市行政区划调整 40 年 [M]. 上海：上海交通大学出版社，2018：217.

发展又适应农村发展的行政管理体制，这必然导致城市功能定位的紊乱、行政管理体制大而全弊端。这种情况导致了一些消极结果。一方面，地方领导不得不耗费大量精力关注农村发展和管理问题，行政体制中大部分资源被分流到农村；另一方面，在"城乡合治"的双重职责和行政体制下，城市领导层、管理层无法将全部精力集中到城市上，城市缺失科学规划、合理经营、精细化管理，导致了城市发展总体规划混乱、城市生活品质低下、城市发展功能不足等弊端。

市制的广域化铺开后，导致后续城乡管理体制同构化，城市政府不得不对应省、县的政府管理体制，设置纷繁复杂的管理层级、管理机构。改革开放后，中国在设区市时，一般都会设立市、区、街道（乡镇）3 级政府。与此形成鲜明对比的是，西方发达国家的城市抑或中国香港特别行政区的城市仅仅设置一级政府。行政层级设置过多有一定弊端，不仅增加了城市管理成本，而且很可能降低城市政府运行效率。20 世纪 90 年代，在上海等大城市，推行以"两级政府、三级管理"①为核心的行政区划管理体制改革。此后，"市—区—街 / 镇—社区（村、居）"的"两级政府、三级管理、四级网络"②行政体制架构基本被固定下来，逐步为设区城市所借鉴。但在实际推进过程中，市与区、区与街 / 镇的职能权限问题并未得到体制层面的破解，"两级政府"的目标不能落到实处，区与街 / 镇的职能权限依然与原有三级政府管理体制下的角色雷同，甚至社区也开始逐步承担部分行政职责。

城乡管理体制的同构化，一方面体现在城市政府的管理层级领域，另一方面体现在其组织架构领域。当今，城市政府组织结构与省、县广域型政府完全一致，这种组织架构很多时候根本无法有效地适应城市管理的特殊需求，由此衍生的问题是，在城市政府内部，各部门横向分工上的交叉与重叠，导致部门间相互扯皮、多头执法、管理缺位等问题层出不穷。机构林立以及权力运行的"部门化"，造就城市政府各部门对城市财政资源的权力争

---

① 孙伟. 反思城镇化背景下的城乡发展 [M]. 上海：上海大学出版社，2013：119.

② 孙荣. 改革开放四十年上海城市社区治理的制度变迁研究 [M]. 上海：复旦大学出版社，2019：37.

夺，对所应承担责任的竭力推卸，乃至于对本部门权力的努力扩张。长此以往，就会导致一系列恶果。如：在各部门各自为政的权力构架下，城市发展的总体规划、战略目标被无限分割直至支离破碎；城市公共资源为不同部门各自把控，资源优化配置成为空谈；在各部门相互推诿中，城市民众民合法权益被长期损害。同时，嵌入城市政府管理体制中的"条块分割"体制进一步加剧了城市政府管理的碎片化问题。基于此，垂直管理与属地管理之间、层级组织与专业职能部门之间的关系协调和平衡成为城市政府领导最为难以破解的问题之一。垂直管理部门往往倾向于诟病无法获得属地管理部门的支撑与支持；属地管理部门则倾向于诟病职能管理部门居高临下忽视相应的责权关系配备；专业职能部门则常常认为，属地部门在各自利益驱动下各行其是，令上级的政策无法及时有效地贯彻落实。

发达的社会自治体系是西方国家城市治理体系的重要组成部分，也是实现一级政府管理的重要前提。在近代中国历史上，个别近代化水平较高的城市也形成了某些城市自治体系的初级形态。中华人民共和国成立后，"全能主义国家建立起了对城市生活进行全面管控的组织体系和政治行政控制机制，在彻底瓦解了近代城市的自治机制的同时，实现了国家正式组织向社会基层的全面渗透"[①]。因此，"单位"作为"城市社会管理的基础单元"得到发展壮大。"单位"集"专业功能、政治控制及社会整合功能于一体；集政治统治与资源分配于一身，是中国城市社会中的一种特殊的组织形式和社会调控形式"[②]。所以，在这种情况下，国家借由单位机构的设置、资源的配给，较大程度上控制了全体社会成员。单位组织可以被视为一种有特殊的统治"组织化"形式，是中国社会独有的特殊产物。单位组织"掌控命令权、控制权、分配权，个人只能服从、依附之，由此实现了单位组织对社会的统治"[③]。

---

① 何显明.城市治理创新的逻辑与路径：基于杭州上城区城市复合联动治理模式的个案研究[M].北京：中国社会科学出版社，2015：39.

② 何显明.城市治理创新的逻辑与路径：基于杭州上城区城市复合联动治理模式的个案研究[M].北京：中国社会科学出版社，2015：39.

③ 胡文杰，黄高峰，陈迪，等.转型背景下中小城市的改革与创新——以慈溪市为例[M].南京：东南大学出版社，2015：255.

改革开放后，呈现出住房商品化、就业市场化、保障社会化等翻天覆地的革新，导致体制内的单位组织对单位成员的控制力持续减弱。体制外的"新经济组织"①和"新社会组织"②层出不穷，促使更多社会成员摆脱了单位体制。规模不断扩大的新市民阶层，如进城务工人员、个体工商户、第三产业从业人员、自由职业者、失业下岗人员、待业大学毕业生等，已经完成了从"单位人"到"社会人"的转变，重新沦为没有任何组织归属的原子式个体。为应对城市治理面临的严峻挑战，20世纪90年代，中国开始积极推动城市社区建设，试图以社区组织来吸纳、整合"社会人"，增强社会的组织化水平。在中国特定的体制背景下，通过社区建设来完善城市治理体系，始终存在着"行政管控"与"社区自治"③的内在紧张关系。如果城市政府仅仅单纯注重基层社会自治水平的提升，很可能会导致自上而下的政治行政管控的松懈；如果传统意义上的行政权力全面渗透和控制城市基层生活的固有思维不发生变革，即使设置了社区，其必然只能最终沦为城市行政体系的一个微不足道的末梢。显而易见，在"维稳压倒一切"④的治理压力驱动下，城市管理制度的"路径依赖"⑤效应，必然决定了城市政府在应对城市管理的现实挑战中，会本能地倾向于按照"行政一体化"⑥方式建立体制框架和运行机制，将大量行政性、社会性事务下放给街道、社区。从政府转移出的大量社会管理和公共服务职能让渡于街道办事处，街道办事处只能参照原有的对应原则，设置一系列辅助部门以及科室，甚至在社区也构建起各类工作委员会，这势必会导致城市基层治理体系陷入全能化与行政化困顿。基于此，行政管理与社区自治的有机衔接，依然是城市治理创新必须面对和破解的难题之一。

① 徐光春. 马克思主义大辞典 [M]. 武汉：崇文书局，2018：1076.
② 徐光春. 马克思主义大辞典 [M]. 武汉：崇文书局，2018：1141.
③ 梁玉忠. 城市社区管理研究 [M]. 长春：吉林人民出版社，2020：145.
④ 《人民论坛》杂志社. 中国策（第一辑）[M]. 北京：国家行政学院出版社，2011：144.
⑤ 张振祥. 思维风暴 [M]. 北京：金盾出版社，2019：33.
⑥ 傅琼. 热带雨林：现代城市政府管理研究 [M]. 成都：四川人民出版社，2002：346.

三、城市管理过程：行政化、封闭化的运行机制

就管理主体以及运行机制而言，中国的城市管理概念包含三个层面内涵，即"在宏观意义上，城市管理泛指政府组织对一个城市地理空间所有事务进行的管理。在中观意义上，城市管理指政府专设机构或相关职能机构（如城市管理委员会、城市管理局）对市政基础设施、市容环境公用事业、环卫基础设施、水务河道、城市管理综合执法等与城市发展密切相关的公共事务管理。在微观意义上，城市管理是指城市管理综合执法机构查处违反城市管理条例行为的过程，即通常所谓的'城管执法'"[①]。如果说宏观意义的城市管理存在突出的管理体制问题的话，那么，就微观层面而言，城市管理过程中行政化、封闭化运行机制的弊端难以规避，由此，极易导致后续一系列的城市治理危机。

（一）行政主导的城市管理体制与市民主体性的缺失

长期以来，中国奉行的是传统政府管理体制，因此，城市管理基本被归类于行政管控范畴，即以"行政强制、行政命令、行政处罚、行政制裁"[②]等"单方性和不平等性的行政行为方式"[③]，来查处、制止影响城市市容和秩序的各种行为。行政管控主导下的城市管理，层级结构是城市维持正常运作的基础，不同层级借由行政手段对辖区实施严格管控，进而达成其管理目标，在此情境下，社会组织、公民个人的行为方式和活动空间必然受到时间与空间的双重限定。在此种刚性结构中，主动性、回应性极度缺失，行政权力自上而下单向运行，管理机构、管理人员只需要对上级负责。而广大城市民众虽是城市主人，却无法成为名副其实的城市治理主体，其治理权利受到方方面面的抑制，管理部门、城市民众之间只存在管理与被管理关系，两者之间并无沟通、互动机制。在此种体制下，城市管理部门往往将市民作为单

---

① 何显明. 城市治理创新的逻辑与路径：基于杭州上城区城市复合联动治理模式的个案研究 [M]. 北京：中国社会科学出版社，2015：40.

② 尤建新，陈强. 城市治理与科学发展 [M]. 上海：上海交通大学出版社，2009：25.

③ 王枫云. 从城市管理走向城市治理——我国城市政府行政模式转型的路径选择 [J]. 思想战线，2008（01）：99-103.

纯的管理对象或公共服务的消费者，在城市治理过程中没有充分考虑管理部门与市民之间所应当具有的互动与合作关系。市民常常被定位为被动的行政行为的作用对象，而非城市管理的参与者。在城市管理者的决策、管理过程中，城市民众利益、诉求经常被忽视，城市民众参与城市管理成为一句空洞口号。这必然导致的不良后果包括：城市管理部门的政策、行为与城市民众的诉求和期望大相径庭甚至背道而驰，城市制定出台的一系列管理措施难以获取城市民众认可，城市管理部门与城市民众之间隔阂日深，双方甚至可能产生相互的对抗心理。经过一些无良媒体的炒作与渲染，城市管理部门被"污名化"甚至"妖魔化"，这种情况显然是非常不尽如人意的。

（二）单向度的权力运行模式与城管部门服务性功能的弱化

论及城市管理的终极目标，并非"治民"，而是"便民"。"管理"仅仅是手段，服务才是真正"目的"。当今，城市管理工作趋于行政化运作，且社会监督机制的缺失，这很可能会导致市民无法充分体验到城市管理部门的服务功能，形成了城市管理工作亲民性的先天不足。城市管理权力自上而下地单向度运行，城市管理成为一种按照行政指令行动的机械过程，城市管理者往往不能够严格地遵照相关法律法规合理执法，而是基于强制手段主观意志行事，执法的随意性急剧上升，城市管理的制度化水平随之大幅下滑。由于大多数集中性的执法活动是基于惩治目的实施的，公众的力量和智慧远未得到有效利用，更没有建立起鼓励公众积极参与城市管理的有效机制，使得城市管理部门的管理行为一直给人留下过于强势的印象，城市管理的职能定位甚至给人留下"就是跟老百姓过不去"的错觉。

在城市管理过程中，传统意义上的单向度的权力运行机制弊端颇多，甚至会导致城市管理者扭曲的权责关系。需要特别关注的是，在城市管理的绩效评估中，城市民众虽然是城市管理与服务的最直接承受者，但是他们却不能够对城市管理者的行政行为作出应有的反应。对于处于管理一线的城市管理者而言，与其实际利益相关的权力获取、职位薪级、福利待遇等均来自上级管理部门指令，他们的工作绩效的评估和奖惩亦然。基于此，影响其工作的最重要因素是他们是否圆满完成了上级部门委派的管理任务和责任目标，而不是他们是否为城市民众提供了高质量的公共服务。尽管在上级部门的具体考核中，也会要求一线管理者为城市民众提供相关公共服务，但受制于信息不对称性，这种单向度的考核和监督相对而言较为片面，以此为基础难以保障城市管理的服务导向，城市管理原本应具有的服务性功能也逐步消亡了。

（三）行政主导的城市规范化管理与草根群体的生存需求冲突

在现代城市管理进程中，"规范化"是城市管理者塑造城市生活秩序的主要方式。近年来，部分城市打着创建"国家文明城市"①"国家卫生城市"②"优秀旅游城市"③等旗号，大搞市政建设和旧城改造运动，并以妨碍市容、交通、卫生等理由严管各类摊贩的行为。这种管理行为隐含着一个基本预设，即流动摊贩必然会导致交通秩序混乱、城市道路拥挤、卫生和噪声污染等多重问题，对于城市美学景观是一种损毁，同时，也不利于城市正常生活秩序的维护。城市管理最典型的媒体形象是流动摊贩的"驱赶者"。在常见状况下，流动摊贩多来自难以获取稳定职业的外来流动人口，以及城镇失业、下岗职工、残障低保等困难群体，他们所拥有的生存资源极为有限，一次城市管理的没收行为就可能令其丧失全部家当，丧失基本的谋生手段。因而，当城市管理部门的管理行为危及其基本生计时，长期生活在社会底层的民众就很可能基于日积月累的社会不公平感，向城市管理者发泄愤懑与不满。当冲突发生时，一般城市民众、渴望吸引眼球的媒体都会倾向于同情弱者即摊贩群体，甚至共同谴责城市管理工作者。在现实生活中，街头摊贩和城市管理者之间一再重复上演的"猫鼠闹剧"表明，城市草根群体生存诉求时常成为微不足道的细枝末节，是现代城市管理中始终难于规避的痼疾。达仁道夫认为："冲突是权力分配引起的，而非经济因素引起的……在现代社会，冲突是应得权利—供给、政治—经济、公民权利—经济增长之间的对抗。"④对城市而言，片面追求"完美秩序"以及规范化管理，必然与现

---

① 许永宁.宜居[M].合肥：合肥工业大学出版社，2018：32.
② 马骁.中华医学百科全书（公共卫生学）：健康教育学[M].北京：中国协和医科大学出版社，2020：195.
③ 万邦联.图述温州——千年古城今昔（下）[M].北京：中国民族摄影艺术出版社，2018：76.
④ ［英］拉尔夫·达仁道夫.现代社会冲突——自由政治随感[M].林荣远，译.北京：中国社会科学出版社，2000：3-4.

代城市包容性发展的理念背道而驰，这可能会极大地威胁到城市草根群体的生存机会，导致城市管理一再陷入"践踏"草根市民生存权的道德困境。基于此，在制定城市管理体制和管理模式时，有必要深入地考量一个本质问题，即到底是应该为了城市管理人民，还是应该为了人民管理城市。

（四）城市管理资源的匮乏与社会参与热情高涨的悖论

随着管理职能越来越宽泛，城市管理部门已经趋于成为城市"不管部"，很大程度上，其包揽了所有其他部门不愿甚至难以承担的公共事务。城市管理部门职能在不断扩大，同时，却始终存在编制有限、激励不足、管理人员素质不高等固有问题，加之部门权力边界模糊、执法法律依据不充分等体制性问题，城市管理及其绩效长期被资源匮乏问题严重制约。在此情况下，公众参与城市管理的热情却在日益增长，公众中蕴含的参与城市管理的智慧和力量得不到发挥的机会。因而，必然导致的结果即为：在实际的执法过程中，城市管理往往既无法有效实现城市"规范化"的管理目标，更无法有效回应市民日益增长的公共服务需求，以及参与城市治理的诉求，城管执法也因此陷入一种两难境地：如果做到严格执法，时常会由于其对市民的服务需求缺乏有效回应机制，以及无法兼顾城市草根阶层的生存需求，而被社会舆论大加指责；如果随意放松执法，又会极大地损害城市管理法律法规的权威性。

由上文可知，城市社会的多元化发展以及社会结构的分化，使得城市管理不论是合法性，还是管理方式、管理能力都受到了严峻挑战。就管理体制和运行机制而言，当前城市管理的核心问题，是行政主导下的单向度、封闭化的管理模式所引发的，客观而言，这会导致城市管理被扭曲成一部分人对另一部分人的管制，乃至引起管理部门与城市民众之间的隔膜、对立情绪。因为缺乏社会互动机制、城市民众参与渠道，一般城市民众并不愿意同情、理解城市管理工作，反而容易与城管部门形成排斥感、对立感，长此以往，城市管理部门最终成为城市民众发泄对政府管理不满情绪的出口。换言之，传统单向度的行政管制已越来越不适应当前的城市社会，创新城市管理模式，探寻一个尊重市民、服务市民、依靠市民的现代城市治理机制，已经成为城市治理创新面临的重大现实课题。

第四节　城市善治：城市治理创新的愿景

在现时代，公共事务管理体制变革领域常见的愿景目标为治理创新、善治，已经成为理论界与政府的一种重要共识。对于治理、善治的探究在不断深入，特别是政治学、行政管理学等领域。之后，以治理与善治制度安排为研究对象，一门新的学问制度政治学诞生，成为管理学领域一个新的研究范式。在中国共产党第十八届中央委员会第三次全体会议上，"推进国家治理体系和治理能力现代化"[①] 被确立为全面深化改革总目标，标志着经过适度的改造，治理和善治理论已全面进入政治主流思维。这对于探讨城市治理创新的方向无疑具有重要的指导意义。

一、西方"城市治理"的兴起

就治理和善治理论而言，其可谓世纪之交全球范围内公共事务管理改革最具影响力的思潮。历经多年研究与探讨，这种理念已经渗透到公共事务治理的各个相关研究领域，换言之，已经构建起一个庞大的开放性话语体系。在中国的语境下，"治理"这一体现着公共事务治理全新思维的概念却极易为管理、管控等概念同化，因而有必要对现代意义上的治理概念的内涵作一基本的辨析。

1995 年，全球治理委员会（Commission on Global Governance）发布专门性研究报告——《我们的全球伙伴关系》，其中，"治理"问题得到了较为科学的论述。该报告强调，"治理是各种个人或公共机构管理其共同事务的多元方式的总和"[②]，治理可以起到调和冲突、协调利益、推动可持续发展等作用，治理涵盖各种正式以及非正式的制度安排。斯茂思提出，全球治理委

---

① 中国共产党第十八届中央委员会第三次全体会议公报 [J]. 新长征，2013（12）：4-6.

② 兰旸. 中国国家治理结构研究 [M]. 北京：知识产权出版社，2018：6.

员会对治理的定义明确且具有代表性，其凸显出治理的 4 个重要特征：一是治理是一个过程；二是治理的基础是协调；三是治理涉及公部门与私部门；四是治理需要持续互动。

就行为主体角度而言，治理侧重于突破旧的模式束缚，政府不再是唯一治理主体，公共机构、私人机构、城市民众皆可平等地参与公共事务治理。换言之，治理即一种有机合作网络，涵盖的合作形态有政治国家—公民社会、政府—非政府、公共机构—私人机构、强制—自愿等。在城市中，发展多元治理主体是时代潮流，多元治理主体交互地沟通、协作，可以成功地构筑起新型的多中心、互动、开放的新型治理格局。就权力运作向度而言，治理理念下，单向度、自上而下的权力运作模式已经不合时宜，双向度、上下互动的权力运作机制才能实现公共事务的高效管理。"治理所塑造的结构、秩序不是外部强加的，而是有赖于所有治理主体的互动。"① 治理领域权力运作方式转变，标志着等级政治正在向复合政治发生转变。所有的城市治理主体之间，并不存在等级隶属关系，所有主体皆为平等合作伙伴，为了共同的利益、目标进行协作互动。基于此，"参与""谈判""协商"成为治理的 3 个关键词。就权威来源而言，治理权威性，并非建立在法规、政府行政命令的基础上，而是建立在参与者共同利益的基础上。由此可以推知，治理属于自愿性合作过程。"只有被多数人接受时，治理的规则体系才会生效；然而，政府政策即使被多数人反对，仍阻挡不了其付诸实施……因此，没有政府的治理是可能的。"② "善治"指的是"良好的治理"，治理的重要目标之一即为"善治"。"所谓善治，指政府、民间组织、公私部门间的合作管理、伙伴关系，善治可以促使社会公共利益得到最大满足。"③

治理和善治理论之所以在西方兴起，其根本原因是全球化、信息化时代公共事务治理方式面临着一系列新的危机。市场失灵、政府失灵问题频繁出

① 陈文.城市治理转型研究：后单位时代中国城市治理的困境与出路[M].北京：中国社会出版社，2018：20.

② 陈彬.良法与善治[M].武汉：华中师范大学出版社，2018：73.

③ 胡家勇.政府职能转变与政府治理转型[M].广州：广东经济出版社，2015：62.

现，人们不得不继续思考，是否存在"第三条道路"①抑或"中间道路"②，"譬如，基于治理机制，应对市场、政府协调弊端"③。当今，权力、资源日益呈现分散化趋势，社会各群体共同分享各项城市权利，公共服务需求多元化趋势愈发凸显，倘若政府仍对公共服务供给、公共事务治理持大包大揽态度，不仅会导致治理资源匮乏，而且会导致政府权威性降低。基于此，治理和善治理论以合作为创新主旨，主张建立"普遍的合作伙伴关系"④。简单地说，"国家政府与许多公共和私人机构——其他层级的政府、私人企业、银行、保险公司、私人非营利机构之间形成了日益扩大的联盟网络"⑤，导致公共治理"已经超出了政府作用的边界，把大量的第三方包含进来，与政府大量分享对公共出资服务的自由裁量权"⑥。

在城市公共事务管理过程中，治理和善治理论逐步被渗透和运用，由此，催发了对城市治理理念、实践的深度探索。"现代城市情境下，针对公共事务的管控，应该是多元式、分散式、网络式、多样式，而非集中式。城市政府、非政府组织与个人之间交互的利益协调问题应该被提上议程。由城市政府、社会组织、个人管理城市共同事务的多元方式的总和，即为城市治理。"⑦ 20 世纪 90 年代后，新自由主义思潮成为流行趋势，城市治理模式中，"增长同盟"⑧理念大行其道，该"增长同盟"损害社会公平、排斥社会参与，导致公众种种非议。基于此情况，西方学者开始转向探寻"新合作主义"⑨及"城市治理"路径。

就城市合作治理的重要前提而言，应该是多元治理主体的成长以及城市

---

① 张晓兰.资本主义批判模式的蜕变 [M].上海：上海三联书店，2018：194.

② 张浩淼.发展型社会救助研究：国际经验与中国道路 [M].北京：商务印书馆，2017：24.

③ 王诗宗.治理理论及其中国适用性 [M].杭州：浙江大学出版社，2009：19.

④ 王家峰.行政权的共和化 [M].南京：南京师范大学出版社，2015：309.

⑤ 王家峰.行政权的共和化 [M].南京：南京师范大学出版社，2015：250.

⑥ 王晓科.区域教育公共服务支持组织间合作网络研究 [M].上海：上海教育出版社，2015：33.

⑦ 尤建新，陈强.城市治理与科学发展 [M].上海：上海交通大学出版社，2009：127.

⑧ ［美］约翰·R.洛根，哈维·L.莫洛奇.都市财富：空间的政治经济学 [M].上海：格致出版社，上海人民出版社，2016：60.

⑨ 季丽新，李恒年.当代西方政治思潮 [M].成都：西南交通大学出版社，2013：228.

治理结构的开放化。近年来，"结社革命"① 在全球范围内蔚然成风。有学者专门针对一些国家非营利组织进行了系统研究，研究结果显示："非营利部门对于全球经济的贡献令人叹为观止，其提供的就业岗位非常多，占国家服务业就业总数的 14%"②。"结社革命的重要性不言而喻。其引发全球范围内第三部门、私人组织大量涌现，并……追求公共目标。"③ 非政府组织在整个公共事务治理中的作用由此受到了广泛关注，成为推进公共事务治理模式变革的重要依托。

城市合作治理的另一重要支撑条件，是网络技术、电子政务的高度发展，以及数字治理理念的深入人心。数字治理是电子政务与治理理论的完美结合，指的是"在政府—市民社会—企业、政府—政府之间运用信息技术，简化行政、公共事务办事程序，凸显民主化程度的治理模式"④。信息技术的发展和数字治理的出现，使市民参与突破了以往无法逾越的信息障碍，使横亘在政府和多元社会行动主体之间的信息不对称现象得到极大缓解。随着信息技术的进步，城市民众参与城市治理创造的渠道必将更加多元和便捷，城市政府、非政府组织、城市民众之间的交互、协商指日可待。

当今，基于善治理念，对于城市合作治理路径、方式的探索皆取得重要突破性进展。经过梳理可知，西方城市治理创新趋势可以分为以下几类。

（一）城市治理重心的下移

在现代城市中，城市民众的公共服务需求呈现出多样化发展趋势，城市民众参与城市治理的意愿空前热切，城市政府开始积极寻求构建横向合作治理网络的有效路径，可以说，城市治理重心下移已是大势所趋。哈耶克强调，"应该将以往由政府大包大揽的大量服务性活动切割下放，分配给小型单位实施管理，这种做法能够使得被中央集权扼杀的公共精神重新焕发

①　张远凤. 德鲁克管理学 [M]. 北京：北京燕山出版社，2017：171.
②　何显明. 城市治理创新的逻辑与路径：基于杭州上城区城市复合联动治理模式的个案研究 [M]. 北京：中国社会科学出版社，2015：47.
③　石碧涛. 中国行业协会的转型与治理研究 [M]. 北京：冶金工业出版社，2018：18.
④　何显明. 城市治理创新的逻辑与路径：基于杭州上城区城市复合联动治理模式的个案研究 [M]. 北京：中国社会科学出版社，2015：47.

活力"①。当今，"社区政府"②或"社区拥有的政府"③被西方国家城市治理视为重要目标之一，以期"实现公共服务的所有权……转移"④，让城市公共服务对象拥有城市治理权利和机遇。在英国，一些城市政府将治安、防火、公立学校、家庭福利、消费者保护等公共服务直接承包给不同层级的社区，抑或借助合同承包给私人负责。如此做法，既有利于节省政府开支、降低行政管理费用，又有利于提高政府管理效率。

（二）多种形式的跨界合作

在这个领域，欧洲城市实行的"伙伴制治理"⑤模式极具代表性。伙伴制的英文简写形式为 PPP，即 Public Private Partnership。指"为重整某特定区域，制定共同战略，进而结成利益联盟"⑥，PPP 模式的合作形式具有多样化特征。广义上，伙伴制指公共部门以及私营部门共同参与城市生产和提供公共物品与服务的任何制度安排，合同承包、特许经营等都属于此范畴；伙伴制多见于"复杂、多方参与、民营化的基础设施项目"⑦；伙伴制使得"企业、社会贤达、政府精诚合作"⑧。进一步分析可知，伙伴制事实上对城市公共服务的"提供者—消费者—生产者"关系实行了重构，"传统公私边界被打破，跨边界公共服务成为可能，既满足了城市民众的多元化需求，也提升了城市管理能力"⑨。归根结底，伙伴制治理意在基于高效合作机制，发挥好政府、非政府组织、市场主体在城市治理中各自的独特优势，最终，提升跨界协作水平、整体治理效应。譬如，在城市危机事件中，并未形成标准程序，也没有某个组织能够单独对此加以回应，这就意味着，必须构建一个能适应无法预估、迅速变化的多组织动态协调系统。譬如，"9·11"事件发生

① 翟桂萍.从居民到公民：社区人的成长——以上海为例[J].上海行政学院学报，2009，10（02）：87-93.
② 梁玉忠.城市社区管理研究[M].长春：吉林人民出版社，2020：72.
③ 宋世明.美国行政改革研究（修订本）[M].北京：国家行政学院出版社，2016：296.
④ 冯刚.城市管理公众参与研究[M].北京：光明日报出版社，2012：145.
⑤ 张红樱，张诗雨.国外城市治理变革与经验[M].北京：中国言实出版社，2012：23.
⑥ 高献忠.虚拟社区秩序的生成机制研究[M].哈尔滨：黑龙江大学出版社，2013：150.
⑦ 周红云.群体性事件协同治理研究[M].北京：中国社会出版社，2018：134.
⑧ 王泽彩.政府和社会资本合作模式典型案例[M].太原：山西经济出版社，2016：1.
⑨ 曹海军.国外城市治理理论研究[M].天津：天津人民出版社，2017：145.

后，很快就有 400 多家机构（包括公共、私营、非营利、国际组织）投入这起危机事件的处理行动中。他们以最快速度构建起一个涵盖数百家组织和个人、以联邦突发事件管理局和纽约市政府及市长为中心的协作回应系统。

（三）积极拓展民主的治理功能

在城市公共事务治理中，面临的问题日益复杂，人们普遍开始关注民主治理功能。联合国指出，民主治理含义丰富，包括：尊重人权和人的基本自由；决策政府参考人民意见；人民监督下，决策者对其行为负责；社会互动呈现包容性、公正性；男女平等；人民免受种族、民族、阶级、性别歧视；当前政策不影响后代发展；政策符合人的需求；政策制定致力于消除贫困。20 世纪 80 年代后，知名国际性组织牵头下，公民参与实践项目为世人瞩目，其中，典型项目有：United Nations Center for Human Settlements、United Nation Development Programme、Urban Management Programme、The Global Urban Governance Campaign 等。巴纳德·朱维认为，在当今这个时代，所有城市都有实现良性城市治理的美好愿景，但不可或缺的前提为：允许城市民众代表参与城市战略规划、决策；城市战略规划、决策应该经全体城市民众深思熟虑而生发；城市政府、市民社会间的关系应该是积极、良性指向的。

（四）方兴未艾的公民治理

"以城市民众为中心的治理，可以被视为名副其实的城市公共生活。"[①]近年来，西方国家基本就此观点达成共识。在西方，公共事务治理、城市治理领域不再一味追求效率至上，纯粹的管理主义倾向得到一定程度的纠正。珍妮特·V. 登哈特、罗伯特·B. 登哈特认为，新公共管理实践对市场机制运用有时并不十分合适，应该深刻批判将公众顾客化而漠视其公民角色的做法，并警醒人们应强烈关注公共利益、以公民对话维护民主治理的"新公共服务"原则。就具体实践而言，在西方城市，社区公民治理得到前所未有的认可和发展。鲍克斯指出，在美国，社区治理变革浪潮愈演愈烈，城市民众逐步成为公共行政主人翁，官僚中心行政模式被彻底颠覆，公民中心治理模式成为民心所向。

①　刘德林，魏崇辉. 当代中国政治语境下公共治理理论有效适用初论 [M]. 北京：中央编译出版社，2015：127.

二、城市治理善治的内在逻辑

学术界对于治理、善治理念的深刻挖掘，有利于城市治理创新视野的逐步拓展，人们对城市治理价值准则的理解更趋于多元化。2000 年，联合国在《健全的城市管理：规范框架》①宣言草案中，发起"健全的城市管理全球运动"②，力图借由"改进城市管理"③，实现构建"包容性城市"④目标。在这样的城市里，是指"不考虑财富、性别、年龄、种族或宗教信仰因素，每位城市民众皆有权参与城市生产性活动"⑤。基于《健全的城市管理：规范框架》宣言草案，健全城市管理的标准可见端倪，城市善治的目标与路径不再遥远。

（一）城市发展可持续性

城市追求发展本无可厚非，但是，不应该罔顾后代的发展需求，不应该肆意破坏社会、经济和生态环境。"作为城市的决策者，市政府必须思索如何实现人的可持续发展。应该树立起长远的战略目标，为城市民众共同的福利而竭尽所能，并对不同利益集团之间的矛盾作出及时调和与平衡。"⑥

（二）权力、资源下放

"基于附属性原则，城市政府应该肩负起科学分配城市公共服务提供权的责任，提供公共服务的原则为：适宜原则、效率原则、成本原则兼顾。在此原则规制下，有利于充分发挥城市民众参与城市管理的积极性与潜力。"⑦

---

① 联合国中文网站."健全的城市管理：规范框架" [EB/OL].（2000-05-28）[2023-05-30]. http://www.un.org/chinese/events/habitat/15.htm.

② 联合国中文网站."健全的城市管理：规范框架" [EB/OL].（2000-05-28）[2023-05-30]. http://www.un.org/chinese/events/habitat/15.htm.

③ 联合国中文网站."健全的城市管理：规范框架" [EB/OL].（2000-05-28）[2023-05-30]. http://www.un.org/chinese/events/habitat/15.htm.

④ 联合国中文网站."健全的城市管理：规范框架" [EB/OL].（2000-05-28）[2023-05-30]. http://www.un.org/chinese/events/habitat/15.htm.

⑤ 联合国中文网站."健全的城市管理：规范框架" [EB/OL].（2000-05-28）[2023-05-30]. http://www.un.org/chinese/events/habitat/15.htm.

⑥ 范广垠.市政管理 [M].天津：南开大学出版社，2008：299.

⑦ 张本效.城市管理学 [M].北京：中国农业大学出版社，2017：129.

权力下放后，地方民主制度随之跟上步伐，城市政府出台的政策、举措必然更符合城市民众需求。

（三）公平参与决策过程

分享权力的最终结果，即为公平地使用资源。所有的城市民众，不掺杂性别或贫富因素，"一律拥有平等地位，有权选派民众代表，参与所有城市决策、资源分配过程，城市民众的需求应该被视为优先事项得到及时、有效的解决"[①]。"城市的包容性在不断扩展，每位城市民众拥有平等的权利与机会，他们皆可以获得基本的、适宜的城市公共服务。"[②]

（四）以公共服务促进经济发展

在城市中，健全城市财政制度是非常重要的事务之一，"在保障成本效益的前提下，管理城市收入和支出事宜，并提供相应公共服务，激励政府、私人部门、社会力量等都参与其中，共同为城市经济发展做出各自独特的贡献"[③]。

（五）决策具有透明度和责任感

"在城市中，每位城市民众皆有机会获得城市治理领域信息，同时，允许这些信息自由流通，这将有助于透明、责任分明的管理体制构建。在法律以及公共政策实施层面，透明性、可预测性逐步凸显出来，可有效推进政府官员自觉地秉持专业素养、持续提升个人品德标准。"[④]

（六）注重民众参与作用

在城市中，允许城市民众积极参与城市公共事务，为全体城市民众谋取市民福利是至关重要的。城市民众不论贫富，皆平等地拥有基本的参与权力，城市民众有效参与决策过程有利于决策科学性、民主性的贯彻落实。

（七）注重民众安全保障

城市民众人身及其生活环境必须得到基本的安全保障，每位城市民众的生存、自由和人身安全权利皆是神圣不可侵犯的。

---

① 张红樱，张诗雨. 国外城市治理变革与经验 [M]. 北京：中国言实出版社，2012：23.
② 张本效. 城市管理学 [M]. 北京：中国农业大学出版社，2017：129.
③ 范广垠. 市政管理 [M]. 天津：南开大学出版社，2008：299.
④ 李俊清. 公共管理与公共事务评论（第一辑）[M]. 北京：中央民族大学出版社，2011：29.

城市善治有着不同于传统城市管制的内在运行逻辑。现代城市的治理之道，可以简要地概括为以人本为价值旨归，以服务为基础功能，以公平为运行规则，以合作为治理方式，以活力为目标原则。

以人为本，在现代城市治理创新领域已经被视为核心价值导向之一。城市治理的人本性，侧重点为城市治理对城市主人生存发展需求的有效满足。城市属于人类选择的生活方式之一，城市只能以人为其主体。亚里士多德言道："人们为了活着，聚集于城市；为了活得更好，而居留于城市。"① 基于此，考虑一切城市问题时，根本出发点皆应该是人的生存和发展，城市应该以满足人追求自由、愉快生活的需要为目标，这显然会成为城市管理的内在规则。城市规划、建设、管理都要从人的实际需要出发，创造最适宜安居乐业的城市环境。一是城市管理必须以满足城市民众的物质、文化需要为目的，使城市民众在城市中感到安全、卫生、舒适、方便。二是城市管理应当成为城市民众行使自身公民权利和践行公共生活德行的重要实现途径，即要以城市管理者和全体城市民众的共同参与来实现城市之善。三是城市生活应当服务于人的自由解放和全面发展，即人自身的发展，包括持续提高城市人口的文化素质、道德素质和身体素质，为每位城市民众提供实现全面发展的基本条件和公平的制度支撑。

人性化的城市治理之道，已被视为城市政府运行的公共服务导向。城市居民享受到的社会公共福利的数量和质量是评价现代城市发展与治理水平的基本标准。在美国，"地方政府之所以存在，就是为了以最低廉的成本为社区居民提供所需服务……同时，公民会自发地思考：在经济、便利原则下，自身是否充分享受到政府提供的所有服务；政府提供公共服务时，是否高效，是否遵循民主原则，能否有效反映民意"②。2001 年，联合国人类住区中心出台《健全的城市管理：规范框架》则提道："城市管理与市民福利息息相关。在完善的城市管理框架下，所有城市民众有权获得城市民众应有的惠益。对于具有城市公民资格的所有城市民众，城市管理体系必须确保其获取城市生活必要条件，譬如，住房使用权、安全用水、卫生清洁的环境、保

---

① 李锦顺 . 新型城镇化道路 [M]. 北京：北京时代华文书局，2020：185.
② ［英］戴维·贾奇，格里·斯托克 . 城市政治学理论 [M]. 上海：上海人民出版社，2009：163.

健、教育、就业、公共安全等。完善的城市管理机制下，城市民众有机会充分发挥自身才能，彻底改善自身面临的社会、经济情况。"① 强化城市政府的公共服务导向对于校正时下中国城市发展的增长中心主义，以及城市管理的经营化、短期化倾向具有特殊的重要意义。随着城市居民物质生活水平的快速提高，城市居民的公共服务需求总体上必然会持续、快速地增长，在不同的居民群体中，其对公共服务需求将呈现巨大的差异性，城市政府不仅要加快实现城市基本公共服务的全覆盖，而且要持续提升其水平，创新公共服务供给体系，持续满足差异化、个性化的服务需求，最终，实现政府服务体系的人性化发展。

公平性是城市社会和谐最根本的保障，也是判断城市管理社会效果的重要衡量指标。事实上，只有真正实现社会公正，公民满意度和幸福感的才能够大幅提升，同时，公平性也是检验公共治理水平的重要指标之一。联合国发布的《2010 年人类发展报告》提到，"丹麦、芬兰、挪威、瑞典、荷兰的公共治理状况在全球名列前茅，5 国在社会公正方面也作出突出建树。其中，丹麦、芬兰、挪威、瑞典、荷兰的居民总体满意程度分别为 72%、80%、80.1%、79%、78%"。在权衡城市管理政策时，必须兼顾到相关利益主体，而不应有意忽视特定个人或团体利益，此外，以牺牲部分人利益为前提，仅仅满足另一部分人利益的做法也并不可取。只有始终如一地坚持公平正义原则，为城市生活的正义秩序创造先决条件，才能够既增强社会经济发展的活力，又提升社会的整合程度，最终，达到人人共享、普遍受益的理想状态。

城市的公平性还体现在所有的城市居民都能够有平等地参与城市管理的机会。必须致力于构建公平公正的城市治理环境，让全体城市民众平等地享有参与城市管理的权利和义务，这属于现代民主政治发展的必然趋势，也是实现城市善治目标的客观要求。城市政府应当积极创新市民参与机制，畅通各种参与渠道，保证市民的知情权、参与权。只有市民自由、平等地参与到治理环境中，才能实现城市管理的良性循环与可持续性。

城市发展的活力，其根本源头就是城市善治所贯穿的人本、服务、公

---

① 何显明. 城市治理创新的逻辑与路径：基于杭州上城区城市复合联动治理模式的个案研究 [M]. 北京：中国社会科学出版社，2015：52-53.

平、合作原则，其亦是现代城市治理的目标。传统管制型城市管理模式下，城市的活力很多时候被人为力量所压抑，政府的管理趋于单向度发展，加之公众参与的缺失，城市生活最终愈发地单调、乏味。在现代的城市管理理念下，强调的是：创造优质公共空间和公共参与条件，充分发挥城市生活中各种要素资源的功能，让城市生活变得更加充满生趣、更加繁荣进步。提高城市的活力，必须做到：强化城市的包容力、亲和力、吸引力和承载力，使城市的经济更繁荣、社会更文明、环境更优美、生活更殷实、人民更幸福。所谓现代城市的活力，应该立足于三个维度进行认知，即"经济、社会和文化活力"[①]。经过具体分析可知，一个充满活力的城市，必然离不开经济活力作为基础性支撑，经济活力表征着当代城市运行高效性、物质丰富性、经济空间活跃性，是城市长久地焕发生机与活力的首要前提条件。城市治理必须着眼于保护市场主体积极性，充分发挥市场机制效能，有效调节、均衡资源配置，最大限度地创造就业和创业机会。发达国家的许多城市开辟出特定的区域和时间给流动摊贩、创意市集，除了出于增强城市生活的便利性考虑以外，一个重要目的就是希望充分释放"马路经济"[②]的活力。社会活力是城市活力的核心，诸如良好的社区或社团组织、公平的社会关系、开放的交流平台、多样化的社会活动等都是城市活力的具体表现形式，富有社会活力的城市中，社区广场、街区广场、公园、休闲景观区域这些与市民生活密切相关的公共空间被市民广泛利用。文化活力则是城市活力的内涵品质要求，文化活力凸显城市品质格调，也为城市活力填充丰富的精神内涵。城市管理应当促进更多街区空间、公共空间的开放性，让更多的文化艺术活动能够在城市的公共空间得以展现。

三、实现城市善治愿景的途径

善治理论最早来源于西方社会生活秩序演进，讲求政府—市场—社会等

---

① 严淑华，王虎平，郭林锋. 基于文化社会学的城市活力研究 [M]. 北京：冶金工业出版社，2020：45.

② 陈东强. 县域产业布局与县域经济发展 [M]. 北京：光明日报出版社，2019：89.

不同主体各司其职、相辅相成。"中国并未经历长期社会分化过程，同时，社会自治传统缺失，导致多中心治理的现实条件不足。"[①] 首先，国家的改革与发展在持续进行，中国城市政府定位、运行机制发生了翻天覆地的变化，但归根结底，在城市治理中起决定性作用的依旧是城市政府。城市政府在城市治理中的定位、组织架构、运行机制是弹性的可变的，在较短的历史时段内，政府权力边界、社会组织自主性空间皆处于模糊阶段。其次，在中国城市中，社会组织欠缺，仅仅处于起步阶段，社会组织自主治理能力、城市民众公民意识严重不足，在这种情况下，政府大规模退出社会治理显得非常不合时宜。"城市善治"只能作为美好愿景而存在。现时代，中国城市治理创新的目标定位应该为：政府主导下的合作治理，这显然更加合理，"城市的有效治理"[②] 的实现因此也拭目以待。事实上，即使放眼全球，"普适性"城市治理模式并不存在。在不同的城市中，其治理框架理应各具特色、各有所长。追求城市善治，应该力求做到以下几个方面。

（一）整合治理资源

在社会资源日益分散化的背景下，不仅要缓解政府公共治理资源匮乏的严峻情势，而且要应对纷繁复杂的城市治理事务，因此，持续创新城市治理结构成为必然要求。因此，可以从以下领域着力：有效整合城市资源、技术，力求构建起复合型治理体制、机制，综合利用社会治理资源，为城市公共治理工作增光添彩。

（二）协同治理主体

在城市政府主导下，多中心治理、复合式治理格局有待于进一步构建，主要可以从以下领域入手：一方面，政府探索多样化路径，积极地为城市培育多元治理主体；另一方面，政府要系统性构建城市协同治理机制，为多元主体参与城市治理提供制度保障，并从整体维度升级城市治理效能。

（三）激发创新活力

城市民众的自由权利神圣不可侵犯，城市政府不应该压制、牺牲民众的

---

① 何显明 . 城市治理创新的逻辑与路径：基于杭州上城区城市复合联动治理模式的个案研究 [M]. 北京：中国社会科学出版社，2015：55.

② 张良 . 从管控到服务：城市治理中的"城管"转型 [M]. 上海：华东理工大学出版社，2016：204.

自由。此外，城市政府采取有效措施，激发城市创造性活力，推动创新型城市发展，助力城市经济转型、升级发展。中国共产党倡导"让一切劳动、知识、技术、管理、资本的活力竞相迸发，让一切创造社会财富的源泉充分涌流，让发展成果更多更公平惠及全体人民"[①]，无疑，激发创新活力已经被视为城市治理基本目标之一。

（四）维护和谐秩序

城市生活秩序的和谐稳定，指的是一种动态、可循环、可持续的稳定。要求政府及时化解层出不穷的社会问题与矛盾，并下大力进行治理体制创新，竭尽所能地提升城市防范、容纳、化解社会冲突的能力。城市民众的政治、社会以及文化权利皆神圣不可侵犯，在包容性城市理念下，城市理应成为所有城市民众的造梦机器。

（五）满足多元需求

城市归根结底是属于人的城市，城市治理最终要达到的目的为：满足城市民众的基本生活需求，提升城市民众的幸福感。城市化进入中后期这一新阶段后，城市民众公共服务需求、社会权利诉求都在持续升级。在这种情况下，城市政府应该从以下几方面着力：首先，城市治理中，城市政府必须想尽办法保障城市民众基本公共服务需求得到满足；其次，在城市治理中，公共服务供给方式亟待创新，城市中多元社会群体的多样化、个性化的民生服务需求日新月异，这有利于城市民众提升自身认同感、归属感。

（六）创造品质生活

城市的经济社会发展水平在逐步攀升，城市治理的目标也呈现升级趋势。在城市中，城市民众并不满足于小康生活，而是渴望获取更有品质的生活，这无疑是一种显著进步。城市品质化的生活，需要品质化的公共服务、生活方式作为基底。城市治理创新一旦成真，公共生活空间、生活传统必然会随之得到重构，城市民众对此翘首以盼，城市民众对城市的认同感也会愈发深厚。

---

① 魏杰.十三五与中国经济新常态[M].北京：企业管理出版社，2016：233.

（七）追求城市善治

实现城市善治，即为城市治理的最高目标。善治应该被视为一种国家权力向社会的回归过程，它意味着公民社会成熟程度的加深，意味着城市民众可以与政府、经济社会共同分担城市治理职责。无可否认，走向善治是一个相当长的治理方式变革过程，但是，中国城市治理创新必须始终明确基于可持续发展的城市善治理念。

城市有效治理的上述七个目标，构成了一个有机的整体。其中，具体而言，整合治理资源、协同治理主体凸显的是城市治理体制层面的创新；激发创新活力、维护和谐秩序、满足多元需求凸显的是城市治理层面的主要内容；而创造品质生活、追求城市善治凸显的是城市治理层面的中长期目标。基于品质生活和城市善治的治理理念，"引领着城市治理结构和治理方式创新，而城市治理结构和治理方式的创新，又推动着城市治理实践不断趋近城市善治的目标，城市治理理念与创新实践的互动交融，共同推动着中国现代城市治理体系的成型、成熟实现城市的有效治理，政府角色的现代转型是关键"①。

---

① 何显明.城市治理创新的逻辑与路径：基于杭州上城区城市复合联动治理模式的个案研究 [M].北京：中国社会科学出版社，2015：57.

第十一章

综合体治理的探索：大都市区治理

　　20世纪中期，从传统意义上讲，西方发达国家业已完成了其城市化进程。然而，这并不意味着这些国家的城市化进程已然终止，换言之，其城市化进程进入了一个全新阶段，即"大都市区化阶段"[①]。就世界范围而言，城市化进程中，大都市区化属于一种普遍现象。自20世纪50年代后，在西方发达国家，城市发展模式、速度皆特征凸显：第一，在城市中，实现了产业聚集，就业岗位也大部分集中于城市，源源不断的人口、资金、技术急速流入大城市及其邻近区域；第二，城乡间交通条件逐步提升，城市不再被视为唯一的"向心式"发展核心，郊区化发展趋势日益凸显，城市高收入阶层逐步逃离城市中心，由市中心向城市近郊实施迁移，工业、服务业顺应此趋势向郊区转移和扩张，进而使得大城市边缘新兴城镇如雨后春笋般兴起。沿着向内、向外两个方向，城市急速实现集聚与扩张，城市与周边城镇不再界限分明。很多城市民众乐于居住在郊区、工作在城市中心，他们持续在"郊区—城市中心"间往返。经过一段时间的演变，可以构建起以大城市为中心，与周边地区保持社会经济密切联系的城市化地区，两者关联紧密、空间层次分明、地域分工明确、景观特征各异，已经是一种"巨型地域综合体"，基于此，传统单个核心城市向大都市地区演化。在当今世界城市化进程中，

---

① 武文霞.英美城市变迁[M].广州：广东人民出版社，2019：127.

大都市区的产生与成长是其重要特征之一。21 世纪以来，世界城市化发展的主导趋势即为大都市化。世界经济、社会人口、通信技术的变迁令人目不暇接，大都市区成为主流发展趋势后，国际疆界关系、中央—地方互动关系皆面临翻天覆地的变化，城市区域空间形态与规模、地方基础设施规模与社区结构等领域皆日新月异，基于此情况，传统的地方行政管理模式已落后于时代需要。随着经济全球化的深入发展，全球经济与社会的竞争，在相当程度上表现为大都市区之争，"世界范围内，各国竞争网络的枢纽节点被大都市区牢牢占据，大都市区已被视为全球竞争中的基本单元"。新格局下，某个国家、地区的大都市区发展状况，"直接影响其经济发展活力，甚至主导其未来发展方向"。大都市区的形成与发展，引发全世界城市政府巨大关注力，并在中国的一些地区如火如荼地发展蔓延。"大都市区化"的影响日益深远，大都市区以功能区域为导向，其范围往往超越传统意义上的城市行政区域，这可能会引发城市规划、行政管理领域的协调问题，譬如，"行政资源争夺及财政负担"[①] 等加剧。深入分析大都市区问题后可以推知，在大都市区内部，地方政府间可能出现的矛盾、问题包括：各自为政、本位主义、缺乏从区域层面来考量问题的能力，因此可以推知，区域之间各种功能目标协调的重要性，同时，也令人们更加明确，研究大都市区治理问题的确已经迫在眉睫。

第一节　大都市区概念的界定

欲对大都市区概念作出恰当界定，首先需要理解城市化与大都市区化大趋势以及大都市区形成的原因。

---

① 曹海军.国外城市治理理论研究 [M].天津：天津人民出版社，2017：122.

一、城市化与大都市区化

就全球范围而言，"大都市区化"正逐步成为世界城市发展的新阶段。值得注意的是，"大都市区化"和"城市化"的概念和背景截然不同，不应该将两者随意混淆。大都市区的形成和发展，必然与深厚的理论和时代背景息息相关。就理论维度而言，影响大都市区形成和发展的因素非常之多，譬如，"规模经济的追求、城乡的相互作用、技术进步和基础设施的发展"[①]等。在多重因素共同作用下，大都市区化才逐步成为世界范围内城市发展的规律性现象。

究其本质，城市化即特定区域由非城市转变为城市的过程。部分学者指出，所谓城市化，意味着某个国家、地区城镇人口会持续性增长。在此过程中，生活在城市地区的人口比重日益增加，并且向大城市不断集中。城市化发展的主因，就是人口自然增长、人口迁移，同时，与工业资本主义发展的社会结构变革联系日益紧密。在规模经济、集聚经济的催化下，在人类社会生产、分配、交换领域，城市被视为名副其实的焦点。有学者也指出，城市化不仅是工业化的结果，而且是工业化的有机组成要素。

就地域角度展开思考可知，所谓大都市区化，即"以大城市为轴心，在横向维度的持续扩展，市区、郊区规模持续膨胀、城市化水平持续升级过程"[②]。与城市化理念相较，"大都市区化的精准性更为显著，大都市区在城市化中的地位、作用被明确标示出来，同时，城市化地域特征也更加引人瞩目，可以帮助人们明确锁定城市发展大势。当城市化发展到一定阶段时，必然会持续出现大都市化现象，大都市化、城市化、郊区化属于截然不同的概念范畴"。大都市区化进程中，始终不应该忽视中心城市的辐射作用。正是基于这种辐射作用的存在，以城市为中心、与传统行政区划截然不同的新地域组织形式得以形成和发展。

在城市化、大都市区化持续蔓延的态势下，"逆城市化"概念随之问世，

---

① 洪世键. 大都市区治理的理论演进与运作模式 [M]. 南京：东南大学出版社，2009：37.

② 陈甬军，陈爱民. 中国城市化：实证分析与对策研究 [M]. 厦门：厦门大学出版社，2002：369.

主要是指"人口逃离大城市居住区，向外呈现离心扩散态势"[①]。在西方多数城市中，在特定历史时期，"逆城市化"潮流盛行了一段时间，这其实是"大城市膨胀推力、小城镇拉力"[②]两者交互作用导致的结果。20 世纪 70 年代，在美国，大城市发展趋缓的现象频现，针对此现象，布莱恩·贝里首次提出"逆城市化"概念。"逆城市化"概念问世后，在美国迅速而广泛地传播开来，在中国，"逆城市化"理念亦赢得许多支持者。"逆城市化"理论的最大特色是：注重郊区化的发展，换言之，就是将郊区化视为与城市化相反的潮流。事实上，"逆城市化"模糊了郊区化和大都市区化的关系。美国城市化进程中，城市郊区得到了相对优先的发展机遇，这种发展即集中在大都市区，在其他地区的表征并不明显，因此可以证明，郊区化、大都市区化、城市化三者之间并不属于一种完全对立关系，换言之，郊区化、城市化皆属于大都市区化的一种特殊形态。

二、大都市区形成的原因

在多元力量和因素共同作用下，大都市区的形成和发展成为可能，具体而言，大都市区强调的是经济效益、城乡互动、技术进步、基础设施完善等特征。

（一）对经济效益的追求是大都市区形成和发展的根本动因

"城市空间结构的布局与变化，实质上与人类社会经济活动相一致。城市政府、城市民众追求规模经济发展，进而导致城市地域空间结构形成。"从理论上讲，"城市政府、城市民众追求规模经济的行为属于理性范畴，多重个体理性行为相互叠加后，在城市空间向度也会有所映射，诸如城市过度膨胀、交通拥挤、地价上升、环境污染等非理性后果频发，令人们不得不发起深思"[③]。借由向外扩散的路径，城市获取规模经济催生的巨大效益，反之，城市扩散进行到一定程度后，又会发生新的聚集过程。"集聚—扩散—

[①] 洪世键.大都市区治理的理论演进与运作模式 [M].南京：东南大学出版社，2009：38.
[②] 洪世键.大都市区治理的理论演进与运作模式 [M].南京：东南大学出版社，2009：38.
[③] 曹海军.国外城市治理理论研究 [M].天津：天津人民出版社，2017：123.

再集聚"不断地循环往复，城市化空间范围随之不断扩张，"大都市区"就应运而生了。

（二）城乡二元主体相互作用是大都市区形成和发展的直接动力

从空间相互作用角度思考问题，"所谓城市化，即借由城乡相互作用，推动城市功能不断增强、空间份额不断拓展的过程"[1]。城市政府、城市民众对规模经济的追求可谓孜孜不倦，"城市空间范围在持续扩大，城市对周边地区的影响持续加深，这导致城市外围地区与中心城市的一体化发展的意愿愈演愈烈，即农村经济结构非农化倾向显著、且与中心城市高度关联"[2]。此后，在中心城市、农村等外围地区共同作用下，大都市区最终形成。

（三）技术进步是大都市区形成和发展的路径

大都市区具有的本质特征可以概括为："城乡间联系紧密，就两者关联程度而言，其与农村等外围地区的非农业化水平呈现正相关态势。"在传统技术条件下，毫不夸张地讲，大部分非农产业皆具备城市区位指向特征。第二次世界大战后，技术的突飞猛进打破了旧有格局。在技术进步的支撑下，传统区位因素对产业布局的约束力逐渐趋于减少乃至消失，传统的"城市主打工业、乡村主打农业"格局被打破。在后工业时代，"制造业不再被视为中心城市主导产业，其中心地位被服务业所取代，传统制造业逐步离开中心城市区域，并转移到城市周边区域"[3]。在中心城市及其周边，基于不同技术水平、资源优势，产业关联的区域关系得以实现重塑。科技的高速发展与进步，引发了交通技术的大跃升，人类活动的空间尺度被前所未有地无限扩展，产业、居民区等都逐步将发展重心转移到城市周边，这诱发了城乡一体化的形成。

（四）完善的基础设施是大都市区形成和发展的物质支撑

以人员、物资、资金、信息的流动为前提，城乡之间可以实现相互作用，并在交通、通信等基础设施加持下，使得这种作用不断地向外传递、扩散。基础设施的持续完善，使得区域的通达性空前提升，城乡之间的联系比以往任何时候都更加密切。"基于空间经济规律，人们理所当然地倾向于追

---

① 卢新海，张军 . 现代城市规划与管理 [M]. 上海：复旦大学出版社，2006：14.

② 洪世键 . 大都市区治理的理论演进与运作模式 [M]. 南京：东南大学出版社，2009：39.

③ 齐晓斋 . 城市商圈发展概论 [M]. 上海：上海科学技术文献出版社，2007：62.

求规模经济、城乡互动，加之先进科学技术的介入，产业空间重组得以成为现实。在基础设施不断完善和升级的基础上，城乡之间协作共进，大都市区顺理成章地繁荣起来"[①]。

第二节 大都市区的界定标准

随着全球化进程的推进，城市发展面临新的机遇和挑战，世界上各大城市逐渐呈现区域化发展趋势，开始以大都市区的形式参与地区甚至全球竞争，区域层面上的空间结构也随之出现变化。在理解大都市区及其定义基础上，大都市区界定标准逐渐明朗化。

一、大都市区及其定义

就"大都市区"这一专用术语而言，目前还未出现明确定义。在国际上，尤其是欧洲，大都市是用来描述高度城市化的城市区域，这些城市区域的特点是人口密度高以及经济、政治和文化活动集中。此外，大都市区成为全球城市网络的组成部分，体现出一种特定的治理结构，这种治理结构为核心城市及其属地之间的管辖权合作提供合理机制。

事实上，从经验视角和规范视角，皆可以为大都市区作出定义。如基于经验视角，应侧重于为"大都市区是什么"提供一个功能性描述；如基于规范视角，则应将大都市区视为全球商品、资本、信息和人口流动网络的关键节点，将全球网络与本地经济和社会活动连接起来。在全球化背景下，为了将大都市区和其他区域类型做出合理区分，迄今为止，在空间规划领域，主要从四个方面来描述大都市区，即创新与竞争、决策与控制、门户、象征。基于这种区分，定义大都市区的一系列标准和差异得到学界的认可，并被用

---

① 曹海军. 国外城市治理理论研究 [M]. 天津：天津人民出版社，2017：124.

于区分不同的大都市区类型。与对大都市区的描述性解释相反，规范性解释更加侧重于描述大都市区应当如何解决当前空间发展遇到的问题和挑战。

二、大都市区界定标准

20 世纪初，在统计学领域，美国学者第一次提出大都市区概念。之后，德、英、加、澳、日等国学者在美国学者研究基础上，关注该领域的全新理念。不同国家学者针对大都市区提出不同的概念，这些概念不仅名称有异，参照指标也大不相同。大都市区是城市地域空间形态演化的高级形式，界定大都市区的主要标准为中心城市规模、经济腹地范围、中心与腹地之间的联系强度等。应该引起学术界注意的是，在现实世界中，不同国家给出的大都市区定义差异极大，此外，政府官方说法与学术界定义也完全不可同日而语。换言之，"大都市区的统计数据是一种解释，而非完全不可撼动的事实"。

（一）美国对大都市区的界定

在美国，美国政府给出了官方认定的大都市区界定标准。这个界定标准由美国预算局（后称美国管理与预算办公室）制定颁布，其权威性不言而喻。1949 年，该机构首次提出，大都市区具有独特的概念以及界定标准。之后，美国对于大都市区概念以及界定问题倾注巨大关注，其观点也在持续变化发展着。1967 年，该机构指出，大都市区是一体化的、具备可识别的大型人口核心的经济和社会单位。2000 年，该机构认为，以往的大都市区概念已经落伍，亟待更新，于是重新将大都市区定义为："包括一个可识别的人口核心以及……与其高度一体化的毗邻区的区域"。

（二）日本大都市区的界定标准

在美国官方说法的基础上，日本针对大都市区概念提出了自己的独特定义。1954 年，日本第一次推出"标准城市地区"[①] 概念，并指出"标准城市地区"的特征所在："中心城区人口＞10 万；为市、县政府驻地；外围与中心城区的社会经济联系紧密；外围地区人口密度＞170 人 /km^2；纯农户占比

---

① ［日］矶村英一. 城市问题百科全书 [M]. 哈尔滨：黑龙江人民出版社，1988：105.

＜50%；外围向中心城区通勤率≥20%；每人每月平均向中心城区打电话＞70次"。但是随着经济社会的急速发展，这个界定标准变得不合时宜，"城市团"①概念应运而生，新的概念对城市功能的阐释趋于具象。20世纪50年代，日本官方推荐使用都市圈说法，并将都市圈定义为："在1天内，可以接受城市某方面功能服务的地域，同时，中心城市人口＞10万"②。1960年，"大都市圈"概念开始在日本盛行，大都市圈满足的条件涵盖："中心城市为政令指定市；人口规模＞100万；邻市人口＞50万；外围到中心城市通勤率≥15%"。1965年，日本科学技术厅对大都市圈定义作出适当补充，认为："到中心城市就业、上学依赖度＞3%；年人口增长率＞0.1%"的区域皆属于大都市圈范畴。20世纪70年代以来，在日本政府层面、学术研究层面，都市圈定义皆在动态变化过程中。日本的界定标准主要从两个方面着手："一是确定中心城市界定标准。参照指标为人口规模、日夜人口对比；二是探寻城市外围地区的界定标准。参照指标为城市化程度、到中心城市通勤率。"日本"都市圈"、美国"大都市区"字面上的提法有所差异，但是，就概念内涵而言，两者其实具有一致性。譬如，根据日本《地理学词典》所载，"都市圈是指，城市借助对其周边区域的辐射职能而发展，并以城市为中心形成的功能地域、节点地域。都市圈并非指单纯的地域构造，而是指功能性显著的社会实体"。可见，日本"大都市圈"的本质即为"功能区域"。而日、美概念的差异主要在于，"在地域范围方面，日本大都市圈大于美国大都市区。在日本，大都市圈直径＞300km，大都市圈人口＞1000万"。

（三）德国对大都市区的界定

类似的大都市区概念，在德国也已经出现，在当地被称为"城市区域"③。20世纪50年代，德国学者博斯泰特首次提出"城市区域"概念，并得到官方机构的高度认可。与美国"大都市区"类似，德国"城市区域"的定义中也强调"城市区域"是"位于大城市中的城市化社会经济单位"④。而德、美

---

① 陈永忠.经济新学科大辞典[M].海口：三环出版社，1991：575.
② 罗志刚.从城镇体系到国家空间系统[M].上海：同济大学出版社，2015：54.
③ 薛凤旋.中国城市及其文明的演变[M].北京联合出版公司，2019：290.
④ 王稼琼.特大城市治理研究[M].北京：首都经济贸易大学出版社，2015：3.

相异的地方在于，德国"城市区域"以"自治市或自治区"作为基本地域单元，而美国以县作为基本地域单元，此外，在德国"城市区域"内，进一步细分出不同分区，每种分区的标准也大有不同。博斯泰特指出，城市区域中，中心城市人口≥8万，在城市区域之下，还存在若干细分分区。假设中心城市周边地域中，人口密度、劳动力标准达到中心城市标准，则其被划分为"辅助地区"，辅助地区＋中心城市＝城市核心区域。在核心区域外，城市化水平相对较低，被划分为"城市化分区"以及"边界分区"，在边界分区下，又可以划分出"较近"以及"较远"分区。在宏观概念维度，德、美差异不大，但德国人更倾向于将中心城市之外的区域继续层层细分，凸显出其独有的严密性、系统性特征。

除上述国家外，许多国家都曾经出现与"大都市区"类似的概念。譬如，加拿大的"国情调查大都市区"[①]、英国的"标准大都市劳动市场"[②]、澳大利亚的"国情调查扩展城市区"[③]、瑞典的"劳动—市场区"[④]等。无论是字面说法还是界定标准，世界各国皆各有特色。最权威和认可度最高的界定指标包括中心城市人口、通勤率、就业情况。

在世界范围内，大都市区核心内涵差异不大，一般涉及3个维度：经济中心、经济腹地、中心—腹地经济联系。由此可见，大都市区的实质就是功能区域。在对美、日中心城市界定标准的探讨中，人口规模标准为两国共同关注的焦点，且该指标发展趋势是下降的。换言之，中心城市人口规模门槛已经呈现出越来越低的大趋势，这一现象与美、日等发达国家的郊区化问题联系紧密。综上可知，"所谓大都市区，是城市发展到较高阶段的产物，属于一种城市空间组织形式，是由大城市人口核心以及与其具有一体化倾向的临近地域组成的功能区域"。西方学者普遍认为，大都市区不是"行政单元"[⑤]，

① 金太军．城市学概论[M]．广州：广东人民出版社，2017：80.

② 宋金平．聚落地理专题[M]．北京：北京师范大学出版社，2001：186.

③ 施岳群，庄金锋．城镇化中的都市圈发展战略研究[M]．上海：上海财经大学出版社，2007：41.

④ 王枫云，陈亚楠．大都市治理的域外观察[M]．广州：中山大学出版社，2019：22.

⑤ 柳建文．"分层分类"与"异质异构"——中国西部大开发的政治经济调控[M]．北京：民族出版社，2009：34.

而是"统计单元"①。在大都市区中，中心城市可能有若干个，但中心城市与城市化区域在功能层面必然是息息相关、不可分割的。

第三节　与大都市区相近的概念

在全球化背景下，为了更好地理解大都市区扮演的角色和所起到的作用，应该适当理解和辨析一些用于描述城市（区域）的相关术语和概念。

一、世界城市

1966 年，霍尔首次提出了"世界城市"②的概念，这一概念突出了城市的多重角色，即"政治权力（国内和国际）和相关的政府机构的中心；国内和国际贸易中心；银行、保险及相关金融服务中心；信息集散中心；文化、艺术活动中心"③。之后，弗里德曼提出，世界城市应该呈现 7 个主要特征，包括整合世界经济；全球资本、市场和商品流动的关键节点；直接反映在生产和就业的结构和动态的控制功能上；国际资本集中和积累的主要场所。世界城市的形成，导致工业资本主义的主要矛盾逐步升级，即空间和阶级极化问题层出不穷，世界城市增长产生的社会成本甚至已经超越国家财政能力的负载水平。

二、全球城市

20 世纪 90 年代，萨森提出，应该明确区分"全球城市"④与"世界城

---

① 干靓. 城市生物多样性与建成环境 [M]. 上海：同济大学出版社，2018：62.
② 汤伟. 城市与世界秩序的演化 [M]. 上海：上海社会科学院出版社，2019：31.
③ 曹海军. 国外城市治理理论研究 [M]. 天津：天津人民出版社，2017：128.
④ 周振华. 全球城市发展指数 [M]. 上海：格致出版社，2019：3.

市"之间的差异，他认为"全球城市"应该属于全球化进程的一个"新产物"。在新科技的发展大趋势推动下，导致了"经济活动分散化和集聚化并存的状态"。"空间分散和全球整合已经为全球主要城市创造了一种新的战略角色，从而导致了一种新的城市类型（本质上不同于历史上的银行和贸易中心）的产生。"萨森认为，全球城市以 4 种新的方式构成了一个"虚拟经济周期"[①]，具有以下功能：为了满足控制需求，城市成为名副其实的指挥中心；城市扮演着领导经济部门的关键领头羊角色，因此，其对金融和商业服务的需求日益膨胀；为了领导城市门类繁多的经济部门，城市逐步演化为生产领导与创新的结点；为主要经济部门产出的产品构筑市场。

三、大都市

作为术语，大都市是关于城市功能的另一个广泛概念。布尔多·勒佩奇以及赫里奥特提出，大都市的定义为：集聚了复杂行动的主要协调功能，且可以在世界范围内行使这些功能的城市。虽然这一定义强调了大都市与前述概念在某种程度上的相似性，但是并没有清晰地指出大都市与世界城市或全球城市相比在经济或社会变化上的差距。此外，这一大都市概念未能确定这种类型的城市的空间范围。"鉴于这些城市及其腹地或多中心城市间功能联系的存在，从区域角度来理解更为恰当。"国际上，学界普遍得出一个共识，即假如一个城市在一定区域内甚至是整个国家中发挥至关重要的商业、文化、政治功能，它即可被视为"大都市"。"大都市通常拥有 50 万以上的居民。"所谓全球城市，指的则是大都市的政治、文化、商业影响力在全球的拓展和延伸，譬如，纽约、东京、伦敦都可以被称为全球城市。

四、巨型城市

在全世界城市化水平持续攀升背景下，2012 年，联合国提出"巨型城

---

① 严明. 虚拟经济 [M]. 北京：新华出版社，2005：18.

市"① 概念，将其定义为"一种新的人口聚居区"。2011 年，"23 个城市群已经具备了巨型城市的资格，因为它们至少有 1000 万居民"。除了巨型城市之外，2006 年，联合国人居署还提出"超大型城市"② 这一新术语，"超大型城市"被用于描述"拥有大量卫星城且人口超过 2000 万人的城市"。许多超大型城市群所容纳的人口甚至超过某些国家的总人口，是人类历史上前所未有的现象。譬如，2006 年，印度大孟买的人口已经超过挪威和瑞典总人口。

第四节　大都市区治理概念界定

在全球所有的大都市区中，区域一体化治理需求皆呈现逐步攀升趋势。部分学者认为，一旦城市化率＞50%，"大都市区"会将"单个城市"取而代之，成为新型城市进程化中最为基本的空间载体。为了推动大都市区的进步与发展，碎片化权威、整体性治理之间的矛盾必须得到及时解决。所以，明确大都市区治理概念界定问题非常必要。

一、大都市区治理的概念

在对大都市区治理进行界定时，西方学者经常会受到治理理论的影响。许多西方学者更加倾向于用合作或协作来定义大都市区治理，他们一般认为，"大都市区治理就是特定地域范围内政府、私人和非营利组织等不同主体之间的合作"。道奇提出，区域治理应该涵盖两方面内容："不仅仅指政府机构，还包括所有共同体的利益，这些利益受到挑战的影响，并且是形成决策所必需的；及时制定战略所必需的协作解决问题的机制以及执行战略所必需的统治制度和其他服务提供机制"。在道奇的理解中，很可能忽略了两个问题："其一是统治制度或结构，其二是制定或执行针对整个区域的权威决

---

① 任远. 未来的城镇化道路 [M]. 上海：复旦大学出版社，2017：214.

② 张健明. 我国城市化进程中新二元结构问题研究 [M]. 上海：上海交通大学出版社，2015：72.

策的方式"。诚然，按照学术界旧有的理解，"即使没有政府的参与，区域治理也可以实现，但是，区域治理的自组织规则并非天然存在的，而是通过城市议会制定和颁布的。一旦缺失政府参与、主持，自组织规则就会难产，进而影响到区域治理的实际效果"①。此外，政府所拥有的权威性，也非一般社会组织可以比拟。在区域治理中，一旦缺失政府参与、协调，区域、大都市区治理政策措施的出台将难于实现。

在界定大都市区治理概念时，是否应该将具有权威的政府模式涵盖在内，在学术界是存在一定分歧的。对此，巴罗持否定态度，他提出："所谓大都市区治理，前提条件是正式的大都市政府缺失。大都市区治理依靠的是特别目的实体、地方政府的共同努力。大都市区功能、地域层面皆面临碎片化问题，注定离不开不同机构、政府间的制度性安排、合作、整合。因此，在大都市区治理中，处理好政府间关系才是重中之重。"②但是，部分学者提出更加极端的认识，也就是试图将治理与合作完全对立起来。诺里斯提出，"所谓大都市治理，指的是在特定区域内，为了规制内部行为、执行城市职能、提供城市服务，而采取的政府或城市民众的联合。大都市地域内的治理是权威的，面向整个地区范围，并且涉及强制要素。也就是说，如果必要，那么跨越地域的治理决策和行动将被捆绑在一起，并且是强制性的。而合作，指的是在特定区域内，为了制定内部行为、执行城市职能、提供城市服务，而采取的政府和非政府组织的联合。这些组织必须参与合作，但不能强迫它们开展或听从合作运作实体作出的决策。合作可以是双边或者多边的，也可以不是地区范围的，合作缺少强制要素，没有强迫服从决策的权力"③。由此可以推知，诺里斯认为，"大都市区治理与大都市区合作是截然不同的，甚至是对立的，是否具有强制性的权威是二者的本质区别"④。就其本质而言，诺里斯给出的属于一种相对传统、狭义的大都市区治理的定义。

---

① ［英］Andrew Tallon. 英国城市更新 [M]. 上海：同济大学出版社，2017：138.

② 陈映芳. 城市治理研究（第二卷）[M]. 上海：上海交通大学出版社，2017：201.

③ Norris Donald F. Whither Metropolitan Governance? [J]. Urban Affairs Review, 2001, 36(4): 532–550.

④ Norris Donald F. Whither Metropolitan Governance? [J]. Urban Affairs Review, 2001, 36(4): 532–550.

针对几种大都市区治理定义进行比较分析之后，可以推知，大都市区治理指的是"在由关系密切的中心城市及其邻近区域组成的特定区域内，城市政府、城市民众、社会组织等治理主体协同合作，通过政府、市场、合作等调控方式，破解特定区域内典型问题，并提供公共物品、服务的联合行动"[①]。

二、大都市区治理的内涵

以上文论述为依据，笔者认为，欲实现大都市区治理，应具备4个构成要素，即明确的地域空间、跨行政辖区、完善的制度保障、多元化的参与主体等。

（一）明确的地域空间

大都市区治理首先是一个空间的概念，换言之，"大都市区治理需要有明确的地域范围，这也是大都市区治理与一般意义上的治理概念的重要区别"[②]。大都市区治理的地域空间，也就是"大都市区"，"主要是经济意义上的功能区域，也就是具备一定经济功能由中心及其腹地构成的经济联系密切的地域范围"[③]。与封闭性的行政区域不同，功能区域应该是开放性的和动态性的。"区域空间并不单纯唯资格界限是从，而是基于合作，明确功能、行为的空间，伴随着中心和外围关系的延伸和扩展，区域的边界也将随之向外扩展。"[④]值得注意的是，在一定时期内，区域的边界是相对固定的，在实践中，已划定区域边界决定了参与者的范围，"边界的扩展或者是新参与者的加入都需要按照一定的规则和程序来进行审核"[⑤]。

（二）跨行政辖区

所谓跨行政辖区，指的是超越单一地方政府管辖范围。所谓地域空间，仅仅是形成区域治理的必要条件，而非充分条件。形成大都市区治理的根本

---

① 唐亚林，陈水生.世界城市群与大都市治理 [M].上海：上海人民出版社，2017：256.

② 唐亚林，陈水生.世界城市群与大都市治理 [M].上海：上海人民出版社，2017：256.

③ 左学金.走向国际大都市 [M].上海：上海人民出版社，2008：311.

④ 左学金.走向国际大都市 [M].上海：上海人民出版社，2008：312.

⑤ 左学金.走向国际大都市 [M].上海：上海人民出版社，2008：320.

原因是："同一地域范围内客观存在着共同的问题或利益，这些公共问题制约该地域范围内若干地方政府单位发展的空间和能力，并且各自为战不是破解问题的良方，各方应有机地联合起来，为了方方面面共同利益而积极进取，解决共同面对的问题。"①

（三）完善的制度保障

由于大都市区具有跨行政单元特征，这意味着"所谓大都市区治理过程，必然是一个集体选择、行动的过程"②。大都市区治理"主体之间，合作、竞争关系并存，基于出台行之有效的制度、规则，治理主体间的恶性竞争得以避免，区域良性合作成为可能，这可以被视为大都市区治理核心构架"③。大都市区治理涉及公共、私人、社会等多元治理主体，多主体参与必然需要社会协调机制等制度基础作为保障。换言之，治理的权威不一定来源于政府，但是权威的行使必须是合法的，这对于政府部门如此，而对于私人及社会组织等非政府部门也同样如此。"一方面，政府部门必须具有公众认可的合法地位，这样才能长期有效地行使权力，而合法性不足甚至缺失，必然破坏公众对政府部门规划、决策的信任度、支持度，导致政府对社会的掌控、协调能力受损；另一方面，对于私人和社会组织而言，它们属于非政府部门，与政府部门相较，它们的权威性、控制力相对薄弱，因此，它们亟须获取法律赋予的认可度和权威性，唯如此，才能真正保障非政府部门独立性、公正性。"④

（四）多元化的参与主体

从本质上讲，大都市区治理的组织结构是跨界。"区域发展和控制职能不是由独立的地域当局或行政主体来行使，而是在政府、市政和私人组织之间进行分工合作，同时规划、执行和监控的权力被委托给特定的单位，以保

---

① 洪世键.大都市区治理的理论演进与运作模式 [M].南京：东南大学出版社，2009：237.

② ［美］菲沃克.大都市治理：冲突、竞争与合作 [M].许源源，江胜珍，译.重庆：重庆大学出版社，2012：8.

③ ［美］菲沃克.大都市治理：冲突、竞争与合作 [M].许源源，江胜珍，译.重庆：重庆大学出版社，2012：9.

④ 刘志辉.共生理论视域下政府与社会组织关系研究 [M].天津：天津人民出版社，2017：118.

证权力及其行使部门之间的相互制衡。"① 在一个特定的区域内，存在不同的利益群体，涵盖政府、企业、社会组织等。在不同的利益群体中，其价值取向以及利益要求必然是各异的，基于此，大都市区治理"与政府垄断统治不可同日而语，大都市区治理需要政府部门—私营部门—第三部门的共襄盛举"。其中，第三部门包括"志愿团体、非营利性单位、非政府机构、企业集团、合作社、社区互助组织"② 等。第三部门致力于解决各种不同的社会和经济问题，如出现于市场经济和公共部门之间的问题。在治理理论中，"各个治理主体享有平等地位，绝无行政隶属关系束缚，所有治理主体协同共治，共同推进社会经济发展"③。

第五节　大都市区治理理论流派

在现代社会，由于大都市区治理面临重重问题与挑战，因此，大都市区治理需要思考的核心议题有二：一是地方政府结构问题，二是地方政府合作问题。

一、府际管理理论

"府际管理"④ 研究兴起于国外学术界，主要针对"政府间合作模式问题"⑤ 进行专门性研究，府际管理"致力于探究协调与管理政府间关系，属于新型治理模式，目的是实现公共政策目标、治理任务，手段主要是协商、谈判、合作等，通常被定义为非层级节制的网络行政"。20 世纪 90 年代，在全球范围内，人们普遍关注国家政府与地方政府间伙伴关系重构问

---

① 赵维良. 区域发展中的制度结构及其有效性 [M]. 天津：南开大学出版社，2021：321.

② 詹国彬，王雁红. 第三部门经营机制研究 [M]. 西安：陕西人民出版社，2007：125.

③ 王有强，叶岚，吴国庆. 协同治理：杭州"上城经验" [M]. 北京：清华大学出版社，2015：111.

④ 汤蕴懿. 政府职能转型：从政府管理到公共服务 [M]. 上海：上海人民出版社，2013：140.

⑤ 付承伟. 大都市经济区内政府间竞争与合作研究 [M]. 南京：东南大学出版社，2012：24.

题，在此契机下，府际管理理论应运而生。现今，在公共行政学科中，府际管理理论已经成为新的引人瞩目的重要课题。世界经济合作发展组织指出，促使府际管理理论风行的原因很多，包括"保持经济可持续发展、区域经济发展失衡、应对全球化冲击、私营部门和 NGO 伙伴关系缺陷等"①。事实上，近年来，研究热度越来越高的"多方治理"②的政府间活动即为"府际管理"，美、澳、英等国长期以来致力于政府治理改革，纷纷倡导构建"跨区域、跨部门、合作互惠的政府关系模型"③——府际管理模式，并将其作为府际关系模式的先进新形态。20 世纪末，基于联邦主义府际关系理论基础，府际管理理论得以形成和发展，它以"解决争端、协商对话、网络参与"④为基本特征。20 世纪七八十年代，在美国，政府间关系迎来巨变，政府—市场—社会三者共同参与以应对公共需求的府际管理新趋势日益凸显出来。20 世纪 90 年代后，世界各国政府再造方案、全球治理运动的广泛铺开，都对府际管理的产生、发展产生了积极作用。在府际管理理论中，充分吸收并融入了治理理论精华，不仅注重合理处理各级政府间关系，而且强调公、私部门协作。总之，府际管理致力于营造一种平等关系。府际管理特征主要涵盖以下几点。

首先，协调府际关系的最终目标是解决问题，这属于一个行动导向过程，为了推进具有的建设性工作取得进展，政府官员可以采取必要的措施与手段。府际管理的开放性更加显著，府际管理倡导政府系统内外联动，强调政府官员的外向性视野，推动其积极主动地寻求合作。

其次，在府际管理理论中，可以窥见政府组织变迁历程，府际管理理论主要用于回答以下问题："各级政府如何、为何用特定方式进行互动；可提供采取何种有效策略实现这种互动；对这种互动行为的建议。"⑤立足府际管

① 汤蕴懿.政府职能转型：从政府管理到公共服务 [M].上海：上海人民出版社，2013：221.

② 齐心.北京城市病综合治理研究 [M].北京：北京时代华文书局，2018：118.

③ 汪伟全.区域经济圈内地方利益冲突与协调——以长三角地区为例[M].上海：上海人民出版社，2011：261.

④ 中共湖北省委党史研究室.湖北改革开放实录（第一辑）[M].武汉：湖北人民出版社，2015：89.

⑤ 王枫云.和谐共进中的政府协调：长三角城市群的实证研究[M].广州：中山大学出版社，2009：54.

理视角可知，政府组织的文化氛围培育至关重要，理想状态是宽松、和谐、变革、创新、平等、对话。

最后，府际管理理论认为联系、沟通、网络发展是重中之重，借助这些途径，可以推进府际计划顺利、平稳地贯彻落实。府际管理理论指出，政府组织机械性的层级制迫切需要革新，应该适时向扁平化、网络化政府组织积极转型。转型成功后，意味着行政沟通更为便捷、行政成本更为低廉、行政效率大大提升。

为达到改善政府间关系的目的，府际管理理论应运而生，其被视为一种新型思维框架，在其指引下，可以构建起合作、互惠的新型政府关系。府际管理一方面，认为政府间应该在信息、自主性、共同分享、共同规划、一致经营等领域达成全方位协作；另一方面，着力凸显公私部门混合治理模式的优越性与先进性，激励第三部门积极参与政府决策过程的重要参与者。府际管理的内容可以进一步阐释为以下几个方面：

（一）协调性、依赖性的网络型结构

长期以来，传统官僚体制的弊端已经不断被暴露出来，府际管理很大程度上能够克服这种弊端，促使中央—地方政府间的关系焕然一新。在府际管理视阈下，"金字塔形"层级限制被彻底颠覆，"整个行政组织体系转变为网络状组织，各级政府皆位列信息枢纽，平行、垂直信息为各级政府共享；公共服务内容和对象不同时，可以灵活弹性地为其量身定制个性化组织形式；政府间资源共享后，资源配置优化管理、重大/突发事故调控管理、项目管理、危机联动管理等领域皆步入高速发展轨道"[①]。

（二）公共产品和服务的多元化供给

府际管理视野非常开阔，民营企业、非营利性组织、城市民众等也在其关注范畴。正如 E.S. 萨瓦斯所言，"城市公共产品与服务的分权化是未来发展趋势，应该基于公共物品的性质，采用多元化市场分权策略。譬如，可以分为政府服务、政府出售、政府间协议、合同外包、特许经营、政府补助、自由市场、志愿服务、自我服务等形式。政府不再直接包揽公共物品/服务

---

① 沈亚平.服务型政府及其建设路径研究[M].天津：天津人民出版社，2017：83.

生产，而是将其分散给民营企业、非营利组织、城市民众等新的服务供给主体。基于多样化、混合式、局部性制度安排，这些全新的服务供给主体被紧密相连，并形成良性竞合关系，基于此，运转高效的公共物品与服务供给机制逐步成型"①。

（三）项目和管理功能上的府际间转移

在府际管理视阈下，非常看重效率原则，其认为"相关公共物品项目和管理功能并非固定不变，而是可以在府际间实现转移"②。在府际管理理论设想中，可以"设立政府理事会、地区规划理事会等机构，专门性对处置和管理公共物品外部性问题"③。

（四）多方协商、调和的合作机制

在府际管理视阈下，合作型组织结构是不可或缺的。府际管理强调"政府应该在协商/协调公民、社区团体利益领域发挥积极作用，帮助他们构筑共同价值观，搭建公共机构—私人机构—非营利性机构的联盟"④。府际管理理论认为，世界上最佳的组织结构是"合作型"结构，这种组织机构由内外部主体协同领导。"合作型"结构中，涵盖主体多元化，如"各级政府、企业、公民、非营利性组织"⑤等。

（五）小社区、跨邻里的大都市区治理结构

在大都市区，一些"巨型政府"无法提供城市民众急需的公共服务，对其"大而无效"的质疑不断涌现，人们怀疑"一个社区，一个政府"⑥治理模式已经不合时宜。在府际管理视阈下，研究者强调："大都市中，高度集中的政府常常发生失灵问题，不能及时地对城市民众需求作出反馈和应对。

---

① ［美］E.S.萨瓦斯.民营化与公私部门的伙伴关系（中文修订版）[M].北京：中国人民大学出版社，2017：135.

② 蔺丰奇.地方政府治理问题研究：基于公共治理的视角 [M].石家庄：河北科学技术出版社，2015：233.

③ 蔺丰奇.地方政府治理问题研究：基于公共治理的视角 [M].石家庄：河北科学技术出版社，2015：48.

④ ［美］安德鲁·里奇.智库公共政策和专家治策的政治学 [M].上海：上海社会科学院出版社，2010：31.

⑤ 郑巧，肖文涛.协同治理：服务型政府的治道逻辑 [J].中国行政管理，2008（7）：48-53.

⑥ 陶希东.全球城市区域跨界治理模式与经验 [M].南京：东南大学出版社，2014：50.

而府际管理通常要求：管理城市的政治单位规模应该尽可能地小，这有助于城市政府官员充分了解不同民众群体需求、偏好；政府官员应深入城市民众生活中，做到知己知彼，为其量身定制问题解决办法：为提升管理效率，政府官僚机构规模越小越好；利用邻里政府、邻里议会形式，破解跨社区问题"①。

（六）目标导向、网际沟通的冲突解决方式

在府际管理理论中，旧有的联邦主义被摒弃。应对、化解府际关系冲突时，不单纯依靠政府权威、法律裁决手段，而是"凸显目标管理、网际沟通、价值愿景、多方参与、对话协商在化解矛盾冲突中的作用；倾向于基于组织互动、网络关系，借由功能性各异的专业网络化解问题；注重目标结果导向，强调评估、执行、监督等功能，不仅要解决问题，而且要升级协调能力"②。此外，府际管理中非常重视区域治理问题，基于"跨行政区域的多城治理、以政策议题为导向的资源整合"③，有利于发挥府际综合效益，提升所在区域综合实力。

二、竞合理论

亚当·布兰顿伯格、巴里·内尔布夫等学者共提出"竞合理论"④。这些学者指出，"在推动各区域发展时，同区域内的地方政府间会相互影响，是既竞争又合作的关系"⑤。"竞合理论"蕴含着"博弈论"⑥思维，对于不同组织间既竞争又合作的关系有较为深刻的认知。基于此理论，迪格里尼、布杜拉等人强调，在不同组织之间，存在共同创造价值的"竞合优势"⑦，并做出

---

① 唐亚林，陈水生.世界城市群与大都市治理[M].上海：上海人民出版社，2017：256.
② 赵永茂，朱光磊，江大树，等.府际关系：新兴研究议题与治理策略[M].北京：社会科学文献出版社，2012：113.
③ 杨龙.中国区域治理研究报告2020：区域治理与府际关系[M].北京：中国社会科学出版社；天津：南开大学出版社，2020：212.
④ 李春洋.城市竞合研究[M].武汉：武汉出版社，2013：13.
⑤ 汤蕴懿.政府职能转型：从政府管理到公共服务[M].上海：上海人民出版社，2013：140.
⑥ ［日］铃木一功.博弈论[M].朱悦玮，朱婷婷，译.北京：北京时代华文书局，2020：256.
⑦ 吴国清.多维视域城市区域旅游发展研究[M].上海：上海人民出版社，2016：195.

系统化阐释。

就竞合理论而言，其存在的原因为："在不同政府之间，利益/目标通常不可能完全一致，换言之，不同政府之间既有利益一致的方面，也有利益矛盾的方面。"① 传统的竞争理论比较片面，往往认为在进行分配利益时，倘若一方得益，则同时意味着另一方必然受损，基于此，双方绝无合作可能性。对比而言，竞合理论显然更加辩证、全面，该理论强调"在竞合状态下，一个地方与另一个地方的最高利益并不是完全等同的，换言之，不同地方政府间的利益/目标通常情况下并不完全一致。倘若不同地方政府间可以达成合作，则能够产生更多价值，且合作和分工领域越完善，创造价值越大。但是，在进行利益分配时，不同地方政府间的竞争关系便被愈发凸显出来，每个地方政府都希望利益分配额度更加倾向于自身。倘若利益分配机制不合理，导致各方皆不满意，必然影响到未来合作的态度、行动、可创造的价值总量"② 。具体而言，在事前，"参与竞合的各个地方政府往往认为，合作前景并不明朗，对方的认识和行动决定着竞合能给自身带来利益的程度"。在事后，"当上述博弈过程进展顺利时，地方政府之间的合作关系会趋于稳固；反之，地方政府之间的合作关系会随之破裂，仅存相互竞争关系"③ 。

三、区域公共管理理论

在经济全球化、社会信息化、区域一体化、政治民主化、公共治理多中心化等多重因素相互交错的复杂历史背景下，区域公共问题引起学术界重视。毫无疑问，传统上，基于行政区划刚性约束的"行政区行政"④ 治理模式已经逐渐落后于时代发展潮流，囿于"封闭性"和"内向性"缺陷，日益脱离现代"区域性"和"外向性"治理实践的需要，愈发显得不合时宜。因此，传统的"行政区行政"政府治理形态不能故步自封，而应积极寻求机

① 汤蕴懿. 政府职能转型：从政府管理到公共服务 [M]. 上海：上海人民出版社，2013：140.

② 汤蕴懿. 政府职能转型：从政府管理到公共服务 [M]. 上海：上海人民出版社，2013：140.

③ 陈国权，曹伟. 地方政府改革创新论 [M]. 杭州：浙江大学出版社，2018：268.

④ 杨丞娟. 圈域经济发展中的公共品供给问题研究 [M]. 成都：西南交通大学出版社，2018：83.

会，实现向现代区域公共管理模式的转型。

（一）行政区行政的产生及其总体特征

就行政区行政而言，可以表述为"基于行政区域刚性约束，地方政府对社会公共事务的管理。行政区行政容易引发切割、闭合治理等问题"①。这种行政区域的法定划分，无疑可被视为行政区行政"载体"。立足于政治史角度探究，行政区域的划分经历了从产生到演变的过程。归根结底，"当生产力发展到一定阶段时，行政区划就产生了。行政区划属于上层建筑形态，标志着地缘关系逐渐取代了血缘关系"②。换句话说，"国家、政府产生后，按地缘关系划分的行政区划随之诞生，进而出现行政区行政活动"③。因此，部分专家认为，行政区行政是政府治理社会公共事务的历史形态和主导形态。

就政府治理的社会背景而言，"行政区行政与农业 / 工业社会资本诉求相适应，属于封闭社会、自发秩序的标志之一"④。行政区行政最早出现于农业社会，以自给自足的小农经济为基础，与封建专制主义集权统治相适应。进入工业社会后，"基于韦伯的'现代理性'理论，'科层制'结构日趋稳定，'科层制'导致行政区行政模式封闭性、机械性持续加深"。就政府治理的价值导向而言，行政区行政最显著特征为，"以地方政府明确的行政区域为界线，进而实施管理"⑤。在传统且相对封闭的农业 / 工业社会中，"社会公共事务复杂性并不显著，统治型政府主要致力于政治控制。进入工业社会阶段时，政府才拥有经济发展、社会管理等领域的新职能"⑥。就社会公共事务的治理主体而言，"政府是管理国家 / 地方行政区域内公共事务的唯一主体"⑦。

---

① 王川兰 . 竞争与依存中的区域合作行政：基于长江三角洲都市圈的实证研究 [M]. 上海：复旦大学出版社，2008：291.

② 范今朝 . 行政区划体制与城乡统筹发展 [M]. 南京：东南大学出版社，2013：51.

③ 范今朝 . 行政区划体制与城乡统筹发展 [M]. 南京：东南大学出版社，2013：53.

④ 陈占彪 . 行政组织与空间结构的耦合：中国行政区经济的区域政治经济学分析 [M]. 南京：东南大学出版社，2009：13.

⑤ 陈占彪 . 行政组织与空间结构的耦合：中国行政区经济的区域政治经济学分析 [M]. 南京：东南大学出版社，2009：13.

⑥ 陈占彪 . 行政组织与空间结构的耦合：中国行政区经济的区域政治经济学分析 [M]. 南京：东南大学出版社，2009：13.

⑦ 陈瑞莲，杨爱平 . 地方政府与区域公共管理研究文选 [M]. 广州：中山大学出版社，2015：42.

这是由于，行政区行政实质上属于一种垄断型治理模式。"在行政区行政模式下，全能政府应运而生，负责处理所有的社会公共问题，制定各种公共政策。"就公共权力的运行向度而言，"在行政区行政模式下，政府管理权力运行遵循单向性、闭合性原则"①。具体分析，"基于科层制原则，政府公共管理权力运行是自上而下、单向度的"。就公共事务的治理主体和机制而言，"在行政区行政模式下，政府官僚机制盛行，市场、社会等多元主体往往被拒之门外"。但是，此种治理机制"压缩了社会力量的生存空间，抑制了政府以外其他行为主体的参与积极性，导致社会公共治理陷入前所未有的困局"②。

（二）区域公共管理理论的产生

在政府治理领域，行政区行政是一种最为重要的主导形态，"是历史、社会演进到一定程度的标志"，也可以被视为人类社会行政区划史的"伴生物"。只要民族国家继续存在，行政区划、"科层制"、行政区行政就会继续存在。社会公共事务治理中，行政区行政是主导性制度安排。毋庸置疑，行政区行政也存在很多问题，譬如，"僵化的行政区划管理导向、单一治理主体、单向度的权力运行方向"等。在人类进入现代社会乃至后现代社会之后，公共管理面对的是一种全新的十分复杂的社会环境。地方政府面临着越来越多的跨区域性问题，单一地方政府无法解决。"区域公共问题的持续涌现，导致行政区行政频频失灵，这促使人们思考如何构建全新政府治理形态，以弥补行政区行政缺陷。之后，区域公共管理理念诞生了。"③

就区域公共管理而言，其"有效地避免了行政区行政缺陷，与复杂社会、风险社会相适应，为区域公共事务治理打造出基本框架"④。在政府治理背景下，"区域公共管理凸显的是开放化、信息化、全球化、区域化特征"。因为"在风险／复杂社会环境下，市场边界模糊，信息持续叠加，社会公共事务的复杂性日益显著"⑤。就政府治理的价值导向而言，区域公共管理的价值导向

---

① 陈晓春. 低碳经济与公共政策研究 [M]. 长沙：湖南大学出版社，2011：155.

② 唐亚林，李瑞昌，朱春. 社会多元、社会矛盾与公共治理 [M]. 上海：上海人民出版社，2015：211.

③ 蒋永甫，傅金鹏，聂鑫. 区域公共管理导论 [M]. 南宁：广西人民出版社，2014：138.

④ 蒋永甫，傅金鹏，聂鑫. 区域公共管理导论 [M]. 南宁：广西人民出版社，2014：199.

⑤ 蒋永甫，傅金鹏，聂鑫. 区域公共管理导论 [M]. 南宁：广西人民出版社，2014：218.

是公共问题 / 事务，而非行政区别。区域公共管理有效地弥补了传统"内向型行政"[①]固有缺陷，遵循"合作治理"新原则，为跨行政区划公共事务 / 问题的处置开辟了新路径，使其达到更好的治理效果。就社会公共事务治理的主体而言，区域公共管理主体多元化趋势极为显著，"政府、企业、社会组织皆可平等地参与其中，构筑了区域政府—公民社会—企业的多元治理主体新格局，共同治理区域公共事务"[②]。就公共权力的运行向度而言，"区域公共管理主体是多元、分散、互动的，相互之间为合作网络关系"[③]。区域公共管理主体基于合作、协调、谈判等方式，实施多元主体对区域公共事务的"合作共治"。"合作共治"与市场原则、公共利益、认同基础息息相关、不可分割。就区域公共事务的治理机制而言，在区域公共管理视阈下，学者提出："要按照层次、类型等标准合理归类区域公共问题，并在科层制、市场机制、合作机制、组织网络等综合作用下，实现区域公共问题的'多中心治理'。"[④]

四、区域多中心治理理论

就区域多中心治理理论而言，其研究的主要切入点在于区域公共政策、政府职能优化问题。20 世纪 70 年代，在西方国家，政府治理变革运动轰轰烈烈地开展着，主要目标就是政府形象重构，具体而言，要达到"政府职能市场化、行为法制化、决策民主化以及权力多中心化"状态。迈克尔·博兰尼提出"多中心"这一专有名词，并对"多中心秩序"[⑤]做出合理阐释。20 世纪 90 年代，埃莉诺·奥斯特罗姆等学者第一次提出"多中心治理理论"[⑥]。该理论的独到之处在于，"严谨的理论构造、严密的制度分析、

---

① 李含琳.多极突破与区域经济增长 [M].兰州：甘肃人民出版社，2014：132.

② 陈瑞莲.区域公共管理理论与实践研究 [M].北京：中国社会科学出版社，2008：126.

③ 陈瑞莲.区域公共管理理论与实践研究 [M].北京：中国社会科学出版社，2008：128.

④ 陈瑞莲.区域公共管理导论 [M].北京：中国社会科学出版社，2006：145.

⑤ ［英］迈克尔·博兰尼.自由的逻辑 [M].冯银江，李雪茹，译.长春：吉林人民出版社，2011：223.

⑥ ［美］埃莉诺·奥斯特罗姆.公共事务的治理之道：集体行动制度的演进 [M].余逊达，陈旭东，译.上海：上海译文出版社，2012：123.

理性的逻辑论证、实践关怀精神、现实解释高度"。迈克尔·麦金尼斯指出，单中心理论是先行出现的，"多中心"治理理论就是针对该理论提出的，"多中心"治理理论视野下，"无中心、无权力垄断、无集中化"①。埃莉诺·奥斯特罗姆强调，以自主治理理论为基础，"多中心理论"应运而生。该理论倡导，"经济社会进步的步伐越来越快，民众对政府的期望值在升高，民众对政府提供的公共服务需求更趋向多元化。长期以来盛行的以政府为中心的'单中心供给'模式已经落伍，无法及时满足民众多元化需求，导致其效率、回应性屡遭质疑。基于此，权力分散、管理交叠、政府—市场—社会多元共治等成为新的发展趋势，应在'多权力中心＋多服务中心'前提条件下，构建政府—市场—公民共同参与、多种治理手段并用的新型治理模式"②。基于多中心治理理论，多元治理模式得以拥有坚实的构建基础，"多元治理模式虽属于公共政策、政府职能领域的专门性理论，但无可否认，其为大都市区治理结构转型提供了有益启迪、理论依据"③。在全球范围内，市场经济发展势头迅猛、如火如荼，市场主体多元化、利益需求多样化特征日益明晰，完全可以断言，"单一的大都市政府根本无法真正适应市场发展需求，在大都市区治理模式嵌入市场因素，才是破解问题的根本路径"④。

① ［美］迈克尔·麦金尼斯 . 多中心体制与地方公共经济 [M]. 毛寿龙，译 . 上海：上海三联书店，2000：431.

② ［美］埃莉诺·奥斯特罗姆 . 公共事务的治理之道：集体行动制度的演进 [M]. 余逊达，陈旭东，译 . 上海：上海译文出版社，2012：278.

③ 李嘉晨 . 城市共享平台的多元协同治理研究 [M]. 上海：华东理工大学出版社，2020：58.

④ 唐亚林，陈水生 . 世界城市群与大都市治理 [M]. 上海：上海人民出版社，2017：156.

第十二章

协作式治理的典范：城市群治理

随着城镇化战略的推进，中国将城市群作为国家区域经济社会发展的重要载体，形成了京津冀、长江三角洲、珠江三角洲等一批城市群。在《中共中央关于制定国民经济和社会发展第十四个五年规划和二〇三五年远景目标的建议》中，强调要坚持实施区域重大战略等，健全区域协调发展体制机制。在现代社会，城市化进程持续加速，优质的资源、要素持续向城市聚集，城市之间不可避免地出现协同、配合、竞争、冲突等问题。在此情势下，城市群建设被视为新型城镇化建设领域的关键性问题之一，人们已经取得共识的是，城市群建设有助于推进区域发展、区域一体化整体水平，是区域发展的动力之源。此处提到的城市群协同治理体制／机制创新，并不能直接被视为一体化体制／机制改革，而应该被视为复杂、系统的艰巨工程。城市群协同治理是指城市群中相关城市之间如何协同工作。莫拉维斯克强调，在运行良好的协作体系中，必然存在良性"共同体关系"[①]，其凸显的特征在于："互相尊重；为彼此带来福利；在共同问题领域达成互信；互相帮助。"[②] 在协同治理理论中，治理主体呈现出多元性、平等性、协同性、有序性等显著特征，强调"要素—要素"和"子系统—子系统"

---

① ［德］马克斯·韦伯.经济与社会（第一卷）[M].上海：上海人民出版社，2010：132.
② ［美］拉塞尔·哈丁.群体冲突的逻辑[M].刘春荣，汤艳文，译.上海：世纪出版集团，上海人民出版社，2013：290.

之间的相互协作、集体效应，它为区域城市群协同治理提供了强有力的"武器"。

第一节　应对城市群兴起的协作式治理

自古以来，城市扮演着政治、经济以及文化中心的角色，地位至关重要。城市的发展水平，甚至会极大地影响国家治理体系和治理能力现代化建设，随着中国城镇化的不断发展，城市的重要地位逐渐地让位给大都市，甚至是城市群。国务院公布《国家新型城镇化规划（2014—2020年）》规定："以城市群为主体形态，推动大中小城市和小城镇协调发展"[①]的总体思路框架，并积极倡导以"城市群作为优化城镇化格局的主体形态，建立城市群发展协调机制，促进各类城市协调发展"[②]。在中国共产党第十八届中央委员会第三次全体会议上，全会报告明确强调应"建立和完善跨区域城市发展协调机制"[③]。这既是顺应世界各国城市发展的历史潮流，也是迈向具有中国特色新型城镇化道路关键而重要的一步。在中国共产党第二十次全国代表大会报告中明确指出："以城市群、都市圈为依托构建大中小城市协调发展格局，推进以县城为重要载体的城镇化建设。"[④]领会中共中央精神后，京津冀、长江三角洲、珠江三角洲城市群率先发力，引领中国城镇化实现高质量发展。同时，"在创新城镇化进程中，治理体系的构建益处极多，有利于提升城市/城市群的治理能力，有利于新型城镇化实现可持续发展"[⑤]。

从城市发展史角度考察可知，在西方发达国家，城市形态经历了类似的城市区域化演进过程，依次为："城市化—大都市区化—城市群"。随着区域

---

① 国家新型城镇化规划（2014—2020年）[J].农村工作通讯，2014（6）：32-48.

② 国家新型城镇化规划（2014—2020年）[J].农村工作通讯，2014（6）：32-48.

③ 中国共产党第十八届中央委员会第三次全体会议公报[J].新长征，2013（12）：4-6.

④ 高举中国特色社会主义伟大旗帜　为全面建设社会主义现代化国家而团结奋斗[N].人民日报，2022-10-17（02）.

⑤ 于斌斌.中国新型城镇化转型与治理[M].北京：经济科学出版社，2020：155.

经济的发展，中国城镇化任务愈发艰巨："一方面，中国城镇化要遵循城镇化—大都市区化—城市群基本演化规律实现发展；另一方面，中国同时必须想方设法破解区域城镇化发展问题"①。全球范围内，城市化典型范例丰富多样，累积下来的城市治理经验可供中国借鉴与反思。毋庸置疑，"作为政治、经济、文化交汇枢纽，城市／城市群的发展地位显著提升，可以被视为国家治理体系和治理能力现代化的关键性构成要素"②。在现时代，各国政府都在积极创新、探索科学的治理模式，对城市群协作式治理进行深入探究势在必行。

一、城市群协作式治理的重要性

首先，在中国社会经济发展中，城市群作用正在逐步凸显。改革开放政策实施后，"长江三角洲、珠江三角洲、京津冀等区域及时跟进，以中心城市为引领，周边中小城市也进入发展快车道，实力雄厚的城市群进入人们视野"③。但与此同时，为了追逐各自的利益和发展空间，"在城市群中，城市之间的恶性竞争、矛盾冲突不断升级，导致城市群协调发展面临极大障碍"④。城镇化进程还在继续推进，下大力钻研、破解城市群协作发展／治理问题寓意深远，不仅有利于中国区域经济发展，而且有利于城镇化协作发展。

其次，制度环境、管理模式是影响中国城市群发展主因。在中国行政管理领域，"传统的政府单一纵向管理机制"⑤长期以来占据主导地位，同时，"在地方政府行政管理中，地方保护主义倾向愈演愈烈，在地区—地区、城市—农村、城市—城市之间，生产要素市场化并不顺畅、便捷"⑥。受到宏观管理机制影响，"市场机制主导下的区域经济比较优势难于彻底凸显，导致

① 雷霞，唐雪冬，王静.我国城镇化模式研究[M].成都：四川大学出版社，2018：237.
② 王佃利.跨域治理：城市群协同发展研究[M].济南：山东大学出版社，2018：189.
③ 余军华.城市群区域合作治理研究[M].北京：中国财政经济出版社，2016：158.
④ 余军华.城市群区域合作治理研究[M].北京：中国财政经济出版社，2016：28.
⑤ 怀忠民.文明城市论[M].大连：大连出版社，2000：386.
⑥ 董树军.城市群府际博弈的整体性治理研究[M].北京：中央编译出版社，2018：51.

区域空间结构无法实现合理演进，最终，不利于区域经济协调发展、城镇化总体进程/综合效益提升"①。可喜的是，随着中国共产党第十八届中央委员会第三次全体会议的召开，中国共产党作出了"市场在资源配置中起决定性作用"②的科学论断，结合中国全面深化改革的现实情况，实现城市群治理系统重塑，充分发挥城市群经济优势，必然能够进一步推动中国市场经济步入健康快速发展的轨道。

二、城市群协作式治理的必要性

现阶段，中国城镇化正在如火如荼地进行着，所有新兴城镇都在追求工业化、经济增长目标，但事实上，传统意义上的城镇化发展模式已经不合时宜。"首先，传统的扩张式、粗放型的城镇发展模式已经落后于时代，并对能源、资源、环境造成无法挽回的破坏；其次，传统城镇化模式中，过于强调土地/物质空间的城镇化，经常对人的城镇化问题漠不关心。"③此外，农村—城市、城市—城市之间发展并不均衡，导致彼此矛盾丛生。究其本质，此类问题缘起于"现有制度安排、城镇公共治理模式相对落后，与城镇化进程"不相适应。

在多数情况下，公共资源分配/流动是跨区域进行的，局限在一个城镇/城市的情况会越来越少，但与此同时，"由城镇……公共服务体系难以跨越行政辖区边界"。可见，城镇化进程中的治理体系创新发展已经迫在眉睫，有必要"构建政府部门—经济组织—社会组织互为支撑、共同参与的城镇公共治理体系，谋求城镇全面、协调、可持续发展"④，这有利于城镇化进程的健康、可持续，同时，满足人们城镇化、现代化需求，令城镇公共治理系统性、整体性、协作性同步升级。在中国城镇化进程中，城市群协作治理是重中之重、关键性节点问题。

---

① 董树军. 城市群府际博弈的整体性治理研究 [M]. 北京：中央编译出版社，2018：125.

② 成为杰. 马克思主义的观点是什么 [M]. 杭州：浙江工商大学出版社，2018：246.

③ 纪慰华. 新型城镇化 [M]. 上海：上海人民出版社，2018：224.

④ 于斌斌. 中国新型城镇化转型与治理 [M]. 北京：经济科学出版社，2020：47.

三、城市群协作式治理的紧迫性

毫无疑问，走向城市群治理，可谓中国城镇化进程的必然选择，然而，"由于城市群横跨若干个行政单位，内部的社会经济关系盘根错节，并且当前中国城市群的治理体制还很不完善，使得我国城市群的发展尚处于自然状态，尚未形成协力，甚至在城市群中引发一系列的矛盾冲突"①。

在中国共产党第十八届中央委员会第三次全体会议上，《中共中央关于全面深化改革若干重大问题的决定》通过并发布，确定了中国全面深化改革的总目标："完善和发展中国特色社会主义制度，推进国家治理体系和治理能力现代化。"②该总目标制定出台后，意味着中国城镇化发展迎来了新的理论／实践命题。在现代化国家中，高度城镇化必然是其主要特征，"一方面，国家治理体系是城镇化公共治理体系的基础；另一方面，城镇公共治理体系是国家治理体系的具体实现。在国家治理体系和治理能力的现代化大趋势下，实现城镇公共治理体系现代化成为既定举措"③。经济全球化发展势头迅猛，城市群作为新兴的重要地域载体，是国际竞争力、国家综合实力的重要象征。城市群发展趋势已然不可逆转，有必要探索高效路径推进城市群协作式治理／发展。

第二节　协作式治理的兴起及理论框架

所谓协作式治理，指："有公共机构和非国家利益相关者参的、以共识为导向的、深思熟虑的集体决策过程，旨在制定实施公共政策、管理公共

---

① 余军华. 城市群区域合作治理研究 [M]. 北京：中国财政经济出版社，2016：115.
② 中共中央关于全面深化改革若干重大问题的决定 [N]. 人民日报，2013–11–16（01）.
③ 宋亚平，项继权. 湖北新型城镇化转型与治理研究 [M]. 武汉：湖北科学技术出版社，2014：324.

项目。"① 协作式治理最初出现于公共管理实践和研究领域，综合理解协作式治理的兴起及理论框架，可为协作治理的模式探究奠定基础。

一、协作式治理兴起的学科背景

国际公共管理研究学会主席史蒂芬·奥斯本指出，总体而言，国际公共行政（或公共管理）共经历三大主流范式转移："第一阶段是公共行政，从 19 世纪末到 20 世纪 70 年代末 80 年代初；第二阶段是新公共管理，从 20 世纪 80 年代初到 21 世纪初；第三阶段是新公共治理，肇始于 21 世纪初。"② 协作式治理兴起于这一学科背景，并从中汲取了学术养分和智力资源。

20 世纪 80 年代，在西方发达国家，新公共管理已经成为公共部门改革的理论典范。新公共管理受到了"公共选择理论—代理理论、交易成本经济学、管理主义和制度设计"等理性主义理论的启发，"主张公共部门组织设计和公共服务提供，应脱离传统的官僚制架构，强调以市场化为导向"，"生产者"与"消费者"相互分离，重视成本效率，按照私人部门的方式运作政府部门。这场声势浩大的"重塑政府"③ 运动，一度使西方政府得以"从摇篮到坟墓"④ 的"福利国家"⑤ 中脱身，然而，由此也形成了两种不同的发展趋势。一方面，政府越来越依赖由企业或社会组织来提供公共服务，于是出现了"第三者政府"⑥ 和"代理政府"的现象。大量准政府组织和伙伴关系的出现，导致了"拥挤国家"的问题。由于非政府组织增多，"容易造成公私部门之间界限模糊，公共服务提供体系碎片化、跨域化程度过高等问题、所以新公共管理运动所导致的后果之一就是国家职能空心化和政府机关碎

① 孟华，陈振明 . 跨区域公共事务的协作治理绩效研究 [M]. 北京：中国社会科学出版社，2021：158.

② ［美］斯蒂芬·奥斯本 . 新公共治理？——公共治理理论和实践方面的新观察 [M]. 包国宪，译 . 北京：科学出版社，2016：254.

③ 高鹏怀，丁瑞雪，李海民，等 . 比较政府与政治 [M]. 北京：中央人民大学出版社，2014：227.

④ ［加］马克·斯坦恩 . 美国独行 [M]. 姚遥，译 . 北京：新星出版社，2020：259.

⑤ 张利华 . 西方主流政治思潮研究 [M]. 北京：知识产权出版社，2018：173.

⑥ 萧琛 . 全球网络经济 [M]. 北京：华夏出版社，1998：182.

片化"①。另一方面，凯特尔认为，"20世纪，公共行政迎来巨变，公共组织的相互依赖性大增，导致在公共机构间必须建立更加紧密的联系"②。在全球化的推动下，"地方政府、企业组织与第三部门，积极参与全球事务与经济竞争，于是在公共行政和公共管理的过程中出现了大量的协作现象"③。

"协作的出现与安排跨越了市场化模式，强调从竞争走向协作，体现了从利己到互惠，甚至是利他的哲学转变。"④"协作式"公共行政的理念正日益构成对"回应性"公共行政理念的挑战。阿格拉诺夫、麦圭尔认为，"协作式公共管理"⑤的定义应该为："既存在于强调美国联邦系统内政府层级的纵向环境中，也存在于参与者是地方并代表社区内多种利益的横向环境里的所有此类活动。"⑥基于此，人们可以推知，协作式公共管理已经成为"脱胎于新公共管理范式的一个分支"⑦。

20世纪80年代，为了矫正经典公共行政和新公共管理的缺点，新公共治理成为公共行政领域热点研究课题。"其强调需要公私部门合作，组成不同网络，共同分担责任且相互授予权力和能力，只有这样才能达到政策的最佳效果。"⑧随着公共行政发展的第三阶段，协作式治理理论异军突起。毋庸置疑，"协作式治理首先是治理和协作式公共管理的融合，其次是对协作式公共管理的扬弃。因此，协作式治理已经构成了新公共治理理论中最具竞争性的范式"⑨。

---

① ［英］简·莱恩.新公共管理［M］.赵成根，译.北京：中国青年出版社，2004：151.
② 罗晓梅，罗德刚.公共行政［M］.重庆：重庆大学出版社，2007：107.
③ 罗晓梅，罗德刚.公共行政［M］.重庆：重庆大学出版社，2007：109.
④ 罗晓梅，罗德刚.公共行政［M］.重庆：重庆大学出版社，2007：111.
⑤ ［美］罗伯特·阿格拉诺夫，迈克尔·麦圭尔.协作性公共管理地方政府新战略［M］.李玲玲，译.北京：北京大学出版社，2007：28.
⑥ ［美］罗伯特·阿格拉诺夫，迈克尔·麦圭尔.协作性公共管理地方政府新战略［M］.李玲玲，译.北京：北京大学出版社，2007：22.
⑦ ［美］罗伯特·阿格拉诺夫，迈克尔·麦圭尔.协作性公共管理地方政府新战略［M］.李玲玲，译.北京：北京大学出版社，2007：21.
⑧ ［英］Stephen P Osborne.新公共治理：公共治理理论和实践方面新观点［M］.北京：科学出版社，2016：58.
⑨ ［英］Stephen P Osborne.新公共治理：公共治理理论和实践方面新观点［M］.北京：科学出版社，2016：58.

二、协作式治理理论框架及特点

为了理解协作式治理理论框架及特点，应该在对核心概念做出界定后，对协作式治理的特点做出详细梳理。

（一）核心概念界定

作为政治过程的协作，协作式治理的概念可以追溯到美国"两种竞争性"①的政治传统，即古典自由主义和公民共和主义。事实上，协作式治理范式是近 20 年发展出来的治理策略，早期"府际关系"和"政策执行"的相关研究成果，推进了此概念的进一步发展。

就概念而言，协作式治理属于一个广域的概念，涉及"协作性公共管理、协作性政策发展、共享式管理、参与性战略规划"②等。就领域而言，协作式治理呈现跨学科集群化特征，涵盖"政治科学与公共政策、环境规划与社区发展、公共行政与公共治理"等不同学科。基于此，不同学者从不同学科背景出发，提出了各具特色的概念框架和类型划分方法。就文献而言，协作式治理与协作理论密切相关，它们之间无法完全相互剥离。汤姆森、詹姆斯指出，"协作是自主行动者透过正式和非正式协调所进行的一种互动过程，能够共同地创造规则和结构，进而治理它们之间的关系，以及共同决定与执行一系列议题，这个过程即是一个包含共享形式与对彼此有益的互动关系"③。唐纳森、科佐尔认为，应该"将协作定义为所有形式的组织一起共事以达成各种目标"④。他们指出，协作的特点涵盖两个方面，即："第一，协作的使用如同一套策略，可以发展或者执行许多层面的任务；第二，运作的过程强调如何发展并维持协作关系。"⑤马特西奇、蒙西认为，"协作是一

---

① 蔡华.人思之人：文化科学和自然科学的统一性 [M]. 昆明：云南人民出版社，2009：5.

② ［英］马丁·洛奇，凯·韦格里奇.现代国家解决问题的能力：治理挑战与行政能力 [M]. 徐兰飞，王志慧，译.北京：中国发展出版社，2019：86.

③ ［美］詹姆斯·昌佩.管理的变革 [M]. 李玉霞，译.北京：经济日报出版社，1998：145.

④ ［美］詹姆斯·W.费斯勒，唐纳德·F.凯特尔.行政过程的政治：公共行政学新论 [M]. 陈振明，朱芳芳，译.北京：中国人民大学出版社，2002：128.

⑤ ［美］詹姆斯·W.费斯勒，唐纳德·F.凯特尔.行政过程的政治：公共行政学新论 [M]. 陈振明，朱芳芳，译.北京：中国人民大学出版社，2002：29.

种持久且成员所共同深信的关系，它特许多个组织相邀融入一个相互承诺达成共同任务的结构中，这些关系的维持依赖于参与的组织所提出的计划与明确可信赖的沟通管道"①。哈克斯汉认为，协作应该被定义为："为了取得某种形式的共同利益，在一个相当具有正面性的会议或者组织中与其他人共事。"② 安塞尔、加什认为，协作式治理的定义为："治理制度安排的产生是置身在由一个或更多个公共机构而非国家或非政府的利益相关者，其直接、正式地参与集体决策过程，并达成共识以及协商机制，有助于推进公共政策执行、公共规划 / 资产管理成效提升。"③

综上所述，可知马特西奇、蒙西、安塞尔、加什强调"协作式治理的行动者是非国家利益相关者"；事实上，政府部门之间的协调和协作关系本质上也属于协作式治理的一部分。基于此，可以说在更广泛的范围上，协作式治理融合了米格代尔提出的国家与社会之间的协同关系。

（二）协作式治理的特点

总体而言，协作式治理的特点共有 5 个，具体包括跨界性、网络化、互惠性、协作性、责任性。

1. 跨界性

跨界性为协作式治理的逻辑起点。人类进入全球化时代后，公共事务日新月异，不仅行政辖区的地理边界实现了跨界性，而且政府管理的职权范围也实现了跨界性。因此，跨区域和跨部门的沟通合作势在必行，已经成为解决多元一体化议题的新治理方式。

2. 网络化

网络化为协作式治理的组织基础。所谓协作网络，就是将消费者、供给者与生产者有机联系的合作机制，在一定程度上，其取代了传统规则导向的监督以及僵化的治理形态。

---

① Mattessich P W, Murray Close, Monsey B R. Collaboration:What Makes It Work [J]. Journal of Nutrition Education, 1998, 30(5): 349.

② Huxham C. Theorizing collaboration practice collaboration [J]. Public Management Review, 2010, 5(3): 401–423.

③ Chris Ansell, Alison Gash. Collaborative Gover-nance in Theory and Practice [J]. Journal of Public Administration Research and Theory, 2007(18): 543–571.

3. 互惠性

互惠性为协作式治理的发展动力。资源依赖理论认为，跨部门的互动行为具有自由度，但是，利益相关者间却有着相互依存、相对稳定的结构，他们之间对资源的依赖和需求，可从决策、互动、联系与沟通行为中获取。资源交换的相互依赖特征意味着，在某种程度上，介入其中的所有参与者皆可获益。

4. 协作性

协作性为协作式治理的核心追求。基斯特、曼德尔认为，"协作的价值程度更深，强调行动者为了构建共同目标及互相学习改变，所以彼此依赖程度、接触程度、信任程度皆非常之高，在权力、目标价值层面实现共享、互动；合作则是指各方之间较为松散的互动关系，互动的目的是实现信息、资源、利益的彼此交互，在目标价值、权力、资源方面并不实现共享；协调是一个介于协作、合作之间的概念，强调互动的重要性，协调的最终目的是达成共同目标"①。

5. 责任性

责任性为协作式治理的基本保证。当公共议题的扩散化和多元行动者的介入出现时，责任和边界趋向于模糊；因此，在协作式治理的运作中，对于任务的责任必须由参与者共同承担，不允许不负责任地随意搭便车。

第三节　城市群协作式治理的衍生模式

城市群协作式治理的衍生模式繁多，具体而言，主要包括 4 种，即向上发展协作式治理、向下发展协作式治理、向内发展协作式治理、向外发展协作式治理。

---

① Myrna Mandell, Robyn Keast. Evaluating the effectiveness of interorganizational relations through networks [J]. Public Management Review, 2008(6): 715–731.

一、向上发展协作式治理

欲理解向上发展协作式治理模式，首先应明确以城市群为主体的区域治理问题，并对基于此进行的城市群规划有所阐释。

（一）以城市群为主体的区域治理

后工业时代来临，新经济形态不断出现，交通通信工具前所未有地发达，针对城市的研究领域在不断拓展，城市群、全球城市、世界城市等皆是近年来的热门研究前沿。布伦纳认为，在地方治理再尺度化、经济活动全球地方化、国家机构地域重构三大潮流相互作用下，城市治理形式必须积极主动地适应社会、政治、经济地理重构新形势，与时俱进地为城市发展谋划全新出路[①]。

20世纪，在美国，大都市治理思维经历了较为漫长的演进过程，可以表述为：传统区域主义—公共选择理论学派—新区域主义[②]。传统区域主义已经成为历史余烬，公共选择理论学派、新区域主义发展势头显然更加迅猛。20世纪80年代，西方国家盛行构建大都市政府，基于此现实情况，大都市区域主义理念应运而生。

就"大都市区域主义"而言，其主要特征在于：在城市密集区中有密切社会经济联系；相邻地理单位间存在制度、政策和治理机制；包括超大型城市、城市间理事会、管理区、规划实体等。其中，城市密集区是城市群最常见的治理形式，设置政府联席会、区域联盟等。

所谓政府联席会，属于大都市地区制度化的跨政府合作新形式，其可以促成地方政府资源联合。但是同时，政府联席会并不等同于政府，其无法独立制定法律、作出决策，其主要作用是针对大都市地区重要事务提出意见、建议。一些政府联席会也承担着一般性城市问题区域论坛的作用。大多数政府联席会在它们的区域内已经承担了相应的政治、经济和社会发展职能。

---

① ［美］尼尔·布伦纳，徐江.全球化与再地域化：欧盟城市管治的尺度重组[J].国际城市规划，2008，23（1）：4-14.

② 杨龙.中国城市化加速背景下的地方合作[M].天津：南开大学出版社，2018：15.

所谓区域联盟（或城市联盟），指的是大都市区城内不同主体之间的联合和协作。就组织形式而言，区域联盟与城市政制事实上非常类似。莫斯伯格、斯托克认为，"城市政制是指基于非正式网络以及正式关系的同盟，它们的最重要特征涵盖：成员包括政府/非政府部门人员；整合社会生产资源达成目的；拥有同盟参与成员共同认可的政策议程；同盟合作模式趋于稳定、长期。倘若把城市拓展为区域，那么，城市政制就随之拓展为区域政体，也就是区域联盟了"①。

（二）城市群规划

就城市群（大都市区）规划而言，其既是"战略性空间规划"，也是"区域性战略思考"。之所以进行城市群规划，是为了给城市政府出谋划策，勾勒城市/空间发展战略框架。城市群规划主要内容涵盖：城市群经济社会发展策略、城市群区域空间发展模式、城市群基础设施布局方案。

为了使城市群达到协调发展态势，显然，城市群规划发挥着重要作用："第一，在城市政府与城市公共机构协调领域，城市群规划机构发挥至关重要的主导性作用。第二，城市某项行动/政策出台前，需要在城市群规划中作相关的区域发展潜力预测，这为城市发展决策提供了相对扎实的理论基础。第三，在城市群规划中，会明确提出城市群存在问题及其解决对策供全社会探讨，这显然有助于激励社会参与主体主动参与城市决策。"②在全球范围内，已经诞生影响力较大的一系列城市群（大都市区）战略规划，其中，以英国提出的《伦敦规划——大伦敦空间发展战略》③最具有代表性。

二、向下发展协作式治理

在向下发展协作式治理模式中，主要通过两种方式实现，即分权以及专区。

---

① Karen Mossberger, Gerry Stoker. The evolution of urban regime theory: The challenge of conceptualization [J]. Urban Affairs Review, 2001, 36(6): 810–835.

② 刘爱君. 城市群协同创新体系研究 [M]. 武汉：武汉大学出版社，2019：93.

③ 周振华. 全球城市 [M]. 上海：格致出版社，2019：144.

（一）分权

就向下发展协作式治理而言，通常情况下，更强调"中央政府向地方政府垂直分权"，但所谓的"分权"，仅仅是一个笼统的概念，如果进一步细分，可以分为"伙伴制、转移、放权、民营化、代理"5种形式。就此部分所探讨的垂直分权而言，包括"放权""转移"。

所谓放权，即中央政府将原属自身的职能／任务进行下放处理，将其分配给各级地方政府负责。一般情况下，放权的过程是温和、渐进的。譬如，在现存的统一政府结构中，引导人们视线管理、观念转变，随后，原本由中央政府支配的范围发生变化，相应的财政、资源完成到地方政府的转移。放权完成后，地方政府的决定权得到一定程度的拓展。基于此可知，放权的益处是显而易见的，一方面，放权有利于政府机构行政效率提升；另一方面，放权有利于公共服务质量提升。在国外，20世纪80年代，西方许多国家被保守自由主义思潮所席卷。当时，哈耶克、弗里德曼认为，西方国家普遍实施的福利国家制度弊端丛生，包括资源浪费、效率低下、个人自由主义、社会责任感缺失等问题，有鉴于此，他们倾向于强化自由市场运作机制、弱化政府存在感、压缩福利支出，进而推动中央政府责任／权利下放，并向地方政府实现转移[①]。基于此论断，英国、美国等国政府推行了"新自由主义"式的国家政策。

所谓转移，即地方政府永久地将某项职能转移到更高层级政府。譬如，在西方国家，基层自治当局将其部分职能转移到县／州／大都市区政府等。通常情况下，之所以会发生转移，其常规原因包括3点：首先，是规模经济的需要；其次，是单一的地方政府无法提供资源性公共服务；最后，获得转移职能高层级政府优势显著，能够全面、永久地承担行政、政策制定、财政等责任。这样做的好处在于，减轻地方政府人力物力财力负担，令民众享受更高质量公共服务。但无可否认，这种转移也可能导致地方政府在都市区的影响力急速下降。

---

① ［美］弗里德曼．资本主义与自由[M]．北京：商务印书馆，1986：4–17.

（二）专区

所谓专区，即由州议会／地方政府根据法律授权，提供一项／多项特定功能，拥有充分行政和财政自主权的独立政府单位。专区常常被命名为行政区、管理局、委员会。专区不应仅被视为地方政府附属机构，还应显示出以下多重特征："有组织；有政府；实质性自治；可独立存在，也可依附政府单位。"[①] 在独立型专区中，由公众选举产生的委员会履行专区管理职责。在依附型专区中，由其依附的政府单位履行专区管理职责。

一般情况下，专区政府承担单一职能；但是在一些特殊情况下，专区政府也为民众提供若干服务，譬如，这些服务可能包括污水处理、供水等。专区政府为民众提供服务，其范围可谓十分广泛，如医疗服务、消防服务、灭蚊服务、公墓维护等。在西方国家，由于专区职能越来越多样化，相应地，其财政收入来源也更加广泛，财产税、服务收费、州／联邦拨款等皆属于财政收入范畴。

三、向内发展协作式治理

所谓协同政府，其定义为在项目、政策、组织安排领域，部分政府机构具有一致性，这可以促使机构之间实现互动协作。以英国为例，在布莱尔工党政府执政初期，颁布《政府现代化白皮书》[②]，其中，强调其会构建"协同政府"[③]，以此作为其施政核心。显然，此项改革具有一定的积极作用，有效打破了层级制政府由来已久的"条块分割"[④]痼疾，促进了机构间"信息分享、协同合作"[⑤]。分析布莱尔工党政府组织架构可知，当时，在英国中央政府层面，内阁办公室、财政部共同支撑着一个协同政府。内阁办公室职责为：制定跨部门机制。财政部职责为管理公共财政／服务架构。从治理哲学角度

① 洪世键.大都市区治理的理论演进与运作模式 [M].南京：东南大学出版社，2009：134-135.

② 李宗楼.中外政府文化管理比较 [M].北京：国家行政学院出版社，2015：191.

③ 曹丽媛.寻找公共行政的"点金石"：西方国家中央政府部际协调的实践与启示 [M].北京：新华出版社，2017：109.

④ 王忠，王晓华.城市治理之大数据应用 [M].北京：海洋出版社，2017：109.

⑤ 唐乐.新对话：数字时代的组织对外传播 [M].上海：上海人民出版社，2014：123.

出发，可以断言，布莱尔执政时期，对以协作取代竞争已经成为共识。

在世界范围内，协作式治理由来已久，源远流长。美国的联邦主义，现在已经被视为该领域典范。20 世纪 30 年代，罗斯福当选总统后，推行的"合作式联邦主义"①，基于此，美国政府间关系和管理领域出现重大变化，至今仍作为"府际治理协作模式"典范为人们津津乐道。2001 年，美国发生"9·11"恐怖袭击事件，协作式治理再次发挥其效用，政府执法机构、私人保安公司、商业和工业组织、市民协会等组成协作力量，助力政府反恐行动顺利实施。基于此，协同政府策略的成功，有利于政府迎接和战胜反恐等挑战与任务。

综上所述，协同政府具有一些显著特点，涵盖：政府角色某种程度上的回归；良好的服务职能来自多方合作；关注政府自身决策行为的完善；民众对其享受的公共服务持信任态度。

四、向外发展协作式治理

在向外发展协作式治理视阈下，主要涵盖三种方式，包括网络治理、伙伴制、契约治理。

（一）网络治理

以交易理论为基础，罗兹认为，当国家机关与社会组织需要彼此提供知识或影响力辅助时，两者间遂构成互惠关系，基于此，进一步生发出种种稳定策略 / 行事方式，造就了网络关系的成型②。针对英国中央和地方政府间关系，罗兹分析指出，只有有效地发掘出组织间结构性关系，才能获取构建政策网络的坚实基础③。在英国政策网络内部，政府决策过程并不复杂，其实质上即国家机关与社会组织等参与者彼此交换资源、互利互惠的过程。

毫无疑问，当今，在网络治理推动下，私人部门、第三部门等存在感骤

---

① 付亦重 . 服务补贴制度与绩效评估：基于美国服务补贴制度的研究与启示 [M]. 北京：对外经济贸易大学出版社，2010：83.

② ［英］R.A.W. 罗兹 . 理解治理 [M]. 北京：中国人民大学出版社，2019：127.

③ ［英］R.A.W. 罗兹 . 理解治理 [M]. 北京：中国人民大学出版社，2019：259.

升，他们作为新的参与者，被纳入公共服务体系中。在漫长的历史时段内，国家机关一手包揽公共服务职责；展望未来，公私部门共担公共服务职责会成为常态化选择。然而，学术界对公私部门间相互依赖关系的解读也在不断更新。以新公共管理理论为例，该理论强调：一方面，国家掌握权威、权力、资源等要素，这些正是私人部门等非政府组织所期望获取的；换言之，非政府组织的生存与发展都有赖于国家层面的支持。另一方面，国家为了维持其存在的合法性，亟须得到广大非政府组织的支持，所以，国家想方设法地满足非政府组织需要，来获得非政府组织给予的政治忠诚与支持。新治理理论认为，在集体行动中，国家是赋能者、催化者、委任者，与非政府部门形成资源交换、互利互惠关系。

（二）伙伴制

人们经常将"伙伴制"[①]和"公私伙伴关系"[②]两词作为同义词使用，指除政府外，公民、第三部门参与公共服务，共同解决公共问题的一种方式。在欧洲，从地方治理角度出发，公私伙伴关系/伙伴制内涵更加趋于宽泛，指为解决特定问题，由特定城市政府部门与其他人缔结结盟关系，最终目的是推行某项政策、解决某个问题。此类联盟可能是临时的，也有可能是长期的。

就合作与协商角度而言，公私伙伴关系其实很早就有雏形诞生。"二战"后，欧陆统合主义风行。20世纪70年代，美国联邦政府推行伙伴制，作为刺激私人投资核心都市基础建设的工具，同时，将其视为联邦协调区域经济发展的关键。20世纪80年代，在英国，撒切尔执政后，倾向于大力发展私有化项目。地方政府、民间组织共同组织论坛，以达成共同理念和协作机遇，其中，一些论坛固化为非政府组织。1993年，英国政府推出《私人融资计划》（PFI），基于此，公私伙伴关系逐现雏形。当今，公私伙伴关系、伙伴制成为同义词。萨瓦斯研究指出，公私伙伴关系模式有二，一是完全公营模式，二是完全民营模式[③]。齐格勒进一步分析认为，伙伴关系模式有四

---

① 孙戈 . 与时代同行：杜邦家族 [M]. 北京：海潮出版社，2015：122.

② 周红云 . 群体性事件协同治理研究 [M]. 北京：中国社会出版社，2018：133.

③ ［美］E.S. 萨瓦斯 . 民营化与公私部门的伙伴关系（中文修订版）[M]. 北京：中国人民大学出版社，2017：145.

种，即协作伙伴制、协调伙伴制、合作伙伴制、网络伙伴制[①]。还有研究者指出，伙伴关系细化分为七种，即共有制、管制、诱导、伙伴制、倡导、私有化、自由放任。

（三）契约治理

在协作式治理视域下，契约治理、传统契约是截然不同的，两者在复杂性、不确定性、风险性、成本性、承诺性、协调性等方面皆有差异之处。从新公共治理角度分析，契约治理是一种新兴治理模式，其背后蕴含的是"委托—代理"关系。签订契约治理合同之后，政府不再负责提供特定公共服务，而由公共机构、国有企业、私营企业等非政府组织负责提供特定公共服务，此时，就需要签订正式合同，以此保障非政府组织对自身职责的自主权、解释权。譬如，供水公司被政府委以供水重任，在双方签订的正式合同中，供水计划、设施建设、保障方案、水域开发问题等皆有明文规定。实际操作中，供水公司不一定完全复刻政府对供水事务的传统管理方式，其拥有进行弹性调整的自主权。

---

① ［美］托马斯·戴伊，哈蒙·齐格勒.民主的嘲讽 [M].北京：世界知识出版社，1991：284.

第十三章

城市治理理论的发展趋向与展望

　　在城市化、全球化急速发展趋势下，城市在经济、社会、文化等领域皆扮演至关重要的角色。2015 年，全球城市化率已达 53.9%，标志着城市化已成为未来城市发展潮流之一。城市规模爆炸式膨胀后，与城市化伴生的"城市病"络绎不绝地出现，为了缓解发展压力，城市只能寄希望于不断扩张。在城市化影响下，西方城市中，出现了集聚化"特大城市"，之后，又出现了分散化"蔓延城市"。在广大发展中国家，城市新区、技术开发区、经济开发区如同雨后春笋般出现。城市空间形态在城市化影响下不断发生演变和重塑，城市治理工作也应与时俱进，注入新的活力与生机。

　　在西方发达国家，由于其城市化开始较早且城市化水平较高，最早出现了现代城市治理创新领域的探索。20 世纪 20 年代，西方部分学者认为，在城市社区，"城市民众经济状况差异导致其无法享受平等的社区权力"[①]，因而提出构建"中等城镇"[②]理念，其背后蕴含的是精英主义/多元主义理念。20 世纪 70 年代，新马克思主义城市理论家勃兴，该领域专家认为，城市发展的当务之急是：控制城市空间生产的资本化。20 世纪 80 年代，在美国，治理理念发生转型，即由管理主义转向企业主义，市民振兴主义、企业主义成为美国实现高质量城市治理的基本遵循。之后，西方国家学者又提出许多

---

① 赵志耘，戴国强. 大数据：城市创新发展新动能 [M]. 北京：科学技术文献出版社，2018：36.
② 高承曾. 城镇规划建设与管理实务全书（第一卷）[M]. 北京：中国建材工业出版社，1999：317.

城市治理新理念，譬如新区域主义理论、城市政体理论。

事实上，在城市治理研究领域，关于其治理理论、内在逻辑等方面的研究方兴未艾，不同学者往往会得出截然不同的认知。萨维奇认为，城市治理领域，最早出现的理论滥觞为区域主义，之后，区域主义继续演化，演化路径为："大都市政府理论—公共选择理论—新区域主义—再区域化理论。"[①]在此基础上，萨维奇专门做了大都市政治治理领域的深入探研。瓦利斯指出，美国城市治理的典型例证为大都市治理，大都市治理也在不断演进，其演进路径为："传统区域主义—公共选择理论学派—新区域主义。"[②]在中国，学者们非常注重城市治理领域的基础理论研究，其关注焦点主要有城市治理概念、模式、理论等，同时，城市治理理论的范式转换、研究流派演变也得到明晰梳理与系统阐释。近来，国内外学者对城市治理理论的划分逐步趋于一致，但无可否认，多数研究者仅仅停留于传统理论研究维度。

第一节　城市治理的研究范畴：社区、城镇与跨区域

最初，人们倾向于将城市认定为纯粹的地理范畴，因此，他们从城市地理范畴出发，探索城市治理理论与实践。就当前研究而论，城市治理研究区域正在迅速扩展，单一社区治理转向了多元社区治理，演化路径可以归纳为：社区—城镇—区（域）。

一、城市治理理论的社区范畴

就城市治理研究而言，最初的研究焦点就是社区。进入新世纪后，全球

---

①　Savitch H, Vogel R K. Paths to new regionalism [J]. State and Local Government Review, 2000, 32(3): 158–168.

②　［美］道格拉斯·C. 诺思，约翰·约瑟夫·瓦利斯，巴里·R. 温格斯特. 暴力与社会秩序：诠释有文字记载的人类历史的一个概念性框架 [M]. 杭行，王亮，译. 上海：上海人民出版社，上海格致出版社，2013：116.

范围内，放权、分散化政治过程在逐步深入推进，关注城市治理"社区化"研究的科研人员队伍越来越庞大。关于城市治理理论的研究范畴问题，学术界始终有所争议。部分研究者认为，城市治理的研究范畴不宜过大，将其集中在面积相对有限的区域内更加合理，社区恰好就是此类区域。人们取得普遍共识的是，倘若讨论某一城市是否极具发展潜力时，具备有机组织社区发展能力无疑是必要前提。在这样的城市中，城市民众、利益相关者等均会热情洋溢地主动投身社区治理，高度关注城市事务并采取相应采取行动，为城市发展规划、社区公共服务等领域出谋划策，有了这些助力，城市治理主体更加多元化、城市治理工作更具包容性。他们认为，以社区为基础推进城市整体发展，有必要将社区治理结构与城市政治体制框架相互交融，城市政府应层层压实责任，助力构建小规模、自治化、民主化特征显著的社区组织，城市民众则应该理解并支持政府这一行为选择。在此情况下，可以有效防止城市政府权力逐步走向垄断，"城市政府—社区力量"之间高效"二元制衡"完满达成，对公众参与城市社区自治积极性的提升大有裨益。

二、城镇是城市治理理论观照的重点

在城市治理单元问题的探讨中，除了社区单元，也有研究者认为城镇单元同样值得关注。在他们的理念中，在国家—公民社会向度，城市（镇）政府可以被视为名副其实的"最接近民众的层级"。英国研究者强调，"城市（镇）政府虽由中央政府统领，但事实上，在城市（镇）基本公共服务领域，譬如交通、环境治理、教育规划、公共健康、娱乐服务等领域，其皆是唯一主导者、提供者"[1]。全球范围内，全球化、地方化浪潮同时来袭，在这个特殊的时代中，城市（镇）社会却成为一体化机制最为完善、最具发展潜力的新兴地方治理单元。城市、城镇已经成为城市治理理论研究领域时常出现的高频词汇，人们对小城镇建设的关注可谓前所未有，有许多学者相信，可以持续推进城市繁荣发展的基本手段 / 措施就是实施小城镇建设，小城镇

---

① 周强 . 国家治理现代化视角下的央地财政关系 [D]. 北京：首都经济贸易大学，2019.

建设理念的贯彻落实，必然可以吸收更广阔范围内的民众有机参与城市决策过程。

三、跨区域治理越来越受到重视

在西方国家，城市碎片化、分散化发展趋势愈演愈烈，"区域性问题"成为困扰城市发展的重大问题。与此同时，城市化的蔓延导致城市边界持续向外实现拓展，这就导致跨区域问题蜂拥而至，也吸引了更多城市治理领域的研究者开始关注跨区域治理范畴的问题与策略。经过一段时间的研究与探索，区域治理领域相关研究成果纷纷涌入人们的视野中，梳理细分后涵盖3个大类："第一类：主张将原有的地方政府加以高效整合，统一构建一个规模庞大的大都市政府。第二类：不做一刀切式合并，而是考虑到不同地方政府的实际情况，积极推动政策层面的深化，实现紧密合作。具体而言，即基于相关政策领域合作，促成不同地方政府间实现互利互惠、合作共赢。第三类：构建全新地方政府层级——区域政府，前提是并不改动原有的政治单位，但利用更集中的区域政府来重塑权威性，最终，区域政府成为区域性事务全权负责者。"[1] 跨区域治理构想一旦成型，地方政府就可以抓住发展机遇，利用区域性政策促进地方发展。在区域决策稳定性加持下，地方政府作出决策时也会受益匪浅。

第二节　城市治理理论的地理单元指向：
从大都市政府到尺度重构理论

在城市治理研究领域，许多学者习惯于从地理范畴入手进行深度研究。因此，从"地理单元"层面出发，梳理、认知城市治理理论是极具可行性

---

① 雷洋.治理视阈下当代中国地方政府间合作研究 [D].北京：中共中央党校，2017.

的。总体而言，各种研究力量都在各自的研究领域孜孜以求，尝试挖掘更加科学、合理的城市区域组织模式，并探索相应的多元化城市治理对策。在该领域研究成果中，最初流行的是大都市政府理论，发展至今，历经更迭，新区域主义理论成为新兴的研究焦点问题。

一、大都市政府理论

20 世纪初至 20 世纪 50 年代，大都市政府理论欣欣向荣，该理论也名为巨人政府论、传统区域主义理论。当时，人们取得共识的问题是，城市政府制度失败的根源为：权威的碎片化、地方政府间的辖区重叠。基于此，大都市政府理论正式诞生于世。该理论认为，"应该首先构建中心城市，然后基于中心城市达到控制城市边缘地区扩展的目的，最终，中心城市演变为大都市，原有城市政府实现资源整合，统一构建规模庞大的大都市政府，地方问题则会在大都市政府宏观调控下迎刃而解"[①]。"大都市政府"的构想显然已经初具合理性。在大都市政府理论视域下，大都市政府坐拥强有力的财政力量，可以基于此，有效地构建起中心城市—边缘郊区间的财政平衡关系，此外，大都市政府统筹领导下，城市的区域战略规划能力必然随之节节高升。毋庸置疑，事物皆具有两面性。针对大都市理论，反面论点同时并存，一些研究者指出，关于大都市政府否能产生更大的效率这一问题，目前并无可靠论据能够进行支撑，且大都市官僚化问题也难以得到及时破解。因此，事实上，大都市政府理论要得到广泛认可和推行并非易事，难以一蹴而就。

二、多中心治理理论

20 世纪 50 年代，大都市区理论屡屡遭到学术界以及城市民众的质疑与反对，人们急切盼望着城市政府改革可以持续深化。大都市区理论变得摇摇欲坠，多中心治理理论 / 碎片化大都市治理观念在此背景下迅速占领舆论高

---

① 刘羿伯 . 跨文化视角下城市街区形态比较研究 [D]. 哈尔滨：哈尔滨工业大学，2021.

地，20 世纪 60—80 年代末，多中心治理理论成为研究主流。蒂伯特指出，"在城市中，城市社区数量在急剧膨胀，社区分歧不可避免地持续加大，同时，城市民众却越来越明确其自身真正的需求与偏好为何"[①]。奥斯特罗姆的研究强调，"在城市治理领域，应该大力倡导多单位竞争，以此提高公共服务效率"，同时，指出"城市中，多中心政治体制的构建迫在眉睫。可以基于合作模式，令不同治理主体间形成竞合关系，它们应该做到相互理解、相互监督、共同进步"[②]。根据西方国家发布的城市研究报告，可以分析明确的是，"在城市中，倘若政府具备高分散度且存在重叠管辖状况，则城市政府的支出相对较低。从效率角度出发分析可知，一般情况下，城市政府的分散，会为城市带来更加积极的财政效果"[③]。然而，在学术界，针对多中心治理理论的争议也非常多。在该理论视域下，许多研究者根本无法正确处理和应对效率与公平之间的关系，其倾向于"对城市中上阶层作出与现实情况相悖的错误假设，同时，并不注重城市弱势群体需求"[④]。

三、新区域主义理论

当多中心治理理论处于蓬勃发展时期，在大量西方城市中，城市碎片化趋势愈演愈烈，地方单位重叠、各自为政的情况越来越严重，大都市区的"巴尔干化"[⑤]问题日益凸显，引起学术界高度关注。在《新区域主义道路》《新区域主义：新兴运动的主要特征》等代表性成果中，倡导"基于美国等发达国家经验，发起大都市区跨区域性政策／经验性研究"[⑥]，以便于为大都市区治理寻求新的理论生长点，基于此，20 世纪 90 年代，新区域主义理论

① Tiebout, Charles M. A Pure Theory of Local Expenditures [J]. Journal of Political Economy, 1956, 64(5): 416–424.

② ［美］埃莉诺·奥斯特罗姆. 公共事务的治理之道 [M]. 余逊达，译. 上海：三联书店，2000：266.

③ 吴敏. 我国公共危机管理中地方政府间合作问题研究 [D]. 西安：西北大学，2010.

④ 杨四海. 个体化语境下当代公民精神培育研究 [D]. 南京：南京理工大学，2019.

⑤ 赵聚军. 中国行政区划改革研究：政府发展模式转型与研究范式转换 [M]. 天津：天津人民出版社，2012：110.

⑥ 刘慧敏. 山姆·沃纳的美国城市史研究 [D]. 上海：上海师范大学，2021.

逐步普及开来。"在新区域主义理论中，倾向于废除由来已久的官僚制以及市场机制，同时，把区域治理视为：多元政策主体相互依赖／合作，进而破解城市公共问题的动态过程。"[①] 在新区域主义理论中，凸显的关键词为"治理、跨部门、协作、过程、网络化结构"[②] 等，显而易见，这与传统城市管理领域的关键词管理、单一部门、协调、结构、正式结构等截然不同。在新区域主义理论指引下，城市得以构建起更为灵活、弹性的政策网络，区域整合—区域发展之间的二元协调被落到实处，以往旧有的区域内各级政府"各自为政、效率低下等问题得到有效破解，组建区域治理的协作性／合作性组织成为可能，多元区域性公共问题有机会得到灵活弹性地破解"[③]。

四、尺度重构或再区域化

发展至 21 世纪，部分学者研究指出，在城市中，尺度重构／再区域化问题应该引起重视。在许多国家，政治／地理范围皆面临重塑过程，在城市管辖范围的规划理应更加细致微小，这对于权力下放也是至关重要的步骤之一。部分研究者的观点是，"在城市层面，尺度重构的过程同样不可避免，其最终目的是：创造／增强大都市决策能力、推进地方服务下放"[④]。在尺度重构理论视阈下，侧重于将城市置于全球化发展框架中思考问题，在此情境下，只有重新构建新城市区域边界、重新规划大都市区治理制度，才能有效提升城市综合实力以及全球竞争力。此理论对区域经济发展作出了长远视角的预测与展望，但由于并未经历较长研究时段，导致其理论建构领域缺陷日渐凸显，权威定义暂时缺失，实际作用有待于实践验证，甚至于许多学者并不认可将该理论纳入治理理论的科学研究范畴。

---

① 丁伟航.区域共识的制度化 [D].上海：上海外国语大学，2020.

② 汪波.区域公共治理 [M].北京：中国经济出版社，2019：154.

③ 林华东.整体性治理视域下城市管理综合行政执法体制优化研究 [D].北京：中国矿业大学，2021.

④ 杨彬.心智的门铃 [D].苏州：苏州大学，2008.

第三节 城市治理的公共权力指向：
从权力控制转向城市发展模式

论及城市治理的另一个维度，应该是以公共权力为主轴展开的。由社区治理为序章，城市治理研究正式开启，并将关注度施于权力构建层面。在城市治理研究领域曾经红极一时的精英主义、多元主义等论断，毫无疑问，其核心实质也在于破解"谁统治城市"问题。在该领域，学者多围绕着城市权力这一重要核心，试图构建全新的城市治理理论研究空间。之后，城市增长机器理论充斥于人们的视野中，该理论研究范畴的拓展趋势越来越明显，研究者关注的不再是权力控制层面的问题，而是想方设法"推进城市发展"，该领域研究的思维境界显然有所提升。

一、城市增长机器理论

20 世纪 70 年代，在城市治理研究领域，城市增长机器理论一经出现，就迅速占领该领域理论研究前沿。城市增长机器理论的构建基础为精英主义理论，因此，该理论"不仅注重社区权力争论，而且致力于探研城市发展/城市增长等层面问题，显然，其实质性意义比之以往理论大大增强了"[1]。莫勒奇研究指出，"在城市化过程中，基于占有土地的先天优势，地方精英想方设法将自身利益最大化。为此，地方精英更乐于投身政治权力斗争，希望借助自己掌控的政治权利，构建资源分配政策，最终，推动城市发展进程。在政治经济力量、政商联盟的双重操控下，城市可以被视为名副其实的'增长机器'"[2]。所以，莫勒奇分析指出，"地方政府是城市中最为重要的政治力

---

[1] 王海荣. 空间理论视阈下当代中国城市治理研究 [D]. 长春：吉林大学，2019.

[2] ［美］哈维·莫勒奇. 作为增长机器的城市：地点的政治经济学 [M]// 汪民安，陈永国，马海良. 城市文化读本. 北京：北京大学出版社，2008：50.

量，究其本质，地方政府的作用是：要有组织地影响城市增长结果分配，就地方而言，其实质就是增长机器"①。20 世纪 80 年代，针对增长机器论，彼得森认为："所谓的权力，并不仅仅等同于领导力，也并非强调将自身意志强加于人，而是令他人发自内心感到心悦诚服，进而愿意为所有人共同的利益目标孜孜不倦地奋斗。"② 基于此，在城市增长机器理论视阈下，城市权力不仅仅是一种统治工具，而是更加趋于转变为一种服务工具，为所有城市民众提供公共服务。

二、新马克思主义城市治理理论

20 世纪中后期，在广大西方资本主义国家，城市危机问题一发不可收拾，于是，部分学者试图从马克思主义理论和方法论角度出发，探索应对、破解城市危机的全新手段与举措。在此背景下，新马克思主义城市治理理论得以问世。该理论认为，"在资本主义生产方式支配下，也可以独辟蹊径地探索城市问题研究新路径。具体做法是：首先分析城市空间生产、集体消费情况，并以事物相互联系规律为指引，明确城市社会阶级斗争、社会运动状况"③。列斐伏尔研究指出，"新马克思主义城市治理理论视阈下，最显著的创新点在于，作为马克思历史唯物主义中的关键因素——人的社会生产开始拥有双重意义，其不仅涵盖物质资料生产，而且涵盖社会空间生产"④。与城市增长机器理论相较，哈维指出，新马克思主义城市治理理论显然更具先进性，这是由于"城市增长机器会引发资本导向的'垄断地租'"⑤在城市治理领域蔓延，这显然不利于城市长治久安。从新马克思主义研究视角出发，

---

① ［美］哈维·莫勒奇.作为增长机器的城市：地点的政治经济学[M]//汪民安，陈永国，马海良.城市文化读本.北京：北京大学出版社，2008：50.

② ［美］保罗·E.彼得森.城市极限[M].罗思东，译.上海：格致出版社，上海人民出版社，2012：155.

③ 周国艳，于立.西方现代城市规划理论概论[M].南京：东南大学出版社，2010：72.

④ ［法］亨利·列斐伏尔.都市革命：都市问题研究论丛[M].北京：首都师范大学出版社，2018：148.

⑤ ［美］戴维·哈维.叛逆的城市：从城市权利到城市革命[M].叶齐茂，倪晓辉，译.北京：商务印书馆，2014：91.

该领域学者对阶级斗争的研究也非常看重，卡斯特尔认为："城市治理离不开城市社会运动的作用，归根结底，城市社会斗争是由城市集体消费问题引发的，城市社会运动凸显的是对社会统治的不满、反抗"[①]。在新马克思主义城市治理理论中，研究者普遍对精英理论持否定态度，但是，新马克思主义城市治理理论自身也有难以克服的缺陷，该理论囿于宏观论的研究范畴，在微观变量研究领域往往无所作为，相关实证研究也鲜见于世，该领域研究逐步衰颓。

三、城市政体理论

20 世纪 80 年代后，在城市政体理论研究领域，研究者侧重点并非"谁统治"城市，而更加关注"如何统治"城市。在此情境下，权力不再是唯一的、有效的社会控制手段，精英主义、多元主义也不仅仅囿于"垂直的权力"局限性，社会生产表达方式成为新兴研究对象，城市政体理转变为学术界分析地方政治的最重要范式之一。斯通研究指出："在城市政体理论视阈下，人们更加注重的问题是城市治理目标的设置、城市治理效果达成的实施路径等。"[②] 斯托克则认为："城市政权的最根本特质应该为合作性，城市的治理亟须政府、私人参与者协同合作才能实现。"[③] 20 世纪末至 21 世纪初，在美国城市政治学研究领域，城市政体理论成为学者们普遍推崇的学说。事实上，针对特定历史时期 / 地域的社会政治经济现象，城市政体理论具有令人信服的阐释力，但其无法清晰阐释政体形成 / 维持过程中的变量问题。因此，部分学者倾向于将城市政体理论归类为一种概念 / 模型 / 分析框架，在学科价值层面上该理论显得乏善可陈。

综上所述，最初，研究者研究城市治理问题时，大多习惯于从"地理单元指向"着手探索，基于该研究维度，大都市政府理论、多中心治理理论、

---

① Castells M. The Urban Question A Marxist Approach [M]. Cambridge: Mass MIT Press, 1977: 438.

② Stone C. Urban regimes and the capacity to govern: A polit-ical economy approach [J]. Journal of Urban Affairs, 1993, 15(1): 1–28.

③ Stoker G. Regime Theory and Urban Politics [M]// Judge D, Stoker G, Wolman H. Theoriesof Uxban Politics.: SAGE Publications Inc, 1995: 54–71.

新区域主义理论、尺度重构理论纷纷相继涌现并风行一时。同时，城市治理研究的另一重要研究维度为"公共权力指向"。基于该研究维度，精英主义、多元主义、城市增长机器理论、新马克思主义城市治理理论、城市政体理论各领风骚数百年。之后，上述两种指向经历演化后逐步走向"合流""融合"，在此基础上，制度性集体行动理论研究如火如荼地展开。"地理单元指向"和"公共权力指向"都是城市治理研究的最重要风向标，两者都在不断发展、变化、更迭，实现了交相辉映、相映成趣的态势。

历史车轮永不止步、滚滚前行，"地理单元指向"理论嵌入多元主义影响，"公共权力指向"理论发展为合作治理模式。近年，社群主义、新自由主义理论高度融合，基于此情况，多元合作成为城市治理领域发展势头最为迅猛的大势理论。虽然许多学者认识到，城市治理应该"轻权力归属，重合作治理"，但这并不意味着"多元精英主义"①完全消失，其在城市治理领域仍占据一席之地。城市治理理论表面而言倡导多元主义，实际上，倡导的是多元精英主体间实现合作。例如，城市增长机器理论中，强调新自由主义，倡导构建牢不可破的协同式"政商联盟"。在城市政体理论中，学者们倡导构建一种非正式合作伙伴关系，由此而结成基础广泛的城市治理同盟，即公私合作伙伴关系（PPP），公私合作伙伴关系视阈下，政府—商业集团之间的合作被视为实现城市治理的重中之重。有部分学者立足于社会生产视角，对于城市"谁统治""如何分配"等关键问题作模糊化处理，表面上，他们倡导政府—商业资本—非营利组织—私营部门合作关系，似乎在推进合作治理关系，但究其本质，此类合作的主导者仍是城市精英组成的联盟，普通城市民众并无法从中受益，所以，新马克思主义城市治理理论针对这种倾向作出了深刻剖析与批判。由上可知，应该警醒的重要问题是：近年来，城市治理理论探究中，虽然表象上多数学者倾向于倡导多元合作治理，但是，在价值层面上，新自由主义者时常身披社群主义外衣，全面主导城市治理理论研究风向。

论及中国的具体情况，一方面，借鉴、学习国外相对系统、先进、成熟

---

① 张康之，向玉琼. 政策问题建构权的历史演进 [M]. 上海：上海人民出版社，2016：209.

的城市治理理论 / 经验是不可避免的。另一方面,在厘清城市治理理论总体发展脉络后,对其进行本土化、中国化改造 / 利用才是关键性步骤。在现有的城市治理理论中,大多数属于基于西方发达国家的治理现实而生发,即使在同样的西方发达国家,这些理论也并不具有普适性。譬如,就精英主义以及城市增长机器理论而言,美国的研究方法过于围绕种族中心设计而为其他国家摒弃;英国作为单一制国家,城市商业利益与政治组织之间的联系程度不够,对其他国家而言可能也难以适用。所以,理论在不断更新,但应避免肤浅的全盘照搬行为,不应草率评断一种城市治理理论的优劣,而应先行分析理论本源、价值取向、适用条件等问题,并对新自由主义等错误倾向的侵蚀保持高度警觉。城市治理理论不应该过度迎合资本而失去社会制约,不能够损害普通城市民众权利。在多元主体的合作治理中,部分西方城市过于看重局部效率,很可能导致城市民众"成为实现目标的工具 / 摆设",而城市民众真正的切身利益无法得到尊重。在中国,城市治理理论的最终旨归为马克思主义、新公共服务立场,始终奉行人民至上信条,而非直接照搬西方顾客至上理念,这才是新时代城市治理的大势所趋。换言之,应该批判式地吸取西方发达国家的相关经验和理论,而不是简单盲目推崇西方主张甚至不加思考全盘西化,应切合当下中国社会转型的现实需求,服务于国家治理体系构建和治理能力现代化,不断地探索具有中国特色的城市治理理论及其实践路径。

当前,中国的城市化进程持续提速、新型城镇化战略深入推进,城市治理已经成为推进国家治理体系和治理能力现代化进程中极为关键的重要课题,与此同时,城市治理新理念、新技术、新模式不断升级,城市治理内涵和范畴持续扩大,治理要素变革驱动城市治理形态从 1.0 条线结构向 3.0 纺锤体结构演进。未来,政府、企业、公众三方将成为紧密协作的"共同体",携手推进城市治理体系和治理能力现代化。中国共产党第十九届中央委员会第四次全体会议全面开启了国家治理体系和治理能力现代化新征程,会议通过的《中共中央关于坚持和完善中国特色社会主义制度 推进国家治理体系和治理能力现代化若干重大问题的决定》着力强调,要加快推进市域社会治理现代化。2019 年 12 月,覆盖全国的市域社会治理现代化试点正式启动，中国城市治理工作已然迅速步入"快车道"。中国共产党第二十次全国代表大会进一步凸显城市建设与城市治理工作重要性，大会报告《高举中国特色社会主义伟大旗帜 为全面建设社会主义现代化国家而团结奋斗》中特别强调："提高城市规划、建设、治理水平，加快转变超大特大城市发展方式，实施城市更新行动，加强城市基础设施建设，打造宜居、韧性、智慧城市。"①这可谓对新时期中国城市治理研究的发展趋向高屋建瓴般的伟大指引。具体而言，可以从"核心引领—要素驱动—多方合力"三个维度综合发力，为未来城市治理描摹发展方向。

第一，核心引领，城市治理始终是国家治理现代化的重要突破口。城市的发展对国家或地区的经济社会发展起着引领作用，随着中国城市化进程的不断加快和新型城镇化战略的持续推进，城市作为一定区域内政治、经济、社会、文化、生态的综合承载体，重要性愈发凸显。2019年11月，习近平总书记在上海考察时就指出，"城市治理是推进国家治理体系和治理能力现代化的重要内容"②，2020年3月，习近平总书记在浙江考察时再次强调，"推进国家治理体系和治理能力现代化，必须抓好城市治理体系和治理能力现代化"③，凸显了城市治理在国家治理现代化中的核心地位。具体来看，主要体现在三个方面。首先，枢纽性。城市治理是国家治理现代化的关键枢纽。城市治理作为"国家—省域—城市—县域—乡村"五级治理结构中的关键一环，具有承上启下的枢纽作用，对上承担着贯彻落实国家与省级宏观治理框架下战略要求的重要使命与责任，对下统筹城市及乡村基层，是社会治理的组织者、领导者，具有明确的治理对象和目标。其次，特殊性。城市治理是国家治理现代化的先导区和试验田。一方面，城市拥有良好的物质条件和完善的制度体系，能够提供城市治理所必需的资源统筹、协调动员、指挥调度、应急保障等能力，具备先行发展的坚实基础；另一方面，相较于省

---

① 习近平.高举中国特色社会主义伟大旗帜 为全面建设社会主义现代化国家而团结奋斗[N].人民日报，2022-10-26（01）.

② 中共中央党史和文献研究院.习近平关于城市工作论述摘编[M].北京：中央文献出版社，2023：156.

③ 中共中央党史和文献研究院.习近平关于城市工作论述摘编[M].北京：中央文献出版社，2023：114-115.

域，城市在探索社会治理政策和模式方面有更大的回旋余地，具备为国家治理体系和治理能力现代化探路、破题、开局的良好条件。再次，示范性。城市治理具有以城带乡、以点带面的示范作用。市域可以被视为城市、农村两种社会形态的有机结合体，在统筹推进城乡一体化工作中，城市是极为重要的有效载体。与县域、乡村相比，城市治理对象更多元、治理问题更典型、治理体系更完备，治理方案和手段具有更高的可操作性、可复制性与可推广性，能够通过资源溢出和辐射带动作用，加速推进城乡治理一体化、基本公共服务均等化。

第二，要素驱动，城市治理形态理应向 3.0 纺锤体结构迈进。首先，把握城市治理的三要素。城市治理是指政府、居民、社会组织通过开放参与、平等协商、分工协作的方式达成公共事务决策，以实现城市公共利益最大化的过程。城市治理体系和治理能力是一个有机整体，涉及治理主体、治理客体、治理方法三大要素，一一对应地解决谁来治理、治理什么、如何治理三大基本问题。其中，治理方法即为联通治理主体和客体的桥梁，治理主体和客体的作用关系会对治理方法产生影响，治理方法的演进也会导致治理主体、客体的改变，最终影响治理体系和治理能力。城市治理体系侧重城市治理要素的构成，因此，它是相对静态的，是城市治理能力形成的前提和基础，城市治理能力侧重城市治理要素的功能发挥，因此，它是相对动态的，是治理体系贯彻执行力的集中体现。其次，明确城市治理要素的作用机理。治理主体和客体决定了城市治理的各参与方、对象及范畴，政府、市场和社会既是治理主体又可能是治理客体的相关者，两者不是完全割裂或对立的关系。需要明确的是，治理客体并非是具体的政府部门、社会组织、个人，而是与政府、市场、社会相关的违反法律法规、阻碍经济社会运转和影响城市未来发展的问题及行为，包括城市运行过程中面临的资源短缺、交通拥堵、环境污染、贫富差距等问题矛盾，也包括关系到城市发展质量、方向、目标的长远问题，例如生产、生活、生态布局，空间、规模、产业结构，改革、科技、文化动力等。治理方法主要包含制度体系和技术体系两大方面。制度体系是在政府层面明确城市治理的法律、规章、体制、机制，对治理主体和客体形成约束和规范，确保城市治理参与者、治理过程和行为在统一的框架下实施。技术体系为城市治理提供制度之外的手段、工具和方法，通过资源整合和系统衔接，找出城市问题的最优解，提升城市治理能力和水平。制度体系与技术体系相互关联、相互影响，技术体系的应用需要遵循现有的制度体系，结合城市基础现状，尊重城市发展规律，同时，技术体系的创新突破，会倒逼制度体系变革，推动治理方法优化升级，进而影响城市治理模式和治理形态。最后，从城市治理要素变化探寻城市治理形态的演进。随着城市治理新理念、新技术、新模式的持续演进变革，城市治理的内涵和范畴也在不断扩大，治理要素的变革驱动城市治理形态从 1.0 向 3.0 阶段演进。1.0 条线结构。人工作业，城市治理是个"体力活"。在城市发展之初，城市治理并未天然地拥有成熟完善的研究理念与研究体系，城市治理是政府行使行政权力、履行管理职责的一种体现，政府是城市治理的主导者，注重条线垂直约束管理和单向施政，自顶向下分层落实，统筹力度强，但存在明显弊端：一是单纯依靠政府驱动的条线管理模式相对粗放，缺乏对其他社会主体的统筹考虑，容易忽视基层实际情况和城市差异，出现"一刀切"式管理，职能"越位"与"缺位"、不作为与乱作为现象并存，损害了政府的公信力，形成"塔西佗陷阱"；二是缺乏信息化手段支撑，依赖人工线下操作，各部门之间信息不互通，业务缺乏整合协同，管理效率低下，问题发现不及时，多以事后管理、经验式管理为主，还会产生重复治理或治理真空等问题。2.0 伞状与漏斗状结构。平台支撑，城市治理是个"技术活"。随着数字技术在公安、城管、交通、环保等领域的深入应用，城市治理有了平台支撑和数据积淀，管理效率明显提升，各业务条线从原来垂直分散的结构开始收拢汇聚，形成平台型治理模式。同时，"放管服"改革推动制度体系优化，治理模式由政府垂直单向管理向多元协商互动转变，治理范围也进一步向网络空间拓展延伸，城市治理呈现伞状或漏斗状结构。一方面，部分城市开展城市大脑、指挥中心等综合型、枢纽型平台建设，对各条线数据和业务进行整合，实现"一网统管"，形成伞状治理结构。例如杭州城市大脑接入全市 49 个市级单位、15 个区、县（市），涵盖公共交通、城市管理、卫生健康、基层治理等 11 大系统 48 个应用场景。另一方面，基层通过打造综合管理服务平台，统筹对接上层各业务条线，推进"多网融合、一网共治"，实现"上面千条线、下面一根针"，形成漏斗状结构。例如武汉市江岸区将现有市长专线、城市留言板、数字城管、"武汉微服务"等平台统一整合到区"民呼我应"信息平台，统一建设了服务群众、基层和企业的后台系统和前台端口，实现一口受理、"一网打尽"。目前，中国城市治理理论和制度体系尚未完善，治理体系和治理能力不完全匹配，城市治理整体仍处在伞状与漏斗状结构并存的2.0阶段。3.0纺锤体结构。数据赋能，城市治理是个"脑力活"。未来，随着治理主体、治理客体和治理方法三大要素的相互作用、相互影响，城市治理形态将呈现纺锤体结构。一方面，城市治理制度体系进一步完善，政府、社区、市民、企业、社会机构等主体都被纳入城市治理的一张大网，实现多元协同治理、共建共治共享，社会成为分布式巨复杂的有机生态系统，城市运行更加流畅，效率大幅提升。另一方面，通过技术赋能、数据共享、业务协同，城市大脑和基层一体化治理服务平台作为纺锤体的"两极"将实现耦合对接，形成全生命周期治理闭环，城市治理科学化、精细化、智能化水平全面提升。目前，国内部分先进地区正在积极开展城市治理探索实践，以制度体系和技术体系为驱动，推进城市治理现代化。例如，北京市海淀区通过机构改革，将街道原来"向上对口"的25个左右科室，精简为直接服务居民的"6+1+3"组织架构，包括6个内设机构、1个街道综合执法队，3个事业单位，让街道拥有指挥调度权，提高基层行政效率，同时，海淀区将"城市大脑"向基层延伸，围绕城市和社区各类场景，通过前端采集感知、实时预警分析、多级联动处置的方式，提升城市公共管理、公共安全和公共服务能力。

第三，多方合力，综合推进城市治理体系和治理能力现代化。只有实现市域社会治理现代化，才能最终实现国家治理现代化，换言之，市域社会治理现代化即为国家治理现代化最为关键的题中之义，也是实现经济高质量发展的重要支撑，涉及经济社会发展各方面、各领域、各主体，随着城市治理要素的不断演进，政府、企业、公众三方将成为紧密协作、不可分割的城市治理"共同体"，携手推进城市治理体系和治理能力现代化。首先，政府主导，包容审慎。政府掌握着大量公共资源，承担着推动经济社会发展、管理社会事务、服务人民群众的重大职责，是城市治理的主力军，应重点加强三个方面工作：一是围绕"放管服"改革要求，持续深化体制机制改革，坚持治标与治本相结合、管理与服务相统一，包容审慎、综合施策，最终达到有必要管的"管得住"、有必要放的"放得开"的效果；二是拓展思路，敢于创新，充分利用人工智能、大数据、区块链、5G 等新一代信息技术助力城市治理精准施策，推动数据分级分类开放，鼓励企业和公众开展数字化治理服务创新；三是围绕城市数字化治理、政府数字化转型、数字技术应用创新等需求，加强人才引聚和技能培训，提升政府人员数字化素养。其次，企业建设，创新赋能。城市治理作为一个复杂系统工程，无法完全依靠政府独立建设，必须充分调动市场活力，同时，企业发展也高度依赖于城市发展提供的巨大市场空间。因此，企业作为城市治理的重要建设者和参与者，一方面要立足自身优势，推动数字技术与城市治理业务场景、需求深度融合，不断探索城市治理新技术、新产品、新方案，推动城市治理提档、服务升级。另一方面，充分发挥自身的生态建设、运营服务优势，面向城市治理各领域提供建设实施、运行维护、系统升级、应用创新、运营管理、生态构建、融资配套等服务，破除传统城市治理面临的手段单一、形式落后、力量薄弱等瓶颈问题。最后，公众参与，共治共享。中国共产党始终强调人民群众是城市的主人，是城市治理的重要主体，是党和政府做好城市工作的根本出发点与落脚点，应始终将"人民城市人民建，人民城市为人民"的理念入脑入心，充分调动公众参与城市治理的积极性和主动性，实现共建共治共享。首先，政府部门应积极完善公众参与城市治理的机制，加快阳光透明政府建设，利用互联网等技术手段拓宽公众参与城市治理的渠道。其次，公众要提升城市主人翁意识，积极参与到城市治理中去，充分发挥监督、决策、评价、协商、互助等作用，为城市治理体系和治理能力现代化贡献群众力量。最后，城市治理的多样化成果应该在公众广泛参与的基础上实现公平普惠、社会共享，提升人民群众的获得感、幸福感、安全感。

参考文献

专著：

[1] 艾青.艾青诗选 [M].北京：民主与建设出版社，2019.

[2] 安树伟.中国大都市区管治研究 [M].北京：中国经济出版社，2007.

[3] 艾萍.中国近现代史纲要学习指导 [M].上海：上海大学出版社，2019.

[4] ［美］保罗·E.彼得森.城市极限 [M].罗思东，译.上海：格致出版社，上海人民出版社，2012.

[5] 本书编委会.中国全鉴：1900—1949 年（第 1 卷）[M].北京：团结出版社，1998.

[6] 本书编写组.城市基层党建工作问答 [M].北京：党建读物出版社，2017.

[7] 本书编写组.人民至上 [M].北京：中国言实出版社，2020.

[8] 本书编写组.党内政治生活丛书——怎样做好思想政治工作 [M].北京：党建读物出版社，2018.

[9] 本书编写组.党的二十大报告辅导本 [M].北京：人民出版社，2022.

[10] 本书编写组.党的十九届五中全会《建议》学习辅导百问 [M].北京：党建读物出版社、学习出版社，2020.

[11] 本书编写组.十八大报告学习辅导百问 [M].北京：党建读物出版社、学习出版社，2012.

[12] 本书编写组.十七大报告辅导读本 [M].北京：人民出版社，2007.

[13] 本书编写组.中共中央关于制定国民经济和社会发展第十四个五年规划和二○三五年远景目标的建议 [M].北京：人民出版社，2020.

[14] 陈轶.城乡关系发展理论与实践——以石家庄为例 [M].南京：东南大学出版社，2016.

[15] 陈炳水. 现代城市发展与管理研究 [M]. 北京：中国环境科学出版社，2007.

[16] 程同顺. 新时代大国治理 [M]. 武汉：湖北教育出版社，2018.

[17] 陈辉. 社区治理 [M]. 南京：南京师范大学出版社，2019.

[18] 城市管理与科技杂志社. 发达国家城市管理经验研究 [M]. 北京：北京出版社，2012.

[19] 陈文. 城市治理转型研究——后单位时代中国城市治理的困境与出路 [M]. 北京：中国社会出版社，2018.

[20] 崔翔. 中国党在社会治理体制创新中的功能研究 [M]. 北京：中国经济出版社，2018.

[21] 曹海军. 国外城市治理理论研究 [M]. 天津：天津人民出版社，2017.

[22] 陈奇星. 改革开放 40 年上海行政体制改革的回顾与展望 [M]. 上海：上海人民出版社，2018.

[23] 陈福忠，李征南. 中流砥柱七十年——中共党史学习要览 [M]. 武汉：华中师范大学出版社，1991.

[24] 陈人海. 中国共产党为什么特别有力量（上）[M]. 北京：国家行政学院出版社，2011.

[25] 巢峰. 毛泽东思想大辞典 [M]. 上海：上海辞书出版社，1993.

[26] 陈志超. 中华元素与社会主义文化产业的建设 [M]. 合肥：合肥工业大学出版社，2017.

[27] 陈祖耀. 行政管理知识手册 [M]. 北京：劳动人事出版社，1987.

[28] 陈群民. 打造有效政府——政府流程改进研究 [M]. 上海：上海财经大学出版社，2012.

[29] 陈春花. 组织行为学（第 4 版）[M]. 北京：机械工业出版社，2020.

[30] 成武. 杨成武回忆录 [M]. 北京：解放军出版社，2007.

[31] 陈恩. 基层社会治理的参与动员 [M]. 北京：中国经济出版社，2020.

[32] 陈彬. 良法与善治 [M]. 武汉：华中师范大学出版社，2018.

[33] 曹剑英，刘茗，石璞，等. 晋察冀边区教育史 [M]. 石家庄：河北教育出版社，1995.

[34] 陈东强. 县域产业布局与县域经济发展 [M]. 北京：光明日报出版社，2019.

[35] 陈甬军，陈爱民. 中国城市化：实证分析与对策研究 [M]. 厦门：厦门大学出版社，2002.

[36] 陈瑞莲，杨爱平. 地方政府与区域公共管理研究文选 [M]. 广州：中山大学出版社，2015.

[37] 曹丽媛.寻找公共行政的"点金石"——西方国家中央政府部际协调的实践与启示 [M].北京：新华出版社，2017.

[38] 《党的十九大报告辅导读本》编写组.党的十九大报告辅导读本 [M].北京：人民出版社，2017.

[39] 戴维·贾奇，格里·斯托克.城市政治学理论 [M].刘晔，译.上海：上海人民出版社，2009.

[40] 邓杰.近代以来上海城市规模的变迁 [M].上海：上海社会科学院出版社，2017.

[41] 杜钢清，陈辉，王春辉.向马克思学什么——纪念马克思诞辰 200 周年（2018 版）[M].北京：国家行政学院出版社，2018.

[42] 段书臣.政府管理法制化问题研究 [M].兰州：甘肃教育出版社，2005.

[43] 戴木才.中国特色政治伦理——中国共产党对执政正当性的探索 [M].北京：商务印书馆，2019.

[44] 戴木才.从优良生活到理想政治 [M].生活书店出版有限公司，2020.

[45] 邸延生.历史的回眸——毛泽东与中国经济 [M].北京：新华出版社，2010.

[46] ［美］费正清.剑桥中华民国史 [M].北京：中国社会科学出版社，2006.

[47] ［美］费正清.伟大的中国革命 [M].北京：世界知识出版社，2000.

[48] 冯尚春.中国农村城镇化动力研究 [M].北京：经济科学出版社，2004.

[49] 付晓东.经营城市与城市发展 [M].长春：吉林出版集团有限责任公司，2016.

[50] 冯海发，黎雨.中国农业结构调整研究与实践 4 [M].北京：人民日报出版社，2001.

[51] 符宇忠.中国特色区域经济思想研究 [M].西宁：青海人民出版社，2006.

[52] 房宇，熊安锋，史明艳.毛泽东思想和中国特色社会主义理论体系概论 [M].镇江：江苏大学出版社，2018.

[53] 付晓东.中国城市化与区域可持续发展研究——经营城市与城市发展 [M].北京：新华出版社，2004.

[54] 范毅，徐勤贤，张力康.城镇化进程行政区划调整与改革成效研究 [M].北京：中国发展出版社，2017.

[55] 傅琼.热带雨林：现代城市政府管理研究 [M].成都：四川人民出版社，2002.

[56] 冯刚.城市管理公众参与研究 [M].北京：光明日报出版社，2012.

[57] 范广垠.市政管理 [M].天津：南开大学出版社，2008.

[58] 付承伟.大都市经济区内政府间竞争与合作研究 [M].南京：东南大学出版社，2012.

[59] 付亦重.服务补贴制度与绩效评估——基于美国服务补贴制度的研究与启示 [M].北京：对外经济贸易大学出版社，2010.

[60] 房维中，金冲及 . 李富春传 [M]. 北京：中央文献出版社，2001.

[61] 桂家友 . 国家与社会变革中的城市社会治理研究 [M]. 上海：上海人民出版社，2015.

[62] 桂家友 . 迈向新时代与社会现代性加速成长 [M]. 上海：上海人民出版社，2018.

[63] 郭根山 . 走上大国复兴之路：改革开放前的中国工业化 [M]. 郑州：河南人民出版社，2009.

[64] 龚学增 . 马克思主义民族宗教理论教程 [M]. 北京：中共中央党校出版社，2004.

[65] 国家经济贸易委员会 . 中国工业五十年——新中国工业通鉴（第一部）（1949—1999）[M]. 北京：中国经济出版社，2000.

[66] 关保英 . 行政组织法史料汇编与点评 1950—1960 [M]. 北京：中国政法大学出版社，2012.

[67] 高岩，浦善 . 中华人民共和国行政区划手册 [M]. 北京：光明日报出版社，1986.

[68] 官景辉 . 党的建设新的伟大工程理论与实务（上）[M]. 北京：新华出版社，2005.

[69] 郭秀云 . 城市人口发展与风险控制问题研究 [M]. 上海：上海人民出版社，2010.

[70] 郭欣欣 . 中国的城市政治与城市化 [M]. 北京：中国社会出版社，2018.

[71] 高献忠 . 虚拟社区秩序的生成机制研究 [M]. 哈尔滨：黑龙江大学出版社，2013.

[72] 高鹏怀，丁瑞雪，李海民，等 . 比较政府与政治 [M]. 北京：中央民族大学出版社，2014.

[73] 高承曾 . 城镇规划建设与管理实务全书（第一卷）[M]. 北京：中国建材工业出版社，1999.

[74] 高永中 . 中流砥柱：中国共产党与抗日战争 [M]. 北京：中国青年出版社，2018.

[75] 延龙，常兆儒 . 中国新民主主义革命时期根据地法制文献选编 [M]. 北京：中国社会科学出版社，1981.

[76] 皇甫束玉，宋荐戈，龚守静 . 中国革命根据地教育纪事 1927.8—1949.9 [M]. 北京：教育科学出版社，1989.

[77] 华北解放区财政经济史资料选编编辑组 . 华北解放区财政经济史资料选编（第一辑）[M]. 北京：中国财政经济出版社，1996.

[78] 河北省社会主义学院 . 华北人民政府统战理论与实践 [M]. 石家庄：河北人民出版社，2018.

[79] 何显明 . 城市治理创新的逻辑与路径：基于杭州上城区城市复合联动治理模式的个案研究 [M]. 北京：中国社会科学出版社，2015.

[80] 韩明清，张越 . 从城市管理到城市治理的转型研究——以杭州市为例 [M]. 北京：中国建筑工业出版社，2017.

[81] 贺曲夫.县下辖市与推进自治——我国县辖政区的发展与改革研究[M].北京：中国经济出版社，2012.

[82] 韩志钧，曹阳.城市管理研究与探索[M].沈阳：辽宁大学出版社，2010.

[83] 黄传英.城市公共安全治理与地方实证研究[M].南宁：广西人民出版社，2019.

[84] 黄德发.政府治理范式的制度选择[M].广州：广东人民出版社，2005.

[85] 胡家勇.政府职能转变与政府治理转型[M].广州：广东经济出版社，2015.

[86] 洪世键.大都市区治理的理论演进与运作模式[M].南京：东南大学出版社，2009.

[87] 河北省金融研究所.晋察冀边区银行[M].北京：中国金融出版社，1988.

[88] 郝立忠.马克思主义视野下的中国古代文化[M].济南：山东人民出版社，2018.

[89] 何竹康.毛泽东思想集粹[M].长春：吉林教育出版社，1993.

[90] 《河北省志·共产党志》编纂委员会.河北省志——共产党志[M].北京：中央文献出版社，1999.

[91] 韩宇."四个全面"学习问答[M].北京：北京联合出版公司，2015.

[92] 何显明，吴兴智.大转型——开放社会秩序的生成逻辑[M].上海：学林出版社，2012.

[93] 胡文杰，黄高峰，陈迪，等.转型背景下中小城市的改革与创新——以慈溪市为例[M].南京：东南大学出版社，2015.

[94] 何显明.省管县改革——绩效预期与路径选择[M].上海：学林出版社，2009.

[95] 河北省新闻出版局出版史志编委会，山西省新闻出版局出版史志编委会.中国共产党晋察冀边区出版史[M].石家庄：河北人民出版社，1991.

[96] 韩祥瑞.晋察冀边区（张家口）文化研究[M].北京：中国文史出版社，2014.

[97] 怀忠民.文明城市论[M].大连：大连出版社，2000.

[98] 韩祥瑞.张家口悠久的历史[M].北京：党建读物出版社，2006.

[99] ［日］矶村英一.城市问题百科全书[M].哈尔滨：黑龙江人民出版社，1988.

[100] 鞠立新.艰难探索·铸就辉煌——经济腾飞[M].上海：上海人民出版社，2011.

[101] 教育部邓小平理论和"三个代表"重要思想研究中心，湘潭大学.毛泽东与20世纪的中国——全国高校纪念毛泽东同志诞辰一百一十周年学术研讨会论文集[M].长沙：湖南人民出版社，2004.

[102] 晋察冀边区革命史编纂委员会.晋察冀边区革命史编年[M].石家庄：河北人民出版社，2007.

[103] 金太军.城市学概论[M].广州：广东人民出版社，2017.

[104] 季丽新，李恒年.当代西方政治思潮[M].成都：西南交通大学出版社，2013.

[105] 季笃武.中国近现代史纲要十五讲[M].北京：中国政法大学出版社，2020.

[106] 晋察冀边区阜平县红色档案丛书编委会.晋察冀边区法律法规文件汇编（上）[M].北京：中共党史出版社，2017.

[107] ［英］克里斯蒂安·福克斯.社交媒体批判导言[M].赵文丹，译.北京：中国传媒大学出版社，2018.

[108] 孔繁轲.中国共产党道路创新史[M].济南：山东人民出版社，2015.

[109] 林拓，［日］水内俊雄.现代城市更新与社会空间变迁：住宅、生态、治理[M].上海：上海古籍出版社，2007.

[110] ［美］拉塞尔·哈丁.群体冲突的逻辑[M].刘春荣，汤艳文，译.上海：世纪出版集团，上海人民出版社，2013.

[111] ［美］林德布洛姆.政治与市场——世界的政治—经济制度[M].王逸舟，译.上海：上海三联书店，1992.

[112] ［日］铃木一功.博弈论[M].朱悦玮，朱婷婷，译.北京：北京时代华文书局，2020.

[113] ［英］拉尔夫·达仁道夫.现代社会冲突——自由政治随感[M].林荣远，译.北京：中国社会科学出版社，2000.

[114] 刘谷.晋察冀革命文化艺术发展史[M].北京：中国戏剧出版社，2007.

[115] 梁小青.区域科学发展和地方政府政策[M].北京：光明日报出版社，2009.

[116] 刘君德，汪宇明.制度与创新　中国城市制度的发展与改革新论[M].南京：东南大学出版社，2000.

[117] 刘尚高，赵萍.北京市海淀区新型城镇化发展研究[M].北京：现代出版社，2016.

[118] 罗新忠.社区治理智能化[M].上海：上海交通大学出版社，2020.

[119] 李鹰.行政主导型社会治理模式之逻辑与路径[M].北京：中国政法大学出版社，2015.

[120] 连玉明.城市管理的理论与实践[M].北京：中国时代经济出版社，2009.

[121] 蔺丰奇.地方政府治理问题研究——基于公共治理的视角[M].石家庄：河北科学技术出版社，2015.

[122] 李立纲.马克思恩格斯人类学编年史[M].昆明：云南民族出版社，2009.

[123] 卢洁.中国梦——复兴路（精编版）[M].北京：研究出版社，2017.

[124] 李君如.李君如著作集3：毛泽东与近代中国[M].上海：上海人民出版社，2019.

[125] 李德芳，杨素稳，李辽宁.中国共产党思想政治教育史料选辑（上）[M].武汉：武汉大学出版社，2019.

[126] 李扬，武力.中国经济体制演变研究[M].武汉：华中科技大学出版社，2019.

[127] 梁柱.毛泽东思想若干理论研究[M].北京：高等教育出版社，1999.

[128] 卢汉龙.新中国社会管理体制研究 [M].上海：上海人民出版社，2009.

[129] 廖盖隆，胡富国，卢功勋.毛泽东百科全书 [M].北京：光明日报出版社，1993.

[130] 李佑新.毛泽东研究（2010 年卷）[M].湘潭：湘潭大学出版社，2011.

[131] 李蠡，李贵连.中外法学之最 [M].北京：法律出版社，2002.

[132] 李强.城市发展定位研究 [M].北京：华龄出版社，2017.

[133] 卢坤建，苗月霞.回应型政府建设的理论与实践 [M].广州：中山大学出版社，2011.

[134] 李杰，马黎.探索集——人文社会科学教育教学论文集 [M].成都：西南交通大学出版社，2007.

[135] 林尚立.建构民主——中国的理论、战略与议程 [M].上海：复旦大学出版社，2012.

[136] 娄底市审计局.财政审计与现代国家治理 [M].北京：中国时代经济出版社，2015.

[137] 李哲.从"大胆吸收"到"创新驱动"——中国科技政策的演化 [M].北京：科学技术文献出版社，2017.

[138] 李莉.当代中国非营利组织的社会资本研究 [M].武汉：湖北人民出版社，2016.

[139] 刘君德，范今朝.当代中国城市——区域：权力·空间·制度研究丛书：中国市制的历史演变与当代改革 [M].南京：东南大学出版社，2015.

[140] 兰旸.中国国家治理结构研究 [M].北京：知识产权出版社，2018.

[141] 梁玉忠.城市社区管理研究 [M].长春：吉林人民出版社，2020.

[142] 刘德林，魏崇辉.当代中国政治语境下公共治理理论有效适用初论 [M].北京：中央编译出版社，2015.

[143] 李俊清.公共管理与公共事务评论（第一辑）[M].北京：中央民族大学出版社，2011.

[144] 李锦顺.新型城镇化道路 [M].北京：时代华文书局，2020.

[145] 卢新海，张军.现代城市规划与管理 [M].上海：复旦大学出版社，2006.

[146] 罗志刚.从城镇体系到国家空间系统 [M].上海：同济大学出版社，2015.

[147] 李春洋.城市竞合研究 [M].武汉：武汉出版社，2013.

[148] 李含琳.多极突破与区域经济增长 [M].兰州：甘肃人民出版社，2014.

[149] 卢俊秀.制度变迁背景下的社区治理——基于广州市一个城中村的实证研究 [M].上海：华东理工大学出版社，2017.

[150] 李宗楼.中外政府文化管理比较 [M].北京：国家行政学院出版社，2015.

[151] 林三郎.关东军和苏联远东军 [M].吉林：吉林人民出版社，1979.

[152] 李占才.中国新民主主义经济史 [M].合肥：安徽教育出版社，1990.

[153] 李芬.新中国成立初期中国共产党执政研究 [M].石家庄：河北人民出版社，2015.

[154] 梁星亮.延安时期中国共产党局部执政研究 [M].西安：陕西人民出版社，2018.

[155] 李新芝，谭晓萍.刘少奇纪事：1898—1969（下）[M].北京：中央文献出版社，2011.

[156] 李国忠.中国共产党工运思想文库 [M].北京：中国工人出版社，1993.

[157] ［德］马克斯·韦伯.经济与社会（第一卷）[M].上海：上海人民出版社，2010.

[158] ［加］马克·斯坦恩.美国独行 [M].姚遥，译.北京：新星出版社，2020.

[159] 马文奇，严法善，周环，等.社会主义经济思想简史 [M].北京：中国经济出版社，1993.

[160] 民政部基层政权和社区建设司.全国农村社区建设重要资料选编 2012 [M].北京：中国社会出版社，2013.

[161] 马白玉.中国市政基础设施市场化改革研究 [M].天津：南开大学出版社，2008.

[162] 马骏，刘亚平.公共管理研究（第九卷）[M].上海：上海人民出版社，格致出版社，2011.

[163] ［日］楳本舍三.关东军秘史 [M].上海：上海译文出版社，1992.

[164] 马长林.社会变迁与百年转折丛书 1949 年——百年瞬间 [M].上海：东方出版中心，2015.

[165] 马文奇，周环.张闻天经济思想研究 [M].西宁：青海人民出版社，1992.

[166] 马京波，王翠.刘少奇生平研究资料 [M].北京：中央文献出版社，2013.

[167] 毛泽东选集（第一卷）[M].北京：人民出版社，1991.

[168] 毛泽东选集（第二卷）[M].北京：人民出版社，1991.

[169] 毛泽东选集（第三卷）[M].北京：人民出版社，1991.

[170] 毛泽东选集（第四卷）[M].北京：人民出版社，1991.

[171] 聂荣臻.聂荣臻回忆录 [M].北京：解放军出版社，2007.

[172] 聂锦芳.周恩来经济评传 [M].北京：中国经济出版社，2000.

[173] 彭辉.供给侧结构性改革与政府职能转变问题研究 [M].上海：上海社会科学院出版社，2018.

[174] 彭正波.地方政府公司化中的增长联盟研究 [M].武汉：武汉大学出版社，2016.

[175] 潘琳."互联网+"背景下社会组织多元协同治理研究 [M].北京：中国社会出版社，2018.

[176] 《彭真传》编写组.彭真传（第一卷）[M].北京：中央文献出版社，2012.

[177] 钱端升，萨师炯.民国政制史（下）（省制与县制）[M].北京：商务印书馆，2018.

[178] 乔宗寿，王琪.毛泽东经济思想发展史 [M].上海：上海人民出版社，1993.

[179] 曲青山，吴德刚. 初心一叶——党史中的人与事 [M]. 北京：中共党史出版社，2019.

[180] 全国人大常委会办公厅，中共中央文献研究室. 人民代表大会制度重要文献选编 1 [M]. 北京：中国民主法制出版社，2015.

[181] 求是杂志社. 治国理政新理念新思想新战略 [M]. 北京：学习出版社，2018.

[182] 齐晓斋. 城市商圈发展概论 [M]. 上海：上海科学技术文献出版社，2007.

[183] 齐心. 北京城市病综合治理研究 [M]. 北京：北京时代华文书局，2018.

[184] 邱涛. 中国反贪制度史（下）[M]. 太原：山西人民出版社，2019.

[185] 荣宁. 燕赵文化的嬗变与经济社会发展互动关系 [M]. 保定：河北大学出版社，2010.

[186] 任广浩. 当代中国国家权力纵向配置问题研究 [M]. 北京：中国政法大学出版社，2012.

[187] 《人民论坛》杂志社. 中国策（第一辑）[M]. 北京：国家行政学院出版社，2011.

[188] 任远. 未来的城镇化道路 [M]. 上海：复旦大学出版社，2017.

[189] ［日］日本防卫厅战史室. 华北治安战 [M]. 天津：天津人民出版社，1982.

[190] 任晓伟. 新民主主义思想的源起和走向 [M]. 西安：陕西师范大学出版总社，2019.

[191] 任其怿. 日本帝国主义对内蒙古的文化侵略活动 [M]. 呼和浩特：内蒙古大学出版社，2006.

[192] 陕西省档案馆，陕西省社会科学院. 陕甘宁边区政府文件选编（第五辑）[M]. 西安：陕西人民教育出版社，2015.

[193] 沈体雁，劳昕. 城市治理研究前沿：理论、方法与实践 [M]. 北京：中国社会科学出版社，2020.

[194] 桑春. 新型城镇化思考 [M]. 上海：同济大学出版社，2015.

[195] 孙志刚. 城市功能论 [M]. 北京：经济管理出版社，1998.

[196] 孙德禄. 点击中国策划（五）：城市策略 [M]. 北京：中国经济出版社，2008.

[197] 孙荣，徐红，邹珊珊. 城市治理：中国的理解与实践 [M]. 上海：复旦大学出版社，2007.

[198] 上海社会科学院智库研究中心. 思想的力量——中国智库案例集萃 [M]. 上海：上海人民出版社，2019.

[199] 申小翠. 新编毛泽东思想和中国特色社会主义理论体系概论学习与辅导 [M]. 上海：上海大学出版社，2019.

[200] 孙秀民. 中国共产党思想通史（第四卷）[M]. 青岛：青岛出版社，2014.

[201] 宋士昌，郑贵斌. 中国共产党关于"三农"问题的理论与实践 [M]. 济南：黄河出版社，2006.

[202] 桑玉成，邓峰，鄢波．制度优化与制度创新 [M]．上海：上海人民出版社，2014.

[203] 孙奎贞．追求卓越——领导创新论 [M]．长沙：湖南大学出版社，1999.

[204] 宋俭．中国梦之中国道路 [M]．武汉：武汉大学出版社，2015.

[205] 《"三新"专题解读》编写组．"三新"专题解读 [M]．北京：台海出版社，2016.

[206] 邵有为，卫功琦．中国金融组织体系改革论 [M]．北京：中国金融出版社，1996.

[207] 孙伟．反思城镇化背景下的城乡发展 [M]．上海：上海大学出版社，2013.

[208] 孙荣．改革开放四十年上海城市社区治理的制度变迁研究 [M]．上海：复旦大学出版社，2019.

[209] 石碧涛．中国行业协会的转型与治理研究 [M]．北京：冶金工业出版社，2018.

[210] 宋世明．美国行政改革研究（修订本）[M]．北京：国家行政学院出版社，2016.

[211] 宋金平．聚落地理专题 [M]．北京：北京师范大学出版社，2001.

[212] 施岳群，庄金锋．城镇化中的都市圈发展战略研究 [M]．上海：上海财经大学出版社，2007.

[213] 孙向军．转型社会中的政治人——当代中国政治道德建设研究 [M]．北京：西苑出版社，2010.

[214] 孙晓忠，高明．延安乡村建设资料（一）[M]．上海：上海大学出版社，2012.

[215] 沙健孙．中国共产党与新中国的创建 1945—1949（下）[M]．北京：中央文献出版社，2009.

[216] 沙健孙．中国共产党和资本主义、资产阶级（下）[M]．济南：山东人民出版社，2005.

[217] 宋恩荣，余子侠．日本侵华教育全史（第二卷）（华北卷）[M]．北京：人民教育出版社，2005.

[218] ［美］特纳．现代西方社会学理论 [M]．范伟达，译．天津：天津人民出版社，1988.

[219] 涂小雨．新时代国家治理逻辑研究 [M]．郑州：河南人民出版社，2019.

[220] 谭兴中．国家治理视域下的基层协商民主机制研究 [M]．北京：国家行政管理出版社，2020.

[221] 汤蕴懿．政府职能转型——从政府管理到公共服务 [M]．上海：上海人民出版社，2013.

[222] 陶希东．全球城市区域跨界治理模式与经验 [M]．南京：东南大学出版社，2014.

[223] 天津市社会科学界联合会，中共中央编译局马恩室．马克思恩格斯学说集要（下）[M]．天津：天津人民出版社，1995.

[224] 唐德华，王永成．中华人民共和国法律规范性解释集成增编本 1991—1992 [M]．长春：吉林人民出版社，1993.

[225] 唐朗诗，刘建军，郭圣莉.新中国第一居委会30条——组织能力与社区善治[M].上海：格致出版社，2019.

[226] 童星，张海波.中国转型期的社会风险及识别——理论探讨与经验研究[M].南京：南京大学出版社，2007.

[227] 汤伟.城市与世界秩序的演化[M].上海：上海社会科学院出版社，2019.

[228] ［德］乌尔里希·贝克.风险社会——新的现代性之路[M].张文杰，何博闻，译.南京：译林出版社，2018.

[229] 吴永.延安时期党的社会建设文献与研究（上）（文献卷）[M].西安：陕西旅游出版社，2018.

[230] 王郁.国际视野下的城市规划管理制度——基于治理理论的比较研究[M].北京：中国建筑工业出版社，2009.

[231] 王枫云，陈亚楠.大都市治理的域外观察[M].广州：中山大学出版社，2019.

[232] 王雅莉.市政管理教程[M].大连：东北财经大学出版社，2012.

[233] 王续琨，仇黎明.中国城市行政系统建设与改革[M].大连：大连理工大学出版社，1998.

[234] 王忠，王晓华.城市治理之大数据应用[M].北京：海洋出版社，2017.

[235] 王勇，李广斌.中国城市群规划管理体制研究[M].南京：东南大学出版社，2013.

[236] 王稼琼.特大城市治理研究[M].北京：首都经济贸易大学出版社，2015.

[237] 魏宏远.抗日战争时期晋察冀边区财政经济史资料选编[M].天津：南开大学出版社，1984.

[238] 王广报.依法治国与基层工作研究（上）[M].北京：经济日报出版社，2016.

[239] 王伟业，俞先富，余建民，等.城市道路建设质量标准化管理[M].杭州：浙江工商大学出版社，2019.

[240] 王学庆.市政公用事业改革与监管[M].北京：光明日报出版社，2012.

[241] 王菲.行政强制法律适用研究[M].北京：知识产权出版社，2016.

[242] 王丽莉.服务型政府——从概念到制度设计[M].北京：知识产权出版社，2009.

[243] 王秀娟，于浩.社会转型期群体性事件的预防与治理方略[M].北京：国家行政学院出版社，2018.

[244] 吴金群，廖超超.尺度重组与地域重构——中国城市行政区划调整40年[M].上海：上海交通大学出版社，2018.

[245] 王诗宗.治理理论及其中国适用性[M].杭州：浙江大学出版社，2009.

[246] 王家峰.当代中国国家治理丛书——行政权的共和化[M].南京：南京师范大学出版社，2015.

[247] 王晓科.区域教育公共服务支持组织间合作网络研究[M].上海:上海教育出版社,2015.

[248] 王泽彩.政府和社会资本合作模式典型案例[M].太原:山西经济出版社,2016.

[249] 武文霞.英美城市变迁[M].广州:广东人民出版社,2019.

[250] 王谦.晋察冀边区教育资料选编——教育方针政策分册(上)[M].石家庄:河北教育出版社,1990.

[251] 王谦.晋察冀边区教育资料选编——教育方针政策分册(下)[M].石家庄:河北教育出版社,1990.

[252] 汪伟全.区域经济圈内地方利益冲突与协调——以长三角地区为例[M].上海:上海人民出版社,2011.

[253] 王枫云.和谐共进中的政府协调——长三角城市群的实证研究[M].广州:中山大学出版社,2009.

[254] 王金香.中国禁毒史[M].上海:上海人民出版社,2005.

[255] 汪波.区域公共治理[M].北京:中国经济出版社,2019.

[256] 邬正洪.上海抗日战争史丛书——上海人民支援新四军和华中抗日根据地[M].上海:上海人民出版社,2015.

[257] 魏永理.中国近代经济史纲(下)[M].兰州:甘肃人民出版社,1990.

[258] 魏宏运.中国现代史资料选编(五)第三次国内革命战争时期[M].哈尔滨:黑龙江人民出版社,1981.

[259] 谢文蕙,邓卫.城市经济学[M].北京:清华大学出版社,1996.

[260] 薛泽林.城市精细化治理[M].上海:上海社会科学院出版社,2020.

[261] 宣可宁.城市管理创新的理论与实践[M].沈阳:东北大学出版社,2016.

[262] 徐光春.马克思主义大辞典[M].武汉:崇文书局,2018.

[263] 新望,范世涛.中国经济学经典文选(上)[M].北京:华夏出版社,2017.

[264] 徐斌,张潭.毛泽东思想概论[M].北京:人民教育出版社,2007.

[265] 徐志栋.大力营造风清气正的政治生态[M].北京:中国言实出版社,2018.

[266] 谢忠厚,肖银成.晋察冀抗日根据地史[M].北京:改革出版社,1992.

[267] 萧克.萧克回忆录[M].北京:人民文学出版社,2018.

[268] 徐勇.国家化、农民性与乡村整合[M].南京:江苏人民出版社,2019.

[269] 徐林,范毅.改革开放40年中国的城市化——经验、问题和出路[M].北京:中国发展出版社,2018.

[270] 徐振强.智慧城市新思维[M].北京:中国科学技术出版社,2017.

[271] 薛凤旋.中国城市及其文明的演变[M].北京联合出版公司,2019.

[272] 萧琛.全球网络经济 [M].北京：华夏出版社，1998.

[273] 肖红松.近代河北烟毒与治理研究 [M].北京：人民出版社，2008.

[274] 徐塞声.中共中央南方局历史文献选编（下）[M].重庆：重庆出版社，2017.

[275] ［美］约翰·R.洛根，哈维·L.莫洛奇.都市财富——空间的政治经济学 [M].陈那波，译.上海：格致出版社，上海人民出版社，2016.

[276] 杨长明.中国城市郊区化与政府管理 [M].武汉：湖北人民出版社，2001.

[277] 叶堂林.小城镇建设——规划与管理 [M].北京：中国时代经济出版社，2015.

[278] 杨宏山.市政管理学 [M].北京：中共中央党校出版社，2003.

[279] 于军，李欣玉.全国社会治理创新典型案例——2012—2015 年全国社会治理创新典型案例选编 [M].北京：国家行政学院出版社，2017.

[280] 尤建新，陈强.城市治理与科学发展 [M].上海：上海交通大学出版社，2009.

[281] 俞丽霞.全球正义——国家主义与全球平等主义 [M].上海：上海社会科学院出版社，2018.

[282] 颜佳华.毛泽东民主政治思想与当代中国政治发展 [M].湘潭：湘潭大学出版社，2015.

[283] 于建荣，何芹.读懂大国优势 [M].北京：东方出版社，2020.

[284] 袁林.刑法适用公众参与机制研究 [M].北京：中国检察出版社，2020.

[285] 殷焕举，胡海.基层服务型党组织建设研究 [M].成都：西南交通大学出版社，2017.

[286] 颜佳华.公共事务评论 [M].湘潭：湘潭大学出版社，2018.

[287] 余登兵.中国智慧城市规划与建设（第二版）[M].合肥：安徽科学技术出版社，2017.

[288] 杨上广.长三角经济空间组织的演化 [M].上海：上海人民出版社，2011.

[289] 严淑华，王虎平，郭林锋.基于文化社会学的城市活力研究 [M].北京：冶金工业出版社，2020.

[290] 杨丞娟.圈域经济发展中的公共品供给问题研究 [M].成都：西南交通大学出版社，2018.

[291] 杨团.社区公共服务论析 [M].北京：华夏出版社，2002.

[292] 郁鸿胜.中国城市群发展新态势研究 [M].上海：东方出版中心，2020.

[293] 杨龙.中国城市化加速背景下的地方合作 [M].天津：南开大学出版社，2018.

[294] 杨永良.中国共产党重要会议决策历程（上）[M].武汉：湖北辞书出版社，2003.

[295] 杨勤为，刘学梦.党的建设理论与实践 [M].北京：中共党史资料出版社，1989.

[296] 中共中央党史研究室.中国共产党历史：第一卷（1921—1949）下 [M].北京：中

共党史出版社，2002.

[297] 中共张家口市委党史研究室.中共张家口地方史：第一卷（1921—1949）[M].北京：中共党史出版社，2001.

[298] 张鸿雁.城市定位论：城市社会学理论视野下的可持续发展 [M].南京：东南大学出版社，2008.

[299] 周俊.城市管理学导论 [M].上海：上海大学出版社，2006.

[300] 张锐，张燚.城市品牌：理论、方法与实践 [M].北京：中国经济出版社，2007.

[301] 张良.从管控到服务——城市治理中的"城管"转型 [M].上海：华东理工大学出版社，2016.

[302] 周昕.社区小商贩——社会治理创新研究 [M].广州：中山大学出版社，2016.

[303] 张红樱，张诗雨.国外城市治理变革与经验 [M].北京：中国言实出版社，2012.

[304] 张荣臣，韩玉宇，谢英芬."四个全面"新思想　新观点　新论断 [M].北京：北京联合出版公司，2015.

[305] 张树军.十八大以来全面深化改革纪事（2012—2017）[M].石家庄：河北人民出版社，2017.

[306] 张纯美，洪静媛.马克思恩格斯全集名句名段类编 [M].沈阳：辽宁大学出版社，2012.

[307] 中国人民银行河北省分行.回忆晋察冀边区银行 [M].石家庄：河北人民出版社，1988.

[308] 赵家祥.东方社会发展道路与社会主义的理论和实践 [M].北京：商务印书馆，2017.

[309] 朱敏彦.中国共产党领导现代化建设基本经验 [M].上海：东方出版中心，2011.

[310] 张莉.全面建设小康社会与人的全面发展 [M].北京：研究出版社，2007.

[311] 张学新，王之望.毛泽东文艺思想与实践大观 [M].天津：天津人民出版社，1993.

[312] 中华全国总工会，中共中央文献研究室.毛泽东—邓小平—江泽民论工人阶级和工会工作 [M].北京：中央文献出版社，2002.

[313] 张琼.中国共产党关于马克思主义中国化时代化大众化经典论述研究（下）[M].北京：线装书局，2013.

[314] 中共中央档案馆.中共中央文件选集（第十五册）（1945）[M].北京：中共中央党校出版社，1991.

[315] 诸丞亮，栾培琴.毛泽东言语辞典 [M].济南：山东人民出版社，1993.

[316] 曾长秋.毛泽东思想概论 [M].长沙：湖南人民出版社，2001.

[317] 张伟良.晋察冀边区史稿 [M].北京：解放军出版社，2005.

[318] 周诚珏．科学的领导方法和工作方法 [M]．武汉：湖北人民出版社，1984.

[319] 周骏，黄晓波．制度自信 [M]．桂林：广西师范大学出版社，2019.

[320] 中国美国经济学会·浦东美国经济研究中心．全球经济失衡与中美经贸关系 [M]．上海：上海社会科学院出版社，2007.

[321] 周旭霞，沈芬，洪洁．杭州社会稳定风险评估案例 [M]．杭州：浙江工商大学出版社，2018.

[322] 张同林．城市综合管理标准体系研究——以上海市黄浦区城市管理情况为例 [M]．上海：上海社会科学院出版社，2017.

[323] 周均伦．聂荣臻年谱 [M]．北京：人民出版社，1999.

[324] 张璇，高凛，吴丽娟，等．宪法学 [M]．南京：南京师范大学出版社，2005.

[325] 张倩．中国行政听证制度的功能困境及其治理研究 [M]．北京：中国政法大学出版社，2017.

[326] 章昌志．治安行政法学 [M]．武汉：武汉大学出版社，2018.

[327] 赵林如．中国市场经济学大辞典 [M]．北京：中国经济出版社，2019.

[328] 中共中央组织部党建研究所．党的建设大事记 [M]．北京：党建读物出版社，2018.

[329] 朱红文．政府的社会责任 [M]．太原：山西人民出版社，2015.

[330] 张晓燕．公法视野中的自治理性 [M]．上海：复旦大学出版社，2015.

[331] 赵宇峰．公共管理学 [M]．西安：西安电子科技大学出版社，2018.

[332] 中央档案馆，河北省社会科学院，中共河北省委党史研究室．晋察冀解放区历史文献选编（1945—1949）[M]．北京：中央档案出版社，1998.

[333] 郑崇明．公共行政的中国面向——一个组织学的视角 [M]．长春：吉林大学出版社，2019.

[334] 周谨平．国家治理与社会伦理 [M]．长沙：湖南大学出版社，2018.

[335] 中共河北省委党史研究室．晋察冀解放区首府张家口 [M]．北京：中共党史出版社，1996.

[336] 张本效．城市管理学 [M]．北京：中国农业大学出版社，2017.

[337] 张晓兰．资本主义批判模式的蜕变 [M]．上海：上海三联书店，2018.

[338] 张浩淼．发展型社会救助研究——国际经验与中国道路 [M]．北京：商务印书馆，2017.

[339] 张远凤．德鲁克管理学 [M]．北京：北京燕山出版社，2017.

[340] 郑维伟．政治学理论前沿 [M]．上海：上海社会科学院出版社，2016.

[341] 张健明．我国城市化进程中新二元结构问题研究 [M]．上海：上海交通大学出版社，2015.

[342]　张利华．西方主流政治思潮研究 [M]．北京：知识产权出版社，2018.

[343]　周振华．全球城市 [M]．上海：格致出版社，2019.

[344]　周红云．群体性事件协同治理研究 [M]．北京：中国社会出版社，2018.

[345]　赵志耘，戴国强．大数据——城市创新发展新动能 [M]．北京：科学技术文献出版社，2018.

[346]　赵聚军．中国行政区划改革研究——政府发展模式转型与研究范式转换 [M]．天津：天津人民出版社，2012.

[347]　周国艳，于立．西方现代城市规划理论概论 [M]．南京：东南大学出版社，2010.

[348]　张康之，向玉琼．政策问题建构权的历史演进 [M]．上海：上海人民出版社，2016.

[349]　张金辉．晋察冀解放区高等教育研究 1937—1949 [M]．北京：中国言实出版社，2018.

[350]　周进，常颖，冯雪利，等．地火燃九城：抗战时期中共北平地下斗争 [M]．北京：北京联合出版公司，2015.

[351]　中共中央文献研究室．毛泽东年谱：1893—1949（修订本）（中）[M]．北京：中共文献出版社，2013.

[352]　张万禄．毛泽东的道路（1893—1949）（下）[M]．西安：陕西人民出版社，2017.

[353]　中共河北省委党史研究室．红色西柏坡 [M]．石家庄：河北人民出版社，2016.

[354]　中共中央文献研究室．刘少奇论新中国经济建设 [M]．北京：中央文献出版社，1993.

[355]　张闻天文集编辑组．张闻天文集（第四卷）[M]．北京：中共党史出版社，1995.

[356]　中央档案馆．中共中央文件选集（第十八册）1949 年 1 月至 9 月 [M]．北京：中共中央党校出版社，1992.

[357]　中央档案馆．中共中央在西柏坡 [M]．深圳：海天出版社，1998.

[358]　中共中央文献研究室．周恩来经济文选 [M]．北京：中央文献出版社，1993.

[359]　赵秀山，冯田夫，赵军威，等．华北解放区财经纪事 [M]．北京：中国档案出版社，2002.

[360]　中共中央党史和文献研究院．刘少奇年谱（增订本）（第二卷）[M]．北京：中央文献出版社，2018.

[361]　中共中央文献研究室．刘少奇论新中国经济建设 [M]．北京：中央文献出版社，1993.

[362]　中国人民解放军档案馆．解放城市系列丛书——解放城市（上）[M]．北京：中国档案出版社，2010.

[363]　中共中央政策研究室党建研究局．老一辈革命家论党的建设（第二卷）[M]．北京：

党建读物出版社，2001.

[364] 章开沅 . 中国抗战大后方历史文化丛书——中国共产党关于抗战大后方工作文献
选编 2 [M]. 重庆：重庆出版社，2019.

[365] 《中国人民解放军通鉴》编辑委员会 . 中国人民解放军通鉴 1927—1996 [M]. 兰州：
甘肃人民出版社，1997.

[366] 《中国人民解放军历史资料丛书》编审委员会 . 东北抗日联军（文献）[M]. 沈阳：
白山出版社，2011.

[367] 中共张家口市委党史研究室 . 张家口革命史话 [M]. 北京：高等教育出版社，1990.

[368] 《张家口人民代表大会志》编纂委员会 . 张家口人民代表大会志 [M]. 北京：中国民
主法制出版社，2004.

期刊：

[1] 韩喜平，陈伶浪 . 新时代全心全意依靠工人阶级的坚守逻辑 [J]. 理论视野，2020
（06）：18-22.

[2] 杜丽荣 . 张家口为何被誉为"第二延安"[J]. 共产党员（河北），2016（16）：54-55.

[3] 关彦琦，张金辉，郎琦 . 白求恩学校在晋察冀首府张家口市办学的价值考量 [J]. 河北
北方学院学报（社会科学版），2020，36（02）：42-45+78.

[4] 张来明，刘理晖 . 新中国社会治理的理论与实践 [J]. 管理世界，2022，38（01）：
20-35.

[5] 陈韶旭，寇振宏 . 晋察冀首府张家口是延安精神和西柏坡精神的连接点 [J]. 河北北方
学院学报（社会科学版），2013，29（01）：99-103.

[6] 杨小军，彭涛 . 以"标准化"破解城管执法困局 [J]. 团结，2011（03）：36-38.

[7] 翟宝辉 . 通过标准化管理提高城市管理科学化水平 [J]. 城乡建设，2013（04）：50-51.

[8] 岳奎，王心 . 制度优势何以转化为治理效能 [J]. 甘肃社会科学，2021（01）：200-
207.

[9] 汤文仙 . 从接管城市到治理城市：我国城市管理的探索与思想演进 [J]. 城市管理与科
技，2021，22（04）：18-21.

[10] 都永浩，王禹浪 . 中华文化认同的逻辑前提——概念、来源和内部关系 [J]. 青海民
族研究，2021，32（04）：13-26.

[11] 徐建宇 . 城市社区新兴社交驱动技术治理：力量、支撑与限度 [J]. 探索，2021
（06）：147-161.

[12] 叶敏 . 从运动式治理方式到合力式治理方式：城市基层行政执法体制变革与机制创
新 [J]. 行政论坛，2017，24（05）：24-29.

[13] 王枫云.从城市管理走向城市治理——我国城市政府行政模式转型的路径选择 [J].思想战线,2008(01):99–103.

[14] 翟桂萍.从居民到公民:社区人的成长——以上海为例 [J].上海行政学院学报,2009,10(02):87–93.

[15] 贾章旺.晋察冀边区的烽火记忆——解放战争中的边区货币 [J].金融博览,2011(07):12–13.

[16] 张彦琛.晋察冀边区财政工作中的结构与变革 [J].理论界,2013(08):128–130.

[17] 郎琦,张金辉,肖守库.晋察冀边区首府张家口高等教育探研 [J].河北师范大学学报(教育科学版),2016,18(05):48–53.

[18] 尹红健.群众在晋察冀边区禁烟禁毒中的作用 [J].大众文艺,2010(06):143.

[19] 肖红松.晋察冀边区烟民戒治活动述论 [J].史学月刊,2012(12):77–85.

[20] 张金辉,郎琦.新中国城市建设的样板和试验田——晋察冀边区首府张家口的市政建设研究 [C]// 第九届河北省社会科学学术年会论文集,2014:370–376.

[21] 臧学英,王坤岩.京津冀协同发展战略框架下天津城市功能提升的路径选择 [J].理论与现代化,2017(04):19–26.

[22] 陈柳钦.城市功能及其空间结构和区际协调 [J].中国名城,2011(01):46–55.

[23] 郝铁川.中国共产党以思想启蒙促进爱国救亡运动史实考述——对"中国近代救亡压倒启蒙"说之批评 [J].法学,2021(11):3–19.

[24] 李应瑞.百年来中国共产党关于新型国家制度的理论主张与实践演进 [J].统一战线学研究,2021,5(05):34–51.

[25] 石琳琳.新民主主义革命时期"人民民主专政"概念嬗变的历史逻辑 [J].理论月刊,2021(05):14–23.

[26] 黄晓辉.中国共产党领导人民法治实践的探索发展和重要启示 [J].广西社会科学,2022(01):41–50.

[27] 周锦涛.毛泽东城乡革命统筹思想的历史考察 [J].衡阳师范学院学报,2011,32(04):52–56.

[28] 汪碧刚,于德湖,孙宝娣.我国城市治理研究:回顾与展望 [J].青岛理工大学学报,2020,41(02):87–95.

[29] 俞可平.增量政治改革与社会主义政治文明建设 [J].公共管理学报,2004(01):8–14+93.

[30] 赵可金.全球治理知识体系的危机与重建 [J].社会科学战线,2021(12):176–191.

[31] 张曙光.城市管理:数字化和人性化 [J].开放导报,2008(01):51–54.

[32] 张小娟,贾海薇,张振刚.智慧城市背景下城市治理的创新发展模式研究 [J].中国

科技论坛，2017（10）：105-111.

[33] 周善东.城市治理的社会路径：价值、内涵与构建 [J].山东大学学报（哲学社会科学版），2015（06）：85-92.

[34] 孙景峰，李社亮.基层组织与新加坡人民行动党执政地位的延续 [J].河南师范大学学报（哲学社会科学版），2011，38（01）：76-82.

[35] 李政.香港环境卫生管理方面的经验 [J].传承，2013（07）：15.

[36] 胡世钦.加拿大城市管理面面观 [J].城市管理与科技，2008（02）：72-75.

[37] 刘春燕.香港城市管理的经验、启示及借鉴 [J].中共桂林市委党校学报，2013，13（03）：44-48.

[38] 张诗雨.发达国家的城市治理范式——国外城市治理经验研究之三 [J].中国发展观察，2015（04）：74-80.

[39] 原珂.风险社会中封闭社区的现实价值思索 [J].理论探索，2020（05）：99-106.

[40] 徐大鹏，王伟，高璐，等.城市大脑：一项社会治理的颠覆性创新技术 [J].未来城市设计与运营，2022（01）：79-85.

[41] 余池明.基层综合行政执法改革的问题分析与对策建议 [J].上海城市管理，2022，31（01）：55-60.

[42] 王明珠.新时代"城管进社区"实践模式研究 [J].中国名城，2021，35（09）：1-7.

[43] 余池明.大城管体系的内涵、结构与运行机制 [J].中国建设信息化，2021（24）：76-78.

[44] 徐锦庚，刘成友.化堵为疏　民生为先——城市管理的"济南模式" [J].决策探索（上半月），2012（10）：64-65.

[45] 韩志明，张朝霞.合作是如何建构起来的？——以城管执法为中心的技术分析 [J].公共管理与政策评论，2020，9（05）：19-31.

[46] 孙海涛，王红利.城市管理综合行政执法制度运行的掣肘与出路 [J].江苏警官学院学报，2021，36（05）：26-32.

[47] 王英津.比较视域中的"民主分离论"：剖析与澄清 [J].兰州大学学报（社会科学版），2019，47（01）：16-25.

[48] 莫纪宏.在法治轨道上有序推进"全过程人民民主" [J].中国法学，2021（06）：5-24.

[49] 康枫翔.行政程序的正当性要求及证成——以行政民主为核心的扩展模式 [J].法制博览，2017（34）：65-66+49.

[50] 周定财.结构功能主义视角下地方服务型政府的结构分析 [J].上海行政学院学报，2016，17（03）：43-52.

硕博论文：

[1] 程海鹏.莲湖区城市管理标准化研究 [D].西安：长安大学，2016.

[2] 范晓鹏.西安都市圈一体化与高质量耦合发展规划策略研究 [D].西安：西安建筑科技大学，2021.

[3] 高文学.土地改革的政治现代化意义 [D].湘潭：湘潭大学，2017.

[4] 郭辰.城市管理综合执法问题与对策研究 [D].南昌：南昌大学，2018.

[5] 葛英儒.中国共产党政治建设制度体系构建研究 [D].兰州：兰州大学，2021.

[6] 黄春森.毛泽东群众路线思想发展轨迹 [D].湘潭：湘潭大学，2020.

[7] 黄立.中国现代城市规划历史研究（1949—1965）[D].武汉：武汉理工大学，2006.

[8] 侯华.公共管理视角下 D 市城管支队执法自由裁量权问题研究 [D].石家庄：河北科技大学，2020.

[9] 黄云平.习近平新时代法治正义观研究 [D].杭州：浙江大学，2021.

[10] 焦晓琳.晋察冀边区检察制度研究 [D].太原：山西大学，2021.

[11] 康雯嘉.城市基层社会"嵌合式治理"研究 [D].长春：吉林大学，2021.

[12] 刘彦.70 年中国基层社会治理的演进路径及经验研究 [D].长春：东北师范大学，2020.

[13] 刘华超.中国共产党执政能力建设的历史考察及其启示研究 [D].济南：山东大学，2021.

[14] 刘晓堂.民国时期察哈尔地区主要社会问题研究 [D].呼和浩特：内蒙古大学，2017.

[15] 刘国峰.1946 年中共张家口市首届参议会研究 [D].锦州：渤海大学，2019.

[16] 鹿斌.新型城镇化背景下的社会治理结构创新研究 [D].苏州：苏州大学，2018.

[17] 刘菁元.全球治理中私人规制的行为逻辑研究 [D].北京：外交学院，2021.

[18] 刘畅.昆明市 W 区政府网格化管理问题研究 [D].昆明：云南师范大学，2021.

[19] 刘羿伯.跨文化视角下城市街区形态比较研究 [D].哈尔滨：哈尔滨工业大学，2021.

[20] 李春憬.我国协商民主中的公民公平参与研究 [D].济南：山东大学，2020.

[21] 李珊珊.参政党视角下中国新型政党制度研究 [D].济南：山东大学，2021.

[22] 李震.中国共产党组织领导力研究 [D].北京：中共中央党校，2019.

[23] 秦青涛.城市综合执法改革中城管规划执法的问题与对策研究 [D].开封：河南大学，2021.

[24] 孙东山.马克思国家治理思想及其当代价值 [D].哈尔滨：哈尔滨师范大学，2020.

[25] 宋从越.伪蒙疆政权法律制度研究与批判 [D].呼和浩特：内蒙古大学，2011.

[26] 孙中溪.我国大中城市城区重组的演化进程及其机制研究 [D].上海：华东师范大

学，2018.

[27] 宋晓娟 . 共生理论视角下的中国城市社区治理研究 [D]. 长春：吉林大学，2021.

[28] 唐瑞栋 . 新公共服务视角下的城市管理行政执法研究 [D]. 苏州：苏州大学，2015.

[29] 王利民 . 晋察冀边区党的新闻宣传研究 [D]. 保定：河北大学，2014.

[30] 王金艳 . 解放战争时期中国共产党接管城市工作的理论和实践 [D]. 长春：吉林大学，2010.

[31] 吴明怿 . 冀鲁豫抗日根据地的粮食工作研究 [D]. 上海：上海大学，2020.

[32] 王富聪 . 中共对华北沦陷城市工作研究（1937—1945）[D]. 保定：河北大学，2020.

[33] 卫学芝 . 人大主导立法下的法案起草模式研究 [D]. 济南：山东大学，2020.

[34] 文芳 . 解放战争时期晋察冀边区小学教科书的分析 [D]. 长沙：湖南师范大学，2010.

[35] 吴玉姣 . 地方立法谦抑论 [D]. 湘潭：湘潭大学，2019.

[36] 王海荣 . 空间理论视阈下当代中国城市治理研究 [D]. 长春：吉林大学，2019.

[37] 王贞霖 . 我国城市综合管理体制研究 [D]. 成都：西南交通大学，2020.

[38] 吴梦溪 . 成都市锦江区基层城管执法存在的问题与对策研究 [D]. 绵阳：电子科技大学，2021.

[39] 王成 . 成都市郫都区网格化服务管理困境与对策研究 [D]. 绵阳：电子科技大学，2020.

[40] 王蕊 . 新时代青年公职人员道德建设研究 [D]. 长春：吉林大学，2021.

[41] 王敏 . 嵌入性视角下城市老旧社区治理创新研究 [D]. 广州：中共广东省委党校，2021.

[42] 肖玉元 . 中国共产党民生话语演进研究 [D]. 贵阳：贵州师范大学，2021.

[43] 虞强 . 新中国初期（1949—1956）集体主义价值观建构研究 [D]. 扬州：扬州大学，2021.

[44] 于洋 . 解放战争时期中国共产党建国思想与实践研究 [D]. 北京：清华大学，2017.

[45] 杨玉飞 . 中国共产党对中华优秀政治理念的传承发展研究 [D]. 长春：吉林大学，2021.

[46] 杨艺琪 . 晋察冀边区首府张家口市城市管理研究 [D]. 石家庄：河北师范大学，2019.

[47] 姚铭霞 . 党的群众路线视域下社会治理优化研究 [D]. 济南：齐鲁工业大学，2021.

[48] 张霜 . 社会主义现代化思想演变与发展研究 [D]. 长春：吉林大学，2021.

[49] 左华 . 刘少奇民生理论与实践研究 [D]. 天津：南开大学，2014.

[50] 郑昌俊 . 李富春经济思想研究 [D]. 杭州：杭州师范大学，2010.

[51] 朱志伟 . 解放战争时期晋察冀边区宣传民众工作述论 [D]. 石家庄：河北师范大学，2007.

[52] 张宏华.晋察冀抗日根据地乡村社会建设研究 [D]. 太原：山西大学，2019.

[53] 张楠.城市生活垃圾分类处理的政府监管问题及对策研究 [D]. 长春：长春工业大学，2021.

[54] 周瑾.上海市浦东新区城市管理行政执法体制研究 [D]. 上海：华东理工大学，2011.

[55] 赵丽英.晋察冀边区首府张家口的政权建设（1945—1946）[D]. 秦皇岛：燕山大学，2019.

[56] 张超.泰安市泰山区社区网格化治理研究 [D]. 青岛：山东科技大学，2020.

[57] 张舰.青岛市数字化城市管理体系优化与保障措施研究 [D]. 哈尔滨：哈尔滨工程大学，2020.

[58] 张文杰.邓小平德育思想及其当代价值研究 [D]. 西安：西北大学，2021.

[59] 朱鸿亮.习近平新时代中国特色社会主义文化建设重要论述的理论体系研究 [D]. 西安：西安理工大学，2021.

[60] 郑咪咪.新民主主义革命时期党的城市工作探析 [D]. 杭州：杭州师范大学，2015.

后　记

　　追根溯源，在现代城市管理建设历史中，张家口市地位独特且影响深远，其曾经是民国察哈尔特别行政区及察哈尔省首府，是日本侵略者占领张家口后建立的伪蒙疆政府"首都"。1945 年 8 月，在中国共产党领导下，人民军队第一次解放张家口，使其成为中共在全国首次夺取的省会城市。在中国共产党和人民政府的领导下，对张家口市进行了全面建设与改造，摸索、积累和创造出一套行之有效的经验，在极短的时间内，将张家口市建设成为一个中外瞩目的模范城市。

　　放眼当今，在全球城市化的浪潮中，中国的城镇化走出了具有中国特色的道路，为提高城市治理现代化水平、为发展中国家城市管理与建设作出表率。《国家新型城镇化规划（2014—2020 年）》提出："我国……处于城镇化深入发展的关键时期，必须深刻认识城镇化对经济社会发展的重要意义，牢牢把握城镇化蕴含的三个机遇，准确研判城市化发展的新趋势、新特点，妥善应对城镇化面临的风险挑战。"习近平总书记强调：提高城市治理现代化水平，开创人民城市建设新局面。城市是人民的，城市建设要贯彻以人民为中心的发展思想，让人民群众生活更幸福。城市是国家经济、政治、文化、社会等方面活动的中心。城市治理的水平事关人民高品质生活、事关社会高质量发展、事关国家高水平开放。城市治理的目标与中国式现代化目标是一致的，即实现人民美好生活和中华民族伟大复兴。城市治理现代化是中国式现代化的重要实现途径。中国式现代化要实现平稳健康发展，首先要构筑好城市治理现代化的基础，尽快实现城市治理理念现代化、城市治理方式现代化、城市治理体系现代化。面对人民对美好生活的新期待，城市治理亟须补短板、强弱项，需要多措并举，提高治理能力。本书旨在在新时代重要历史节点上为提升城市治理水平，推动城市高质量发展提供有益参考与思路，为实现城市治理现代化和中国式现代化、进而实现人民美好生活愿望和中华民族伟大复兴贡献绵薄之力。

本书由任亮与冶丹丹设计研究思路、方法和框架结构、制定编写大纲并共同撰写完成。全书由任亮统稿和修改，任亮定稿。在成果写作过程中，刘小平、孔伟老师为此书的编辑出版付出了辛勤劳动；一些研究生也参加了调研、资料收集和整理工作，在此深表谢意。

在本书的编写过程中，得到了中共河北省委宣传部、河北省哲学社会科学工作办公室、河北省社会科学联合会、河北省教育厅、中共张家口市委组织部、中共张家口市委宣传部、张家口市社会科学联合会和河北北方学院的大力支持和帮助；十三届全国政协外事委员会副主任、察哈尔学会会长韩方明百忙之中对本书的编写予以指导，并亲自作序；中国文史出版社的同志们对本书的出版做了大量的工作。在此，一并表示衷心感谢！本书参考、引用了许多文献与资料，其中主要来源已经在书中标注，如有遗漏，恳请原谅，并对资料的作者表示感谢。

由于作者的水平所限，书中难免有不妥之处，敬请读者和专家批评指正。

作　者

2023 年 5 月 20 日